COLLECCAO
DE
TRATADOS E CONCERTOS DE PAZES

COLLECCAO
de
TRATADOS E CONCERTOS DE PAZES
que o

Estado da India Portugueza
fez
com os Reis e Senhores com quem teve relacoes nas partes

da Asia e Africa Oriental
desde
O principio da conquista ate ao fim do seculo XVIII
por

Julio Firmino Judice Biker
Primeiro Official e Chefe de Reparticao aposentado da Secretaria d'Estado dos Negocios Estrangeiros, Socio correspondente do Instituto de Coimbra, e da Real Academia de Historia de Madrid, e Official da Academia em Franca

Tomo XIV

GYAN

Published by

GYAN

Gyan Publishing House
5, Ansari Road
Daryaganj, New Delhi-110002
Phone: 011-47034999, 9811692060
E-mail: books@gyanbooks.com

Distribution Network
gyanbooks.com
India, USA, Canada, UK, Australia, France

ISBN : 978-81-212-3260-9 (Set)
ISBN : 978-81-212-4786-3 (HB)
First Published, 1887

2nd Impression 2020

Printed at: Gyan Press, Delhi.

Colleccao de Tratados e Concertos de Pazes Tomo IV
Author: Julio Firmino Judice Biker

Collecção
de
Tratados e concertos de pazes
que o
Estado da India Portugueza
fez
com os Reis e Senhores com quem teve relações
nas partes
da Asia e Africa Oriental
desde
o principio da conquista até ao fim do seculo XVIII
por

Julio Firmino Judice Biker

Primeiro Official e Chefe de Repartição aposentado
da Secretaria d'Estado dos Negocios Estrangeiros, Socio correspondente
do Instituto de Coimbra,
e da Real Academia de Historia de Madrid,
e Official da Academia em França

Tomo XIV

Lisboa—Imprensa Nacional—1887

Illmo e Exmo Sr.
Conselheiro Henrique de Barros Gomes,
Ministro e Secretario d'Estado
dos Negocios Estrangeiros.

A Portaria feita por V. Ex.ª, e datada de 14 do corrente, em resposta á carta que tive a honra de lhe dirigir no dia 3, é para mim um documento precioso, e de subido valor, que me satisfaz completamente por ver apreciados os meus trabalhos por pessoa tão competente. Cumpro pois o dever de agradecer a distincção que V. Ex.ª me fez, e sou com a maior consideração e particular estima

De V. Ex.ª
amigo sincero e obrigadissimo

Julio Firmino Judice Biker.

Lisboa, 15 de julho de 1886.

Illmo e Exmo Sr.

Tenho a satisfação de entregar a V. Ex.ª o tomo XIII, e ultimo da minha collecção dos Tratados da India. Resta o additamento que brevemente estará impresso.

Ha muito tempo que não apresento contas de despezas; paguei algumas copias, e fiz uma visita á Bibliotheca de Evora para conferir uns documentos. Todo o trabalho tem sido feito por mim.

Parece-me que tenho prestado algum serviço ao meu paiz, de que não desejo remuneração, como a recusei desde o principio; não posso acceitar titulo nem condecoração, porque lhe não sei dar o devido valor; e dinheiro não o recebo, pois nunca fui mercenario; desejo unicamente um documento official em que se diga se os meus tra=

balhos, e o desinteresse com que os fiz, merecem a approvação do Sr. Ministro dos Negocios Estrangeiros, e com isto ficarei muito satisfeito.

Lisboa, 3 de julho de 1886.

Illmo e Exmo Sr. Conselheiro Henrique de Barros Gomes, Ministro e Secretario d'Estado dos Negocios Estrangeiros, etc., etc., etc.

De V. Ex.ª
o mais attento venerador

Julio Firmino Judice Biker.

Ministerio dos Negocios Estrangeiros

Sendo da mais alta conveniencia para o estudo da historia nacional, e para a affirmação publica do culto respeitoso devido ás tradições e ás grandezas da patria, o conhecimento da maneira por que na successão das gerações esta poude dilatar a sua acção, exercer a sua influencia, ou concertar com o de outras nações o seu esforço, por meio de convenções, tratados, concordatas e outros instrumentos diplomaticos, que o uso internacional consagrou nas relações entre os povos;

Considerando que, por isso, bem merece sempre dos governos, dos estudiosos e de quantos prezam o brio e dignidade nacionaes, quem, á custa de muito e indefesso trabalho, consegue trazer do fundo dos archivos para a luz da publicidade, e solver da dispersão por folhetos, publicações periodicas e avulsas, os documentos cuja incorporação constitue a base da historia diplomatica das nações;

E attendendo a que Julio Firmino Judice Biker, primeiro official, hoje aposentado, e antigo chefe de repartição, servindo de archivista e bibliothecario da Secretaria d'Estado dos Negocios Estrangeiros, depois de haver publicado vinte e dois volumes do «Supplemento á Collecção dos Tratados», pelo que fôra publicamente louvado em nome de Sua Magestade El-Rei, em Portaria de 25 de janeiro de 1881, acaba de fazer subir á mesma Secretaria d'Estado o XIII volume de um novo corpo de documentos intitulado «Collecção de Tratados e concertos de pazes, que o Estado da India Portugueza fez com os Reis e Senhores com quem teve relações nas partes da Asia e Africa Oriental», volume com que põe termo e remate a este novo e importante repositorio de documentos da historia patria;

Attendendo a que tal collecção ficará constituindo um dos mais vastos e seguros subsidios para apreciar a maneira por que capitães e estadistas dilataram e engrandeceram o nome portuguez, affirmaram a preponderancia politica da nação no Oriente, e acabaram por fundar ali o glorioso Imperio Portuguez da India;

Considerando outrosim que na mesma Collecção se encontram os melhores elementos para apreciar até onde chegou o zêlo apostolico, o fervor da fé, e ardente caridade que inspirou os antigos missionarios portuguezes, os quaes, embrenhando-se animosamente pelo interior do continente e dos grandes Imperios da Asia, fóra já de toda e qualquer acção protectora dos pontos occupados junto á costa maritima, levaram as verdades salvadoras do dogma, os beneficios da civilisação christã, e a gloria e influencia do nome portuguez ao interior e ao norte do Indostão, á inteira peninsula Malaia, á China e ao Japão, sellando assim, muitas vezes com o proprio sangue, o direito imprescriptivel a esse Padroado Oriental, que constitue ainda hoje um dos mais bellos florões da Corôa Portugueza.

E attendendo, finalmente, a que o referido

Julio Firmino Judice Biker, prestando este serviço ao paiz, e chamando por tal fórma a attenção das modernas e distrahidas gerações, para algumas das causas primordiaes da nossa antiga grandeza nacional, se houve com zêlo e competencia reconhecidos, dentro e fóra do paiz, por auctoridades as mais insuspeitas, e com desinteresse e abnegação nada vulgares:

Manda Sua Magestade El-Rei, pela Secretaria d'Estado dos Negocios Estrangeiros, que mais uma vez seja publicamente louvado o referido funccionario, fazendo-se-lhe constar que o mesmo augusto Senhor tem na mais subida conta o bom serviço por elle prestado á historia do seu paiz, e esta nova solemne e publica affirmação do muito que n'ella se encerra de glorioso e moralmente alevantado.

Paço, em 14 de julho de 1886.

Henrique de Barros Gomes.

Kaiserlich Deutsche Gesandtschaft in Portugal.

Lisbonne ce 5 mai 1886.

Monsieur.—Je vous remercie beaucoup de la promptitude avec laquelle vous avez répondu à ma demande en m'envoyant le tome x de votre ouvrage: *Collecção dos Tratados da India Portugueza.* Je n'ai pas manqué de le transmettre au Prince de Bismarck. Comme plusieurs volumes que vous avez eus l'obligeange d'envoyer à Berlin se sont perdus en route vous avez certainement raison en préferant de les remettre dorénavant à la Légation. Je les expédierai immédiatement à leur destination et je crois qu'en les munissant du sceau officiel le danger de perte est certes moins grand.

Vous êtes bien aimable, Monsieur, en m'offrant un exemplaire de votre précieux ouvrage susmentionné, mais je ne me sens pas assez maître de la langue portugaise pour lire des scientifiques livres. Toutefois je suis très-reconnaissant de votre bonne intention et je vous prie, Monsieur, d'agréer avec mes sincères remerciments l'assurance de ma considération la plus distinguée

Baron de Schmidthals.

A Monsieur Monsieur J. F. J. Biker, etc., etc., etc.
Lisbonne.

Kaiserlich Deutsche Gesandtschaft in Portugal.

Lisbonne ce 7 juillet 1886.

Monsieur.—En vous accusant réception du XIIe volume de votre ouvrage titré *Collecção dos Tratados da India Portu-*

gueza que vous avez bien voulu destiner à son Altesse Sérénissime le Prince Chancelier de l'Empire Allemand, j'ai été chargé et j'ai l'honneur de vous en exprimer toute la reconnaissance du Gouvernement Impérial.

En même temps je m'empresse d'ajouter mes meilleurs remerciments de l'attention bien délicate que vous avez eue pour moi en m'envoyant pour mon usage personnel les volumes nº I à XII du même ouvrage précité.

Veuillez agréer, Monsieur, l'expression reitérée de ma considération très-distinguée

Le Ministre d'Allemagne

Baron de Schmidthals.

Monsieur Monsieur J. F. Judice Biker, etc., etc., etc.
Lisbonne.

Kaiserlich Deutsche Gesandtschaft in Portugal.

Lisbonne ce 28 juillet 1886.

Monsieur.—En vous accusant réception du XIIIᵉ volume de votre ouvrage *Collecção dos Tratados da India Portugueza* destiné à Son Altesse Sérénissime le Prince Chancelier de Bismarck, j'ai été chargé et j'ai l'honneur de vous en exprimer toute la reconnaissance du Gouvernement Impérial.

Avec tous mes remercîments de l'envoi aimable du même volume pour mon usage personnel, je vous prie, Monsieur, d'agréer l'expression reiterée de ma consideration très-distinguée.

Le Ministre d'Allemagne

Baron de Schmidthals.

A Monsieur Monsieur J. F. Judice Biker, etc., etc., etc.
Lisbonne, rua das Gaivotas, n.º 6.

Illmo e E. Sr.—Acabo de receber pelo correio o tomo XIII da excellente *Collecção de Tratados da India*, e correndo com a vista o indice, e alguns diplomas, já vi que tem peças importantissimas relativamente ao nosso Padroado do Oriente. A este respeito e sobre este ponto é obra unica em Portugal, e V. E. bem mereceu da patria, por lhe ter feito um serviço assignalado com esta publicação.

Disponha V. E. do limitado prestimo de quem é

De V. E.
Amigo verdadeiro

Manuel de Oliveira Chaves e Castro.

Coimbra, 19 de Julho de 1886.

Illmo e E. Sr.—Recebi o volume XIII da *Collecção dos Tratados e concertos de pazes*. Beijo as mãos de V. E. por esta nova fineza.

Continua n'este volume a publicação dos importantes documentos relativos ao nosso Padroado no Oriente. Finda que seja esta publicação, estará habilitado para escrever a historia de tão diuturnos e variados successos quem houver de emprehendel-a; porque na *Collecção* encontrará os necessarios subsidios.

Inestimavel serviço está V. E. prestando ao nosso paiz, e ainda aos estranhos, com tão proveitosas lucubrações.

Deus lhe dê saude para levar ao cabo empreza de tamanho vulto.

Sou com a mais affectuosa e agradecida estima

De V. E.
Amigo muito dedicado e obrigadissimo servo,

Francisco Antonio Rodrigues de Gusmão.

Coimbra, 21 de julho de 1886.

Illmo e E. Sr.— Acabo de ler com ineffavel prazer no *Diario do governo* a Portaria de 14 do corrente, em que o Ministro dos Negocios Estrangeiros faz os mais justos, e tambem os mais amplos e cabaes elogios ás publicações de V. E., e, particularmente, á *Collecção dos Tratados e concertos de pazes*.

Dou a V. sinceros e cordeaes parabens.

É diploma sobremaneira honroso para V. E., e não o é menos para o Ministro que o assignou, e admiravel pela substancia e pela fórma.

Não parece escripto n'estes mofinos tempos de tamanha decadencia moral, e, permitta-me dizel-o, de tão frequentes e continuadas aberrações da sã e castiça linguagem portugueza, nas proprias repartições do Estado. Assignala-o sobretudo uma formosa caracteristica, um profundo sentimento catholico. Ressuma de todas as letras da Portaria o conceito: *Non erubesco Evangelium.*

Parece-me que V. E. devia juntar a este volume XIII o transumpto de tão notavel Portaria. Se o não fizer remediarei a falta, comprando o *Diario do Governo,* e extrahindo-lh'a, para a juntar ao meu exemplar.

Se teve dissabores, bem compensado se deve reputar com tantas demonstrações benevolas de nacionaes e estranhos, e agora com esta official, dada por um Ministro recto e illustrado.

Repito os meus sinceros e cordeaes parabens.

Sou com a mais affectuosa e agradecida estima

De V. E.
Verdadeiro e muito obrigado amigo
e reverente servo,

Francisco Antonio Rodrigues de Gusmão.

Coimbra, 23 de julho de 1886.

E. amigo Sr. Biker.—Vejo-me novamente obsequiado pela offerta dos ultimos tres volumes da importantissima publicação de V., cujo valor e alcance seria ocioso eu querer exaltar.

O nome de V., vinculado a obra de tanto merito, tem para mim mais um titulo de reconhecimento, por me contemplar com tão valioso dom, que tão cordialmente agradeço, como cordial é a estima e veneração com que me prézo de ser

De V. E.
Amigo obrigadissimo,

Carlos Testa.

Lisboa, 22 de julho de 1886.

Illmo e E. Sr.—Faz muita honra a V. E., e ao Sr. Barros Gomes a Portaria em que V. E. é merecidamente louvado pelas suas importantissimas publicações, e prodigiosa actividade.

Ha muito tempo que não leio no *Diario* um documento que tanto me satisfizesse, e tão bem pensado, e tão sabiamente redigido.

Dou a V. E. muitos e muitos parabens, e faço votos para que gose muitos annos do seu trabalho e da sua gloria.

E n'este verão não vem ao Norte? Se vier, sabe que tem aqui este Paço, e o habitante muito á sua disposição, e que sou sempre

De V. E.
Amigo muito affectuoso venerador e obrigado,

Manuel, Bispo Conde.

Coimbra, 25 de julho de 1886.

Agualva, Quinta da Nora, aos 27 de julho de 1886.

Meu prezado Amigo e E. Sr. Biker.—Juntas encontrará as provas da minha tradução da carta do embaixador veneziano.

Se eu soubesse que V.ª E. queria dar-me a honra de fazer imprimir no seu livro e com o meu nome essa tradução, teria eu usado outra ortografia. Quando li ao meu amigo o manuscrito, observei-lhe, que eu tinha empregado nele ortografia, que nem é a de que uso ha anos, nem a da Imprensa Nacional; que ela é rigorosamente etimolójica, histórica, como o é a de que uso, e conservadora porque mantém quantos *ph, th, y,* etc., etc., nos provêem da transcrição latina de vocábulos gregos, etc., etc. Respondeu-me V.ª E. que deixava ir o manuscrito como estava e queria que assim fôsse composto e impresso.

Os críticos vão dizer agora que eu uso de duas ortografias. Eles coitados usam de várias na mesma pájina, na mesma linha e até, já vi, numa só palavra algumas vezes. Mas julgam que usam de uma só ortografia. Pois digam os críticos o que quiserem.

V.ª E. pediu-me que eu visse as provas, e eu, na bôa fé, não passei à minha tradução á minha actual ortografia.

Fica em seu livro, meu bom amigo, um documento do modo pelo qual entendo que se deve ortografar a lingua portuguesa, quando se queira manter a absurda mania de se empregarem símbolos sem significação na lingua para cujas expressões os querem fazer servir!

Não falemos disto mais. Falemos um pouco do seu livro.

Todos os volumes da sua obra são apreciáveis. V.ª E. prestou notabilissimo serviço ao país. É ela um tesouro de valor subido ao alcance de todos os estudiosos, inexaurivel, e com tanto maior valor quanto maior fôr o número dos individuos que dele se utilizem; pois que serão as fôrças vivas, representadas pelos novos trabalhos, derivadas das suas próprias fôrças, meu bom amigo.

V.ª E. sabe quanto me empenho em que se estude históricamente a Índia. Não me ocupo, é verdade, em investigações de assuntos que datem para cá do século XVI; — não podemos ocupar-nos de tudo e em tudo! — Mas a questão do *Padroado português* na Índia é tão vital para nós Portugueses, que fiz dela excepção e tenho-a estudado um pouco.

A sua obra, meu E. amigo, é indispensável a quem, ainda que pela rama, queira fazer idea do que é e do que vale o *Padroado português* na Índia.

Em 1882 escrevi e apresentei ao Exmo Sr. Mello Gouveia, Ministro da Marinha, uma Memória em que lhe mostrava qual a importância do estudo do sámscrito e literatura samscritica para as missões indianas. S.ª Ex.ª nomeou-me membro da «Commissão encarregada do estudo da reforma do serviço das missões ultramarinas». Era uma comissão muito *notável* esta!! Tomei-a a sério, e consegui que ali fôsse discutida a minha Memória. Encontrei profunda ignorância das cousas por mim referidas, e reacção viva, tenaz, que me obrigou a sustentar a discussão em várias sessões durante muitos mezes.

Venci, porém, na luta; e tive depois a injenuidade de crer que a vitória fôsse de proveito para as cousas pátrias! Em quanto contra mim tive a actividade, a enerjia, pude lutar; mas veiu outra fôrça, a da resisténcia passiva, e eu fui vencido. Teve essa glória o ministro de quem nunca esperei tal desprêzo, por ser moço, intelijente, e erudito!!

Dizia eu naquela Memória:

«As palavras de Forbes Watson, citadas por mim no meu relatório enviado de Paris em 15 de janeiro de 1877, por serem as de um prático e eximio administrador que *de visu* conheceu as necessidades da Índia e meios de as remediar, seriam o bastante para chamar as atenções dos poderes do Estado para o interêsse capital do estudo histórico da Índia, principalmente quando esse Estado vai sendo dia a dia esbulhado de seus direitos por estranhos poderes e poténcias que bem têem compreendido quão vital é aquele estudo *para a resolução dos problemas políticos, comerciaes e administrativos daquele vastíssimo território.*

«Nós, àparte a desgraçada Goa e não menos infelizes Damão e Diu, temos ali interêsses que urje salvaguardar, por honra nacional e fé cristã que todo govêrno português nas condições actuais tem obrigação de defender.

V.ª Ex.ª sabe que o Padroado português no Oriente não é um priviléjio, é um direito, e que os tribunais ingleses, desejosos sempre de se mostrarem respeitosos do direito de quem o tem, embora a diplomacia possa depois cortar politicamente esse direito, a favor da nação britânica, têem sempre proferido sentença a favor do nosso direito ao Padroado, o qual na frase de um Núncio se estende por todo o território da Índia inglesa além do português domínio.

. . . .

«Desde 1740 que o mundo cristão conhece qual é a vantajem que o missionário tem se entra no intimo e mais recôndito pensar do Índio... Desde então jamais deixaram de se aproveitar dela todos os que desejaram lançar-nos fóra da Índia; e com a posse, que as armas foram tomando, do que por feitos d'armas ali possuiamos, a posse espiritual vão ajuntando do que espiritualmente governávamos e tanto poderio temporal acrescentava ao nosso império desejado.

«Cubiça e previdência estranha nos diminuiu, e de todo quási! de todo! nos arrancou o cetro que por descuido e ignorância nossa frouxamente comandava.

«Diminuido o cetro como hoje está, ele mal se vê sôbre as terras do Oriente, outrora vasto Estado que nem por estado temos, pois no'-las deixaram inimigos, não para memória, que desejam apagar, do muito que possuiamos, mas para mágoa considerado o pouco que agora temos!

«Assim o lastimava já, em 1663, o P.º Manuel Godinho. E quantas ciladas, quantos descuidos, quantos ardis, quanta cegueira, quanta subtileza, e quanta ignorância!! —de estranhos os embustes e o saber, de nós a simplicidade condenável e a obcecante ignávia, e o desprêzo pelos homens que vão animosos, lonje da pátria, a honra da pátria guardar e engrandecer—; quantos males se hão acumulado para augmentar o mal de então!?

«Se ainda é tempo ponhamos um dique a esta devastadora torrente!»

....

Assim dizia eu. Oxalá, meu amigo, e Sr. Biker, que o seu livro e toda a sua obra sirva para êste fim. Oxalá que alguns homens que têem assento nas câmaras saibam aproveitar-se dela para honra do pais, e reconquista da nossa dignidade, que assim cumprirão o dever de Portugueses como V.ª E. cumpriu o seu; do que os amigos o aplaudem e partilham honra, para o estimarem, como eu, e confessarem-se com júbilo agradecidos e cada um

Servidor respeitoso e dedicado

G. de Vasconcellos Abreu.

E. Sr. e meu presado amigo.—Pelo nosso amigo Garcia da Rosa recebi os dois volumes XII e XIII da estimavel *Collecção dos Tratados da India,* os quaes agradeço com todas as véras como os precedentes.

Não desejando, porém, que em tão precioso fio falte uma perola, tomo a liberdade de dizer que o ultimo volume, anteriormente recebido foi o X, e que portanto espero dever a V. E. o favor de me proporcionar o XI, deixando-o ficar em sua casa, ou na secretaria, onde mandarei por elle.

Vi com summo gosto a Portaria, em que o Ministro dos Negocios Estrangeiros tece os merecidos louvores, tanto ao inapreciavel da obra, como á benemerencia do seu auctor, a cujo incansavel zêlo, e judiciosa direcção, se deve a rapidez extraordinaria com que foi feita tão importante publicação; e ainda que n'aquelle documento se não encontrem senão a justiça e a verdade, tão pouco habituados andamos a ver n'um só engaste aquellas duas joias, sobretudo nas regiões officiaes, que a Portaria do illustrado Ministro é ao mesmo tempo laudatoria, e digna de louvor.

Com particular consideração me assigno

De V. E.
Amigo e venerador muito obrigado

Pedro Diniz.

30 de julho de 1886.

Illmo e E. Sr. e meu prezado amigo..................
....

O grande apreço em que tenho as sobreditas obras, e o valioso subsidio que ellas me tem prestado nas minhas locubrações, já V. E. sabe pelo exemplar dos *Elementos de direito ecclesiastico portuguez*, terceira edição, 1882, que offereci a V. E.; assim como lhe deve constar das minhas prelecções oraes.

Com a generosa offerta de V. E. não só fica enriquecida a minha modesta livraria, mas se me proporciona o ensejo de consultar mais commodamente estes indispensaveis auxiliares dos meus estudos profissionaes, pois na cadeira de que sou cathedratico têem os escriptos de V. E. uma utilidade incontestavel, uma importancia capital.

As relações da Côrte de Portugal com a Curia Romana em varios periodos da nossa historia, cuja materia fórma um dos capitulos mais interessantes do Direito ecclesiastico portuguez, não podiam conhecer-se e muito menos aquilatar-se devidamente sem a publicação dos muitos e curiosos documentos que enaltecem as paginas das obras de V. E. e derramam copiosa luz sobre o quadro outr'ora escuro d'essas relações.

As doutrinas do Marquez de Pombal *circa* sacra acham-se admiravelmente condensadas na interessante collecção dos negocios de Roma. Antes da sua publicação fôra impossivel descortinar as largas vistas do celebre Marquez sobre o hoje denominado direito ecclesiastico publico externo. Nos documentos ineditos o zeloso e erudito Procurador da Corôa João Pereira Ramos expõe e vinga denodadamente as antigas liberdades da Igreja Portugueza sobre o governo dos Bispos eleitos antes de confirmados pela Sé Apostolica.

Finalmente na *Collecção de Tratados da India* encontram-se documentos de alta valia para a imparcial e justa apreciação da velha e monumentosa questão do Padroado do Oriente, ainda não derimida a aprazimento de todos nos respectivos Tratados.

Em relação á minha cadeira, aos meus estudos e ao aproveitamento dos meus discipulos têem os trabalhos de V. E. um valor incontestavel, mas não é só em assumptos de direito canonico, hoje um pouco desdenhado, que o merito dos escriptos de V. E. é relevante, tambem nos negocios politicos, economicos e diplomaticos tem grande valia e utilidade, como por vezes e de um modo sincero e franco tem sido expressado a V. E. pelos admiradores dos seu trabalho insano, de sua rara abnegação, e do seu amor patrio não movido do premio vil. Receba pois V. E. na satisfação da propria consciencia o merecido galardão do seu trabalho indefeso no serviço á patria a corôa civica da sua gloria, e na minha singela e rude palavra o protesto vivo do meu agradecimento, e a expressão calorosa da minha justa admiração. Esperando no caracter cavalheiroso e franco de V. E. que me releve do longo adiamento das minhas toscas letras, subscrevo-me com a devida consideração e respeito

De V. E.

Amigo attento e creado obrigadissimo,

José Pereira de Paiva Pitta.

Coimbra, 21 de outubro de 1886.

Illmo e E. Sr.—Regressando a Lisboa, encontrei a agradavel surpreza da offerta, com que V. me honrou, dos tomos XI, XII e XIII da sua *Collecção dos Tratados relativos á India Portugueza.*

Confirmam estes novos volumes a boa fama dos anteriores, são de grande interesse para a nossa historia, e provam mais outra vez o relevante serviço por V. E. prestado ao nosso paiz, e aos futuros escriptores, que em tão boa fonte poderão encontrar subsidios valiosissimos.

Um dos assumptos mais importantes d'este ultimo trabalho de V. E. é, de certo, o que diz respeito aos documentos que se referem ao Padroado, e parece-me que é muito instructivo o appendice do tomo XIII, contendo a discussão, que, sobre a materia, se realisou na camara dos pares, na sessão legislativa do anno corrente.

Mais uma vez me confesso, com a maior consideração

De V, E.
Collega e amigo obrigadissimo

D. Antonio da Costa.

Lisboa, rua da Cruz de Pau, 57,
em 3 de Novembro de 1886.

Illmo e E. Sr.—Agradeço cordealmente a V. E. a remessa do tomo XIII da sua *Collecção de Tratados da India,* publicação interessantissima, e de muito alcance politico na presente occasião, em que se têem debatido as antigas glorias de Portugal na India com a voracidade da Congregação da Propaganda Fide.

Para mim particularmente é este volume altamente valioso tratando de negociações, em que eu tive uma modesta parte sob a direcção dos illustres Estadistas, que, durante os seis annos da minha missão em Roma, geriram a pasta dos Negocios Estrangeiros.

Tem V. E. feito um grande serviço ao nosso paiz e á historia publicando documentos, que na maior parte eram desconhecidos, e que mostram o nosso antigo poder, o prestigio do nosso nome, os grandes sacrificios, que fizemos, e os serviços que prestámos á religião de Jesus Christo em todo o Oriente, que descobrimos, civilisámos, e catechisámos.

Peço a V. E. licença para lhe offerecer um exemplar de um pequeno artigo, que acabo de publicar em defeza propria, justamente sobre o assumpto de que trata este seu volume XIII, de que renovo os agradecimentos, assim como a verdadeira estima e consideração com que sou

De V. E.
Amigo e collega obrigadissimo

Lisboa, 19 de Novembro 1886.

Alte.

Camara Municipal de Coimbra.—N.º 1480.

Ill.mo e E. Sr.—Cumpre-me agradecer a V. E., em nome da Camara Municipal a que presido, a offerta que acaba de fazer-lhe de alguns volumes dos *Tratados e concertos de pazes do Estado da India Portugueza,* publicação habilmente dirigida por V. E.

A Camara de Coimbra tem por vezes registado votos de agradecimento a V. E. por iguaes offerecimentos, e eu associo-me com os meus collegas da melhor vontade a estas manifestações de reconhecimento.

Deus guarde a V. E. Coimbra, 19 de Novembro de 1886.

Ill.mo e E. Sr. Julio Firmino Judice Biker.

O Presidente,

João José d'Antas Souto Rodrigues.

ADDITAMENTO

PREAMBULO

Para complemento desta nossa collecção publicâmos neste additamento os contractos de pazes, que só se encontram na Historia da descoberta e conquista da India por Fernão Lopes de Castanheda, e nas Decadas da Asia por João de Barros, e Diogo do Couto, d'onde os copiâmos.

Publicâmos tambem:

A carta de confirmação, approvação e ratificação do assento de venda das Ilhas de Maluco, feito entre ElRey D. João III, e o Imperador D. Carlos Rey de Castella, assignado em Lisboa a 20 de Junho de 1530, cujo original está no Archivo da Torre do Tombo, Gaveta 18, maço 3, num. 29.

A Relação das Indias Orientaes dada no anno de 1506 ao Senado pelo Embaixador Venesiano Vincenzo Quirini, durante a sua demora em Hespanha, quando veio acompanhar Filippe o Bello, Duque de Borgonha, que succedeu no Throno de Castella a sua sogra Izabel a Catholica, segundo o apographo contemporaneo existente no Museu Correr de Veneza, B. 3, 1, apud Relazioni degli Ambasciatori Veneti al Senato durante il secolo decimo-sesto raccolte ed illustrate da Eugeni Albéri. Florença 1863. Tomo xv, pag. 6–19.

E a Carta que em nome de S. Francisco Xavier mandaram, no anno de 1722, os Padres da Companhia de Jesus a ElRey D. João V, contra o parecer do Marquez de Abrantes, para que se vendesse a India aos Hollandezes.

Na Bibliotheca Publica Eborense ha huma copia desta Carta, que tem a seguinte advertencia: O auctor desta Carta dizem ser o Padre Manoel de Sá, Patriarcha da Ethiopia, que foi depois mandado vir para o Reino por causa das grandes controversias que na India houve entre os Padres da Companhia e o Arcebispo D. Ignacio de Santa Thereza. Este Padre era homem de grande talento e respeitado na India: assim que chegou a Portugal morreu logo no Collegio de Santo Antão a 22 de Abril de 1728. Pelas mesmas controversias veiu tambem em companhia do Patriarcha o Padre Antonio de Betancourt, Jesuita igualmente douto, e talvez de saber mais profundo que durando mais alguns annos veiu depois a fallecer no mesmo Collegio em 5 de Setembro de 1738, com mágua dos que o conheceram, e admiraram o seu juizo.

Quizemos terminar com a publicação da Demonstração do Direito do Padroado dos Reis de Portugal no Oriente, por D. Luiz de Sousa, mas quando a traducção estava já adiantada, sobrevieram difficuldades imprevistas, que nos obrigaram a desistir. Este illustre Prelado, doutorado em Theologia pela Universidade de Coimbra, tendo adquirido grande fama entre os homens sabios, foi nomeado Bispo de Lamego, e sagrado em Lisboa no anno de 1671, e elevado a Arcebispo de Braga em 1675. Sendo Embaixador em Roma junto do Papa Clemente X, e tendo noticia do Decreto da Congregação de Propaganda Fide, ordenando a todos os Missionarios que dessem obediencia sómente aos Vigarios Apostolicos, apresentou no anno de 1677 ao Papa Innocencio XI, por mandado do Serenissimo Principe D. Pedro Regente dos Reinos de Portugal, huma demonstração do Direito de Padroado dos Reis de Portugal escripta em latim, e com 39 Capitulos, para esclarecer plenamente o mesmo direito, contra o qual por aquelle tempo se principiava a fazer guerra. Este opusculo, com o titulo

Demonstratio Juris Patronatus Portugalliae Regum respectu omnium Lusitaniae Ditionis orientalium Ecclesiarum, qua ipsum jus ad omnes praesentandos, etiam titulares, pro eis Regionibus Episcopos stabilitur; idemque ad mittendos Evangelicos operarios in easdem Regiones exponitur; caeteros omnes extraneos Missionarios merito a Sancta Sede esse removendos ostenditur, argumentisque omnibus, quae in contrarium adduci possunt occuritur, conserva-se entre os Codices manuscriptos da riquissima Bibliotheca Publica Eborense (Cod. $\frac{CXV}{1-2}$ 134 folhas folio). He o original, parte delle escripto por letra italiana, e sem duvida em Roma, quando o auctor lá foi Embaixador. Foi impresso pela primeira vez em Nova Goa no anno de 1860, in 8° 211 paginas, pelo infatigavel Joaquim Heliodoro da Cunha Rivara.

Deste trabalho sem duvida resultou, como diz o Editor na sua Prefação, datada de 27 de Julho de 1860, que não sómente se removeram os embaraços com que se impedia perante o Summo Pontifice a confirmação dos Bispos das Igrejas Suffraganeas da India Oriental, mas poucos annos depois foram creados pela Santa Sé Romana novos Bispados na China, sob o mesmo direito do Padroado.

Foi pois este opusculo justamente intitulado «Demonstração do direito do Padroado dos Reis de Portugal», e não será preciso grande trabalho para conhecer, que muitos dos argumentos, ou talvez todos os que naquelles antigos tempos se adduziram contra o direito do Padroado, são os mesmos que modernamente têem sido empregados; e ao mesmo tempo se vê que cada hum desses argumentos foi por aquelle muito esclarecido auctor completamente esmagado, e reduzido a pó.

Todavia, se entre as respostas algum argumento se achar, que posto novamente na bigorna pareça de pouca importancia, deve-se advertir, que esses argumentos foram naquelle tempo recebidos por ambas as partes contendoras como muito poderosos, e por isso os mais proprios para convencer e obrigar os entendimentos.

De mais he muito para admirar como nesta questão desde o tempo do auctor até o dia de hojé, não se tenha apresentado quasi nenhum argumento novo contra o direito do Padroado. Mas comtudo se algum foi em algum tempo escogitado por alguma parte, ou por hum homem qualquer, esse argumento já está huma e muitas vezes refutado pelos escriptos de auctores modernos; e refuta-se completamente e se desvanece pela Concordata de 21 de Fevereiro de 1857, confirmada e ratificada entre o Summo Pontifice Pio IX, e D. Pedro V Rei de Portugal e dos Algarves, no principio da qual e antes de tudo se propõe, que fiquem firmes, valiosos e em perpetuo vigor os Sagrados Canones, e as Bullas Apostolicas em que se funda aquelle direito de Padroado.

Resplandeceu tanto entre os homens sapientissimos de Roma a erudição e eloquencia de D. Luiz de Sousa desde os primeiros dias da sua chegada áquella capital, que por morte de Clemente X foi no dia 21 de Julho do mesmo anno de 1676 admittido a fazer o discurso para a eleição do novo Pontifice diante dos Cardeaes reunidos em Conclave. Esteve em Roma até o dia 17 de Julho de 1682, tratando dos gravissimos negocios, que lhe foram encarregados, e tendo-os concluido com feliz resultado, regressou á Patria, onde foi recebido com grandes honras pelo Principe Regente, pela fidalguia e pelo povo. Partiu depois em 1683 para Braga, onde, occupado com o maior zelo em pastorear e doutrinar o seu rebanho, veiu a fallecer no dia 20 de Abril de 1690 na idade de cincoenta e tres annos.

Damos muitas graças a Deus por nos ter dado vida e saude para levar ao cabo esta collecção, que estimaremos possa ser de alguma utilidade aos amantes da historia politica de Portugal.

Agradecemos com muito reconhecimento as cartas que temos recebido com lisongeiras apreciações do nosso trabalho, e os artigos de alguns jornaes, o que tudo considerâmos como documentos de grande valor.

Depois de termos escripto este Preambulo publicou-se no *Diario do governo* n.° 167 de quarta feira 28 de Julho, o Convenio, Concordata ou Tratado entre o Papa Leão XIII e El-Rei de Portugal, assignado em Roma, pelos respectivos Plenipotenciarios, em 23 de Junho de 1886, para regular por maneira estavel e definitiva o Padroado da Corôa Portugueza nas Indias Orientaes, e terminâmos o nosso additamento com a sua publicação, e a dos documentos que o acompanham, addicionando-lhe parte da correspondencia relativa á negociação da mesma Concordata, mandada imprimir pelo Ministerio dos Negocios Estrangeiros, para ser apresentada ás Côrtes.

Capitulos das Pazes feitas por Martim Affonso de Sousa com El-Rey de Cambaya, para se fazer uma fortaleza em Diu

(Castanheda, liv. VIII, cap. C.)

«Ho çoltaõ Badur he cõtente de dar a elRey de Portugal hũa fortaleza ẽ Diu em qualquer lugar que ho gouernador Nuno da Cunha quiser, da banda dos baluartes do mar e da terra, da grandura q̃ lhe bem parecer, e assi ho baluarte do mar.

«E assi ha por bẽ de dar e confirmar Baçaym com todas suas terras, tanadarias, rẽdas, e dereitos, assi como tem dado no cõtrato que fez coele sobre as pazes no dito Baçaym.

«Com condiçã, que todas as naos de Meca que por virtude do dito cõtrato das pazes eraõ obrigadas a hir a Baçaym que ho naõ sejaõ, e venhaõ a Diu, assi como dantes vinhaõ: nem lhes seja feita força algũa. E quãdo algũa quiser lá hir por sua vontade que ho possa fazer: e assi ho farão outras doutras partes que yrão e virão pera onde quiserem. E porem hũas e outras nauegarão com cartazes.

«E com condiçaõ, q̃ elRey de Portugal naõ terá em Diu dereytos nẽ rẽdas nẽ mays q̃ só a dita fortaleza e baluartes, e todos os dereytos, rendas, e jurdição da gẽte da terra, sera do dito çoltaõ Badur.

«E com condiçaõ, que todos os caualos Dormuz e Darabia que pelo dito contrato das pazes eraõ obrigados a hir a Baçaym vaõ a Diu e pagaraõ os dereytos a elRey de Portugal segundo o costume de Goa. E naõ os comprando elRey, seus donos os leuaraõ onde quiserem.

«E com condição, que todos os caualos que forem do estreyto pera dentro, naõ paguem nenhũs dereitos e seraõ forros.

«E com condição, que elRey de Portugal e ho çoltão Badur seraõ amigos damigos, e immigos de immigos. E ho gouernador em nome delRey de Portugal ajudará ho çoltão Badur cõ todo o q̃ poder por mar e por terra, e assi elRey a ele quãdo cõprir com suas gẽtes e armadas.

«E com condição, que querendo-se fazer Christãos algũs Mouros da terra do çoltaõ Badur que ho gouernador ho não consinta. E assi ho çoltão Badur não consintiraa fazer-se nenhum Christaõ mouro. E que passandose de sua terra algũa pessoa ou pessoas que deuão dinheyro ou tenhão fazenda delRey de Portugal, q̃ ele os mande entregar, e outro tãto fará ho gouernador se se passar pera os Portuguezes algum homẽ que tenha fazẽda do çoltaõ Badur, ou lhe deua dinheyro.

Feytas estas capitulações, e assinadas por elRey, mãdou as Martĩ afonso (por Diogo de mezquita que foy coele) ao gouernador pera q̃ as assinasse, e elRey de Cambaya mandou coele Xacoez com hũa carta ao gouernador, rogando-lhe q̃ nã tardasse, e partirãse ambos no fim de Setẽbro.

Carta de El-Rey dos Mogores para o Governador da India

(Castanheda, liv. VIII, cap. CI.)

«Muyto honrrado e muito senhor ãtre todos e a cabeça de todos, q̃ he muyto sofrido e muyto virtuoso, e tal fama tẽ de muyta honrra, gouernador, e capitaõ mór Frangue, a que cato a cortesia, como se fosse a pessoa del rey, ele me escreueo hũa carta cõ seu desejo, e por seu bẽ, e boa amisade, q̃ me foy dada indo ja de caminho pera offender meus cõtrairos sobre suas terras: e o q̃ mescreuestes vi logo e folguey muyto de ho ver. E aq̃le tempo veo muyta gẽte de meu cõtrairo sobre minhas terras, então sairã algũs capitaẽs meus a pelejar coeles, e derão sobre ho seu arrayal, e os desbaratarã todos, e forão a pos eles ate jũto de Mãdou, matando e catiuãdo muyta gente, os quaes como viraõ a minha espada fugiraõ todos como gente roym e ciuel.

«Eu mandey hũ pião aos capitães do Daquẽ, a que tinha mandado que fossem sobre as terras de meu cõtrairo: e lhes dissese q̃ se viessem pera mĩ: sam muyto honrados, e muyto grãdes señores, e tẽ todo ho reyno do Daquẽ. Como chegarẽ a mĩ, conselharmey coeles, e cõ pouco trabalho auerey meu contrairo cõ todas suas terras.

«Os portos de már q̃ me escreuestes q̃ querieys que vos ficassem com toda a renda: os quaes eu tenho em meu poder, disso vos mando este Formão, e o q̃ me pedis vos outorgo, porẽ cõ condiçaõ que quẽ quiser nauegar q̃ ho possa fazer, e que viua quẽ quiser nesses portos sem receber escandalo. E de tal rey como eu aueys desperar ainda mais merces, e queria q̃ fizeseys boa justiça em qualquer lugar q̃ tiuerdes em poder, porque minha gente q̃ ha destar perto vos ajudará a fazela quando for necessario: e assi fará a vossa quando me cõprir. E as terras que esteuerem, perto de vos podereis tomar, e não cureys das de longe, que tempo virá q̃ as tomarey. E quẽ espera minha merce e deseja minha amizade, não digo eu darlhe os portos de már, se não as terras firmes, e quanto eu poder, que os portos de már não he nada?

Carta que levou Xacoez, de El-Rey de Cambaya

(Castanheda, liv. VIII, cap. CI.)

«Nomeado do grãde rey liã do már, das agoas azuys, Nuno da Cunha, capitã mór com a merce delrey, eu vou acrecẽtey por amizade. Sabereys q̃ o Secretario Symão ferreyra fiel e amado em ãbas as partes e Xacoez atear filho do hõrado vierã a mĩ: a vossa carta q̃ me mãdastes veo a meu estado, e vi tudo o q̃ nela vinha escrito, quãto á vontade e desejo q̃ tẽdes eu o soube claro, e ãtes disto Xarcoez me fez saber a vossa bondade e amizade, e o soube agora por Simaõ ferreyra per via damizade, aquilo q̃ vos era necessario, e q̃ em tãtos annos nã se pode cõprir, nẽ ouuereis dalcãçar tã asinha hũ lugar pera estarẽ os Portuguezes aqui ẽ Diu da banda q̃ vos qreys, vos não ho mandastes pedir nẽ ho pedistes, eu vos faço merce dele cõ as condiçoẽs q̃ Symão ferreyra outorgou por virtude da vossa procuraçaõ, as quaes sabereis por sua carta e per palavra de Xacoez. Agora he necessario q̃ tanto q̃ esta vos for dada, q̃ nã esteys q̃do em nhũ lugar, e venhais aqui cõ Xacoez: eu tinha escripto ao capitaõ mór do már, e tãto q̃ lhe deraõ meu mãdado logo veo a minha casa, folguey coisso, e per isso o mãdey estar aqui pera me servir. Feita ẽ Diu a vintoyto de Setẽbro de mil e quinhẽtos e trĩta e cĩco.

Capitulos assentados pelo Governador da India, Nuno da Cunha, com Mir Mahamed Zaman, a pedido d'este

(Barros, dec. IV, liv. VIII, cap. X.)

«Que elle Mir Mahamed Zaman, Rey do Guzarate dava a ElRey de Portugal todas as terras da costa do Reyno de Guzarate, começando da Cidade de Mangalor até á Ilha de Beth, com todos os portos, e povoações que nellas houvesse, e entrando pelo sertão duas leguas. E pelo mesmo modo lhe dava a Villa de Damam na enseada de Cambaya até Baçaim, com todas as terras, e paraganas, com toda a jurdição, e rendimentos, assi como estavam encabeçadas, segundo se continha nos foraes dellas.

«Que se ElRey de Portugal quizesse naquelles lugares mandar bater moeda, para correr entre os Guzarates, fosse o proveito seu, mas o çunho seria com a chapa, e signal delle Mir. Zaman.

«Que todos os navios de guerra de Soltam Badur, e assi os de carga, com fazenda, ou sem ella, onde quer que fossem achados, ou vindo de fóra, os mandaria entregar.

«Que em nenhum de seus portos consentiria fazer navios de guerra, sómente se fariam náos de carga para mercadoria.

«Que os cavallos que viessem per mar pagariam os direitos que pagavam em Goa, e os direitos delles seriam por ElRey de Portugal.

«Que os escravos dos Portuguezes, que fugissem para terra firme aos Mouros, e assi os que já lá estavam, os mandasse entregar.

«Que qualquer Portuguez, que lá andasse sem licença do Governador da India, ou do Capitão de Dio, ou Baçaim, o mandasse entregar preso.

«Que os mercadores não fossem impedidos de ir, e vir com suas mercadorias, ainda que houvesse guerra entre os Portuguezes, e Guzarates, antes haveriam todo favor, e ajuda, nem lhes seriam levantados os direitos que ordinariamente pagavam.

«E que Mir Zaman daria a ElRey de Portugal a quintã de Melique, que está em Novanaguer.

Estes apontamentos feitos em lingua Portugueza, e na Persea, foram assignados, e sellados com o sello de Zaman, segundo nós vimos donde tirámos estes capitulos. E para confirmação de tudo, deo logo de boa entrada cincoenta mil pardáos d'ouro para pagamento dos soldos da gente d'armas, que Nuno da Cunha mandou entregar ao Secretario João da Costa, e da sua mão se despenderam em soldos da mesma gente, e compra de pimenta.

Pazes assentadas entre Nuno da Cunha e o Mouro Abedelá, Mensageiro de El-Rey de Xael, que as veio pedir da parte do seu Rey, e se fizeram com estas condições

(Barros, dec. IV, liv. VIII, cap. XVI.)

Que ElRey de Xael entregaria logo D. Manuel, e os Portuguezes que com elle estavam, e todos os seus escravos; e pagaria a perda de sua fazenda per esta maneira. Que Nuno da Cunha mandaria a Xael hum Feitor, e hum Escrivão; e os direitos que as partes houvessem de pagar na alfandega se fariam em tres terços, hum delles para pagamento destas fazendas, outro para ElRey de Portugal, e o outro para El-Rey de Xael; e que este Feitor, e Escrivão dariam cartazes para navegarem as náos seguramente com suas mercadorias; e que em signal de pareas, ElRey de Xael daria em cada hum anno a ElRey de Portugal cem quintaes de Cifa, (que he azeite de peixe,) para os seus armazens da India; e que Nuno da Cunha lhe mandaria entregar dous Mouros honrados naturaes de Xael, que foram prezos em Ormuz, como represalia, por causa de D. Manuel; e assi daria favor, e seguro aos navios, que fossem achados na Costa do seu Reyno dentro dos limites nomeados.

Feito este contrato, porque D. Fernando de Lima filho de Diogo Lopes de Lima, que ahi estava, e viera de Portugal na Armada do anno passado, hia para Ormuz a servir de Capitão daquella fortaleza, ordenou Nuno da Cunha, que fosse por Xael a ver jurar ElRey este assento das pazes, e receber entrega de D. Manuel de Menezes, e dos outros Portuguezes. Chegado D. Fernando a Xael, foi recebido de ElRey com muita honra, e cumpriu com elle tudo o que seu Embaixador contratou, e deu-lhe dous cavallos; e alem de entregar D. Manuel, e todos os que com elle estavam, que em hum navio se foram para a India, entregou-lhe certa fazenda que ahi tinha João de Santiago, a que chamavam Franguecham, por saber que já era morto.

Condições das Pazes concedidas pelo Governador da India, D. Estevão da Gama a El-Rey de Ujantana a pedido d'este, que para isso mandou seu Embaixador

(Barros, dec. IV, liv. IX, cap. XIV.)

«Que toda a artilheria, que houvesse por todo o Reino de Ujantana com as armas d'ElRey de Portugal, de muitas embarcações, que por suas costas se perderam, seria logo tornada, e trazida a Malaca.

«Que nunca mais ElRey de Ujantana faria em porto algum dos seus lancharas, nem outras embarcações de guerra; e todas as que se fizessem sem o ElRey saber, tanto que fosse à sua noticia, as mandaria a Malaca com os donos dellas; e que todas as que ao presente estivessem feitas, assi suas, como de seus vassallos, mandaria logo entregar á pessoa, que com os Embaixadores para isso havia de ir.

«Que nunca jámais faria tranqueira, nem fortes alguns em Bintam, nem em Ujantana, e que se passaria logo para o rio de Muar, por ficar mais perto de Malaca, para delle conversarem, e commercearem como amigos; e que naquelle lugar tambem não faria tranqueira, nem forte algum.

«Que todas as dividas que Tuam Mafamede devia aos mercadores de Malaca, das fazendas que tinha tomadas antes da guerra, as tornaria logo a seus donos; e não podendo ser tudo, fosse parte, e a demazia para o anno, de que ElRey ficáva por fiador.

«Que todos os escravos de Portuguezes, que estavam fugidos de Malaca, e dalli por diante fugissem, se tornariam logo; e se algum já fosse Mouro, o pagariam a seu dono, e o mesmo se faria em Malaca aos fugidos de Ujantana; e se ainda houvese em seu Reino alguns filhos de Portuguezes, que se perderam havia annos na sua Costa em hum junco, que hia de Borneo para Malaca, se tornariam logo com todos os seus escravos, e escravas.

«Que deixaria navegar livremente todas as embarcações de quaesquer partes que fossem para Malaca com fazenda, ou mantimentos, sem as obrigar a tomarem seus portos; e que entrando algumas nelles com tempo fortuito, ElRey lhes daria toda a ajuda, e aviamento para irem para Malaca.

«Que mandaria a seus vassallos, que fossem com suas fazendas a Malaca para as venderem, e comprarem outras como amigos, a quem se faria favor, e amizade; e o mesmo se faria em seus portos aos Portuguezes.

Estes capitulos de pazes juraram os Embaixadores em nome de seu Rey; e Dom Estevão os mandou apregoar pela Cidade com universal alegria de todos; e despedidos os Embaixadores, contentes com as peças que lhes deu, mandou com elles os que haviam de ver jurar as pazes a ElRey, que as festejou muito, e as mandou publicar, e fez logo entrega das cousas capituladas. Mudou-se El-Rey para Muar, onde fundou nova Cidade, começando a correr em grande amizade com os Portuguezes, com que ficou Malaca em muita quietação, e se enobreceu tanto com a frequencia de mercadores, que nella concorriam, navegando seguros por causa das pazes, que nunca em outro tempo esteve em maior prosperidade.

Contrato das Pazes capituladas pelo Capitão Mór Martim Affonso de Sousa, com o Soltão Badur

(Couto, dec. iv, liv. ix, cap. viii.)

«Que ElRey Soltão Badur, se obrigava a dar logo hum lugar naquella Ilha (Dio) na ponta de sobre a barra, para se nelle fazer huma fortaleza, da grandura, e tamanho que o Governador quizesse.

«Que lhe concedia, e dava o Baluarte do mar, sem a sua artilheria.

«Que de novo lhe dava; e confirmava a Cidade de Baçaim

com suas terras, e jurdição, assim, e da maneira que já pelo outro contrato lhe tinha dadas.» Estes são os capitulos que o Badur concedeu. Os seus que lhe concederam, são os seguintes:

«Que todas as náos de Meca, que pelo primeiro contrato eram obrigadas irem a Baçaim, dalli por diante iriam á Ilha de Dio, assim como d'antes costumavam, ás quaes se lhes não faria força alguma, e que querendo qualquer dellas por sua vontade ir a Baçaim, o poderia fazer; e assim o fariam todas as náos de todas as mais partes, que navegariam assim á ida, como á vinda, pera onde quizessem livremente, mas que todas seriam obrigadas a tomar salvo conducto dos Capitães d'ElRey de Portugal.

«Que, naquella Ilha de Dio, não teria ElRey de Portugal nenhumas rendas, direitos, nem entradas, nem jurdição alguma sobre seus naturaes: e que sòmente possuiria a fortaleza das portas a dentro.

«Que, os cavallos da Persia, e Arabia, que pelos contratos passados eram obrigados a ir a Baçaim, dalli por diante iriam a Dio, aonde pagariam direitos a ElRey de Portugal, segundo o costume de Goa. E que os cavallos que se alli não comprassem, poderiam seus donos tornar a levar livremente pera onde quizessem. E que isso mesmo todos os cavallos que viessem dos portos de Meca seriam livres, e não pagariam direitos alguns.

«Que ElRey de Portugal, e seus Governadores, não mandariam fazer guerra ao Estreito do mar Roxo, nem nos lugares da Côrte da Arabia; e que todas as náos daquellas partes navegariam livremente sem as nossas Armadas entenderam com ellas. Mas que havendo Armada de Rumes, e Turcos, então os poderiam ir buscar, e fazer-lhes guerra.

«Que, os Reys de Portugal, e os de Guazarate seriam amigos de amigos, e inimigos de inimigos. E que o Governador Nuno da Cunha seria obrigado a ajudar a elle Soltão Badur com todo o seu poder por mar, e por terra contra seus inimigos.»

Estes contratos assignou Soltão Badur, e jurou de guardar, e cumprir perante o Capitão-mór, Simão Ferreira, e Capitães da Armada, de que se passaram dois instrumentos, hum pera ficar em poder dos officiaes do Soltão Badur, e outro pera se levar ao Governador a Baçaim, aonde havia de esperar por recado. Soltão Badur despediu logo o Embaixador Xacoez com o traslado dos capitulos, e lhe escreveu elle, e o Capitão mór, pedindo-lhe que logo se fosse pera Dio. Chegado Xacoez a Baçaim, já achou o Governador, e dandolhe as cartas, e capitulos, os festejou muito. E porque a Carta do Badur he substancial, nos pareceu bem ir aqui junta, que continha o seguinte:

«Nomeado do Grande Rey, leão do mar, das aguas azuis, Nuno da Cunha, por mercê d'El-Rey seu Capitão-mór. Sabereis que o Secretario Simão Ferreira fiel privado em ambas as partes, e Xacoez filho dourado vieram a mim, e me deram a carta que me enviastes, onde vi, e entendi mui bem vossa vontade, e desejo, o que antes disse Xacoez me tinha declarado; mas agora por bôca de Simão Ferreira me acabei de certificar da vossa amizade. Pelo que o que tantos annos ha que se não póde cumprir, nem vos houvera de vir ás mãos tão cedo, (que he lugar pera estarem Portuguezes em Dio,) eu vos faço mercê delle da banda que quizerdes, assim como me mandais pedir com todas as condições, que Simão Ferreira por virtude da vossa Procuração outorgou, como sabereis por sua carta, e por palavra de Xacoez, que lá vae. Agora he necessario, que tanto que esta vos for dada, sem dilação alguma vos venhaes com Xacoez. Eu tinha escrito ao Capitão-mór que se viesse pera mim, e tanto que viu meu mandado, logo se veiu a minha casa, com o que eu folguei muito, e o detive pera me servir. Feita em Dio a 28 de Setembro.

Contratos que o Governador da India Nuno da Cunha fez com Mir Mahemede Zaman, que se concluirão pela maneira seguinte

(Couto, dec. v, liv. i, cap. xii.)

«Que tanto que elle Mir Mahamede Zaman fosse pacificamente Rey de Cambaya, daria a ElRey de Portugal para todo sempre o porto e cidade de Mangalor, com todos os direitos, rendas, e jurdição, com dous coces e meio (que he huma legua e hum quarto) de huma, e da outra banda, com todos os portos, e logares do mar: com outros dous coces e meio pera o sertão, com todas as aldeias, villas, e lugares, que naquella distancia houvesse, assim, e da maneira que Soltão Badur o possuia.

«Que outro si lhe daria a cidade de Damão, com todas as suas Tanadarias, e aldeias que tivesse até ás terras de Baçaim, assim como dantes eram do Estado de Cambaya.

«Que todos os navios de guerra, e naus, que foram de Soltão Badur, com todas as fazendas, que nellas viessem de fóra, tomar os portos de Cambaya, seria obrigado a mandar entregar em Dio.

«Que em nenhuns de seus portos poderia elle Mir Mahemede Zaman mandar fazer, nem consentir fazerem-se navios de guerra; e que somente poderiam fazer naus de carga, pera mercadores.

«Que os cavallos que fossem ter a Dio, pagassem os direitos a ElRey de Portugal, assim como se pagavam em Goa. Estes são os apontamentos, que o Embaixador concedeu. Os que lhe concederam a elle, são os seguintes:

«Que as moedas todas que corressem nas cidades, que foram do Reyno de Cambaya, que fosse da jurdição de El-Rey de Portugal, e na ilha de Dio, fossem cunhadas com os cunhos, e marca delle Mir Mahamede Zaman.

«Que nas suas mesquitas, e alcorões de todas as ditas cidades, e lugares fosse elle Mir Mahamede Zaman acclamado por Rey do Guzarate, como o era Soltão Badur.

«Que os contratos, que estavam feitos antre elle Governador, e Soltão Badur, sobre as naus, e cavallos irem áquella Ilha de Dio, ficassem correndo, e nelles se não innovasse cousa alguma: sómente que as armas, que viessem nas naus, lhas não tomassem por virem para aquelle Reyno.

«Que toda a gente de guerra de Soltão Badur, que estivesse em qualquer porto de Cambaya, que se quizesse ir pera elle Mir Mahamede; e podesse fazer livremente, sem ninguem lho impedir»: com outros apontamentos, que não são essenciaes.

Concluidos estes capitulos, se passaram dois instrumentos em Parseo, e Portuguez, hum pera darem ao Embaixador, e outro pera ficar no Estado. E logo o Governador, presente o Embaixador e Antonio da Silveira, Vasco Pires de Sampaio, Ruy Dias Pereira, Gaspar de Sousa, Garcia de Sá, e outros Fidalgos, e Capitães, jurou nos Santos Evangelhos de os cumprir, e guardar em nome de ElRey de Portugal seu Senhor, muito inteiramente, e de lhe serem guardados por todos os Governadores da India. Deste juramento se fizeram outros dous autos em Parseo, e Portuguez para se darem ao Embaixador, em que o Governador se assignou, com todos os que presentes estavam. Acabado isto, fez o Embaixador logo alli o mesmo juramento, que lhe foi dado no seu moçafo pelo lingua, obrigando-se a fazer com ElRey a jurar os mesmos contratos, presentes as pessoas que o Governador a isso mandasse. O que tudo se fez com a maior solemnidade que podia ser, disparando-se toda a artilharia, assim da armada, como da fortaleza, em signal de festa, e alegria. Estas pazes, e contratos se apregoaram logo pela cidade; ao som de muitas charamelas, e trombetas.

O Governador mandou logo fazer prestes o Secretario pera ir em companhia do Embaixador á cidade de Novanager a ver jurar os contratos ao Mir Mahamede; e ao outro dia o despediu, indo o Embaixador muito satisfeito das honras, e mercês que lhe o Governador fez, levando o Secretario por lingua Marcos Fernandes, e perto de vinte pessoas de cavallo pera seu acompanhamento, levando peças, e brincos curiosos para dar ao novo Rey.

O Mir Mahamede Zaman teve aviso da sua ida, e o foi esperar á quinta do Melique, mandando-o buscar ao caminho pelas pessoas principaes de sua casa, por quem foi levado ao novo Rey, que o recebeu muito bem. E depois de saber da saude do Governador, o mandou agazalhar, e banquetear mui bem. Ao outro dia jurou as pazes publicamente em seu moçafo nas mãos de Cadiçahat, justiça da cidade de Dio, que o Governador pera isso mandou, o que se fez com grandes solemnidades, e festas ao seu modo, mandando-as logo apreguar por todo o exercito, e na cidade de Novanager. Disto tudo se passaram instrumentos em lingua Persa, assinados por Mir Mahamede, e pelo Cadi, lingua, e mais pessoas principaes.

Acabado este negocio, em que se gastaram cinco dias, despediu-se o Secretario de ElRey, que lhe deu muitas peças, assim pera o Governador, como pera elle, e o mandou acompanhar até á Villa dos Rumes. Dahi se passou á outra banda, e deu conta ao Governador do que ficava feito, o que elle estimou muito; porque se aquelle homem se soubesse conservar naquelle Reyno, ficava o Estádo da India muito prospero, e poderoso em terras e rendas.

Pazes entre o Vice-Rey D. Garcia de Noronha e El-Rey de Cambaya, que se concluiram pela maneira seguinte

(Couto, dec. v, liv. v, cap. vii.)

«Que ElRey de Cambaya mandaria fazer huma parede antre a cidade, e a fortaleza, que cortasse de mar a mar, de doze palmos de largura, e que as portas que tivesse, estariam todo o dia abertas para os Portuguezes poderem ir, e vir á cidade, e que de noite se fechariam, e os Portuguezes se recolheriam todos á fortaleza. E que nas portas estariam continuamente guardas; assim Portuguezes, como Mouros; mas que as chaves dellas estariam nas mãos dos Porteiros de ElRey de Cambaya.

«Que todos os rendimentos, que rendessem as alfandegas, e todas as mais rendas da ilha, se lançariam em hum cofre, de que no cabo do anno, tiradas as despezas, e ordinarias dos officiaes, haveria ElRey de Portugal a terça parte; e que na alfandega poria outros tantos officiaes Portuguezes, quantos ElRey de Cambaya tivesse; e que teria cada hum sua chave do cofre. E que na cidade poderia o Viso Rey pôr hum Ouvidor, Meirinho, e Tanadar, como ElRey de Cambaya tinha, pera administrarem justiça aos seus, ficando, porém, o senhorio da cidade izento a ElRey de Cambaya. E que havendo differenças antre os Portuguezes, Mouros, e Gentios, assim civel, como crime, o Catual de ElRey seria obrigado a levar os Portuguezes ao Ouvidor pera delles fazer justiça; e que elle tambem mandaria os naturaes ao Cadi de ElRey de Cambaya pera a fazer delles.

«Que os cavallos, que viessem da costa de Arabia, de Caxem, e dos portos do Estreito de Meca, seriam forros de direitos, e que lhe dariam cartazes a suas naus pera poderem navegar, mostrando certidões de como despacharam primeiro as fazendas nas alfandegas.

Concluidos estes apontamentos, tiraram-se delles dois instrumentos, hum em Parseo para ElRey de Cambaya, e outro em Portuguez para o Viso Rey, que lhe foram mandados para jurarem as pazes, indo o Xacoez a vel-as jurar pelo Viso Rey, o que elle fez com grande solemnidade; e logo as mandou apregoar pela cidade com muitos instrumentos de alegria. O mesmo fez ElRey em Amadabá, presente o Secretario João da Costa, Gaspar Pires de Matos, e Coge Percorli, que a isso foram; apreguando-se tambem por todo o Reyno com grande alvoroço de todos, por estarem já quebrados, e avorrecidos da guerra.

Pazes que o Çamorim mandou pedir a D. Garcia de Noronha, e capitulos com que lhas concedeu

(Couto, dec. v, liv. vi, cap. vi.)

«Que o Çamorim se obrigava a dar toda a pimenta de seus Reynos pelos preços que a dava ElRey de Cochim; e que o Viso Rey lhe largasse a ilha do Camarão dorite, que estava no rio de Chalé, que lhe tinham tomada; em que se faria o pezo, e entrega da pimenta que havia de dar.

«Que todo o gengivre de suas terras daria a razão o bár de 92 fanões, entrando nelles os direitos que elle Çamorim havia de haver.

«Que o Viso Rey lhe daria licença pera mandar cada anno nas naus do Reyno, por cada 100 bares de pimenta que vendesse a ElRey, 2 bares e meio forros pera si, que lhe pagariam em Portugal a 15 cruzados por cada quintal, e que o dinheiro que nisso se montasse lhe mandariam empregado em azougue, vermelhão, em coral (fazendas que então eram mais requestadas que todas, e respondiam muito). E a pimenta que embarcasse por sua conta, correria o risco de ElRey de Portugal, e que perdendo-se alguma nau, elle seria obrigado a lhe pagar o que nella perdesse, e que todas as fazendas que viessem do Reyno por sua conta, se lhe entregariam na nossa fortaleza de Chalê, ou em Cochim, forras de todos os gastos, e despezas, e isto pela muita perda que elle Çamorim recebia nos direitos da pimenta, que os mercadores de Meca hiam comprar a seus Reynos, por lha não poder agora vender, pela obrigação do contrato.

«Que lhes deixariam levar aos mercadores Portuguezes todas as fazendas que quizesse; pera irem vender a Calecut, aonde pagariam os direitos ao Çamorim, e nelles, e nas vendas, lhes fariam muitos favores.

«Que lhe dariam seguros a suas naus pera navegarem pera onde quizessem, sem se lhes fazer aggravo algum, e o que lho fizesse, fosse por isso muito bem castigado. Que lhe não tirariam as jangadas, que ao presente tinha em suas terras.

«Que quanto á quebra, que o Çamorim tinha com Mangate Caimal, que o Viso Rey os comporia de maneira, que o Mangate ficasse satisfeito.

«Que elle Çamorim não faria guerra a amigo algum do Estado, e que recebendo algum aggravo de algum delles, o faria saber ao Viso Rey, ou Governador da India, pera lho emendarem, e satisfazerem; e que não tendo elle Çamorim o tal cumprimento, em tal caso o Viso Rey ajudaria á pessoa a que elle fizesse guerra, sem por isso quebrar o juramento das pazes. E se o Rey, ou Senhor com que elle Çamorim tiver alguma differença, não quizer estar pelo que o Viso Rey, ou Governador ordenar, em tal caso elle Çamorim o poderia castigar.

«Que outrosi não consentiria, nem a seus vassallos, nem a mercadores estrangeiros, navegarem de seus portos pera os de Meca, nem pera os da costa de Arabia, porque não levassem de seus Reynos a pimenta, e gengivre, que era obrigado a dar a ElRey de Portugal por estes contratos.

«Que elle Çamorim seria obrigado a dar toda a ajuda, e favor ao que governasse o Estado, quando lhe fosse requerida, e pedida; e que não receberia em seus portos Turcos, nem Rumes, nem outros inimigos do Estado.

«Que em todas as suas terras nem de seus vassallos houvesse dalli por diante navio algum ligeiro de guerra, nem de paz, e que todos os que eram feitos se alevantassem, e fizessem de feição, que não pudessem servir mais que pera carga.

«Que duas bombardas nossas, que tinham tomadas nas guerras passadas de Cochim, as mandaria logo entregar.

«Que todos os que em seus Reynos não quizessem consentir, nem estar por estes contratos de pazes, os lançaria fóra delles; e se não quizessem ir, o Çamorim os mandaria matar; e o mesmo poderia fazer a pessoa, que governasse o Estado, sem o Çamorim se escandalisar, antes lhe dar pera isso toda ajuda, e favor.

«Que o Viso Rey iria a Calecut ver-se com o Çamorim para ambos jurarem as pazes.»

Destes contratos se fez assento no livro delles pelo Secretario João da Costa, em que se assinaram o Embaixador do Çamorim, China Cotiale, que pelos poderes que tinha de ElRey seu Senhor os acceitou, e com elle os officiaes de El-Rey, e alguns Fidalgos; e logo o Viso Rey mandou apregoar as pazes por toda a cidade de Goa, o que se fez com grandes solemnidades, festas, e alegrias de todos.

Verba do testamento de D. Manuel Rey de Maluco, em que deixou El-Rey de Portugal por herdeiro de seus Reynos, copiada do testamento que está registado nos contos de Goa.

(Couto, dec. v, liv. x, cap. x.)

Declaro eu D. Manoel, Rey de Maluco, que eu sou filho de Cachil Sulano Magirá, e da Rainha Niachile Pocaraga, filha d'ElRey Almançor de Tidore, Reys que foram de Ternate, Moutel, Maquiem, Cajão, e de todas as terras do Moro, e Batochina; e como filho d'antre ambos me pertencia direitamente aquelle Reyno, de que fui jurado por Rey, por morte de meus irmãos mais velhos, Cachil Bojal, e Cachil Dayalo, que reinaram antes de mim. E estando de posse daquelle Reyno, sendo muito leal a ElRey de Portugal, meu Senhor, Tristão de Taide, Capitão de Maluco, assim por falsas informações, como por me ter má vontade, me prendeo, e mandou á India ao Governador Nuno da Cunha, que vendo os autos de minhas culpas, e devassas que se tiraram me julgou por sem culpa, e que fosse tomar posse de meus Reynos. E estando em Goa, vendo a Lei dos Christãos ser santa, e virtuosa, cheia de toda a verdade, inspirou Deos nosso Senhor em mim, que a acceitasse, o que fiz, convertendo-me á verdadeira Fé de Christo, deixando a seita, e cegueira, em que antes me creei, e andei, e recebi o Sacramento do Santo Bautismo na Sé de Goa, e foram meus Padrinhos o Governador, e Jordão de Freitas. Depois recebi o Sacramento da Santa Confirmação, de maneira que sou fiel, e verdadeiro Christão. Depois fui despachado pera me ir pera o meu Reyno, cujo caminho até agora o não acabei de fazer, porque o Viso-Rey D. Garcia de Noronha, e o Governrdor D. Estevão da Gama me não acabaram de despachar, como era rasão. E agora estando nesta Cidade, e fortaleza de Malaca, despachado pelo Governador Martim Affonso de Sousa, pera me ir pera meu Reyno adoeci. E porque não sei o que nosso Senhor de mim determinará, por descargo de minha consciencia quero dispor de meu Reyno, como seja serviço de Deus nosso Senhor, como de feito disponho, na maneira següinte:

Digo que sou Christão; e já que meu Reyno he de Rey Christão, não deve de o herdar, nem succeder nelle Mouro algum. E meu irmão Aeiro, que agora está nelle, he mais moço, Mouro, e filho de outra mãe, que não he Rainha: e porque não he bem que venha aquelle Reyno por minha morte, senão a outro Christão como eu, pera converter meus povos á Fé de Christo, como eu esperava de fazer se vivèra; e pois não tenho successor Christão, instituo por herdeiro de meus Reynos, e por meu Testamenteiro a ElRey de Portugal, cujo vassallo sou; e deste dia pera todo sempre renuncio nelle todo o direito Real, e actual, que nos ditos Reynos tenho, pera delles fazer, e dispor como seus. E lhe peço por mercê, que se houver de prover Rey, ou Governador, seja tal, que tenha proposito de fazer todos aquelles povos Christãos, e ainda trabalhar por os fazer aos Reys visinhos, e comarcãos, porque assim determinava eu de fazer, se me Deus lá levára, porque com isto será minha alma descançada.

Pazes que o Governador D. João de Castro fez com El-Rey de Canará Cidoçá Ráo, concluindo os capitulos seguintes:

(Couto, dec. vi, liv. v, cap. iv.)

«Que ElRey de Portugal, e o de Canará seriam amigos de amigos, e inimigos de inimigos; e que sendo necessario, se ajudaria hum ao outro com todas as forças, e poder que tivessem contra todos os Reys da India, tirando o Zamaluco.

«Que lhe deixariam tirar da Cidade de Goa todos os cavallos que a ella viessem de Persia, e de Arabia, e que nenhum passaria ao Idalxá, nem a porto seu: e que elle El-Rey de Canará seria obrigado a fazer comprar todos os que se levassem a seus portos, e faria dar breve despacho aos mercadores que com elles fossem.

«Que ElRey de Canará não consentiria que mantimento algum, de qualquer sorte que fosse, sahisse de porto algum seu pera os Reynos do Idalxá; e que todos se ajuntariam em Onor, e Barcalor, aonde ElRey de Portugal teria Feitores pera os comprarem todos: e que os Governadores da India seriam obrigados a mandarem lá os mercadores Portuguezes aos comprar. E que pela mesma maneira ElRey de Canará defenderia, que de nenhum porto seu, nem lugar do Certão, passasse pera o Reyno do Idalxá ferro, nem salitre; e que os mercadores dos seus Reynos levariam estas fazendas aos portos maritimos do Reyno de Canará, onde os Governadores da India os mandariam comprar logo, porque os donos não recebessem perda.

«Que todas as roupas do Reyno de Canará não iriam a algum dos portos do Idalxá, mas que iriam a Ancolá, e a Onor; e que pela mesma maneira obrigariam os Governadores aos mercadores Portuguezes, a que as fossem lá comprar, e lhes levariam cobre, coral, vermelhão, azougue, sedas da China, e todas as mais mercadorias que vinham do Reyno; e que elle se obrigava a lhas fazer comprar.

«Que vindo alguma Armada de Turcos à India, ou qualquer navio seu particular, que elle Rey de Canará os não agazalharia em porto algum dos seus; e todos os Turcos que nelles viessem, os mandaria prender, e prezos os enviaria ao Governador da India, que pelo tempo fosse.

«Que concertando-se ElRey de Canará com o Governador da India, pera ambos fazerem guerra ao Idalxá; que em tal caso todas as terras que se tomassem seriam do Rey de Canará, excepto as que jazem do Gate pera baixo, desde Banda até o rio de Cintacorá, porque todas estas por antiguidade pertencem ao senhorio, e jurisdicção da Cidade de Goa; e que estas ficariam pera todo sempre da Corôa de Portugal.»

Estes contratos, que foram escritos pelo Secretario Cosme Annes, se juraram logo pelo Governador, e pelo Embaixador de Canará, com as solemnidades costumadas, e logo se pregoaram por toda a Cidade de Goa com grandes festas. Feito tudo isto, despediu o Governador o Embaixador, mandando por elle a ElRey hum muito rico presente de cavallos formosos, peças de escarlatas, e de veludos de cores; e deu outras ao Embaixador, com que se foi muito satisfeito.

Pazes que o Governador Garcia de Sá fez com o Idalxá, concluidas com os capitulos seguintes

(Couto, dec. vi, liv. vii, cap. i.)

«Que de novo se confirmavam as pazes, e amizades como d'antes estavam feitas com os Governadores passados, com condição, que logo entregaria o Idalxá o Embaixador, que lá tinha reteudo, do tempo de Martim Affonso de Sousa, com todos os Portuguezes, e todas suas fazendas.

«Que nunca mais daria soldo a nenhum Portuguez, que fosse fugido pera seus Reynos.

«Que as terras firmes de Salsete, e Bardés nunca mais fallaria nellas, e ficariam a ElRey de Portugal pera todo sempre, sem os Reys de Visapor terem mais nellas direito algum.

«Que se em algum tempo viessem Galés de Rumes á India, seria elle Idalxá obrigado à ajudar, e soccorrer o Governador, que no tal tempo governasse a India, com mantimentos, marinheiros, por seu dinheiro; e que nada disto dariam em algum dos seus portos aos Rumes, nem os agasalhariam nelles.

Estes quatro capitulos acima são os que o Idalxá concedeu ao Governador; e os que concederam ao Idalxá, são os seguintes:

«Que os Governadores da India seriam obrigados, a terem um Feitor na Cidade de Dabul, que daria cartazes a todas suas naus, e navios que daquelle porto sahissem, e nelle carregassem.

«Que os mercadores, que dos portos de Persia, e Arabia fossem a Goa com cavallos, os poderiam passar ao Balagate, e que os donos delles podessem levar suas armas, sem lhes entenderem com ellas.

«Que o Idalxá podia mandar levar todos os annos da Cidade de Goa quinze cavallos forros de direitos pera sua pessoa.

«Que poderia o Idalxá mandar levar de Goa todos os annos tres mil pardáos, empregados nas fazendas que quizesse, sem pagar direitos, nem lagimas da sahida.

«Que o Governador da India teria Mealecan em muito boa guarda, e vigia, e o não mandaria para fóra de Goa, sem primeiro o fazer saber ao Idalxá.»

Destas pazes foram linguas Coge Porcoli por parte do Idalxá, e João de Castro pela do Governador, e logo se juraram na Cidade de Goa com grandes solemnidades; e o Governador despediu hum Embaixador pera ir á Côrte de ElRey a vellas jurar, e tomar entrega do Embaixador, e Portuguezes. Este Embaixador foi muito bem recebido de ElRey, que jurou perante elle as pazes, e as mandou apregoar por seus Reynos, e lhe fez entrega do Embaixador, e Portuguezes.

Contrato que o Vice-Rey D. Pedro Mascarenhas fez com Mealecan Rey de Visapor

(Couto, dec. vii, liv. i, cap. xi.)

«Que elle dava, e doava a ElRey de Portugal, e a todos seus successores, daquelle dia pera todo sempre, as terras firmes de Salsete, e Bardes, e todo o concan com suas Alfandegas, Fanadarias, e jurdições.

«Que as fortalezas de Pondá, Banda, e Curale se entregariam logo a Capitães Portnguezes, tanto que elle fosse entregue a Calabatecan.

«Que ficariam em Goa sua mulher e filhos em refens, até se segurarem as cousas do Balagate.

«Que todos os mais concertos, que estavam feitos com Anel Maluco, se guardariam muito inteiramente.

«E que elle Mealecan depois de estar no Reyno, poderia mandar levar de Goa vinte cavallos forros dos direitos, e dois mil pardáos de fazendas, e brincos, sem pagarem direitos, nem lagimas.»

Pazes entre o Vice-Rey da India e o Idalxá

(Couto, dec. ix. cap. iv e v.)

Do que prometteram os Procuradores do Idalxá.

«Primeiramente que as terras de Salsete, e Bardés, que eram de ElRey de Portugal, de que o Estado da India estava de posse, ficariam ao Estado; assim, e da maneira que as possuia até vir recado de Portugal do que nisso se faria; e quando não viesse resposta, seria obrigado o Idalxá a mandar ao Reino seu Embaixador, a quem o Viso Rey daria pera isso livre passagem.

«Que assim aos mercadores da ribeira, como aos mais contratadores da Cidade de Goa, que fossem ás terras do Idalxá comprar madeira, taboado, carnes, mantimentos, e outras quaesquer cousas, lhes não levariam mais direitos dos que estavam em costume antigo, e lhes não fariam nenhuns desaguisados, e que se passariam para isso Chapas do Idalxá pera os Tanadares, e Capitães de suas terras.

«Que todos os Portuguezes, que de Goa fossem fugidos, ou de outra qualquer maneira, pera as terras do Idalxá, que nem elles, nem seus capitães os recolheriam, nem lhes dariam lugar, nem muxára, antes os lançariam fôra, pera que se tornassem pera nossas Fortalezas.

«Que vindo quaesquer Armadas de inimigos sobre nós, assim por mar, como por terra, que o dito Idalxá, e seus Capitães as não recolheriam, nem lhes dariam lugar, nem muxára, e os lançariam de suas terras, como a seus proprios inimigos, e nessa conta os teriam, e os perseguiriam até se sahirem dos seus portos.

«Que os marinheiros, que fossem necessarios para as Armadas de ElRey nosso Senhor, e para os navios, e náos dos Portuguezes, não lhes seriam tolhidos, e os não impediriam a passar pera as nossas terras das do Idalxá, como sempre fizeram.

«Que havendo algumas brigas, ou contendas entre alguns Lascarins Mouros, e os Portuguezes, ou estes com os seus Lascarins, que nem por isso seria quebrada esta amizade, e contrato, e que os aggressores seriam castigados de huma, e ou ra parte.

«Que todos os escravos, e escravas dos moradores de Goa que fugissem, e fossem ter ás mãos do Capitão de Pondá, e seus Tanadares, seriam obrigados a tornallos a seus donos, salvo fazendo-se Mouros, porque em tal caso seriam vendidos, e o dinheiro delles se daria a seus donos; e porem por quanto os Cafres, e nobres eram escravos de preço, e em Pondá não haveria quem os comprasse, como elles valem, que ao menos se daria por cada hum vinte pardaos de ouro, tornando-se Mouros, e isto se faria de ambas as partes; e da nossa os que se tornassem Christãos, se faria o mesmo que aos nossos» e outras cousas, que não são tanta substancia, e deixo por não enfadar.

Do que o Viso Rey prometteu.

«Que teriam Feitor em Dabul, que não aggravasse os mercadores, o qual daria cartazes pera os mercadores navegarem livremente até Ormuz por toda a costa; e que arrecadaria os direitos das náos que entrassem naquelle porto, conforme os cartazes.

«Que os Viso Reys lhe dariam cada anno seis cartazes forros pera onde o Idalxá quizesse, os quaes se lhe dariam, mandando-os elle Idalxá pedir por suas cartas; e indo as embarcações com os taes cartazes a outros portos por caso fortuito, ou por outra qualquer via, não pagariam direitos alguns; e que não estando o Viso Rey em Goa, o Capitão que fosse da Cidade poderia dar os taes cartazes.

«Que o Idalxá poderia mandar tirar desta Cidade cada anno fazendas, que valessem seis mil pardaos de ouro, forros de direitos.

«Que o Idalxá poderia mandar levar cada anno da Cidade de Goa vinte e cinco cavallos forros de direitos.

«Que huma das seis náos de cartazes poderia ir cada anno a Dabul de Ormuz com cavallos, e pagaria os direitos delles, descontando os vinte e cinco que tem livres.

«Que poderia mandar aquelle anno sómente sessenta candis de gengivre pera a contra costa, e que pelo tempo adiante lhe dariam os Viso Reys a quantidade que quizessem.

«Que as náos que navegarem sem cartazes, e se acolherem aos portos do Idalxá, e ahi forem tomadas, ainda que seja pelos vassallos do Idalxá, e ainda que as náos sejam de seus vassallos, visto serem de preza, se faria partilha dellas, ametade pera o Idalxá, e ametade pera o Estado, o que se cumpriria assim de huma parte, como de outra.

«Que os Rerdeiros que devessem dinheiro ao Idalxá, ou Estado, acolhendo-se pera qualquer destas duas partes, seriam logo entregues» com outros capitulos de menos substancia.

As quaes pazes foram logo juradas, assim pelo Viso Rey, como pelos Procuradores do Idalxá, e apregoadas assim em Goa, como no Balagate, com as solemnidades costumadas, e assim começaram a correr as fazendas, e mantimentos pera Goa como de antes.

Formão do Hecobar, Senhor do Reino de Cambaya

(Couto. dec. IX. cap. XIII.)

Poderoso Deus hum só.

Mandado de Gelaldim Mamede Hecobar Patagasi.

Aos meus nobres, e honrados Regedores, Governadores, Capitães, e Fidalgos, e a todos os desta dignidade, e a todos os mais meus criados, e officiaes, a que o conhecimento deste pertencer, mormente aos que regem, e governam esta Provincia de Guzarate, e principalmente aquelles que tem mandado supremo em Baroche, e Surrate, e na Prasara de Nausaury, e de Velodára: saibam todos que o muito honrado dos mui illustres, e affamados deste tempo, obediente ao alto mandado, D. Antonio de Noronha, Viso Rey dos Portuguezes, me mandou offerecer, e mostrar quanto desejo tinha de minha amisade, e quanta vontade tinha de fazer serviços a esta minha alta, e Real casa, offerecendo-se-me pelo honrado Antonio Cabral, que por elle chegou a supplicar, e beijar o pé de meu alto assento, a qual offerta, e offerecimento me contentou, e houve por bem mandar passar este meu alto, e illustre formão, pelo qual vos mando em geral a todos, e a cada hum por si, que Damão, e suas terras, de que elle está de posse, e as tem em seu poder, que lhas não tomeis, nem mandeis tomar, nem nellas entrar por nenhum caso, nem chegar a seus extremos; e os Malavares que vierem com mercancia, e navegarem em seus paraos, e fustas, sendo ladrões, e malfeitores, e merecerem ser castigados, não os favoreçais, por serem prejudiciaes a toda a nação; mas antes vos mando que favorecendo os ditos Portuguezes, seja notorio a todos este favor, que lhes eu mando dar: fazei-o de maneira com que elles fiquem de mal livres, e do damno que lhes poderão fazer, pera que com isso vivam contentes; e ás ditas terras não irá ninguem, nem a seus extremos; e não consentireis a outrem que lhe faça damno algum; e o que virdes que he rebelde a este meu alto mandado, castigareis de maneira com que por nenhum caso possa fazer damno algum: e todo o escravo de Portuguezes que vier a lugares, e terras nossas fugindo das suas, examinareis a tenção que para isso teve, e conforme a lei será julgado, e entregue a seu dono: pelo que vos mando que em se cumprirem estas cousas não haja duvida alguma. Feito a 18 de Março de 1573.

Este formão tiveram alguns pera si que ficára em descredito do Estado, pela grande soberba, que este barbaro nelle usára, e houve duvidas se se havia de acceitar, ou se se havia dissimular, por se não arriscar aquella fortaleza pela grande potencia com que este Rey estava tão perto della.

Feitas estas amisades, e celebradas em Surrate, e em toda Cambaya, se despediu Antonio Cabral do Mogor, e se foi pera Damão, onde o Viso Rey ainda estava.

Pazes concluidas entre o Capitão Mór de Malavar D. Gilianes Mascarenhas e o Çamorim com as seguintes condições

(Couto, dec. x, liv. iv, cap. xi.)

«Que elle Çamorim se obrigava a dar-lhe lugar pera huma fortaleza no rio de Panané em restituição da de Chale com hum pedaço de campo pera povoação, e a habitação da gente christã da terra.

«Que assim os Christãos, como os Mouros pagariam os direitos de todas as fazendas que entrassem, e sahissem daquelle porto, assim como pagavam na alfandega de Cochim.

«Que elle Çamorim daria seis peças de artilharia de metal pelas que se tomaram em Chale.

«Que se obrigava a dar pimenta nos seus Reynos pera duas naus do Reino pelo preço que a dava ElRey de Cochim.

«Que se obrigava a mandar cortar os esporões aos navios de remo que em seus portos houvesse, e que ficariam de carga.

«Que entregaria todos os Portuguezes, e Christãos que por todo o seu Reyno houvesse cativos.

«Que derrubaria a fortaleza que o Cunhale tinha feito no seu Reyno, tanto que a de Panane fosse feita de pedra, e cal, e outras cousas que não relatamos por serem estas as principaes.»

O que o Çamorim logo concedeu, e assignou com seus Regedores nos papeis que disso se fizeram, e elle passou de tudo Ollas, o que tudo se fez com muito applauso, e contentamento de todos.

Contrato entre o Vice-Rey da India e El-Rey de Cochim

(Couto, dec. x, liv. iv, cap. xiii.)

«Que ElRey de Cochim desistia daquelle dia pera todo sempre de todo o direito, e acção que tinha na alfandega de Cochim, e dos direitos que seus moradores lhe pagavam, por quaesquer Cartas, Alvarás, e Concessões que elle tivesse, assim de ElRey D. João, como de ElRey D. Filippe, e o traspassava nelle, e em todos os Reys de Portugal seus successores; e havia por bem que todos os direitos que elle arrecadava naquella cidade pelas graças a ElRey de Cochim concedidas, se arrecadassem, e recebessem daquelle dia por diante pera a fazenda de ElRey de Portugal por mão de seus officiaes, e Thesoureiros.

«E que todos os moradores, que não fossem casados em Cochim, que viessem da China, Malaca, Maluco, e mais partes do Sul, não podessem desembarcar, nem baldear suas fazendas no porto de Cochim, e passariam a Goa a pagar direitos dellas; e os casados, assim Portuguezes, como Mouros, Gentios, e Judeus, pagariam em Cóchim, aonde desembarcariam suas fazendas a 6 por cento a ElRey de Cochim, a fóra as lagimas dos officiaes: e que na dita alfandega de Cochim pagariam direitos a ElRey de Portugal todas as fazendas que alli fossem ter de todas as mais partes, todos os Portuguezes, filhos dos Portuguezes, mestiços, e Christãos da terra; e que as sahidas pera fóra destas fazendas pagariam ao Rey, de cuja jurisdicção delle Rey de Cochim pagariam disso mesmo direitos de sahida a ElRey de Portugal, com outras clausulas, e apontamentos que deixamos por não serem necessarios.»

Feitos estes papeis, e assignados estes concertos, despachou o Conde os Embaixadores com muitas honras, e mercês, e escreveu áquelle Rey cartas de grandes agradecimentos, significando-lhe o muito grande serviço que tinha feito a ElRey de Portugal naquelle negocio, com que evitára muitas vezes desordens, e damnos nos rendimentos de suas alfandegas.

Contrato das Pazes que se fizeram com o Çamorim

(Couto, dec. XII, liv. II, cap. X.)

Prometteu o Çamorim licença pera em todos os seus Reinos, e senhorios, e nos de seus vassallos deixar prégar o Santo Evangelho, e se fazerem Christãos todos os que quizessem, de qualquer sorte, e casta que fossem, sem por isso perderem seus officios, dignidades, honras, e preeminencias que antes tiveram, nem cousa alguma de suas fazendas, que poderiam deixar livremente a seus herdeiros, ou a quem lhes parecesse, assim como se costuma entre Christãos, sem nisso se poder entremetter ElRey, ou Regedor algum, nem entrar ElRey alguma hora em parte de sua herança.

Obrigou-se a dar chão necessario pera edificação de todas as Igrejas em todos seus Reinos, e senhorios, e nos de seus vassallos nas partes que lhe pedissem os Ministros da Christandade: e que estas Igrejas seriam couto, e valeriam a todos os homisiados nas cousas, e delictos em que ellas costumam a sello áquelles que a ellas se acolhessem, como se guarda entre os Christãos. E os Padres que nellas residem, teriam poder sobre os Christãos pera fazerem justiça conforme a ley da christandade, sem nisso lhes irem á mão, nem lhes porem impedimento algum ElRey, ou seus Regedores, ou pessoa alguma.

Prometteu mais que estes mesmos privilegios, e izenções teriam as Igrejas dos Christãos de S. Thomé que estivessem em suas terras, e nas de seus vassallos, e nas que de novo se edificassem, pera o que dava livremente licença. E os Cassanares, e Vigarios que nellas residem, teriam a mesma jurisdicção sobre seus Christãos, que os Padres Portuguezes tem nas outras Igrejas, e nas mais cousas que os Christãos de S. Thomé costumavam ter nas terras dos outros Reys Malavares.

Obrigou-se mais a não consentir em tempo algum ser recebido entre os Christãos de S. Thomé, que moram em suas terras, e de seus vassallos, Bispo, ou Prelado algum, senão o que viesse por ordem do Papa, e de ElRey de Portugal deste Estado, e do Arcebispo de Goa: e que entrando outro algum nellas, e prenderiam, e entregariam ao Feitor de Calecut, ou em qualquer das Fortalezas do Estado pera se mandar ao Arcebispo de Goa.

Prometteu mais que todos os Portuguezes, e Christãos que a suas terras fossem ter captivos por qualquer caso que fosse, de os entregar ao Capitão, ou Feitor de ElRey de Portugal, que com elle estivesse.

Prometteu de entregar ao Feitor que estivesse em Calecut cinco peças de artilharia, que foram da fortaleza de Chale; a saber dois Camelletes, hum Falcão, e dois Berços, que estariam depositadas na feitoria até haver fortaleza em que se mettessem. E em nenhum tempo o Çamorim, ou seus descendentes as poderiam tirar, nem servirem-se dellas pera outro effeito.

Prometteu que não desistiria do cerco de Cunhale até o verão seguinte vir a Armada.

Prometteu o Estado ao Çamorim:

Obrigou-se o Estado a haver sempre Igrejas, e Padres em Calecut. E assim de fazer alli a fortaleza, e ter alli officiaes, e feitoria: e de favorecer a todos os Portuguezes, e Christãos, que alli quizerem morar, e fazer alli a povoação: pera o que dará o Çamorim lugar particular junto da feitoria.

Obriga-se mais a dar cada anno cinco cartazes pera cinco naus de Meca. Quatro que estavam promettidos nas pazes que fez D. Alvaro de Abranches, e hum mais que agora se lhe acrescenta, por se não fallar em algum tempo, nem pedir que o Estado não dê cartazes a outra alguma pessoa no Malavar, como se lhe prometteu nas pazes que lhe fez o Viso Rey Mathias de Albuquerque: e destas naus as duas poderão ser de porte de até 600 candis, e as outras tres de até 500, e pagará por cada hum destes cartazes 300 fanões; e pedindo algum cartaz pera Bengala, ou pera o Achem, se lhe dará, não trazendo, nem levando cousas defezas: e pera Barcelor, Mangalor, e mais partes, onde costumavam navegar, se lhe dariam os cartazes costumados, que se houverem de passar aos vassallos do Çamorim, e moradores de suas terras, que contem de Paliporto até Pudepatão, se lhe entregariam a elle na sua mão, ou a seus Regedores para elles os repartirem, excepto os do Reyno de Tanor: e estes cartazes serão passados pelo Capitão, ou Feitor que estiver em Calecut na fórma, e ordem em que o Estado os costuma passar, e conforme ao Regimento que o Viso Rey lhe der, sem se nisso intrometterem os Capitães de Cochim, e Cananor: e por cada hum destes cartazes pagará o Çamorim 13 fanões, que he o preço antigo, e costumado.

Os cartazes que se houverem de dar aos Arioles, dal-os ao Feitor de Calecut, ou nas suas proprias mãos, ou ao Çamorim, conforme aos contratos que entre si tiverem feito, emquanto elles estiverem concertados com o Çamorim.

A pimenta que se comprar pera as naus do Reyno, se pagará pelos preços ordinarios da terra, e se receberá pela ordem de Cochim, sem por isso se alterar cousa alguma.

Da fazenda que comprarem, e venderem os Portuguezes, e Christãos nas terras do Çamorim não lhe pagarão direitos alguns, salvo os costumados nas terras de ElRey de Cochim.

Havendo algumas brigas entre os Portuguezes, e Naires, cada hum castigará os seus: nem o Çamorim, e seus Regedores se entremetterão em cousa tocante á justiça dos Portuguezes, ou Christãos, e seus familiares, porque isso pertencerá ao Feitor, que estiver em Calecut, ou a quem o Viso Rey ordenar.

Obrigou-se o Estado, que fazendo algum dos inimigos guerra ao Çamorim pera lhe entrar por suas terras, e jurdição, ou de seus vassallos, não dar favor, nem ajuda alguma, nem tão pouco favorecer ao dito Çamorim, querendo entrar pelas terras dos outros Reys amigos do Estado.

Tendo o Çamorim guerra com os Arioles, e estando elles em amizade com o Estado, não favorecerá, nem ajudará alguma das partes, mas a todos tratará como amigos, trabalhando pelos compor, sem se aggravar das dias guerras.

Obrigou-se o Estado a não tirar de Calecut as peças de artilharia, que foram tomadas na fortaleza de Chale; mas sempre estarão na feitoria até se porem na fortaleza, que se fizer nas terras do Çamorim, que o Estado deseja que se faça em Calecut, havendo commodidade para isso, e podendo ser; mas não se obriga a fazel-a, senão onde for mais acommodada, no tempo que lhe parecer mais conveniente.

Capitulações que André Furtado de Mendonça fez com o Çamorim

(Couto. dec. XII, liv. IV, cap. II.)

«Obrigou-se a dar em refens da gente que se pozesse com ella da sua banda, pera assaltar a Fortaleza de Cunhale, os Principes de Tanor, e Chale, e Carneves seu Regedor Mór, Varer, e Coilo, Principes, e Senhores das terras alem de Panane, Pudure, e Talape, Naires seus Regedores, Menas, e Mena Cherare, irmão de Uniare Cherare, ambos sobrinhos do Çamorim, e Unire Gase, Ithe Arachea, e com Gaachem, Ite Proferare, e Nambandre, todos Principes, e Senhores de terras. Estes refens, em quanto o cerco durasse, e o nosso arraial estivesse nas terras do Çamorim, e Arioles, estariam na Cidade de Cochim, donde não sahiriam até de todo se recolher o nosso arraial, e Armada.

«Obrigou-se mais pelos ditos refens, que segurava toda a gente, artilharia, e mais cousas que se puzessem em suas terras, e dos Arioles para o effeito daquella guerra.

«Que daria a todo o tempo que se houvessem mister, mil trabalhadores pagos á sua custa pera trabalharem no serviço do campo e cerco.

«Que traria á sua custa quinze elephantes no dito serviço, em quanto o cerco durasse.

«Que daria á sua custa toda a sorte de madeira que fosse necessaria pera o effeito da guerra, pagando o Capitão mór os carpinteiros, e serradores.

«Que daria todos os carpinteiros, serradores, e ferreiros que fossem necessarios, pagando-lhes o Capitão Mór seu jornal.

«Que teria de assistencia no nosso arraial, e cerco do inimigo cinco mil Naires de armas; e deste numero estariam dous mil sujeitos ao que lhes o Capitão Mór mandasse, e pera assistirem na parte que lhes ordenasse, e que obedeceriam aos Capitães a que fossem entregues.

«Que daria quatro Manchuas esquipadas de marinheiros, e Lascarins pera andarem no rio vigiando, e inquietando os inimigos, ou onde parecesse melhor ao Capitão Mór. E que assim daria mais trinta jangadas de Almadias esquipadas de marinheiros pera o mesmo effeito.

«Que daria duzentas enxadas, e mil cestos pera o serviço do cerco.

«Que se não desse fim ao inimigo até 20 de Janeiro, que era o tempo em que elle Çamorim havia de ir á sua festa da Mamanga, mandaria vir de Cochim, Principe de Tanor, e Carneves seu Regedor Mór, pera os deixar com todo o poder em seu lugar, assistindo no Governo do seu exercito; e que em logar dos sobreditos, mandaria seus sobrinhos Uniare Cherare, e outro herdeiro de Talapuchem senhor de cinco mil Naires.

Ao que se obrigou André Furtado de Mendonça.

«Que lhe daria por refens estes tres Capitães, D. Pedro de Noronha, Jeronymo Botelho, e outro Capitão, Antonio Matoso Embaixador, e dous Padres da Companhia de Jesus, que assistiriam sempre com o Çamorim.

«Que daria em Cochim aposentos aos refens delle Çamorim, e todo o necessario a seus proprios gastos, e de seus servidores, em quanto residissem naquella Cidade, e que estes seriam capazes de poderem fazer nelles suas ceremonias, que fariam diante dos guardas que lhe puzessem; e que do dito aposento, e sitio não sahiriam sem a mesma guarda, e que as ceremonias se entenderia no comer, e lavar o corpo, e outras não.

«Que tornando-se a Fortaleza de Cunhale, se derribaria logo, e não querer nada daquelle sitio: e de dar ao Çamorim ametade de todo o dinheiro, peças, fazendas, artilheria, e navios que se achassem, e que as mais armas seriam de quem as tomasse.

«Que havendo alguma briga, ou desconcerto entre os soldados, e Naires, cada hum castigaria os seus subditos conforme as culpas que tivessem; e que os do numero de dous mil, e que não obedecessem aos mandados do Capitão Mór, e

Capitães que lhe propuzessem, seriam pela mesma maneira castigados.

«Prometteu o Capitão Môr de se fazer Igreja em Calecut, e de se assentar alli Feitoria, e de ter com elle o Estado o commercio que tem os mais Reys amigos; e que inteiramente se cumpririam os capitulos das pazes, que D. Luiz da Gama tinha feitos com elle, e que estavam confirmados pelo Conde Almirante.

Estes apontamentos juraram assim o Çamorim, como o Capitão Môr com os Capitães, e Regedores que se acharam presentes, e todos se assignaram nelle: e logo se fizeram de parte a parte a entrega dos refens promettidos; e os da nossa se passaram á parte do Çamorim, e os seus se embarcaram na galé muito a seu gosto, e se levaram a Cochim. E o Carnaves ao despedir-se do Capitão Môr lhe deu alguns avisos, e ardis de como havia de proseguir naquella guerra; o que fez por cobrar credito com o Capitão Môr, sendo certo ser elle o que mais favorecia o Cunhale que todos. No recolhimento destes refens usou a Cidade de Cochim de muitos primores, e liberalidades, porque em pouco mais de dous mezes despendeu, e gastou com elles mil e quinhentos pardaos, conforme a huma lembrança, e lista que tenho em meu poder.

Pazes que o Conde Almirante D. Francisco da Gama, Vice-Rey da India concedeu ao Rey de Travancor

(Couto, dec. XII, liv. IV, cap. XII.)

Apontamentos assignados pelo Viso Rey das cousas a que aquelle Rey se havia de obrigar, pela demonstração da amizade que pedia com o Estado, que são os seguintes:

«Se ElRey de Travancor quer ser irmão em armas de ElRey de Portugal, ha de fazer as cousas seguintes:

«Primeiramente ha de dar licença pera se prégar o Sagrado Evangelho em suas terras livremente a toda a sorte de pessoa, sem a isso haver contradicção alguma. E todos os que se fizeram Christãos, não perderam os officios, honras, dignidades, ou cargos alguns, que antes disso tivessem; nem por isso perderam cousa alguma de suas fazendas, que poderam deixar a quem quizerem; ou herdaram seus herdeiros, sem se nisso entremetter El-Rey em cousa alguma, nem seus Regedores, e officiaes.

«Que se poderam edificar as Igrejas, que forem necessarias, para a Christandade em todas suas terras, nos lugares que parecerem bem aos Padres que andarem na conversam: e estas seram couto aos que a ellas se acolherem, como sam entre os Christãos. E os Padres que nellas estiverem, poderam fazer justiça dos Christãos nas cousas tocantes á Lei dos Christãos, sem se lhe a isso pôr duvida, ou impedimento algum; e as Igrejas se faram como nas terras de ElRey de Cochim.

«Que os Padres, que servirem nas Igrejas, e andarem entre os Christãos, poderam livremente andar por todas suas terras com a guarda que lhes parecer em tempo de guerras, e dellas passar a outras terras, e discorrer como lhes parecer sem contradicção alguma.

«Que as Igrejas dos Christãos de São Thomé, que estiverem em todas suas terras, que forem sujeitas, e Cassanares que nellas estiverem, teram os mesmos privilegios, e isenções, que as outras Igrejas mais tiverem; e os Padres que nellas estiverem nem ElRey, nem cousa sua se entremetteram em cousa alguma dos ditos Christãos de S. Thomé, tocante a Lei dos Christãos. Nem lhes poram tributo, ou pena alguma de novo, antes os favoreceram em tudo, guardandolhes seus privilegios antigos.

«Que não consentirá em tempo algum ser recebido entre os Christãos de S. Thomé, que morão nas terras sujeitas a elle, Bispo, ou Prelado algum, senão o que vier por ordem do Papa, e de ElRey de Portugal, e deste Estado; e a todo outro será obrigado prendello, entrando em suas terras, e entregallo na Fortaleza de Coulão, ou onde os Portuguezes lhe requererem.

«Que os Portuguezes poderam andar livremente por todas suas terras com todas as mercadorias que quizerem, sem lhes ser feito algum aggravo, nem lhes porem junções, ou outras obrigações algumas, e seja amigo de nossos amigos, e inimigo de nossos inimigos. E será obrigado a defender a Fortaleza de Coulão, sendo necessario, o mandar vir todos os mantimentos necessarios pelos preços ordinarios.

«Que nas duas Fortalezas de Coulão, e Mamuge não faram obra alguma mais, do que está feito; e o modo de como se hão de haver com a Fortaleza de Coulão, e o que sobre ellas se deve fazer, se consertará ElRey com o Viso Rey do Estado, fazendo sobre isso particulares capitulos, e ElRey ficará obrigado a estar pelo que o Estado nisso determinar.

«Não consentirá, nem soffrerá que a Rainha de Changarnate faça aggravo algum aos Portuguezes, ou a cousa da Fortaleza, nem porá novos junções, nem impedirá em alguma cousa aos tones, ou embarcações, que vierem ao porto do Caidaval; e fazendo a Rainha alguns destes aggravos, será obrigado a satisfazellos.

«Que será obrigado a dar o Prinipe grande, e hum dos Regedores por jangadas da Fortaleza de Coulão.

E o traslado destes capitulos se deu ao Embaixador para sua guarda; e em Setembro ficou o Conde de mandar pessoa de confiança assentar estas pazes com ElRey, e vellas jurar. Estes capitulos se fizeram aos 25 de Abril deste anno de 600, e logo mandou embarcar os Embaixadores muito satisfeitos das honras que lhes fez o Conde Almirante, e dadivas que lhes deu.

Carta de confirmação, approvação e ratificação do assento de venda das Ilhas de Maluco feito entre El-Rey D. João III e o Imperador D. Carlos Rey de Castella, assignada em Lisboa a 20 de junho de 1530

(Arch. da Torre do Tombo, gav. 18, maço 8, n.º 29.—Original.)

Dom Joham per graça de deus Rey de portugual e dos Alguarves daquem e dalem mar em africa Senhor de guine e da comquista naveguaçam e comercio de ethiopia Arabia persia e da India A quantos esta minha carta de confirmaçam aprovaçam e Retificaçam virem faço saber que antre mym e dom Carlos emperador sempre augusto Rey dalemanha de Castella de liam daraguam das duas cezilias de Jerusalem etc. meu muito amado e preçado Irmaão avia duvida e debate sobre a propiedade e pose ou quasy pose e dereito naveguaçam e comercio de maluquo e outras Ilhas e mares por cada huum de nos dizer lhe pertencer e estar em pose de todo o sobredito. E pelo muy conjuncto divido que ambos temos E porque amtre nosos vasalos e naturaes se nam podese nunca seguir descontentamemto e fose sempre consservado o muito amor Rezam e obriguaçam que antre nos ha nos concertamos sobre o que dito he de que se fez por nosos soficientes e abastantes procuradores pera ello deputados carta de contrauto capitolaçam e asento da qual o teor de verbo a verbo he o seguinte:

Dom Carlos por la divina clemencia Emperador semper augusto Rey de alemania doña Juana su madre y el mismo Dom Carlos su hiyo por la gracia de dios Reies de castilla de lion de aragon de las dos secilias de jerusalem de navarra de granada de toledo de valencia de galizia de sevilla de cordova de corcega de murcia de Jahen de los Algarves de algemzira de gibraltar de las yslas de canaria de las Indias yslas y tiera firme del mar oceano, archiduques de absnia duques de borgoña y de bravante condes de barcelona flandes y tyrol Señores de viscaya e de molina duques de atenas e de neopatria Condes de Ruisellon e de cerdania, marquezes de oustam e de gociano etc. vimos e leimos una escriptura de capitolacion e asiento de venta com pacto de Retro vendendo del direcho y posesiom o çasy posesion y action de las yslas de Maluquo que em ellas tenemos o podriamos tener por qualquier via que nos pertenezca y pertenceer pueda y en las tierras yslas e mares contenidas em la dicha contratacion e asiento fecho en nuestro nombre por Mercurio de gatinara conde de gatinara gran chamciller de my elRey y por don fray garcia de loaysa obispo de osina my confesor y por don garcia de padilla comendador mayor de calatrava todos del nuestro conseyo y nuestros procuradores y por Amtonyo dazevedo couthiño del consejo y embaxador del serenisimo muy alto e muy poderoso Rey de portugal mio muy caro e muy amado hermano e su procurador el tenor del qual de verbo ad verbum es este que se sigue:

En el nonbre de dios todo poderoso padre e hijo y espiritu santo tres personas y un solo dios verdadero notorio e manifiesto sea a quantos este publico ynstrumento de transacion e contrato de venta com pacto de Retro vendendo vierem como en la cibdad de Çaragoça que es en el Reino de aragon a veinte e dos dias del mes de abril año del nacimiento de nuestro salvador Jeshus Christo de mill e quinientos e veinte e nueve años em presencia de my francisco de los covos Secretario e del conseio del emperador dom carlos e de la Reyna doña Juana su madre Reina e Rey de Castilla y su escrivaño y notario pubrico y de los testigos de yuso escriptos parecieron los Señores Mercurio de gatinara comde de gatinara gran chanciler del dicho Señor imperador y el muy Reverendo dom fray garcia de lo aysa obispo de osina su confesor y dom frey garcia de padilla comẽdador maior de la ordem de calatrava todos tres del conseio de los dichos muy altos y muy poderosos señores principes dom Carlos por la devina clemencia emperador sempre augusto Rey de Alemania y doña Juana su madre y el mismo don Carlos su hiyo por la gracia de dios Reies de castilla de leon y de aragon de las dos cezilias de Jerusalem y de navarra y de granada etc. en nombre e como procuradores de los dichos señores emperador e Reies de Castilla de la una parte, y el Señor Antonyo de azevedo coutiño del consejo y embaixador del muy alto y muy poderoso señor dom Juam por la gracia de dios Rey de portugal e dos algarves de aquende y de allende el mar em africa señor de guinea y de la conquista navigacion e comercio de ethiopia arabia e persia e de la India etc. em nombre e como su procurador de la otra segun que luego mostraron por sus soficientes e abastantes procuraciones para este contrato firmadas por los dichos señores emperador e Rey de castilla e Rey de portugal seladas con sus sellos de las quales dichas procuraciones los treslados de verbo ad verbum son los seguientes:

Dom Carlos por la divina clemencia emperador senpre Augustus Rey de alemania doña Juana su madre y el mismo Rey su hiyo por la gracia de dios Reies de castilla de lion de aragon y de las dos secilias de jerusalem de navarra de granada de toledo de valencia de galizia de mallorcas de sevilla de cerdenha de cordova de corcega de murcia de Jahem de los algarves de algezira de gibraltar de las yslas de canaria de las Indias yslas y tierra firme del mar ociano condes de barcelona flandes y tirol señores de vizcaia e de molina duques de atenas e de neopatria Condes de Ruysellon e de cerdania marqueses de oristan y de geciano etc. A quantos esta nuestra carta de poder e procuracion vierem hazemos saber que por la dubda y debate que ay entre nos y el Serenissimo muy alto y muy poderoso Rey de portugual nuestro muy caro y muy amado hermano sobre la propriedad e posesion de maluco se ha hablado e platicado para tomar en ello asiento e concordia porende por que aya efecto por la mucha comfiança que tenemos de vos Mercurinus de gatinara conde de gatinara my gram chanciler y de vos el Reverendo in Christo padre dom fray garcia de lo aysa comendador maior de calatrava todos tres del nuestro conseio por esta presente carta los hazemos ordenamos e constituimos en la meior modo e forma que devemos e podemos nuestros suficientes e abastantes procuradores generales y especialles para capitular e asentar el dicho concierto e asiento em tal maneira que la generalidade non derogue la especialidade ni la especialidad la generalidad y para que por nos y em nuestro nombre podais tomar e concluir y efetuar el dicho concierto e asiento de maluco com el embaixador del dicho Serenissimo Rey que tiene su poder bastante e suficiente firmado de su nombre y sellado com su sello y com otras qualesquier personas que tuvierem su poder y hagais em ello todo aquello que biem visto os fuere e para que podais asentar e capitolar comcordar y prometer y jurar que haremos complir y guardar todo lo que por vos otros fuere capitulado y asentado en el dicho comcierto e asiento com las condiciones pactos e vinculos y so las penas e frimezas que por vos otros fuere asentado concordado e capitolado como sy por nuestras mismas personas fuese hecho. Otro sy que podais jurar em nuestra anima que guardaremos e compliremos Realmente e com efecto todo lo que asy por vos los dichos nuestros procuradores en el dicho caso fuere concordado capitulado y asentado sin cautela ny engaño ny disimulaciom alguua y que no yremos ny vernemos contra cosa alguna ny parte dello so las penas que por vos los dichos nuestros procuradores fuerem puestas concordadas e asentadas y pera todo lo que dicho es os damos y otorgamos todo nuestro poder complido con livre y general administracion y prometemos y seguramos por esta presente Carta de tener e mamtener Realmente e com effecto todo lo que por vos los dichos nuestros procuradores sobre el dicho concierto e asiento fuere concordado asentado e capitolado y prometido segurado y otorgado y Jurado y de lo aver por Rato grato firme y valedero y de no yr ny venir contra ello ny contra parte alguna dello em tiempo alguno ny por alguna manera so obliguacion expresa que pera ello hazemos de todos nuestros bienes patrimoniales y de nuestra corona Real avidos e por aver los quales todos pera ello expresamente obligamos em firmeza de todo lo suso dicho mandamos dar esta nuestra Carta firmada de my elRey y sellada com nuestro sello dada en la cidad de Çaragoça a quinze dias del mes de abril año del nascimiento de nuestro salvador Jeshus Christo de mil e quinientos y vinte e nueve annos=yo el-Rey=yo francisco de los covos secretario de suscesarea.y catholicas magestades la fyz escrevir por su mandado. Registrada y diaquez urbina chanciler.

Dom Juam por graça de deos Rey de portugual e dos alguarves daquem y dalem mar em africa senhor de guiné e da conquista navegaçam comercio dethiopia arabia persia e da India. Aquantos esta Minha Carta de poder e precuraçam virem faço saber que por la duvida e debate que ha entre o muyto alto muyto excelente principe y muyto poderoso Carlo quinto e emperador dos Romaanos semper augusto Rey de Alemaña e de Castella de liam e daraguam e das duas cezilias de Jerusalem etc. meu muyto amado e preçado Irmaão e mym sobre a propriedade e pose de maluquo se fala antre nos sobre iso em certo concerto e asento porem para o que em o dito concerto e asento delle se ha de asentar concordar e afirmar eu pela muyta confiança que tenho do lecenceado antonio dazevedo couthinho do meu conselho e meu embaxador por esta presente carta o faço ordeno y constituyo no millor modo e forma que devo e poso por meu soficiente e abastante procurador geral y especial pera capitular e asentar e afirmar o dicto comcerto e asento e em tal maneira que a generalidade non derogue a especialidade nem a especialidade a generalidade pera que por my e em meu nome posa asentar sobre o dito concerto de Maluquo asy com o dito emperador meu Irmaão e em sua presença como com quaesquer procurador ou procuradores que ele pera o dito concerto e asento delle ordenare e que mostrarem seu poder e procuraçam suficiente e abastante pera o dito caso por elle asinada e aselada do seu sello todo aquelo que bem visto le for e que posa capitolar e asentar e comcordar e prometer e Jurar em meu nome que eu farey comprirey e guardarey todo o que por elle for capitolado asentado no dito concerto e asento com as condições pactos vinculos e so las penas e firmezas que por elle for asentado comcordado e capitolado como se per my pesoa fose feyto. Outro sy que posa Jurar em minha alma que gardarey e comprirey Realmente e com efeito o que asy por elle no que dito he for concordado capitulado e asentado sem cautela emgano nem desimulaçam alguuma. E que nam yrey nem virey contra nem contra parte alguma dello sob aquelas penas que por elle dito meu procurador forem postas asentadas e concordadas. E pera todo o que dito he le dou e outorguo todo meu poder comprido com libre e geral administraçam. E prometo e seguro por esta presente carta de ter e mamter Realmente e com efeito todo o que por elle meu dito procurador sobre o dito concerto e asento for concordado e asentado capitolado e prometido segurado e outorgado e Jurado e do aver por Rato grato firme e valioso e de nom yr nem vir contra ello nem contra parte alguuma dello em tempo alguum nem per maneira alguuma sob obrigaçam expresa que per ello faço de todos meus bems patrimoniales e da coroa avidos e por aver los quales todos expresamente pera ello obrigo. E por certidam de todo o sobredito mamdey fazer esta Minha Carta asinada por mym e aselada de meu selo Redondo de minhas armas dada em a cidade de Lixboa a diez e ocho dias de outubro Anno de noso Senhor Jeshus Christo de mil e quinhentos e vinte e ocho annos=ElRey.

Asy presentadas las dichas procuraciones por los dichos señores procuradores fue dicho que por quanto antre el dicho Señor emperador e Rey de castilla de leon de aragon de las dos secilyas de Jeshusalem etc. y el dicho Senhor Rey de portugual e de los algarves etc. avia dubda sobre la propiedad y posesion y direcho e posesion o quasy posesiom naveguacion e comercio de Maluquo y otras yslas y mares lo qual cada uno de los dichos senhores emperador e Rey de castilla y Rey de portugual dize pertencerle asy por vertud de las capitolaciones que fueron fechas por los muy altos y muy poderosos y Catholicos principes dom fernando y doña ysabel Reies de castilla ahuelos del dicho Señor emperador y com elRey dom Juam el segundo de portugal que ayam gloria acerqua de la demarcacion del mar oceano como por otras Rezones y direchos que cada uno de los dichos Señores emperador e Reis dezia tener e pertendiam a las dichas yslas Mares y tierras ser suias e estar em posesion dellas y que aviemdo los dichos Señores emperador y Reis Respecto al muy Conjuncto deudo e gramde amor que antre ellos ay lo qual no solamemte Deve com mucha Rezam ser conservado mas quanto posible fuere mas acrecentado y que se por quitar de dudas e demamdas e debates que antre ellos podria aver y muchos Incomvinientes que antre sus vasallos y subditos y naturales se podriam seguir som aguora los dichos Señores emperador e Reis y los dichos procuradores em su nombre concordados e concertados sobre las dichas dubdas e debates en el modo y forma seguinte:

Primeiramente dixerom los dichos gram chanciler y obispo de Osma y Comendador Maior de Calatrava procuradores del dicho Señor emperador e Reis de Castilla que ellos em su nonbre por vertud de la dicha su procuracion vendiam como luego de fecho vendierõm deste dia pera siempre Jamas al dicho Señor Rey de portugal pera el y todos sus sobcesores de la corona de sus Reinos todo el derecho action dominio propriedad y posesiom o quasi posesion y todo el derecho de navegar y contratar y comerciar por qualquier modo que sea que el dicho Señor emperador e Rey de Castilla dize que tiene y podria tener por qualquier via modo o manera que sea em el dicho Maluquo ysllas luguares tierras y Mares segundo abaxo sera declarado. E esto com las declaraciones y limitaciones y clausulas abaxo contenidas y declaradas por precio de trezientos e cimquoenta mil ducados de oro paguados em Monedas corientes en la tierra de oro o de plata que valguam em Castilla trezientos y satenta y cinquo maravedis cada ducado los quales el dicho Señor Rey de portugal dara e pagara al dicho senor emperador y Rey de castilla y a las personas que su magestad pera ello nonbrare en esta manera Los ciento e cinquoenta mil ducados dellos em Lixbona demtro de quinze o veinte dias primeros seguientes despues que este contrato comfirmado por el dicho Señor emperador y Rey de castilla fuere llegado a la cidad de lixboa o adonde el dicho Señor Rey de portugal estuviere. E trinta mil ducados pagados em castilla los vinte mil em valhadolid e los dez mil em sevilla hasta veinte dias del mes de maio primero que viene deste año y setenta mil ducados em castilla paguados en la feria de maio de medina del campo deste dicho anno a los terminos de los pagamientos della y los ciem mil ducados Restantes en la feria de otobre de la dicha villa de medina Del Campo deste dicho anno a los plazos de los paguamientos della pagado todo fuera del cambio y ssy fuere necessario se daram luego cedulas pera el dicho tiempo y si el dicho Señor emperador y Rey de castilha quisiere tomar a canbio los dichos cem mil ducados en la dicha feria de maio deste dicho año para socorerse dellos pagara el dicho Señor Rey de portugual a Razom de cinquo o seis por ciento de canbio como su tesorero hernandalvares los suele tomar de feria a feria. La qual dicha venta el dichor Señor emperador y Rey de castilla haze al dicho Señor Rey de portugal com condicion que em qualquiera tiempo que el dicho Señor emperador y Rey de Castilla o sus sobcesores quisierem tornar y com efecto tornarem todos los dichos trezientos e cinquoenta mil ducados y sin dellas faltar cosa alguna al dicho Señor Rey de portugal o a sus sobcesores que la dicha vienta quede desfecha y cada uno de los dichos Señores emperador e Reies quede com el derecho e action que agora tienem y pretiendem tener asy en el derecho de la posesiom o casy posesiom como en la propriedad por qualquier via modo y manera que pertencer les pueda como se este contrato nom fuera hecho y de la manera que primero lo teniam y pertendiam tener sim que este contrato les haga ni cause perjuiso ni ynovaciom alguna.

Item es comcordado e asentado entre los dichos procura dores em nombre de los dichos Señores sus constituientes que pera se saber las yslas lugares tierras y mares y derecho y action dellos que por este contrato el dicho Señor emperador e Rey de Castilla asy vende com la comdiciom que dicha es al dicho Señor Rey de portugual desde agora pera todo siemper ham por hechada una linea de polo a polo conviene a saber del norte al Sul por huum Semicirculo que diste de maluquo al nordeste tomando la quarta del este diez y nueve grados a que corespondem diez y sete grados escasos en la equinocial em que montam dozientas y novienta y sete legoas y Media mas a oriente de las islas de Maluquo dando diez y sete legoas e Media por grado equinocial en el qual Merediano y Runbo del nordeste y quarta del este estam situadas las islas de las velas y de Santo thome por donde pasa la sobredicha linia y semicirculo y siemdo caso que las dichas yslas estiem y distem de Malorquo mas o menos todavia han por biem e sam concordes que la dicha lynea quede lançada a las dichas dozientas y novienta y sete legoas y media mas a oriente que hazem los dichos diez y nueve grados al nordeste y quarta de leste de las dichas yslas de maluquo como dicho es y dixerom los dichos procuradores que pera se saber por donde se ha la dicha linia por lançada se hagam dos padrones de hum tenor conformes al padron que esta en la casa de la contrataciom de las Imdias de sevilha por donde navegam las armadas y vasallos y subditos del dicho Señor emperador y Rey de Castilla y dentro de treinta dias despues de la fecha deste contrato se nombre dos personas de cada parte pera que vean y hagan luego los dichos padrones conforme a lo susodicho y en ellos sea lamçada la dicha linia por el modo sobredicho y que los dichos Señores emperador e Reies los firmem de sus nombres y sellem com sus sellos pera quedar a cada uno el suyo y dende em adelante quede la dicha linia por lançada pera declaracion del punto y lugar por donde ella pasa y tambiem pera declaraciom del sitio em que los dichos vasallos del dicho Señor emperador y Rey de castilla tiene situado y asemtado a Maluquo la qual duramte el tienpo deste contrato se vea que esta puesta em el tal sitio puesto que en la verdad este em menos o mas distancia a oriente de lo que em los dichos padrones es situado y para que en el punto de la situacion em que en los dichos padrones esta situado Maluquo se continuem los dichos diez y siete grados a oriente que por biem deste contrato el dicho Señor Rey de portugal ha de aver y que nom se alhando en la casa de la contratacion de sevilha el dicho padrom las dichas personas nombradas por los dichos Señores emperador y Reies dentro de huum mes hagam los dichos padrones y se firmem y sellem como dicho es y por ellos se haguam cartas de navegar em que se lance la dicha linia en la manera suso dicha pera que de aquy adelante naveguem por ellas los dichos vasallos naturales e subditos del dicho Señor emperador y Rey de castilha y para que los naveguantes de una parte y de otra sean ciertos del sitio de la dicha linia y distancia de las sobredichas dozientas y noviemta y sete leguas y Media que aya entre la dicha linea y maluquo.

Item es concordado e asentado por los dichos procuradores que em qualquier tiempo que el dicho Señor Rey de portugal quisiere que se vea el derecho de la propriedad de maluco y las tierras y mares contenidas en este contrato y puesto que al tal tienpo el dicho señor emperador y Rey de castilla no tenga tornado el dicho precio ny el dicho contrato sea Resoluto se vea en esta manera –conviene a saber– que cada uno de los dichos señores nombre tres astrologos y tres pilotos o tres Marineros que sean expertos em la navegacion los quales se ajuntaram em huum logar de la Raya dentre sus Reynos donde fuere acordado que se juntem des del dia que el dicho Señor emperador y Rey de Castilha o sus sobcesores fuerem Requerydos por parte del dicho Señor Rey de portugal que se nombre hasta quatro meses y ally consultaran y acordaran y tomaran asiento de la manera em que hade hyr a se ver el derecho de la dicha propiedad conforme a las dichas capitulaciones e asiento que fue fecho antre los dichos catholicos Reis Dom fernando y doña Isabel y el dicho Rey dom Juam el segundo de Portugal y siemdo caso que el derecho de la dicha propriedad se Juzge al dicho señor emperador y Rey de castilla no se executara ni se usara de la tal sentencia sim que primero el dicho Señor emperador e Rey de castilla y sus subcesores tornem Realmente y com efecto todos los dichos trezientos e cinquoenta mil ducados que por vertude deste contrato fueron dados e Juzgando-se el derecho de la propriedad por parte del dicho señor Rey de portugal el dicho señor emperador e Rey de castilla y sus subcesores seian obligados a tornar Realmente e com efecto los dichos trezientos e cimquoenta Mil ducados al dicho Señor Rey de portugal o a sus subcesores des del dia em que la dicha sentencia fuere dada hasta quatro annos primeros seguientes.

Item fue concertado e asentado pelos dychos procuradores em nombre de los dichos señores sus constetuientes que siendo caso que em quanto este comtrato de venta durar y nom fuere des fecho desde el dia de la fecha del em adelante vinierem alguumas especiarias o drogarias de qualquier suerte que seam a quales quier puertos o partes de los Reynos e Senhorios de cada uno de los dichos Señores constetuientes que seam traidas por los vasallos subditos y naturales del dicho Señor emperador e Rey de castilla o por otras quales quier personas puesto que sus subditos y naturales e vasallos non sean que el dicho Señor emperador e Rey de castilla en sus Reinos e senhorios y el dicho Señor Rey de portugal en los suios seam obligados a mandar e hazer e mandem e hagam depositar las dichas especearias e drogarias em tal manera que el tal deposito quede seguro sim que aquel a cuya parte veniere sea por el otro pera esto Requerido pera que asy estem depositadas em nombre de ambos e em poder de aquella persona o personas em quiem cada uno de los dichos senhores em sus tierras e Señorios las mandarem e hezierem depositar — el qual deposito seram los dichos Señores obligados a hazer e mandar hazer por la manera sobredicha, aguora las dichas especearias o droguerias se hallem em poder de aquellos que las troxerem o en poder de qual quier otra persona o personas en quales quier luguares o partes donde fuerem halladas y los dichos Señores emperador y Reies seram obligados de lo Mandar asy noteficar desde aguora em sus Reinos e Señorios para que asy se cumpla em modo que nom se pueda alegar ignorancia y viniendo a aportar las dichas especiarias o droguarías a quales quier puertos o tierras que de cada uno de los dichos Señores constituientes no fuerem no siendo de enemigos cada uno dellos por virtud deste contrato podra Requerir em nombre de ambos sin mas mostrar ninguna provisam ni poder de otro a las Justicias de los Reinos e Senhorios domde las dichas especearias o droguerias venierem a parar o fuerem halladas que las mandem depositar e depositem y em qualquier de las dichas partes donde asy fueren halladas las dichas especiarias o droguerias estaram embargadas e depositadas por ambos hasta se saber de cuya demarcacion fuerom sacadas y para se saber se el lugar e tierras de donde las dichas especearias o droguerias fueron traidas e sacadas caem dentro de la demarcacion e limites que por este contrato quedam con el dicho Señor e Rey de castilla e ay em ellas las dichas especiarias o droguerias embiaram los dichos Señores emperador y Reis dos o quatro navios tantos el uno como el otro en los quales yram personas Juramentadas que biem lo entendam tantos de la una parte como de la otra a los dichos luguares e tierras donde dixerem que sacarom y traxerom las dichas especiarias o droguerias pera ver e determinar em cuia demarcacion caem las dichas tierras e luguares de domde asy las dichas especerias e droguerias se dixere que fueron sacadas e halhando se que las dichas tierras e luguares caem dentro de la demarcacion del dicho Señor emperador e Rey de castilla y que em ellas ay las dichas especerias e droguerias en tanta cantidad que Razonablemente pudiesen traer-las dichas especerias o droguerias o en tal caso se alçará e quitara el dicho deposito y se entreguara libremente al dicho Señor emperador e Rey de castilla syn que por ello sean obligados a pagar ningunas castas ny gastos ny Intereses ny otra alguna cosa e siendo hallado que fuerom sacadas de las tierras e luguares de la demarcacion del dicho Señor Rey de portugal asy mesmo sera alçado y quitado el dicho deposito y se entregara al dicho Señor Rey de portugal sim que por ello sea obligado a pagar ningunas costas ni gastos ny intireses ny otra alguna cosa de qualquier calidad que sea y las personas que asy las truxerem seram pugnidos e castigados por el dicho Señor imperador Rey de castilla o por sus Justicias como quebrantadores de fee y de paz conforme a Justicia y los dichos Señores enperador e Rey de castilla y el dicho Señor Rey de portugal seram obligados de enbiar los dichos sus navios e personas tanto que por cada uno dellos al otro fuere Requerido y en quanto asy las dichas especerias o droguerias estuvierem depositadas y enbargadas en el Modo sobredicho el dicho Señor emperador Rey de castilla ny otro por el ni con su favor ni consenti miento no eram nem enbiaram a la dicha tierra o tierras de donde asy las dichas especerias e droguerias fueron traidas y todo lo que dicho es en este capitulo acerca del deposito de las especerias o droguerias no avra lugar ny se entendera en las especiarias o droguerias que venieren a quales quier partes pera el dicho Señor Rey de portugal.

Item es concordado y asentado que en todalas ysllas tieras y Mares que fuerem de la dicha linea para dentro no puedam las naos navios e gentes del dicho Señor emperador e Rey de castilla ny de Sus subditos vasallos e naturales ny atras algunas personas puesto que sus subditos ny vasallos naturales no seam por su mamdado e consentimiento favor e ajuda o sin su mamdado favor ni ajuda entrar navegar tratar ny comerciar ny cargar cosa alguna que en las dichas yslas tieras y mares oviere de qualquier suerte o manera que sea y que quales quier delos sobredichos que de aquy adelante el contrario de todas las dichas cosas o cada una dellas hiziere o fuerem comprehendidos e hallados de dentro de la dicha linea seam presos por qualquier capitan o capitanes o gentes del dicho Señor Rey de portugal e por los dichos sus capitanes oydos e castigados e pugnidos como cosarios e quebrantadores de paz e nom siendo hallados dentro de la dicha linea por los dichos capitanes o gentes del dicho Señor Rey de portugal se venierem a qualquier puerto tiera o senhorio del dicho Señor emperador e Rey de castilla que el dicho Señor emperador e Rey de castilla e sus Justicias donde asy vinierem o fuerem hallados seam tenidos e obligados de los tomar e prender en tanto que les fuerem presentados autos e pesquisas que les fuerem embiados por el dicho Senor Rey de portugal o por sus Justicias por que se mostre ser culpados en cada una destas cosas sobredichas y los pugnir e castigar enteramente como mal hechores e quebrantadores de fee e de paz.

Item es concordado e asentado por los dichos procuradores que el dicho Señor emperador e Rey de castilla no embie por sy ny por otro a las dichas islas tierras y mares dentro de la dicha linea ni consientam que alla vayam de aquy adelante sus naturales e subditos e vasallos o estrangeros puesto que sus naturales e vasallos ny subditos no sean ny les de para ello ajuda ni favor ny se concierte com ellos para ellos alla yr contra la forma e asiento deste contrato antes sea obligado de lo defemder estorvar e inpedir quanto em el fuere e ynbiando el dicho Señor emperador e Rey de castilla por sy o por otro a las dichas yslas tierras o mares de dentro de la dicha linea o consentiendo que alla vaiano sus naturales vasallos subditos o estranzeros puesto que sus naturales vasallos ny subditos no sean dando les pera ello ayuda o favor o concertando se com ellos para que alla vayan contra la forma e asiento deste contrato. e sy lo no defendiere y estorvare e inpidiere quanto en el fuere que el dicho pacto de Retro vendendo quede luego Resoluto y el dicho Señor Rey de portugual no seja mas obligado a Receber el dicho precio ny al Retro vender el derecho e acion que el dicho Señor emperador e Rey de castilha por qualquier via e Manera que sea podria tener a ello Antes que a quel por virtud deste contrato tenga vendido e Renunciado y tras pasado en el dicho Señor Rey de portugal y por el mismo fecho la dicha venta quede pura e valedera para sienpre Ja mas como se al principio fuera fecha sin condiciom y pacto de Retro vendendo pero por que poderia ser que naveguando los sobredichos por los mares del sul donde los subdytos e naturales e vasallos del dicho Señor emperador e Rey de castilha puedem navegar les podria sobrevenir tienpo tam forçoso e contrario o necesydad com que fuesem costrenidos continuando su camino e naveguacion a pasar la dicha linea en tal caso no incurriram em pena alguna mas antes que aportamdo y lleguamdo em qual quier de los dichos casos a alguna tierra de las que asy entrarem en la dycha linea e por vertud deste contrato pertenecierem al dicho Señor Rey de portugal que sean tratados por sus subditos e vasalos e moradores della como vasalos de su hermano y asy como el dicho Señor emperador e Rey de castilla mandaria tratar a los suyos que desta manera aportasen a sus tieras de la nueva españa o a otras de aquellas partes con tanto que cesando la dicha necesidad se salgam luego y se buelbam a sus mares del sur y siendo caso que los sobredichos pasasem por ignorancia la dicha linea es concordado e asentado que no Incurram por ello em pena alguuma em quanto no constare claramente que sabiendo ellos que estavam dentro de la dicha linea no se bolvierem e salierem fuera della como es acordado e asemtado em el caso que entrasem com tiempo forçoso y contrario o de necesidad e por que quando esto constare savia por probado que com malicia pasaram la linea y seram pugnidos y avran aquelas penas que han de aver aquellos que entrarem dentro de la linea como dicho es y en este contrato es contenido y declarado y hallando los sobredichos o descubriendo em quanto dentro de la dicha linea ansy anduvierem algunas yslas o tierras dentro de la dicha linea que las tales yslas o tierras quedem luego libremente e com effecto al dicho Señor Rey de portugal e a sus subcesores como sy por sus capitanes e vasallos descuviertas e halhadas e poseydas al tal tempo fuesen y es concordado e asentado por los dichos procuradores que las naaos e navios del dicho Señor emperador Rey de castilla y de sus subditos vasalos e naturales puedam yr y navegar por los mares del dicho Señor Rey de portugal por donde sus armadas vam para la India tanto solamente quanto les fuere necesario para tomar sus derrotas derechas para el estrecho de magalhanes y haziemdo lo contrario de lo susodicho naveguando mas por los dichos mares del dicho Señor Rey de portugal de lo que dicho es yncuriram por el mismo fecho asy el dicho Señor emperador e Rey de castilla constando que lo hizierom por su mandado favor o ajuda o consentimiento y los que asy navegarem y fuerem contra lo suso dicho en las penas sobredichas asy e de la manera que de suso em este contracto es declarado.

Item fue asentado e concordado que lo que toca a que sy algunos subditos del dicho Señor emperador e Rey de castilla o otros algunos fuerem tomados e hallados de aquy adelante dentro de los dichos limites ariba declarados seam presos por qualquier capitan o capitanes o gentes del dicho Señor Rey de portuguall y por los dichos sus capitanes oydos castigados y pugnidos como cosarios violadores e quebrantadores de paz y que no siendo hallados dentro de la dicha linea y viniendo a qualquier puerto del dicho Señor emperador e Rey de castilla su magestad e sus Justicias seam obligados de los tomar e premder tanto que le fuerem presentados autos e pesquisas que les fuerem enbiados por el dicho Señor Rey de portugal e por sus Justicias por los quales se muestre ser culpados en las cosas susodichas y los pugnir y castiguar enteramemte como mal hechores y quebrantadores de fee y de paz y lo de mas que se asienta por este contrato em quamto toca a no pasar la dicha linea nimgunos subditos del dicho Señor emperador e Rey de Castilha ni otros algunos por su mamdado consentimiento favor o ayuda y las penas que cerca desto se ponem se entienda des del dia que fuere noteficado a los subditos del dicho Señor emperador y gentes que por aquellas mares e partes estam y naveguan en adelante y que antes de la tal notificaçam no Incurram en las dichas penas pero esto se entienda quanto a las gentes de las armadas del dicho Señor emperador que hasta aguora a aquelas partes son ydas y que des del dia del otorgamiento deste contracto em adelante durante el tempo que la dicha venta no fuere desfecha en la forma suso dicha no pueda embiar ni embie otras algunas de nuevo sin incorrir en las dichas penas.

Item fue concordado e asentado por los dichos procuradores que el dicho Señor Rey de portugal no hara por sy ny por otro ny mandara hazer de nuevo fortaleza alguna em Maluco ny al deredor del com veinte leguas ny de maluco hasta donde por este contrato se ha por lançada la linea y es asentado y son concordes todos los dichos procuradores de la una parte y de la otra que este tempo de nuevo se entienda — comviene a saber des del tiempo que el dicho Señor Rey de portugal pudiere alla embiar a noteficar que no se haga ninguna fortaleza de nuevo que seia en la primera armada que fuere del dicho Reino de portugal para la Imdia despues deste contrato ser conformado e aprobado por los dichos Señores sus constituintes y selado de sus sellos y quanto a la fortaleza que aguora estaa fecha em maluquo no se hara mas obra alguna em ella de nuevo des del dicho tiempo em adelante solamente se Reparara e sosterna em el estado em que estuviere al dicho tiempo si ell dicho Señor Rey de portugal quisiere el qual jura e prometa de gardalo e comprilo asy.

Item es asentado e concordado que las armadas que el dicho Señor emperador e Rey de castilha hasta aguora tiene embiadas a las dichas partes seam miradas y bien tratadas e favorecidas del dicho Señor Rey de portugal y de sus gentes y no les sea puesto embaraço ny Impedimiento en su naveguacion e contratacion y que si daño alguno lo que no se cree ellos ubierem Recebido o Recebierem de sus capitanes o gentes o les ubierem tomado alguna cosa que el dicho Señor Rey de portugal sea obligado de emmendar e satisfazer e Restetuir y pagar luego todo aquelo em que el dicho Señor emperador e Rey de castilla y sus subditos y armadas ubierem sido damficados e de mamdar pugnir y castigar a los que lo hizierem y de proveer que las armadas y gentes del dicho Señor emperador e Rey de castilla se puedam venir quando quisierem libremente sin Impidimiento alguno.

Item es asentado que el dicho Señor emperador y Rey de castilla Mamde dar luego sus cartas y provisiones para sus capitanes e gentes que estuvierem en las dichas yslas que luego se vengam y no contratem mas em ellas com que les dexem traer libremente lo que ubierem Resgatado y contratado e cargado.

Item es asentado e concordado que en las provisiones e cartas que cerca deste asiento e contrato ha de dar e despachar el dicho Señor emperador e Rey de castilla se ponga e digua — que lo que segun dicho es se asienta capitula e contrata valga biem asy como se fuese fecho e pasado em cortes generales com consentimiento espreso de los procuradores dellas y que para validacion dello de su poderio Real absoluto de que como Rey e Señor natural no Reconeciente superior em lo temporal quiere usar e usa abroga e deroga casa e anula la suplicacion que los procuradores de las cibdades e vyllas destos Reynos en las cortes que se celebraron en la cibdad de toledo el año pasado de quinientos e veinte e cinquo le hizierom cerca de lo tocante a la contrataciom de las dichas yslas e tierras y la Respuesta que a ello dio y qualquier ley que en las dichas cortes sobre ello se hizo y todas las otras que a esto puedam obstar.

Item es asentado que el dicho Señor Rei de portugal por que algunos subditos del dicho Señor emperador y Rey de castilla y otros de fuera de sus Reynos que le vinieron a servir se quexan que em su casa de la Imdia y em su Reyno les tienem embaraçadas sus haziendas, promete de mandar hazer clara e abierta e breve Justicia sen tener Respecto a ho nojo que dellos se pueda tener por aver venido a servir y servido al dicho Señor emperador.

Item fue asentado e concordado por los dichos procuradores em nombre de los dichos sus constetuientes que las capitulaciones hechas entre los dichos catolicos Reies dom fernando e dona ysabel e elRey dom Juam el segundo de portugual sobre la demarcaciom del mar oceano quedem firmes e valederas em todo e per todo como en ellas es contenido e declarado tirando aquelas cosas em que por este contrato em otra manera som concordadas e asentadas y siendo caso que el dicho Señor emperador y Rey de castilla torne el precio que por este contrato le es dado en la manera que dicha es em modo que la venta quede des fecha — en tal caso las dichas capitulaciones hechas entre los dichos Catholicos Reyes dom fernamdo e doña ysabel y el dicho Rey dom Juam el segundo de portugal quedaram em toda su fuerça e vigor como si este contrato no fuera fecho como en ellas es contenido y seram los dichos Señores sus constetuientes obligados de las complir e gardar em todo e per todo como en ellas es asentado.

Item es acordado e asentado por los dichos procuradores

que puesto que el derecho e action que el dicho Señor emperador e Rey de Castilla dize que tiene a las dichas tierras lugares e mares e yslas que ansy por el modo sobredicho vende al dicho Señor Rey de portugal valgua mas de la mitad del Justo precio que por ello le da el dicho Señor emperador e Rey de castilla sepa cierto e de cierta sabiduria por cierta Informacion de personas em ello expertas que lo muy biem sabem y entiendem que es de mucho maior valor y estimacion alende de la mitad del Justo precio que el dicho Señor Rey de portugal da al dicho Señor emperador e Rey de castilla aplaze hazer donacion como de fecho la haze dende el dicho dia para siempre Jamas entre vivos valedera de la dicha maior valia y estimacion que asy vale mas e alemde de la mitad del Justo precio por muy gran mas valia que sea la qual maior valia y estimacion alende de la mitad del Justo precio el dicho Señor emperador e Rey de Castilla dimitte de sy e de sus subcesores e desmienbra de la corona de sus Regnos para sienpre y todo trespasa al dicho Señor Rey de portugal e a sus subcesores e corona de sus Reynos Realmente e com efecto por el modo sobredicho durante el tienpo deste contrato.

Item es concordado y asentado por los dichos procuradores que qualquier de las partes que contra este contrato o parte del fuere por sy o por otro por qualquier modo via o manera que sea pensada o no pensada que por el mismo hecho pierda el derecho que tiene por qualquier via modo o manera que sea y todo luego quede aplicado Junto e adquirido a la otra parte que por el dicho contrato estuviere y contra el no fuere y a la corona de sus Reynos sin para ello el que contra el fuere sea mas citado oydo ni Requerido ny ser necesario sobre ello dar se mas otra Sentencia por Juez ni Juzgador alguno que sea. Averigando se y provando se primeramente el mamdado o consentimiemto o favor de la parte que contra ello viniere — y alende desto el que contra este contrato fuere por qualquier modo e Manera que sea em parte o em todo pague a la otra parte que por el estuviere duzientos mil ducados de oro de pena y en nombre de pena e Intarese en la qual pena incuriram tantas vezees quantas contra el fuerem em parte o em todo como dicho es — y la pena llevada o no llevada todavia este contrato quedaria firme e valedero y estable para siempre Jamas em favor de aquel que por el estuviere y contra el o parte del no fuere para lo qual obligarom todos los bienes patrimoniales e fiscales de los dichos sus constetuientes y de las coronas de sus Reinos de todo conplir y mantener asy e tam cumplidamemte como en ellos se contiene.

Item fue asentado e concordado por los dichos procuradores que los dichos Señores sus constetuientes y cada uno dellos Juraram solenemente y prometeram por el dicho Juramiento que por sy e por sus sucesores nunca em ninguum tiempo vendram contra este contrato em todo ny em parte por sy ny por outro en Juizio ny fuera del por ninguna via forma ny manera que sea y pensar se pueda y que nunca em tiempo alguno por sy ny por otro pediram Relaxaciom del dicho Juramiento a nuestro muy Sancto padre ny a otro que pera ello poder tenga y puesto que Su Santidad o quiem pera ello puder tuviere sin le ser pedido de su propio motu les Relaxe el dicho Juramiento que lo no aceptaram ny nunca em alguum tiempo usaram de la dicha Relaxacion ny se ajudaram della ni aprovecharam em ninguna manera ny via que sea em Juizio ny fuera del.

Item fue comcordado e asentado por los dichos procoradores que para mas corroboraciom y firmeza deste contrato que este contrato e transacion com todas sus clausulas comdiciones pactos obligaciones y declaraciones del asy e por la manera que en el som contenidas sea Juzgado por sentemça del papa e confirmado e aprobado por Su Sanctidad por bulla appostolica com su sello en la qual bula de sentemcia confirmacion e aprobacion sera inserto todo este contrato de verbo ad verbum y que Su Sanctidad en la dicha sentencia supla e aya por suplido de su cierta sciencia e poderio absoluto todo e qualquier defeto e solenidad que de hecho e de derecho se Requiera para este contrato ser mas firme e valedero en todo e qualquier parte dello y que Su Sanctidad ponga sentencia descomunion asy en las partes principales como em qualesquier otras personas que contra el fuerem y lo no gardarem em todo o em parte por qualquier via modo e Manera que sea en la qual Sentencia descomunion declarara e Mandara que incurram ipso facto los que contra el dicho contrato fuerem em todo o em parte sin para ello se Requiera ni sea necesaria outra sentencia descomonion ny declaraciom della y que los tales no puedam ser absueltos por Su Sanctidad ny por otra persona por su mamdado sin consentimiento de la otra parte aquiem tocare y sim primero ser para la tal absolucion citada e Requerida y oyda y los dichos procuradores desde agora para entonces y des entonces para agora em nombre de los dichos sus constetuientes suplicam a su Sanctidad que lo quiera asy confirmar e Juzgar por sentencia del modo e Manera que em este capitolo esta asentado e declarado de la qual confirmacion e aprobacion cada una de las partes podra sacar su bulla la qual los dichos procuradores em nombre de los dichos sus constituientes peden a su Sanctidade que Mande dar a cada uno dellos que la expedir quisiere sim mas la otra parte para ello se Requerir para confirmacion e firmeza de su derecho.

Y todo lo sobredicho asy concordado e asentado como de suso es contenido los dichos procuradores em nombre de los dichos sus constetuientes y por vertud de las dichas sus procuraciones dixerom ante my el dicho Secretario e Notario publico e ante los testigos de yuso escriptos y firmados que aprobavam loavam y otorgavam pera siemper Jamas asy e tan enteramente com todas las clausulas declaraciones pactos y convenciones penas y obligaciones en este contrato contenidas y prometierom y se obligarom la una parte a la otra la otra a la otra em nombre de los dichos sus constituientes estipulantes e aceptantes por solene estipulacion de asy lo tener e complir y gardar para siemper Jamas y que los dichos sus constituientes y sus subcesores y todos sus vasalhos subditos y naturales teram y gardaram e compliram agora e pera siemper el dicho contrato e todo lo en el contenido so las penas e obligaciones en el declaradas y que nom yram nim vernam nym consentiram ny permiteram que sea ido ny venido contra el ny parte alguna del direte ny inderetemente em Juizio ny fuera del por ninguna causa color ni caso alguno que sea o ser pueda pensada o por pensar y dixerom los dichos procuradores em nombre de los dichos senhores sus constituientes que Renunciavam como de hecho Renunciaram todas las enexaciones y excepciones e todos Remedios Juridicos Beneficios y concilios ordinarios y extraordinarios que a los dichos Sennores sus constituiemtes y a cada uno dellos competem o podram conpetir e pertenceer por derecho aguora y em qualquier tienpo de aquy a delante para anular y Revocar o quebrantar en todo o em parte este contrato o para Inpedir el efecto del y ansy mismo Renunciaram todos los derechos leis costumbres estilos hazañas y openiones de doctores que para ello les podiesem aprovechar em qualquier Manera y especialmente Renunciaram las leis e derechos que dizem que general Renunciacion no val para lo qual todo asy tener e gardar y complir obligarom los dichos procuradores todos los bienes patrimoniales e fiscales de los dichos sus constituientes y de las coronas de sus Reinos y por maior firmeza los dichos procuradores dixerom que Juravam como de hecho loguo Juraram ante my el dicho Secretario y notario suso dicho e testigos de yuso espritos a dios y a Sancta Maria y a la Señal de la Cruz † y a los Sanctos avamgelios que com sus manos derechas tocaram em nombre y en las animas de los dichos sus constituientes por virtude de los dichos poderes que especialmente para ello tienem que ellos y cada uno dellos por sy y por sus subcesores ternam gardaram y haram tener y gardar para siempre Jamas este contrato como en el es contenido y que los dichos Señores sus constituientes y cada uno dellos confirmaram aprovaram loaram e Ratificaram y otorgaram de nuevo esta capitulaciom y todo lo en ello contenido y cada cosa e parte dello y prometeram y se obligaram e Juraram de lo gardar y conplir cada una de las partes pelo que le toca Incumbe e atañe de hazer e gardar e complir Realmente y com efecto a buena fee sim mal engãno y sim arte ni cautela alguna y que los dichos sus constituientes ny alguno dellos no demamdaram por sy ny por otras personas absulucion Relaxacion dispensacion ny conmutacion del dicho Juramiento a nuestro muy Sancto padre ny a otra persona alguna que poder tenga para lo dar e conceder y puesto que de propio Motu o en otra qualquier manera les sea dada no usaram della antes sin enbargo della ternam gardaram y cumpliram y haram tener y gardar y complir todo lo continido en este dicho contrato com todas las clausulas obligaciones y penas y cada cosa y parte dello segundo nel se contiene fiel e verdadera Realmente e com efecto y que dara y entregara cada una de las dichas partes a la otra la dicha aprobacion e Rateficacion deste contrato Jurada e firmada de cada huum de los dichos sus constituientes y sellada com su sello des del dia de la fecha del em veinte dias luego seguientes. Em testimonio e firmeza de lo qual los dichos procuradores otorgarom este contrato en la forma suso dicha ante mym el dicho secretario y notario suso dicho y de los testigos de yuso espritos y lo firmarom de sus nombres y pedierom a my el dicho secretario y notario que les diese uno y muchos Instrumientos sy le necesario fuesem sub my publica forma y signo que foy fecha y otorgada em la dicha cibdad de Çaragoça el dia mes y anno suso dichos testigos que fuerom presentes al otorgamiemto deste dicho contrato y vierom firmar en el a todos los dichos señores procuradores en el Registro de mym el dicho secretario y los vierom Jurar corporalmente em Manos de mym el dicho secretario Alonso de valdes secretario del dicho señor emperador y Agustin de urbina chancyller de su Magestade y Jeronimo Rancio criado del dicho señor chanciller y conde de gatynara y hernam Roiz y antonio de sosa criados del dicho señor embaixador Antonio dazevedo y Alonso de ydiaques criado de mym el dicho secretario los quales dichos testigos asy mismo firmaram sus nombres en el Registo de mym el dicho secretario Mercurinus cancellarius frater garcia episcopus oxomensis El Comendador Mayor Antonio dazevedo coutinho testigos alomso de Valdes Jeronimo Rancio. Agustin de urbina. Antonio de sousa. fernam Roiz. Alomso de ydiaquez. E yo el dicho secretario y notario francisquo de los covos fuy presente en uno com los dichos testigos al otorgamiento deste contrato y asiento y al Juramiento en el contenido que em Mis manos hizierom los dichos señores procuradores y al frimar dellos y de los dichos testigos en el Registo que queda em my poder e a pedimiento del dicho señor embaixador antonio dazevedo hyze hacer este treslado E poremde fize aquy mi signo em testimonio de verdad. Francisquo de los covos.

La qual dicha espritura e asiento que de suso va incorporado por nos vista y entendida y cada cosa y parte dello y siendo ciertos y certeficados de todo lo en ela contenido por la presente lo loamos e confirmamos e aprobamos y Retesficamos y quanto es necessario de nuevo otorgamos y prometemos de tener y gardar la dicha escriptura y asiento que asy polos dichos nuestros procuradores e asy mismo por el dicho embaixador procurador del dicho serenisimo Muy alto muy poderoso Rey de portugal nuestro ermano fue asentada e outorgada e concertada em nuestros nombres y cada cosa e parte dello de todo lo tener y gardar Realmente y com efeto a buena fee sim mal emgaño cesante todo fraude e simulação dolo e cautela e toda otra especia de dicebcion y arte y queremos y somos contentos que se guarde e cunpla segund y como en ella se contiene bien asy y tam complidamente como sy por nos fuera hecha y asentada. E para validacion e corroboracion e firmeza de la dicha espritura de venta e asiento derogamos e abrogamos casamos e anulamos todas las leis e derechos prematicas hazañas y openiones de doctores que al valor de la dicha espritura de suso encorporada seam contrarias especialmente derogamos casamos e anulamos qualles quiera peticiones de procuradores del Reyno que en las Cortes de toledo o en otras quales quiera que ayamos tenido no seam fechas sobre que no hagamos este concierto e asiento ny otro alguno com el dicho serenissimo Rey nuestro hermano puesto que especie de contrato tengano e asy mismo quales quiera prematicas capitolos de cortes que sobre las dichas peteciones de procuradores del Reyno hayamos hecho porque todas e cada una dellas derogamos abrogamos anulamos y casamos y avemos por ningunas de nuestro poderio Real absoluto no Reconocientes superior em lo temporal y avemos por buena la dicha spritura de venta com el dicho pacto de Retro vendendo y la confirmamos y Reteficamos desde aguora pera siempre Jamas y la avemos por buena y provechosa a nos y a la Corona de nosos Reinos y queremos que valga como se em Cortes y com consentimento de los procuradores de las cibdades villas y pueblos de nuestros Reinos fuese fecha. La qual asy confirmamos e Reteficamos e aprovamos por causas a nos conocidas y provechosas y a la corona de nuestros Reinos y avemos por casadas anuladas e abrogadas todas e quales quiera leies e derechos que en contrario seam especialmente derogamos casamos e anulamos las leies que dizen e disponem que general Renunciaciom nom vale. E yo elRey Juro a dios y a Santa Maria y a las palavras de los sanctos avangelicos y a la señal de la cruz † em que pouguo nuestra mano derecha y prometemos por nos y por nuestros subcesores de nunca yr nem venir ny consentir ny permetir que se vaya ny pase contra espritura de venta com pacto de Retro vendemdo ny parte della derecte ny Inderecte ny por otra alguna caussa pensada o no pensada so color alguna por nos ny por otro ny consentiremos ny permiteremos que otra alguna persona ou personas vayam contra la dicha espritura e asiento antes lo defenderemos y castigaremos e proiberemos quanto a nos posible sea so cargo del dicho Juramiento del no pidiremos Relaxacion como por mys procuradores esta otorgado ny usaremos della puesto que el papa o otro que su poder tenga de su propio Motu nos la conceda puesto que tenga clausulas derogatorias e abrogatorias de todo lo que dicho es porque todo lo Renunciamos y prometemos de no usar dello so cargo del dicho Juramiento y para certenidad desta nuestra voluntad y firmeza y validaciom de lo suso dicho Mandamos pasar y dar esta nuestra carta de aprobacion Ratificacion abrogacion y anulacion firmada por my elRey y sellada com nuestro sello. dada en la cidad de lerida a veinte e tres dias del mes dabril año del señor de mil e quinientos e veinte e nueve años — yo elRey. yo francisquo de los covos Secretario de sus cesarea y catholicas Magestades la fize escrevir por su mamdado — Mercurinus cancelarius — frater y episcopus oxomensis — El comendador Maior.

A qual carta de contrato capitoloçam e asento de pacto de Retro vendendo vista por mym e todas as condições e clausulas em ella conteudas de palavra a palavra bem vistas e entendidas A comfirmo aprovo e Retefico e ey por booa e todas as cousas em ellas conteudas e cada huuma dellas. E prometo por minha fee Real e Juro aos Santos avangelhos sobre que pus minhas maaõs que as comprirey e gardarey comvem a saber aquelas que a mym toca comprir e guardar por bem do dito contrato capitolaçam e asemto asy e tam Inteiramemte como nela he conteudo e declarado e sem mingoamento alguum e sob as penas clausulas pactos e condições que nela se contem. E prometo e Juro por mym e por meus erdeiros e sobcesores de nunca em nenhum tempo nem por modo alguum por mym nem por outrem hyr nem vyr contra o dito contrato capitolaçam e asento nem contra cousa alguma das que em elle sam contidas Antes em todo e por todo as comprirey e guardarey e farey comprir e gardar a boa fee sem arte cautela emgano nem malicia alguuma como dito he.— E por certidam de todo Mamdeey fazer esta Carta de confirmaçam aprovacion e Reteficaçam por mym asinada e aselada do meu selo pendente em chumbo. Dada em a cidade de Lixboa a vinte dias de Junho pero dalcaçova Carneiro a fez anno de Noso senhor Jeshus Cristo de mil e quinhentos e trinta Annos = elRey com rubrica e guarda = logar d'um sello em chumbo, pendente = Carta de comfirmaçam aprovaçam e Retificaçam do contrato de maluco feito antre vossa alteza e o emperador.

Relação das Indias Orientaes feita no anno de 1506 pelo Embaixador Veneziano Vincenzo Quirini, durante a sua demora em Hespanha, quando veio acompanhar Filippe o Bello, Duque de Borgonha, que succedeu no Throno de Castella a sua sogra Izabel a Catholica, segundo o apographo contemporaneo existente no Museu Correr de Veneza, B. 3. 1. apud Le Relazioni degli Ambasciatori Veneti al Senato durante il secolo XVI raccolte ed illustrate da Eugenio Albèri. Florença, 1863. Tomo XV, pag. 6-19.

Essendomi qualche giorno ritrovato nel regno di Castiglia, e massime ai confini di Portogallo, ho voluto prender qualche informazione da diverse persone degne di fede del viaggio di Calicut, per poterla poi riferire a questo Eccellentissimo Senato, acciocchè intendendo per varj mezzi quello che da diversi è riferito, possa giudicar il vero, ovver non molto discostarsi da esso.

Arma il Serenissimo Re di Portogallo ogni anno ordinariamente da 12 in 14 navi, la maggiore da 800 in 1000 botti, la minore da 250 in 300, delle quali da 8 in 9 sono per il carico delle spezierie, e parte resta in corso per la costa dell'India. Sono tutte nuove, ovver talmente calafattate, che si ponno stimar per nuove, fornite benissimo di vittuaria e di tutte le cose che sono necessarie al navigare, e massime di artiglierie, di polvere e di tutte le altre munizioni che si adoperano nelle guerre di mare; e ognuna di esse ha da 40 uomini, computando una per l'altra secondo la sua portata, nel numero de' quali è un proto, un maestro e un contramaestro, e il resto sono marinari e deputati agli ufficj che bisognano. Hanno tutte queste ciurme, che possono esser per dodici navi da circa 500, ducati tre al mese per cadauno, e più i proti e maestri secondo le loro condizioni; toccano innanzi al partire soldo per tre mesi; del resto sono mai pagati, e al ritorno stentano ad aver i loro danari. Spende il re, tra salarj di quindici mesi e il corpo della nave, con fornirla di tutte le cose necessarie sì per la guerra come per il vivere, da circa 120,000 ducati. Fatta per il re questa preparazione di navi, elegge un capitano de' suoi più favoriti a governo di questa armata; ed un suo fattore per cadaun legno, che abbia a tener i conti delle mercanzie che entrano ed escono di nave; e poi essendo preparato il tutto, fa caricar le dette navi per mandarle a questo viaggio d'India; il qual carico tra ogni cosa è stato fin ora per valuta da 90 in 100 mila ducati, un quarto a conto del re, e tre quarti a conto de' mercadanti; tra tutta la qual somma, da 25,000 ducati sono di mercanzie, cioè di rami, cinabri, argenti vivi, piombi e coralli; il resto d'argenti in massa e di danari contati.

Caricate che sono queste navi, si partono da Lisbona ogni anno circa il fine di marzo e il principio de aprile, e drizzano la prora per ostro e garbino, e navigano tanto per questo vento, che si trovano per lo astrolabio sotto l'equinoziale, avendo prima fatto il cammino di mille leghe portoghesi, che sono tre mila miglia delle nostre; poi passano l'equinoziale, e vanno solamente per ostro per spazio di 2,100 miglia, tanto che, ancora per l'astrolabio, conoscono esser 35 gradi lontani dallo equinoziale verso l'altro polo, e conoscono per questo ritrovarsi sopra un capo nella più lontana parte dell' Africa, che da loro è stato chiamato il Capo di Bona Speranza. E perchè sempre appresso quel capo sono di grandissime fortune, per il ribatter che fan i venti che corrono quella costa, i Portoghesi adesso non vanno a vista di detto capo, anzi quando, per il numero dei gradi, comprendono esservi appresso, navigano ancora per ostro, e per ostro e scirocco, da circa 150 in 200 miglia, tanto che montano questo capo. Montato che l'hanno, voltano la prora per greco, e scorrono per questo vento da circa 3000 miglia, *et iterum* entrano di qua della linea equinoziale verso il nostro polo per spazio di 15 gradi, pur alla costa dell' Africa, e prendono porto a Monsembich [1], che è una isoletta poco lontana dalla terraferma

[1] Il Quirini fu mal informato quanto al sito di Monzambic, il quale non è a 15 gradi di latitudine nord, ma a 15 sud. Cade più oltre in simili errori, che via via verremo avvertendo.

dell' Africa, nella qual' isola si rinfrescano di vittuarie, per esser in essa gran copia di acque e di carni. E in questo ultimo viaggio fecero al porto di questa isola una fortezza ben in ordine di uomini e di artiglierie, per esser il primo porto che prendono dappoi il partir da Lisbona, di donde stanno a venir fin là da circa mesi quattro, nel qual tempo fanno il cammino di 8300 miglia[1] nè mai toccano terra. Si fermano nella detta isola per spazio di 15 ovver 20 giorni, e poi si partono tutte le navi insieme alla fin di agosto, delle quali una ovver due segnano il cammino per greco, e vanno alla Zafala, che è un' isola dove sperano i Portoghesi trovar la mina dell' oro, ed è lontana da Monsembich da circa 300 miglia più verso la bocca del Mar Rosso[2]. Le altre navi tutte si drizzano insieme per levante, e navigano per questo vento da 2200 miglia, e in termine di un mese giungono in India, e prendono porto ad un' isola chiamata Anzidua, che è alla costa dell' India 100 miglia lontana da terra per mezzo Cucin *(Cochin)* e Cananor, di qua dalla linea equinoziale 15 gradi siccome è Monsembich, di donde, innanzi il giunger in India, si partono[3]. Nella qual' isola Anzidua hanno Portoghesi ultimamente fabbricato una fortezza fornita molto bene di tutto

[1] Questa cifra sarebbe press' a poco esatta quanto al cammino che i Portoghesi facevano risalendo la costa d'Africa prima di voltare per l'India, e ribadisce l'errore sopradetto della latitudine supposta a Mozambic.

[2] Altro errore maggior del primo, perchè Zofala, o Sofala, città sulla costa Africana, dove veramente si faceva commercio di polvere d'oro, è a 300 e più miglia al sud e non al nord di Mozambic.

[3] In questa indizazione di Anzidua o Anzidina, come dice più innanzi, é confusione ed errore; avvegnachè se dovesse ritenersi la posizione sua fra Cochin e Cananor, e la distanza di 100 miglia dalla costa, dovrebbe appartenere al gruppo delle Laccadive, fra le quali non troviamo tal nome, e cadere fra 10 e 12 gradi di latitudine nord, e non su 15. Talchè incliniamo a credere che debba invece intendersi qui indicata l'isola d'Anchediva, la quale, è vero, è ben lungi dall' essere a 100 miglia dalla costa, ma cade appunto sotto il 15.° grado, e quel che è più era scala ordinaria ai Portoghesi in quei paraggi. Quanto alla latitudine di Mozambic, l'abbiamo rettificata in una nota precedente.

per poter ricettare le navi, e sempre tenervi quelle che vanno in corso, essendo la detta isola posto, che per tutta la costa dell'India non se ne ritrova; dalla qual'isola vanno poi alla spiaggia di Cananor e di Cucin per contrattar le mercanzie con i paesani. Giungono li circa la fin di settembre, ed ivi fanno fine al loro cammino, nè vanno le navi, dico quelle di mercanzia, per ordinario, più oltre, eccetto alcune che scorrono la costa dell'India verso ostro e scirocco per scoprir paesi più nuovi, e per giunger a quella scala famosa di Malacca e alla isola Taprobana *(Ceylan)*, donde si caricano la maggior parte delle navi dei Mori.

In questo cammino così grande, così lungo, che può esser da Lisbona fino in India 10,500 miglia, navigano sempre i Portoghesi con la carta e con la bussola, e adoperano la calamita; e benchè perdano la vista del nostro polo non lasciano però di adoperar la bussola, perchè sempre la calamita, posta dove si voglia, e quanto lontano si voglia, tira alla tramontana e va all'altro polo, e per questo mezzo conoscono i venti come se non perdessero questo polo di vista. Adoperano ancora i Portoghesi, oltra la carta e la bussola, lo astrolabio, per il qual conoscono l'altura del sole, e per esso, quando il sole è in mezzodì, vedono quanti gradi sono lontani dalla linea equinoziale; per il qual vedere conoscono quanto sono propinqui e quanto remoti dai luoghi dove si hanno da guardare, e dove hanno da prender porto; e con questa marinarezza di carta, di bussola e di astrolabio navigano da Lisbona fino in India; della qual India mi par conveniente dar qualche particolar informazione alle Eccellenze Vostre acciò meglio intendano il tutto di tal viaggio.

È questa provincia, chiamata India minore, tutta situata al mare, e comincia alla bocca del Mar Persico e finisce a Malacca. Corre la sua costa dal Mar Persico fino alla metà ostro e tramontana, e dalla metà fino a Malacca corre maestro e scirocco. È detta provincia lunga da circa 2500 miglia, e fra terra non si estende oltre mille miglia, e per tutta la spiaggia non ha porto che buono si possa chiamare. Contien in sè molti regni, parte di Mori e parte di Gentili, che adorano diversi e molti Dei. Il primo regno alla costa del mare, cominciando verso il Mar Persico, è il regno di Armuso *(Ormuz* abitato da Mori, dove si trovano gioje, e le perle in quel luogo si pescano in tre piedi di acqua, in una sola parte molto guardata da quel signore, dove delle belle se ne trovano poche, e quelle che pur si trovano sono in qualche estimaziode, e non poca, appresso i paesani. Congiunto a questo regno, pur alla costa del mare, è il regno di Comba *(Cambaja),* di Mori pur esso, nel qual regno solo nascono le lacche, e non in altro luogo. Più oltre si trova Pego [1], di Mori, e appresso Pego è un luogo chiamato Batacala, che è il primo di Gentili in quella costa, dove nascono da circa 3000 cantara di pevere, il qual tutto va in mano de' Mori, che li tengono casa già molti anni. A confine di Batacala è Onor e Calanginor [2], luoghi tutti mercadanteschi di Gentili che hanno commercio con Mori; appresso de' quali, pur in la detta costa, è il regno di Calicut di Gentili, il quale è grande e potente, e soggetto ad un re che veramente è il maggior signore che sia in tutta quella costa, e parente e amico dei più gran re dell' India, e nemico capitale de' Portoghesi. Dappoi il primo garbuglio che fecero nel suo regno [3], si è sempre più fortificato, e per mezzo di due Italiani, che si partiron con le navi da Lisbona, ha ancora avuto modo di far artiglierie alla foggia nostra, e di far bastioni e fortificar le terre e i paesi; in modo che al presente non dubita niente de' Portoghesi, anzi più tosto è temuto da loro, e non senza ragione, come più innanzi dirò [4]. In questo regno di Calicut nascono tutti i zen-

[1] Riteniamo, anche dalla designazione dei luoghi che seguono, che sotto questo nome il Quirini intenda Goa o Pangi, come allora si chiamava la fortezza di quella città, la quale non venne che nel 1510 in potere dei Portoghesi, che ne fecero poi la capitale dei loro stabilimenti indiani.

[2] Forse è da leggersi Cananor per le ragioni che dedurremo fra poco.

[3] Cioè quando, nel 1502, per essersi mostrata poco condiscendente a Vasco di Gama, questi la cannoneggiò terribilmente coll' artiglieria de' suoi vascelli.

[4] Tutto ciò non impedì che Albuquerque la sottomettesse interamente alla sua autorità nel 1511.

zeri, i quali tutti vanno in mano dei Mori, e per questo i Portoghesi non possono portare zenzeri che boni siano. A confine di questo regno di Calicut, seguendo la costa, è il regno di Cananor e quello di Cucin [1], pur di Gentili, che sono due piccoli regni, e di forza e di paese, e tra tutti due, alla marina, non sono di lunghezza più di 54 miglia, e hanno un fiume in mezzo che separa un regno dall' altro; il qual fiume nasce 50 miglia fra terra in una montagna, la qual è un regno dagli altri separato, che è sottoposta ad un re Gentile chiamato Mathacaimal, ed è lunga da circa 50 in 60 miglia, e confina verso il mare tra Cananor e Cucin, e da terra è serrata da ogni canto dal regno di Narsi [2]. In questa montagna nasce tutto il pevere, nè si ha per relazione di alcuno che nasca in altri luoghi che in essa e in Batacala, terra di sopra nominata; la somma del qual pevere può esser da trenta in trentacinque mila cantara, computando un anno per l' altro. Questo pevere, fino al tempo che i Portoghesi cominciarono a praticar in India, solea sempre andar per terra su cammelli da questa montagna, dove nasce, fino a Calicut, che può esser cammino di cento miglia in circa, da dove i Mori, che vi tenevano e tengono ancora casa, il levavano tutto per condurlo alla Mecca e in Alessandria; ma al presente questo pevere ha tolto il cammino della montagna fino a Cucin e Cananor, e va per quel fiume detto di sopra con più comodità che non andava a Calicut, e ha tolto questo cammino per il praticar che fanno Portoghesi alla spiaggia di Cucin; i quali pagano il pevere meglio dei Mori, e con miglior condizione i mercadanti del pevere contrattano con loro che non facevano con Mori.

[1] Certamente invece di Cananor deve leggersi Craganor, si perchè Cranganor e Cochin erano appunto due piccoli stati fra di loro contigui, come l'autore li dice poco appresso, e si perchè Cananor era al nord e non al sud di Calicut, e forse già di sopra indicato sotto il nome di Calanginor. Questa correzione va mantenuta anche per gli altri luoghi nei quali l'autore nomina insieme quei due piccoli stati.

[2] Narzingue secondo altri, che si stendeva sino e lungo la costa di Coromandel.

Passato Cananor e Cucin si trova Pandarami e Coilan, luoghi pur mercadanteschi de' Gentili, e poi per spazio di 800 miglia delle nostre si dice esser Malacca, fine della costa dell'India, la qual è tre gradi di qua dall' equinoziale verso il nostro polo; e ha una scala dove tutte le mercanzie dell' India maggiore [1], che è più verso levante, concorrono, e tutte le navi de' Mori vi capitano e si caricano di tutte sorte spezierie, eccetto zenzeri, lacche e pevere, e si caricano di lisari (?), sete e porcellane, e di tutti quei lavori che vengono in Alessandria per via dell' India. In questo paese di Malacca nascono le noci muscade e non in altro luogo; e poco in mare, pur alla costa dell' India, sono alcune isolette dove nascono i garofoli, che si chiamano le settemila isole.

Oltre questa Malacca, è al fine e al capo dell' India minore, da qualche centocinquanta miglia in mare pur verso ostro, quell' isola famosissima che si chiama Taprobrana *(Ceylan)*, nella qual' isola nasce la canella e molte altre mercanzie, che tutte fanno capo e scala a Malacca, alla qual terra il re di Portogallo ha in quest' ultimo viaggio ordinato di mandar quattro navi con un fattore, che abbia a star fermo in quel loco e contrattar co' paesani, che sono Gentili, cosi come fanno i Mori.

Oltre questi regni e provincie che sono in cognizione de' Portoghesi sulla costa dell' India minore, si trovano ancora nella detta India tra terra due regni molto potenti e grandi, uno di Mori chiamato il regno di Cane [2], il qual comincia al Mar Persico fra terra e arriva al regno di Calicut pur tra terra, e l' altro di Gentili chiamato il regno di Narsi, che comincia pur al regno di Calicut, e fra terra si estende fino ai confini di Malacca [3]. Questo regno di Narsi circonda da tre canti la montagna dove nasce il pevere, e confina per più di cento miglia con il re di Calicut, con il quale tien gran paren-

[1] Per India maggiore intendevasi allora la China.

[2] Il regno di Dekkan.

[3] Narzingue, come sopra è detto. Il confine di Malacca è arbitrariamente immaginato nell'ignoranza in cui allora era il mondo della geografia di quei luoghi.

tado ed amicizia, come affermano i Portoghesi, i quali finora non hanno cognizione di altri regne, nè di altre provincie dell' India.

Tra questi regni nominati, solamente con il regno de Cananor e di Cucin il re di Portogallo mantiene il commercio, dove sempre stanno due suoi fattori per contrattar i mercati di tutte sorte spezie, i prezzi delle quali in India sono questi, per convenzion fatta tra una parte e l' altra. Il pevere dagl' Indiani si vende ducati tre il cantaro di Portogallo, che corrisponde a 68 libbre delle nostre alla sotil; i zenzeri, dico quei pochi che si trovano a Cucin, grossi 19[1] il cantaro; la cannella ducati 3 e mezzo; i garofoli ducati 7 e mezzo; il mais[2] ducati 7 e mezzo; la canfora ducati 2 e tre quarti; il piper lungo[3] ducati 4 e mezzo; gl' incensi grossi ducati 18; le lacche ducati 5; le noci muscade ducati 4. Le quali tutte spezierie si levano da' Portoghesi con tre quarti di contanti e d' argenti in massa, e un quarto di merci, siccome fu tra loro concluso per Vasco *(di Gama)* capitan della quarta armata; e le merci sono comprate dagl' Indiani a questi prezzi. Rame a ducati 12 il cantaro; cinabrj a ducati 20; argenti vivi a ducati 18 in 19; piombi a ducati 6; coralli in bottoni a ducati uno l' oncia, e coralli in branca a ducati 250 in 300 il cantaro.

Fatte le compre e le vendite tra Portoghesi e Indiani ai prezzi sopraddetti per l' ammontar di ducati centomila, si caricano poi le navi, che sono da circa otto in nove, e il carico può esser da venticinque in trentamila cantari tra tutte spezie, delle quali i due terzi e più sono pevere, e un terzo zenzeri, cannelle, garofoli, noci, ed altre simili sorte. Fatto il qual carico, si partono dette navi dalla costa di Cucin e Ca-

[1] Tre quarti circa, se non c'inganniamo, di un ducato d'oro o zecchino, valutato allora a lire 6, 4 da soldi 20, ovvero da 4 grossi di soldi 5.

[2] *Mace*, corteccia interiore della noce moscata, aromatica e medicinale.

[3] *Piper longum*, qualità di pepe molto simile al comune, ma che nasce in spighe.

nanor circa la fine di gennajo, e tornano per quella istessa via che sono venuti, e quasi sempre giungono a Lisbona al giugno, e stanno in tutto il viaggio da circa mesi 15; quattro, da Lisbona fino alla isola Monsembich senza mai toccar terra, e quindici ovver venti giorni in la detta isola, e un mese in passar da Monsembich alla isola Anzidina, che è per mezzo la costa di Cucin e Cananor [1], nella qual' isola si fermano per dieci giorni, poi vanno alla costa dei detti due regni, e in quella stanno fermi a contrattar le merci e far i carichi delle navi da circa mesi quattro, e nel ritorno stanno un mese a venire *iterum* dall' India a Monsembich, e quattro da Monsembich fino a Lisbona, che sono in tutto mesi quindici; nel qual tempo fanno dette navi, tra l' andar e ritorno, da circa ventunmila miglia delle nostre.

Giunte appresso Lisbona, entrano con gran festa, che da tutto il popolo lor vien fatta, e poi si discaricano nella casa della Mina, che è un luogo nuovamente fatto dal re come la dogana, pieno di magazzini di gran tenuta, e sopra le porte dei magazzini dove si mettono le spezie sono i contrassegni delle navi che le hanno portate; e usasi in questo discaricar gran diligenza che non sia fatto contrabbando, e che tutte le spezie si del re come de' mercadanti siano messe nella detta casa. Delle quali spezie quelle che sono de' mercadanti, e portate dalle navi del re, pagano nell' entrare ducati 50 per cantaro, e oltre questo diritto pagano altrettanto per la fabbrica di un monasterio in Lisbona; ma nell' uscire niuna sorte di spezie paga dazio alcuno; e questo è fatto acciò che i compratori tanto più volentieri abbiano a venir a comprare.

Il vender veramente delle spezie è stato fin qui diversamente da' Portoghesi osservato. Prima, dal 1499 fino al 1504, ognuno, pagato il diritto, poteva vendere le sue spezie a chi voleva e per quanto voleva; ma vedendo il re che questo era causa di tener le spezie in poca riputazione, e che le persone si guardavano dal far compra grossa per la instabilità de' prezzi che correvano, determinò del 1504 che, giunte le navi

[1] Ricordi il lettore quanto si è detto di sopra in questo proposito.

d' India, tutte le spezie, fussero di chi si voglia, si avessero a discaricar in un luogo pubblico, e a ricever per conto dai guardiani del luogo con i pesi e con i nomi di chi erano, e che poi si vendessero a un prezzo sempre fermo; e questo fece acciò che i mercadanti non temessero di comprar spezie con dir che i prezzi non stariano fermi. E da quel tempo fin a questo dì sempre è stata servata questa consuetudine.

Il prezzo veramente che al presente corre in Lisbona di tutte sorte spezie è questo. Vendesi il pevere ducati 22 il cantaro; il zenzero ducati 19 fino a 20; le cannelle ducati 25; i garofoli ducati 60 in 65; il macis ducati 100; le noci ducati 300; l' incenso ducati 15 in 18[1]; la lacca ducati 45; il piper lungo ducati 75; la canfora ducati 100 pur il cantaro. Ai quali prezzi è stato finora poco spaccio; e di questo si vede manifesto segno, perchè dal 1504 fino al giugno passato, al giunger delle cinque navi ultime, sono stati messi in casa della Mina in Lisbona da circa cinquantaquattro mila cantari di spezie fra tutte, e finora vendute solamente da cantara quattordici in quindici mila, tra le quali il minor numero di tutte sorte è il pevere; e questo poco spaccio procede perchè in Alemagna, Fiandra, e in altri luoghi dove si vendono le spezie e si consumano, sono falliti molti mercadanti dei più grossi, solo per la instabilità del prezzo che hanno tenuto i Portoghesi fino al 1504.

Tutto questo, Signori Eccellentissimi, è quello che del viaggio de' Portoghesi ho potuto per diverse vie comprendere; nel qual viaggio la maestà del re di Portogallo ha due principali obietti. Il primo è d' impedir che i Mori possano navigar in niuna parte della costa dell' India per tuor spezie; e a mandar ad effetto questo suo volere, si sforza a far due provvisioni. Una, non lasciar alla costa di Cucin e Cananor che altre navi che le sue possano levar il pevere, e per questo rispetto ha fatto tre fortezze, una a quell' isola Ancidina, che è per mezzo la costa di Cananor qualche cento miglia in ma-

[1] Qui è errore manifesto o nella misura o nel prezzo, giacchè sarebbe stato venduto a meno di quel che sopra è detto che costava.

re, dove sta sempre l'armata, e due nei regni di Cucin e Cananor, 54 miglia lontane l'una dall'altra, con che vuol divietare che Mori vadino alla detta costa a caricar il pevere, che già ha tolto altro cammino, come sopra è detto. L'altra provvisione per mandare il suo primo obietto ad esecuzione è non solamente di vietar che Mori carichino il pevere a Cucin e Cananor, ma che in alcun tempo nè in alcun modo possano navigar per la costa dell'India; e per far questo ha ultimamente mandato a fabbricar una fortezza in un'isola che si chiama Zenticoras *(Socotora)* posta nella bocca del Mar Rosso qualche 50 miglia fuori [1], che è disabitata, e spera, facendo questa fortezza, impedir che le navi de' Mori, si dalla Mecca [2] come da Aden, che è dentro il Mar Rosso [3], prendano porto a quest'isola; e che come al presente non toccano più Anzidina, per esser in mano de' Portoghesi, cosi non possano più toccare Zenticoras, per quella fortezza che ha mandato a fare e per l'armata che terrà là di continuo, nè più aver il viaggio sicuro per andar in India come finora hanno avuto. E questo è il primo obietto che ha il re di Portogallo. Il secondo veramente è di mandar a tuor in India tutte le spezie per suo conto, e non lasciar che mercadante alcuno più ne mandi a tuor nè con navi nè per altra via, volendo far per suo conto tutte le spese si dell'armare come del carico; e questo il re desidera per poter tenere i prezzi fermi a modo suo senza mala contentezza de' mercadanti; e per questo ha ultimamente fatto un editto pubblico che *de cetero* niuna persona possa più nè armar nè mandar per via alcuna a tuor spezie in India, sperando con questo mezzo fermar talmente i prezzi, che i compratori più volentieri compreranno che fin ora non hanno fatto. Questi sono i due principali obietti che ha il re di Portogallo, mediante i quali spera, facendo ridur

[1] La distanza di Socotora dalla bocca del mar Rosso è ben altra; ma forse allora estendevano quella denominazione a tutto il golfo di Aden, come poco oltre apparisce.

[2] Cioè da Djeddah porto della Mecca.

[3] Non è dentro ma fuori, onde sopra abbiamo argomentato che il nome di mar Rosso si estendesse a tutto il golfo di Aden.

tutte le spezie a lui, far si che abbiano buono e facile spaccio.

I contrarj veramente che Sua Maestà ha, cosi in mandar ad effetto questi suoi due obietti, come nel continuar il viaggio d'India, che finora è andato sempre prosperando, son questi, per quello che dagl' istessi Portoghesi con qualche ragion si dubita. Prima, coloro che in simili cose hanno qualche vedere e qualche esperienza, giudicano che il detto re non possa proibir a' Mori che essi navighino per la costa dell' India e che abbiano i loro carichi di spezie; che se ben, per quello che si vede, i Mori non potessero caricar il pevere alla costa di Cucin e Cananor per le tre fortezze de' Portoghesi sopraddette, non resta però che tutte le altre sorte di spezie non siano per pervenire nelle loro mani, avendo essi la scala di Calicut senza contrasto, dove sono i zenzeri, le lacche, e da circa tremila cantari di pevere che nasce a Batacala, come è detto, vicino a Calicut, e avendo *etiam* la scala di Malacca in capo dell' India, dove caricano garofoli, noci, cannelle, macis, canfora, e altre cose; nè possono esser impediti a caricar dette spezie, perchè a Calicut sono ben visti, e similmente a Malacca, dove non sono ancora andati i Portoghesi. E quanto a quella fortezza che il re pensa far in quell' isola Zenticoras alla bocca del Mar Rosso, è giudicio di tutti, prima, che i Mori divieteranno che la faccia, con questa armata del Soldano che ultimamente è uscita fuori; e poi, dato che la facesse, non saria però questa sufficiente provvisione ad ostar che le navi de' Mori non entrassero nel Mar Rosso, e non andassero alla Mecca, perchè la bocca del Mar Rosso, siccome per relazion di molti si è inteso e conosciuto, è larga da 150 miglia [1], e questa isola Zenticoras è lontana dalla bocca qualche 50 miglia più verso il mar aperto; per la qual descrizione manifestamente appare che le navi de' Mori di Aden potranno uscir ed entrar nel Mar Rosso, senza andar a vista di quest' isola, quando ben fusse nelle mani de' Portoghesi.

[1] Si avverta bene che s'intende sempre parlare del golfo di Aden.

Giudicasi ancora che il secondo obietto di Sua Maestà non sia per conseguir buon effetto, cioè di tuor tutte le spezie e il carico del viaggio sopra di sè, perchè maggiore saria la spesa del guadagno, e la ragione è questa. Ha il re d'entrata, tra il paese di Portogallo e tutte le altre isole e terre a lui soggette, da circa ducati 350,000 all'anno, e spende in spese ordinarie ogni anno da circa 300,000 ducati, tra la sua casa e le sue genti d'armi, e tra il far le spese a tutti i gentiluomini del regno, che per costume e antiquo obbligo della corona vivono sulla entrata del re; in modo che con i pochi danari che gli resteriano in mano non è da creder che possa far le spese dell'armata e del carico di tutte le navi che manda ogni anno in India, che saria da circa 120,000 ducati nello armar solamente, e 100,000 il carico, come è detto di sopra. E non potendo far questo con i danari della sua entrata, non è ancora da giudicar che potesse far dette spese con i danari che guadagnasse delle spezie; perchè, ancora che il re tenesse tutte le spezie per uno ovver due anni in sè, non si crede però che i mercadanti ne facessero più spaccio di quel che ora fanno; conciossiachè mai nè Tedeschi, nè Francesi, nè Fiamminghi fariano nè concluderiano mercati grossi con il re, per il dubbio che avriano che i prezzi calassero, sia per volontà di Sua Maestà, o per morte o per altro accidente, e che essi poi restassero falliti, come alcuni a questo tempo passato son restati.

Oltra questo è ancora giudicio di molti che questo viaggio che fanno i Portoghesi in India non abbia ad esser sì fermo come pensa il mondo, e di questo adducono alcune ragioni: prima, che facil cosa saria che il pevere, che ora va dalla montagna dove nasce per un fiume fino a Cucin e Cananor, tornasse a far quel cammino che per infiniti anni continui ha sempre fatto, cioè dalla detta montagna fino a Calicut per terra, che suol essere cammino di cento miglia delle nostre; e ancora che i padroni del pevere con maggior loro comodità lo portino per fiume a Cananor e a Cucin, niente di meno facil cosa serà che il re di Calicut, e per suo utile e per far danno a' Portoghesi ch' egli odia grandissimamente, muova il re di Narsi, che è gran signore suo vicino ed amico e parente, come afferma ognuno, a non lasciar portar il pevere per questa nuova via, e farlo andar per forza verso Calicut, come andava prima; il che saria poca fatica al re di Narsi, che da tre canti circonda la montagna dove nasce, e che ha il re di quella montagna come per suo subietto. E di questo il re di Portogallo più dubita che di niuna altra cosa, e cerca con ogni via tenersi benevolo questo re, e farselo amico acciò non faccia andar il pevere a Calicut, di dove non spereria averne pur un solo granello. E per questa ragione si giudica che il viaggio de' Portoghesi non sia molto fermo, per esser solamente fondato in testa del re di Narsi, il quale con poca fatica potria tor loro il pevere di mano, e totalmente ruinar il loro viaggio. E non solo per questo si crede che il detto viaggio non sia molto fermo, ma ancora perchè i Mori si della Mecca come di Aden si vanno ogni giorno più risentendo del danno che ricevono dal navigar de'Portoghesi, e giudicasi che ogni di più cercheranno di ingrossarsi talmente per mare, e mettersi si ben in ordine, che facil cosa sará che per forza un giorno vengano alla spiaggia di Cucin e Cananor, e che mettendo gente e artiglieria in terra, avuta per via del re di Calicut da alcuni nostri italiani, prendano questi due regni, che da Portoghesi solamente sono guardati, per aver quei due da loro stessi pochissimo potere. E questo massime potranno fare i Mori non essendo molta la forza de' Portoghesi in quella parte.

Oltre queste ragioni, giudica ognuno che la morte del re di Portogallo saria certissima cagione di rompere questo viaggio, perchè difficil cosa sarà trovar un altro re che si diletti di mercanzia, e che non pensi ad altro come fa costui; e non trovandosene un simile in tutto e per tutto, il viaggio non saria dal re sostenuto; e non mandando il re, i mercadanti particolari non manderiano, perchè non saria sicuro mandar a questo viaggio nè una, nè due, nè tre navi, cominciando già i Mori con armata andar attorno. E se ben a questo re succedesse un altro che di mercanzia si dilettasse, non può esser che in processo di tempo non venga qualche re che abbia guerra, ovvero che per altra causa non possa attendere a questo; e subito che tal cosa accada, il viaggio resta rotto, perchè altri che il re non potria mandar l'armata che bisogna, e che ogni giorno più bisogneria. Nè è da dir che se questo re durasse qualche tempo, ovvero altro simile a lui, il viaggio si fermeria in modo che i mercadanti potriano mandar con una e due navi fino in India; perchè il viaggio ogni giorno è per aver contrasto da' Mori, che sempre più si risentiranno del danno, e massime i Mori della Mecca, che sono grandissimi mercadanti, e che con questa esperienza sono fatti già molti e molti anni ricchissimi. E crescendo sempre il contrasto de' Mori, come è di ragione, il viaggio avrà sempre più bisogno di armata, la quale da altri che da un re non potrà esser insieme messa, e da lui ancora con gran difficoltà, per il poco spaccio che mostrano le spezie di esser per aver di continuo in Lisbona. La morte adunque del re di Portogallo si giudica che saria cagione della rovina di questo viaggio, e se non la morte di questo re, quella di un altro suo successore, e per questo pensano molti che nel tempo avvenire il detto viaggio non abbia ad esser fermo. E in questo pensiero si confermano per molti sinistri che accadono alle navi e ai marinari in questo così lungo cammino che fanno i Portoghesi; i quali sinistri sono di sorte, che ormai poche ciurme si trovano che vi vadano volentieri, si per le malattie, come *etiam* per il pericolo grande di annegarsi, il qual è siffatto, che da 114 navi, che sono andate al detto viaggio dal 1497 fino 1506, solamente 55 sono ritornate, e 19 sono certo perdute, quasi tutte cariche di spezie, e di 40 finora non si sa cosa alcuna. Nè è da dire che ogni giorno manco navi siano per perdersi, perchè le fortune del mare sopraggiungono alcuna volta quando gli uomini si reputano più sicuri, e massime in quei mari, che sono i maggiori e più pericolosi di tutti. Per questa e molte altre ragioni, Principe Serenissimo, è da molti giudicato che il viaggio d' India, che fanno Portoghesi, non abbia ad esser così certo nè così fermo come da loro è stimato. Ma ancora che queste ragioni abbiano qualche colore di verità, non è però da fermarvisi, anzi dubitando il male mentre si spera il bene, far quelle provvisioni che dalle Eccellenze Vostre saranno giudicate a simil materia le migliori [1].

Questa, Principe Serenissimo, è quella informazione che del navigar de' Portoghesi, e di ogni altra cosa appartenente alla legazion mia, in tutto questo lungo e assai faticoso viaggio, ho potuto avere. Nè altro mi occorre che degno sia di venir alle orecchie di Vostra Sublimità, salvo che umilmente supplicarla, che se in questa mia legazione non ho usato quella destrezza e quella diligenza che ad un tanto officio si conveniva, voglia per sua clemenza perdonarmi, che maggior premio di qualunque mia fatica non potrei ricevere.

TRADUCÇÃO

Achando-me numa occasião no reino de Castella, e de mais nos confins de Portugal, quis tomar informações, dadas por pessoas dignas de fé, acêrca da viagem de Calicut, para poder transmiti-las a este Excellentissimo Senado, a fim de que ouvindo por varias vias o que é referido por diversos, possa ajuizar da verdade ou não estar longe della.

Arma o Serenissimo Rei de Portugal, cada anno, ordinariamente 12 a 14 navios, os maiores de 800 a 1:000 toneladas, os menores de 250 a 300, e delles 8 ou 9 são para carregar especiaria, e os mais ficam para corso na costa da India. São todos novos, ou pelo menos de tal fabrico que bem se

[1] Il Quirini, come abbiam detto nell' Avvertimento, ha enumerato tutte le possibilità sfavorevoli ai Portoghesi nell'interesse della sua patria minacciata in una parte così importante de' suoi commerci. Ma, come appunto egli stesso conclude, non eran quelli fondamenti sufficienti a sperare che la fortuna portoghese venisse meno; la quale per l'eroismo dei Gama, degli Almeida, degli Albuquerque crebbe all' incontro con inaudita prosperità, e in meno di vent' anni, conquisi dal golfo Persico a Malacca i più potenti avversarj, fondò nell' Indie una dominazione, che per un secolo ancora rimase senza rivali, e che non venne meno a sua volta che quando la madre patria cadde in servitù della Spagna.

podem ter por novos; são optimamente fornecidos de vitualhas e de todas as cousas necessarias para navegarem, e principalmente o são de artilharia, polvora e todas as outras munições que se usam nas guerras de mares; e em cada um dêsses navios, a calcular uns por outros segundo o seu lote, haverá uns 40 homens, sendo um proto, um mestre, um contramestre, e o resto marinheiros e gente destinada aos officios de que carecem. Esta chusma, que em 12 navios serão uns 500, recebe para cada um tres ducados por mês, além do proto e mestre, que recebem conforme sua condição; recebem ao partir o soldo de tres meses; do resto são mal pagos e passam trabalhos para haver o seu dinheiro. Dispende o rei, entre salarios de quinze meses, e o casco dum navio com o fornecimento de todas as cousas necessarias tanto para a guerra como em viveres, cerca de 120:000 ducados.

Preparado assim o navio, elege o rei um capitão dos seus favoritos para o governo da armada, e um feitor para cada embarcação, encarregado das contas das mercadorias entradas e saídas; e, em estando aprompiado tudo, faz carregar os ditos navios para os mandar para aquella viagem da India; e o carregamento avalia-se no total de uns 90 a 100:000 ducados, a quarta parte por conta do rei e as outras tres por conta dos mercadores; nesta somma ha uns 25:000 ducados em cobre, vermilhão, azouge, chumbo e coraes; o resto, prata em barra, e dinheiro amoedado.

Carregados os navios, partem de Lisboa, cada anno, por fins de março ou principios de abril com proa a sul e léste, e navegam neste rumo até chegarem á equinocial do que os adverte o astrolabio; é caminho de mil leguas portuguesas que fazem tres mil milhas nossas; depois passam a equinocial, seguem sempre a sul durante umas 2:100 milhas, até conhecerem pelo astrolabio que estão 35 graus distantes da equinocial para o outro polo, e assim conhecem que estão em alturas de um cabo na parte mais longinqua da Africa, e a que elles chamam o Cabo de Bòa Esperança. E porque sempre na proximidade daquelle cabo teem grandissima fortuna por o vento revirar ao longo da costa, os Portugueses por isso não vão á vista do dito cabo, e assim quando, pelo número dos graus, percebem estar perto, navegam ainda para sul e para sul e sueste, umas 150 ou 200 milhas, até dobrarem o cabo. Assim que o dobram voltam a proa a léste e córrem neste rumo cerca de 3:000 milhas, *et iterum* entram para cá da linha equinocial [1] para o nosso polo uns 15 graus pela costa d'Africa, e aportam a Moçambique, que é uma ilhazita pouco distante da terra firme da Africa, na qual ilha se refrescam de vitualhas, por haver ali grande abundancia de agua e carnes. E nesta última viagem fizeram no porto desta ilha uma fortaleza em bôa ordem em quanto a homens e artilharia, por ser o primeiro porto em que entram depois de sairem de Lisboa, donde gastam para chegar ali cêrca de uns quatro meses, e andam neste tempo o caminho de 8:300 [2] milhas, e não tocam mais em terra. Fecham-se naquella ilha por espaço de 15 ou 20 dias, e depois em fins de agosto partem os navios todos juntos, tomando um ou dois o rumo de léste para Sofala que é uma ilha onde os Portugueses esperam encontrar a mina do ouro, e dista umas 300 milhas de Moçambique para a entrada do Mar Vermelho [3].

Os outros navios vão direitos a nascente navegando neste rumo umas 2:200 milhas, e ao termo de um mès estão na India, entrando no porto de uma ilha chamada Anzidua, distante da costa da India 100 milhas entre Cochim e Cananor, para cá da linha equinocial 15 graus como Moçambique,

[1] Quirini foi mal informado com relação ao logar de Moçambique que não fica a 15° Lat. N., mas a 15 Lat. S. Por vezes cai noutros erros que iremos corregindo ao passo que forem apparecendo. (Edit. ital.)

[2] Esta cifra é pouco mais ou menos exacta em quanto ao caminho andado pelos Portugueses antes de voltarem proa á India, depois de subirem a costa africana, o que confirma o êrro de supposta latitude de Moçambique. (Edit. ital.)

[3] Erro maior do que o primeiro; porque Sofala, cidade na costa africana, onde em verdade se commerciava em ouro, está a pouco mais de 300 milhas para o sul e não para o norte de Moçambique. (Edit. ital.)

donde partem antes de chegarem á India.[1] Naquella ilha Anzidua levantaram ultimamente os Portuguezes uma fortaleza mui bem fornecida de tudo para poder receber as naus, e abrigar sempre as que ficam em corso, sendo a dita ilha posto que mais se não encontra em toda a costa da India. De lá vão ás praias de Cananor e de Cochim para contratar as mercadorias com os naturaes. Aportam ahi por fins de setembro, e assim terminam o seu caminho; que as naus, quero dizer as de carregar, não vão de ordinario mais longe, a não ser alguma que percorra a costa da India para sul e susueste para descobrir mais novos paises e tomar a escala famosa de Malacca e ilha de Taprobana (Ceilão)[2] onde carregam, na maior parte, as naus dos Mouros.

Neste caminho tão comprido e longo, que de Lisboa até a India poderá ser de 10:500 milhas, navegam os Portuguezes sempre com a carta e com a bussola, e usam da pedra de cevar; e apesar de que perdem de vista o nosso polo nem por isso deixam de usar da bussola, porque a pedra de cevar, posta onde se quiser, e tão longe quanto se quiser, aponta para a tramontana e encaminha-se para o outro polo, e por este meio conhecem os ventos como se não perdessem este polo de vista. Usam ainda os Portuguezes além da carta e da bussola, do astrolabio, pelo qual conhecem a altura do sol, e por isto, quando o sol está no meio dia, vêem quantos graus estão distantes da linha equinocial; e por isto verem

[1] Nesta indicação de Anzidua ou Anzidina, como diz mais adiante ha confusão e êrro; ainda que devesse manter-se a sua posição entre Cochim e Cananor, e a distancia de 100 milhas da costa, deveria pertencer ao grupo das Laquedivas, entre as quaes não encontramos tal nome, e ficar entre 10 e 12 graus de latitude norte, e não a 15 graus. Portanto inclinamo-nos a crer que melhor deva entender-se aqui a ilha de Angediva, a qual, em verdade, não está a 100 milhas da costa; mas fica situada no grau 15, e, o que mais é, era a escala ordinaria dos Portuguezes naquellas paragens. Em quanto á latitude de Moçambique, já a rectificámos numa nota precedente. (Edit. ital.)

[2] O nome de Ceilão é acrescentado pelo editor italiano. Deixámo-lo ficar porque no tempo de Quirini dava-se o nome de Taprobana a outras terras que não só a Ceilão. (Trad. port.)

conhecem quanto estão proximos ou ainda longe dos logares de que devem afastar-se ou dos portos que devem demandar; e com esta arte de se fazerem ao mar com carta, bussola e astrolabio, navegam desde Lisboa até a India; da qual India me parece conveniente dar a V.as Ex.as uma tal ou qual informação para que melhor conheçam em tudo tal viagem.

Esta Provincia, chamada India menor, está toda situada ao mar, e começa na bôca do Mar Persico e acaba em Malacca. Corre a sua costa desde o Mar Persico até metade de norte a sul, e na outra metade até Malacca corre de noroeste a sudeste. A dita provincia tem de comprimento 2:500 milhas e por terra não se estende além de mil milhas, e em toda a praia não ha porto que possa chamar-se bom. Contém muitos reinos, parte dos Mouros, parte dos Gentios, que adoram diversos e muitos Deuses. O primeiro reino a começar do Mar Persico é, na costa, o Reino de Armuso *(Ormuz)* habitado por Mouros, no qual se encontram joias, e se pescam as perolas a tres pés de agua, defeza apenas em uma parte mui guardada pelos senhores, em virtude do que as perolas mais bellas que se encontram são poucas, e as que facilmente se acham são de uma certa estimação, e não pequena, para os naturaes. Conjuncto a este reino, e tambem na costa, fica o reino de Comba (Cambaia), e é tambem de Mouros; no qual reino unicamente nasce a lacca, e não em nenhum outro. Mais adiante encontra-se Pego *(Pangim ou Goa)*, de Mouros, e junto a Pego está um logar chamado Batacala, que é o primeiro de Gentios naquella costa e nelle se produzem cerca de uns 3:000 quintaes de pimenta, que toda vae para as mãos dos Mouros, que ali teem casa vae já em muitos annos. Confina com Batacala Onor e Calanginor [1], logares todos de commercio dos Gentios com os Mouros, e aos quaes se segue, tambem na costa, o reino gentio de Calicut o qual é grande e poderoso e sujeito a um rei que é verdadeiramente o

[1] Deve forçosamente ler-se Cananor por motivos que logo diremos. (Edit. ital.)

maior senhor daquellas partes e parente e amigo do maior rei da India e inimigo capital dos Portugueses. Depois das primeiras contendas [1] com estes tem-se aquelle reino fortificado cada vez mais, e por intermedio de dois Italianos que de Lisboa foram com as naus teve ainda meio de fazer artilharia á nossa moda e fazer bastiões e fortificar as terras e paises; de modo que actualmente não tem que temer dos Portugueses, antes mais é delles temido, e não sem razão, como ao diante direi [2]. É neste reino de Calicut que nasce todo o gengibre, o qual todo vae para as mãos dos Mouros, e por isto não podem os Portugueses levar gengibre que bom seja. Nos confins deste reino de Calicut, seguindo a costa, está o reino de Cananor e o de Cochim, tambem de Gentios; e são dois reinos pequenos, tanto em gente como em terras, que para os dois não terão de costa mais do que 54 milhas, e um do outro os separa um rio; o qual rio nasce 50 milhas, terra dentro, numa montanha, a qual é outro reino differente dêstes dois, sujeito a um rei Gentio chamado Mathacaimal, e do comprimento de 50 a 60 milhas, confinante do lado do mar com Cananor e Cochim, e por terra e por todos os pontos apertada pelo reino dos Narsos [3]. Nesta montanha nasce a pimenta toda, nem ha relação de nenhuma que nasça noutros logares senão ali e em Batacala, terra já acima referida; e toda a pimenta pode, uns annos por outros, chegar á somma de trinta ou trinta e cinco mil toneladas. Esta pimenta, antes dos Portugueses começarem a negociar com a India, era por usança levada em camellos por

[1] Contendas que foram o terrivel bombardeamento feito pela esquadra de Vasco da Gama em 1502. (Edit. ital.)

[2] Por certo que em vez de Cananor deve ler-se Cranganor, não só porque Cranganor e Cochim eram exactamente estados contiguos, como o auctor o disse ainda ha pouco, mas porque Cananor ficava ao norte e não ao sul de Calicut, e talvez já acima indicado com o nome de Calanginor. Esta correcção é confirmada mais por outros logares nos quaes o auctor nomeia estes dois pequenos estados conjunctamente. (Edit. ital.)

[3] Narsingas segundo outros, que se estendia até ao longo da costa do Coromandel. (Edit. ital.)

terra desde aquella montanha em que nasce até Calicut, caminho que será talvez de umas cem milhas, e de Calicut a levavam toda os Mouros, que ali tinham e teem ainda casa, para Mecca e Alexandria; mas ao presente esta pimenta tomou o caminho da montanha para Cochim e Cananor, e vae por aquelle rio, de que já fallei, com mais commodidade do que ia até Calicut, e tomou este caminho por motivo do negociar em que andam os Portugueses nas praias de Cochim; que elles pagam a pimenta melhor do que os Mouros, e quem a vende contrata com melhores condições com elles do que com os Mouros.

Passado Cananor e Cochim encontra-se Pandarami e Coilão, logares de tráfico unicamente entre os Gentios; e depois por espaço de 800 milhas das nossas se diz ser Malacca, até o fim da costa da India, tres graus para cá da equinoxial para o nosso polo; e tem escala por onde todas as mercadorias da India maior [1], a qual está mais para oriente, concorrem, e todos os navios de Mouros ali predominam, e ali carregam toda sorte de especiaria, excepto gengibre, goma laca e pimenta, e carregam lisari (?), sedas e porcellanas, e todos os productos que veem da India por via de Alexandria. Neste país de Malacca nasce a noz muscada, e em nenhum outro logar; e um pouco para o mar, na costa da India, ha alguns ilheus onde nasce o cravo, os quaes ilheus são chamados as Sete-mil-ilhas.

Para além desta Malacca, e no fim e no cabo da India menor, umas cento e cincoenta milhas ao mar para sul, fica a famosissima ilha que se chama Taprobana, na qual ilha nasce a canella e muita outra mercadoria, o que tudo vem a Malacca e por lá faz escala, e áquella terra mandou o rei de Portugal nesta ultima viagem quatro navios com um feitor,

[1] Entende-se a China. Edit. ital. (Esta denominação era vaga, bem como a de India menor, e a de India média. As tres Indias para os Portugueses, em fins do seculo XVI, foram a *India*, desde o Cabo Guardafui até Ceilão, *Monomotapa*, desde Guardafui até o Cabo Corrientes, *Malacca*, desde o Pegu até a China; e esta era India menor a esse tempo. Trad. port.)

para lá ficar e contratar com os naturaes, que são Gentios, assim como o fazem os Mouros.

Além dêstes reinos e provincias que são conhecidos dos Portugueses pela costa da India menor, ha aínda na mesma India, terra dentro, dois reinos mui grandes e poderosos, um de Mouros chamado o reino de Cane[1], o qual começa no Mar Persico por terra e chega ao reino de Calicut e sempre por terra, e o outro de Gentios chamado o reino dos Narsos, que começa no reino de Calicut, e por terra se estende até os confins de Malacca[2]

Este reino dos Narsos circunda pelos tres angulos a montanha onde nasce a pimenta, e confina por mais de cem milhas com o rei de Calicut, com o qual tem grande parentesco e amizade, como affirmam os Portugueses, os quaes até agora não teem conhecimento de outros reinos nem de outras provincias da India.

Dentre todos estes reinos mencionados, só com o reino de Cananor e de Cochim, mantém commercio o rei de Portugal, onde estão sempre dois feitores seus para contratar mercadorias de toda sorte, cujos preços na India são estes, por convenção entre uma e outra parte. A pimenta dos Indios vende-se por tres ducados o cantaro de Portugal, que corresponde a 68 libras das nossas por alto; o gengibre, digo do pouco de Cochim, a 19 grossos[3] o cantaro; a canella a 3 ½ ducados; o cravo a 7 ½ ducados; noz muscada sem casca a 7 ½ ducados; a canfora a 2 ducados e tres quartos; a pimenta comprida a 4 ½ ducados; as lacas a 5 ducados; as nozes muscadas a 4 ducados. As quaes especiarias todas são levadas pelos Portugueses, pagas com tres quartos em dinheiro de contado e prata em barra, e um quarto em mercadorias, que assim foi combinado entre uns e outros por

[1] O reino de Deccão. (Edit. ital.)

[2] Narsinga, como já fica dito. Os confins de Malacca são imaginados por ignorancia naquelle tempo dos logares de que falla o auctor. (Edit. ital.)

[3] Vide no fim a nossa nota ácerca do dinheiro veneziano. (Trad. port.)

Vasco (da Gama, acrescenta o Edit. ital.) capitão da quarta armada; e as mercadorias são compradas pelos Indios por estes preços. Arame a 12 ducados o cantaro; vermelhão a 20 ducados; azougue a 18 e 19 ducados; chumbo a 6 ducados; coraes em botões a ducado a onça, e coraes em ramos a 250 e 300 ducados o cantaro.

Feitas as compras e vendas entre Portugueses e Indianos pelos preços supraditos, a amontoar centos de mil ducados, carregam-se então as naus, umas oito ou nove, e o carregamento poderá ser de uns vinte e cinco mil a trinta mil cantaros de toda especie, dois terços ou mais em pimenta, e um terço em gengibre, canella, cravo, nozes, e outros generos semelhantes. Feito este carregamento, partem as naus da costa de Cochim e Cananor pelos fins de janeiro, e voltam pelo caminho por onde foram, e quasi sempre chegam a Lisboa em junho, e gastam em toda a viagem uns 15 meses; quatro de Lisboa ate o fim da ilha de Moçambique, sem mais tocar terra, e quinze ou vinte dias na dita ilha, um mês na passagem de Moçambique á ilha Anzidina, que fica por meio da costa de Cochim e Cananor[1], na qual ilha se fecham por dez dias, e depois vão á costa dos ditos dois reinos, e lá se demoram a contratar as mercadorias e a fazer o carregamento das naus cerca de quatro meses, e na volta gastam um mês a virem *iterum* da India a Moçambique; e quatro de Moçambique até Lisboa, o que tudo é cousa de uns 15 meses; e neste tempo andam as naus, entre ida e volta, cêrca de umas vinte mil milhas das nossas.

Reúnem-se perto de Lisboa, e entram juntas com grande festa que lhes é feita por todo o povo, e descarregam depois na casa da Mina, que é um logar novamente feito pelo rei como a alfandega, cheio de armazens de grande capacidade, e por cima das portas dos armazens onde se mettem as especies estão as marcas dos navios que as trouxeram; e usa-se neste descarregar grande diligencia, para que se não faça contrabando, e para que todas as especies, quer sejam

[1] Recorde-se o leitor do que a este proposito fica dito. (Edit. ital.)

as do rei quer as dos mercadores, entrem naquella dita casa. Das quaes especies as que são dos mercadores, e trazidas pelas naus do rei, pagam ao entrar 50 ducados por cantaro, e além dêste direito pagam outrotanto para a fábrica de um mosteiro de Lisboa; mas ao saír nenhuma especie paga tributo; e isto é feito com o fim de os compradores afluírem mais facilmente a comprá-las.

A venda das especiarias tem sido diversa até hoje, entre os Portugueses. Primeiramente, de 1499 até 1504, cada qual, pago o direito, podia vender a sua especiaria a quem quisesse e pelo preço que quisesse; mas vendo o rei que isto era causa de pouca reputação para a especiaria, e que as pessoas deixavam de fazer grande compra pela instabilidade dos preços que corriam, determinou em 1504, que, juntas as naus da India, todas as especiarias fôssem de quem fôssem, se descarregassem em logar público, e fôssem recebidas com responsabilidade dos guardas dêsse logar com os pesos e com os nomes de quem eram, e que depois se vendessem por preço sempre firme; e isto fez com o fim de que os mercadores não temessem comprar especiarias por se dizer que os preços não eram firmes. E desde esse tempo até agora se tem observado esta usança.

O preço que verdadeiramente corre em Lisboa para todas estas sortes de especiarias é o seguinte. Vende-se a pimenta a 22 ducados o cantaro; a gengibre a 19 ou 20 ducados; a canella a 25 ducados; o cravo a 60 até 65 ducados; a flor da noz muscada a 100 ducados; a noz muscada a 300 ducados; o incenso de 15 a 18 ducados [1]; a laca a 45 ducados; a pimenta comprida a 75 ducados; a canfora a 100 ducados por cantaro. Aos quaes preços tem havido até agora pouca saida; e disto se vê signal manifesto, porque de 1504 até junho passado, ao ajuntarem-se as cinco últimas naus, foram metidas na casa da Mina em Lisboa cêrca de cincoenta e quatro mil cantaros de especiarias, de todas, e até agora se venderam tão sómente

[1] Ha nisto êrro manifesto ou na medida ou no preço; assim, vender-se-ia por menos do custo que já se mencionou. (Edit. ital.)

uns 14 ou 15 mil cantaros, sendo a menor parte pimenta; e esta pouca saída provém de que na Allemanha, na Flandres e em outros logares em que as especies se vendiam e consumiam, falliram muitos dos mercadores maiores, e só por motivo da instabilidade de preços que os Portuguezes tiveram até o anno de 1504.

Tudo isto, Senhores Excellentissimos, é o que pude saber por diversas vias acêrca da viagem dos Portuguezes; na qual viagem a majestade do rei de Portugal tem dois objectos principaes. O primeiro é impedir que os Mouros possam navegar em qualquer parte que seja da costa da India para as especiarias; e para realizar esta sua vontade, esforça-se por estabelecer duas provisões. Uma, não deixar na costa de Cochim e Cananor que outros navios, a não serem os delle, possam levar a pimenta, e por tal respeito levantou tres fortalezas, uma naquella ilha de Ancidina *(sic)*, que está a meio da costa de Cananor um cento de milhas ao mar, onde está sempre a armada, e duas nos reinos de Cochim e Cananor, a distancia de 54 milhas uma da outra, com o que quer evitar que os Mouros vão á dita costa carregar a pimenta, que já vem por outro caminho, como acima fica dito. A outra provisão para levar o seu primeiro objecto a execução é não só evitar que os Mouros carreguem pimenta em Cochim e Cananor, mas que não possam nunca e de nenhum modo navegar na costa da India; e para o conseguir mandou ultimamente levantar uma fortaleza em uma ilha que se chama Zenticoras (Socotora—Edit. ital.) que está na bôca do Mar Vermelho umas 50 milhas [1] a fóra, a qual é deshabitada; e espera, fazendo esta fortaleza, impedir que as naus dos Mouros, tanto de Mecca [2], como de Adem, que é dentro do Mar Vermelho [3], demandem porto nesta Ilha; e que assim como

[1] A distancia de Socotora da bôca do mar Vermelho é outra; mas talvez esta denominação se estendesse a todo o golfo de Adem, como parece. (Edit. ital.)

[2] Quer dizer o porto de Djeddah. (Edit. ital.)

[3] Não dentro, mas fóra. Isto mostra como dissemos que o nome de Mar Vermelho se estendia a todo o Golfo de Adem. (Edit. ital.)

ao presente não tocam já Anzidina, por estar na posse dos Portuguezes, assim não possam de futuro tocar Zenticoras, por motivo daquella fortaleza que mandou fazer e pela armada que terá ali continuamente, nem mais tenham a viagem segura para costear na India como a teem tido até agora. E este é o primeiro objecto que tem o rei de Portugal. O segundo verdadeiramente é mandar tomar na India toda a especiaria por sua conta, e não deixar que negociante nenhum mais possa mandar comprá-la quer por mar quer por outra via, querendo fazer por sua conta todas as despezas já de armar já de carregar; e isto deseja-o o rei para poder conservar os preços firmes a seu modo e sem concorrencia de negociantes; e para isto fez ultimamente publicar um edicto que *de cetero* nenhuma pessoa possa de futuro armar ou mandar por qualquer via tomar especiarias na India, esperando com este procedimento fechar os preços por tal fórma que os compradores concorram ao mercado mais voluntariamente do que até agora o teem feito. Estes são os dois principaes objectos que o rei de Portugal tem e mediante os quaes espera, fazendo depender delle toda a especiaria, chegar a bom resultado de venda.

As opposições que Sua Majestade tem, por mandar que estes dois objectos se realizem, e por fazer continuar a viagem da India, que até agora tem ido prosperando sempre, são estas, pelas quaes com certa razão os proprios Portuguezes duvidam. Primeira: quem tem visto alguma cousa destas ou semelhantes e dellas tem experiencia, julga que o dito rei não possa proibir aos Mouros que naveguem pela costa da India e que ahi tenham os seus carregamentos de especiaria; porque se, pelo que se vê, os Mouros não pudessem carregar a pimenta na costa de Cochim e Cananor por motivo das tres fortalezas dos Portuguezes que acima mencionámos, nem por isso deixará de vir ás mãos dos Mouros toda outra sorte de especiaria, pois que elles teem a escala por Calicut sem opposição, e ali ha gengibre, laca, e cêrca de uns tres mil cantaros de pimenta nativa de Batacala, como fica dito, proximo de Calicut, e teem *etiam* a escala de Malacca no cabo da India, onde carregam cravo, noz muscada; e a flor, canella, canfora e outras cousas; e nem podem ser impedidos de carregar as ditas especiarias, porque em Calicut são bem vistos, e tambem em Malacca, por onde os Portugueses ainda não teem andado. E emquanto á tal fortaleza que o rei pensa fazer naquella ilha de Zenticoras na bôca do Mar Vermelho, julgam todos, primeiramente, que os Mouros, com a armada do Soldão ultimamente saida, estorvarão que a faça, e em segundo logar, dado o caso que a faça, não seria ella sufficiente impedimento para obstar a que as naus dos Mouros entrassem no Mar Vermelho, e fizessem caminho para Mecca, pois que a bôca do Mar Vermelho, segundo é sabido e conhecido por muitas relações, tem a largura de 150 milhas [1], e esta ilha de Zenticoras dista da bôca umas 50 mais para o mar aberto; por esta descripção se vê manifestamente que as naus dos Mouros de Adem podem conseguir entrar no Mar Vermelho, sem andar á vista daquella ilha quando mesmo ella esteja na posse dos Portuguezes.

Julga-se mais que o segundo objecto de Sua Majestade não venha a alcançar bom resultado, isto é ter exclusivamente toda a especiaria e o encargo da viagem, porque maior seria a despesa do que o ganho, e a razão é a seguinte. O rédito do rei, que lhe vem das terras de Portugal e outras ilhas e paises que lhe estão sujeitos, cerca de 350:000 ducados por anno, e dispende em despesas ordinarias por anno cerca de uns 300:000, na sua casa e na sua gente de armas, e com o fazer as despesas a todos os gentishomens do reino, que por costume antigo e obrigação da corôa vivem do rendimento do rei; de maneira que, com o pouco dinheiro que lhe fica, não é de crer que possa fazer a despesa da armada e do carregamento de todos os navios que manda todos os annos á India, a qual é de uns 120:000 ducados só em armar, e 100:000 em carregar, como fica acima dito. E não podendo fazer isto com dinheiros do seu rendimento não é de crer tão pouco que as possa fazer com o ganho das

[1] Advirta-se que se trata aqui do golfo de Adem. (Edit. ital.)

especiarias; porque, ainda mesmo que o Rei tivesse de sua mão todas as especiarias por espaço de um ou dois annos, não se pode acreditar que os mercadores fizessem maior consumo do que teem feito; visto que nem Allemães, nem Franceses, nem Flamengos, fariam nem concluiriam grandes compras com o rei, pelo receio de que os preços baixassem, quer por vontade de Sua Majestade, quer por morte, ou outro accidente, e elles portanto quebrassem como de facto alguns a esta parte já teem fallido.

Além disto ha muito quem julgue que esta viagem que os Portugueses fazem á India não poderá continuar de futuro por tanto tempo como em geral se pensa, e adduzem para isto algumas razões: primeira, que seria cousa facil que a pimenta, a qual actualmente vae da montanha onde nasce por um rio para Cochim e Cananor, tornasse a seguir o caminho que por innumeros annos seguiu por terra desde esse monte até Calicut, caminho que será de umas cem milhas das nossas; e ainda que os proprietarios da pimenta levem o seu producto com maior commodidade pela via fluvial a Cananor e a Cochim, nada ha mais facil do que o rei de Calicut, já por utilidade sua já para damno dos Portugueses a quem odeia muitissimo, induzir o Rei dos Narsos, gran senhor seu vizinho e amigo e parente, como alguns affirmam, a não consentir mais que a pimenta saia por este novo caminho, e obrigar a que vá a Calicut como outrora ia; e isto seria facil ao Rei dos Narsos cujo territorio circunda por tres lados a montanha onde se cria a pimenta, e que tem por vassallo seu o rei desta montanha. E dêste rei duvida o rei de Portugal mais do que de nenhum outro, e procura por todos os meios captivar a sua benevolencia, e torná-lo amigo, para que não deixe ir a pimenta para Calicut, donde não veria nem um grão. E por esta razão se julga que a viagem dos Portugueses não seja cousa muito firme, por ser cousa que tem por esteio unicamente o rei dos Narsos, que facilmente pode tirar-lhes da mão o commercio da pimenta e assim arruinar totalmente a viagem delles.

E não só por isto se crê que a viagem não seja muito firme, mas ainda porque os Mouros tanto de Mecca como de Adem se vão dia a dia cada vez mais sentindo do damno que lhes causa essa viagem dos Portuguezes, e julga-se que procuram engrossar por tal fórma por mar e pôr-se em bôa ordem, que facil cousa será que por fôrça venham um dia ás praias de Cochim e Cananor, e saltando em terra com gente e artilharia, havida por via do Rei de Calicut de alguns nossos Italianos, tomem estes dois reinos, que só os Portuguezes defendem, pois que ambos são fracos de suas fôrças proprias. E isto melhor é de conseguir por serem diminutas tambem as fôrças que os Portuguezes ali teem.

Além destas razões, ha quem julgue que a morte do rei de Portugal seria occasião certissima de quebrar com esta viagem, porque difficil será encontrar outro rei que se delicie como este com a mercancia sem noutra cousa mais pensar; e não se achando outro rei semelhante em tudo e por tudo, não será o rei quem sustente a viagem; e em o rei não mandando, tambem os mercadores particulares não mandarão, porque seria arriscado mandar uma ou duas ou tres naus para tal viagem, quando os Mouros começam já a approximar-se com armada. E se a este rei succeder outro que assim se deleite na mercancia, não pode deixar de acontecer ao cabo de algum tempo vir um rei que tenha guerra ou que por outro motivo não possa attender a isto; e logo que tal aconteça, cessa a viagem, pois só um Rei pode mandar a armada de que precisa, e cada vez mais se carece. E não se diga que, se este rei durasse ou outro semelhante a elle, a viagem duraria tambem e se affirmaria de modo tal que os mercadores poderiam mandar uma ou duas naus á India; porque a viagem de dia para dia é mais guerreada pelos Mouros, que de dia para dia mais se doem do mal que della lhes resulta, principalmente os Mouros de Mecca, que são grandes mercadores, e que com esta experiencia estão riquissimos já de ha muitos annos. Ora crescendo sempre, como é natural, a opposição dos Mouros, haverá sempre e mais necessidade de armada para esta viagem, a qual só por um rei poderá ser intentada, e ainda assim com grande difficuldade, pela pouca procura que teem as especiarias de que ha continuamente abundancia em Lisboa. A morte do rei de Portugal, pois, seria causa de ruina para esta viagem, e se o não for a do Rei actual, sê-lo-ha a de outro seu successor, e por isso julgam muitos que de futuro esta viagem venha a acabar. E neste pensar os confirmam muitos sinistros que teem acontecido ás naus e á marinharia durante este longo caminho que fazem os Portuguezes; os quaes sinistros são de sorte, que hoje pouca chusma vae voluntariamente, por temerem doenças, e *etiam* o perigo de morrerem afogados, o qual é tanto que de 114 naus que foram mandadas de 1497 até 1506, só 55 voltaram, 19 se perderam quasi todas com especiaria, e de 40 nada se tem sabido até este dia. E não se diga que todos os dias estão navios a perder-se, porque é incerta a fortuna dos mares até quando os homens a julgam mais segura; pois menos o é naquelles mares os mais perigosos de todos. Por estas e outras razões, Principe Serenissimo, julgam muitas pessoas que a viagem da India, que os Portuguezes fazem, não é cousa tão certa e firme como elles julgam. Mas ainda que estas razões tivessem côr de verdade, nada se pode affirmar, duvidando do mal quando se espera o bem, nem prever o que será melhor e neste assumpto V.as Ex.as podem julgar como tal [1].

Esta é, Principe Serenissimo, a informação que do navegar dos Portuguezes, e de outras cousas que digam respeito á minha legação, em toda esta longa e assaz fastidiosa viagem, pude colher. Nada mais me occorre que seja digno de

[1] Quirini enumera todas as possibilidades desfavoraveis aos Portuguezes no interêsse da sua patria ameaçada em parte tão importante do seu commercio. Mas, como elle mesmo conclue, não eram aquelles fundamentos bastantes para esperar que a fortuna dos Portuguezes viesse a falhar. Fê-la prosperar admiravelmente o heroismo dos Gamas, dos Almeidas, dos Albuquerques; e em menos de 20 annos, derrotados os mais temiveis e potentes adversarios desde o Golfo Persico até Malacca, se fundou na India o dominio que permaneceu durante um seculo sem rival e que só enfraqueceu quando a mãe patria caiu em poder de Castella.

ir aos ouvidos de Vossa Sublimadade, a não ser supplicá-la que, se nesta minha legação não tenho usado da habilidade e diligencia que mais convenha, queira por sua clemencia perdoar-me, que maior premio não podem ter os meus cuidados.

Nota sobre o dinheiro veneziano

O dinheiro de contado era geralmente a lira. Havia, porém, differentes valores de lira. O nosso auctor parece ter preferido referir os preços a *ducados* e *grossos*.

O *ducado de ouro veneziano* ou *zecchino* foi cunhado pela primeira vez por lei de 31 de outubro de 1283, e em conformidade com o que ali se determinava tinha 18 *grossos*. Equivalia a uns 2$116 réis, e o *grosso* portanto a uns 117 réis.

Em 1440 encontramos o *ducado* a valer 100 *soldos* ou 5 *liras*.

As liras eram:

Lira dei grossi ou *libra denarionum Venetorum grossorum*, e ainda *lira d'imprestidi (imprestitorum*, da divida publica). Tinha 20 soldos, e o soldo 12 dinheiros; equivalia a 10 ducados de ouro ou um pouco mais de 21$000 réis. Cada dinheiro, ou *grosso* desta lira, era $^1/_{24}$ do ducado, e não como o grosso dos zecchinos, $^1/_{18}$.

Lira di grossi, ou *libra denariorum Venetorum ad grossos*, que, segundo um decreto de 2 de junho de 1285, valia tão somente $^1/_2$ ducado. Era por conseguinte este *lira di grossi* o soldo da *lira dei grossi*. Correspondia a uns 1$050 réis mais ou menos.

Lira dei piccoli, ou *libra denariorum Venetorum parvulorum*, que era $^1/_3$ do ducado proximamente, ou uns 705 réis.

Carta que em nome de S. Francisco Xavier mandaram, no anno de 1722, os Padres da Companhia de Jesus a El-Rey D. João V contra o parecer do Marquez de Abrantes para que se vendesse a India aos Hollandezes.

(Collecção dos meus Mss.)

Escrever do outro mundo aos que ainda vivem na terra, se he prodigio, não he novo. Ao Rey de Judá escreveu Elias já depois de transferido naquella carroça de fogo ao Paraiso: a Vossa Magestade escreve Xavier depois que a Divina Piedade premiou suas fadigas com o descanço da Gloria: a causa que moveu a Elias a huma tão nova resolução naquelle tempo, que já neste não será unica, pois me resolvo imitar o seu exemplo, foi o zelo ardentissimo com que amava aquelle povo, que Deus tinha escolhido para Reyno seu; a que me obriga a mim não he menor zelo, nem menor amor de hum Reyno, que tambem logra as prerogativas de ser muito de Deus, e muito de sua particular eleição.

Tem o estado da Bemaventurança, entre outras felicidades, huma de que todos os, que logrâmos esta dita, podemos sem culpa conhecer as nossas excellencias, porque depois que a soberba caíu do Céo, não teve lugar nelle a presumpção, e sem ella digo, que são tantas as que Deus por sua infinita clemencia depositou em mim, que não concedo vantagens a Elias ou messão quanto ao muito que promovi o Dominio Portuguez com a minha protecção nas dilatadas conquistas do Oriente, aonde erão mais valentes as minhas orações nas batalhas, que os valorosos braços dos soldados que as disputavam, pois os seus mesmos brios me cediam as victorias: ou em quanto ao muito que trabalhei na conversão das almas, que se contam reduzidas por milhões em tão vasto Imperio, e sendo este escolhido por Deus para o altilissimo fim a que o destinou a sua incomprehensivel Providencia, que foi levar nas Quinas, que tremulam nos seus victoriosos Estandartes, as chagas do Redemptor do Mundo para dar a conhecer ás Nações barbaras os Misterios da Fé e Religião Catholica, por minha conta deve correr, como tão interessado nesta gloria singular das emprezas Portuguezas, o que conduzir a tão superior assumpto, já que o mesmo Deus decretou a Vossa Magestade Monarcha de tão dilatada sphera, que serve de berço ao sol quando nasce, e de tumulo quando se sepulta, porém com aquelle soberano distinctivo entre os mais Reis, que fossem os termos da Monarchia de Vossa Magestade as balizas do Imperio de Christo.

Com este sagrado destino he que começaram aquelles grandes Heroes, illustrissimos troncos de que Vossa Magestade he o mais florente ramo, a despachar os Argonautas, que vencendo mares nunca d'antes navegados sujeitassem ao Reino de Christo tantas Nações barbaras, quantas occupam as tres partes do Mundo, porque todas se comprehendiam naquelle oneroso contracto, com que nos Campos de Ourique se estabeleceu, fundou e confirmou o Reino de Portugal, que era levar o Nome do Redemptor a estas gentes apartadas e remotas. Com este mesmo destino continuaram os mais successores Serenissimos do Reino, e com o mesmo sei vae Vossa Magestade imitando as gloriosas acções de tão soberanos ascendentes mostrando, que igualmente se anima daquelle illustre sangue que corre pelas veias, e daquelle sagrado zelo que palpita no coração de Vossa Magestade. Como porém sei que ha quem encontre este zelo, quem pretenda que degenere este sangue, e que tem Vossa Magestade vassallo de seu agrado, que navega por outro rumo diverso daquelle por onde fizeram viagem os seus maiores, a mim pela obrigação e pelo amor, com que já disse amava o Reino de Portugal e juntamente a salvação das almas de todo este Oriente, que cultivei com tantas fadigas e reguei com tantos suores, me compete representar materia tão importante á grande comprehensão de Vossa Magestade. Logram tambem os bemaventurados outra felicidade, que he verem na Divina Essencia como em espelho clarissimo tudo aquillo que de algum modo depende da sua intercessão, ou se commette ao seu cuidado; e sendo a conversão da India tão propria e tão particular de hum Apostolo, que por tantos annos applicou o mais incessante desvelo no seu augmento, cá aonde assisto se me communica neste clarissimo espelho, que ha quem procure impedir os meios, que conduzem a conseguir, promover e levar adiante o emprego de todos os meus desvelos, que foi sempre a conversão dos Indianos, porque vejo o Marquez de Abrantes com politica mal entendida, e peor praticada propõem a Vossa Magestade, que se venda a India fundando tão dissonante projecto em rasão igualmente dissonante, e he a sua rasão, que huma Nau que se manda áquelle Estado faz despeza de cem mil crusados, e não chega a render quarenta para a fazenda de Vossa Magestade. No juiso dos bemaventurados não ha duvida que supponham ignorancia, e por esta rasão conheço com toda a certeza a que se encaminha dictame tão pouco catholico, não quero porém declarar o que sinto para deixar aos que vivem na terra, que disputem se este Fidalgo que foi Ministro de Vossa Magestade em Roma, trouxe de Roma a fé que levou de Portugal, em quanto elles decidem este ponto, seguro a Vossa Magestade que não trouxe a fidelidade, pois faltou a esta, e falta ainda agora em dependencias tão relevantes e Direitos manifestos de Vossa Magestade. Desgraça foi que se mandasse a Roma a quem se chamava o Rey dos Romanos, podendo-se vaticinar para a cautella, que encheria a medida do nome, e que por accrescentar os Dominios de Roma deixaria perder a posse de Portugal, e faria todo o esforço por desarmar os seus unicos defensores, que são os meus Jesuitas na China, os quaes ainda que destituidos e faltos de soccorro, sustentam com valor e zelo os Direitos de Vossa Magestade, na certeza de que depende delle o bem de toda aquella, algum dia florescente christandade, e hoje triste expectaculo para quem está em lugar donde póde olhar suas ruinas.

Supposta toda esta evidencia não reparo no dictame desta politica tão alheio da rasão e piedade catholica, reparo sim que se atreva a representar a Vossa Magestade este dictame, de que se venda a India, porque a India gasta e não rende, quando Vossa Magestade como Rey Soberano de huma Monarchia, e muito mais Soberano por ser Vice Rey de Christo, pois a fundou para si como proprio Imperio, e a entregou a Vossa Magestade como seu Lugar Tenente, porque assim como Christo, sem mais interesse que as almas, com sagrada profusão derramou todo o sangue das veias pelas redemir, dispenda Vossa Magestade os maiores thesouros, que todos não tem valor a respeito daquelle infinito preço, pelas mesmas almas sem outra conveniencia mais que a sua salvação.

A Vossa Magestade que no Morgado, que logra por successiva e Real descendencia tem vinculada a pensão de mandar Missionarios, de sustentar Evangelicos, de conservar a fé, de dilatar a religião, vender a India para faltar a esta obrigação, romper este vinculo porque falta o interesse e o lucro temporal, quando só se deve attender a espiritual ganancia daquelles negrinhos, que miseravelmente arrastam as cadeias da sua gentilidade em quanto lhes não chega o resgate, que todo consiste na herdada piedade de Vossa Magestade.

A Vossa Magestade que se anima daquelle sangue, que corre de tanta purpura Real, cujo brazão era empenhar a Corôa só pela salvação de huma alma: a Vossa Magestade de animo tão verdadeiramente sublime quanto desprezador de interesses proprios, que devendo-se attender ao Culto Divino com magnifica liberalidade derrete Potosis, para fundir colossos, como são tantos Templos e Recolhimentos sagrados, se propõem que se estanque ou divirta os rios de prata que correm para o baptismo dos Cathecumenos, quando nesta obra serão mais bem empregados os dispendios, que naquelles edificios? He verdade que todos elles são humas estatuas, que representam a piedade de Vossa Magestade mas estatuas mortas, que só fallam como vulto, que representam; os Cathecumenos são estatuas vivas, que Deus anima como Templos em que mora pela Graça, e todos com vozes suavissimas e com accorde consonancia applaudem o zelo de Vossa Magestade em tal fórma, que até os Anjos cá na gloria se suspendem com esta melodia.

A Vossa Magestade que só pela exaltação da fé, só pela gloria da Religião, só pela defensa da Igreja, só pela segurança da Christandade a tantas expensas, que se não foram sanctas poderamos chamar prodigas, forneceu ha quatro dias huma Armada formidavel, que foi a admiração do Hellesponto, e o Eclipse fatal das Luas Othomanas? Se ha de propor que se não mandem soccorros e Naus á India porque he despeza sem lucro, gastos sem conveniencia, dispendios sem interesse? Semelhante proposta só a podia idear quem pretendesse reduzir o Throno Portuguez a Banco de Flandres, mas não o que reverente lançar os olhos, e sem se cegar com tanta luz, examinar aos raios della o que he Vossa Magestade, o que he hum Rey Portuguez, o que he hum Vice Rey de Christo, em huma palavra o que he o liberalissimo, e magnificentissimo, e zelosissimo, o Serenissimo digo o Senhor D. João V, que Deus guarde, que Deus prospere, que Deus augmente por muitos e felizes annos.

Para todos estes motivos devia olhar o Marquez, mas quando se cegasse a tantos resplendores de magnificencia, ao menos devia de abrir os olhos da sua propria experiencia para não torpeçar em tão potente desvario hum sujeito, que logra da Real liberalidade de Vossa Magestade o ver-se accrescentado em commendas, dilatado em vidas, exaltado em Titulos, isento em Privilegios para se não verificar nelle e na sua casa a Lei Mental, e tão profusamente beneficiado, que bastaria o que lhe sobeja para satisfazer muitos desejos, que não fossem tão insaciaveis como os seus: como póde estranhar que use Vossa Magestade da sua innata e real grandeza em cousa tão pia, como he a conservação da India, da qual depende a salvação de tantas almas? Se he porque com esta se faz despeza sem receita, diga o Marquez quantos são os avanços de Vossa Magestade nas rendas, que de novo se ajuntarão em sua casa, effeitos da real grandeza de Vossa Magestade. Como elle não póde mostrar avanço, que redunde do que com elle se despende, mostrarei os grandes que se accrescentarão a Corôa de Vossa Magestade com o que se gasta em tão pia e catholica empreza, e isto não menos que com huma verdade toda de fé, porque no Conselho da Divina Fazenda se tem tomado assento immutavel, de que logre Vossa Magestade cento por hum de tudo o que se despender com os Ministros Evangelicos, Pregadores e Missionarios, ainda com os mesmos soldados na certeza indubitavel que só á sombra das Bandeiras Militares de Vossa Magestade he que descança a fé, se anima e se dilata, e aonde não soam os clarins Portuguezes tambem se não ouvem as Trombetas do Evangelho. Mas venda-se embora a India, e seja o Marquez de Abrantes quem lance o pregão nesta funestissima almoeda, o que não poderá fazer sem horror sendo Catholico, e diga com voz rouca e tremula, effeitos que ha de causar a palpitação do coração nestas circumstancias em todo o que tiver fé, e diga, se póde, quem merca a India? A este pregão sem nenhum encarecimento horrendo, fero, ingente, e temeroso acudirão os Hollandezes, como mais interessados e opulentos, tantos milhões pela India: e porque tanto dispendio nestes mercadores! Se a India gasta e não rende: para fazerem na India o que fazem nas mais terras, introduzir contractos, exterminar a fé, que nelles he o primeiro lucro, porque com mais cuidado se applicam aos dispendios da religião, do que á ganancia dos seus avanços.

Finjamos que se lhe acceita o lanço, entrarão a tomar posse daquellas terras, nas quaes não haverá torrão, que expremido não verta sangue Portuguez, e esse do mais illustre, e entrarão por aquelles Templos levantados pela piedade catholica: nas terras poram as suas Alfandegas, nos Templos destruiram os altares e profanaram o sagrado, acabar-se-hão as missas e os sacrificios, não haverá confissões, nem sacramentos, guardarão as Igrejas para creques e nos pulpitos, em logar de confirmar a Doutrina Catholica com S. Jeronymo, Santo Ambrosio, Santo Agostinho, se corromperá o sentido da Escriptura com os delirios de Luthero, Calvino, Oecolampadio, Beza e Melaneton; os meninos creados com a devoção da May de Deus e dos Santos, entoando cantigas divinas, mudarão os louvores em blasfemias contra a purissima Virgem, contra Deus e contra os mesmos Santos. Ficará Goa, Amsterdam; e as mais Cidades Catholicas, os Paizes de Heringen. Ruden e Zelandia; mãs não importa, porque os milhões Hollandezes prevalecem á Fé, os interesses á Religião, e por esta causa dirá o Marquez: ha quem mais lance, senão arremato?

Ha, e são os Inglezes, que sobre estes milhões accrescentam tantas mil libras sterlinas, e como já estes se arrogaram o Padroado de Vossa Magestade lançando fóra os Parochos da Ilha de Bombaim, e entregaram as Igrejas aos da Propaganda, que ficariam nellas se o zelo do Conde da Ericeira não acudisse com prompto remedio, e com aquella actividade, com que sempre serviu a Vossa Magestade, por mais que a calumnia o queira desluzir; dictame que promptamente seguiu o novo Vice Rey Francisco José de Sampaio com tão resoluta determinação, que escreveu áquelles hereges ficassem advertidos, que contra toda sua opposição havia sustentar illesas as regalias do seu Soberano, e mostra no seu talento, que as saberá defender, ainda que o Marquez se offenda; hum e outro fidalgo despresam queixas mal fundadas, porque só estimam merecimentos solidos e verdadeiros, e parece que vivem na certeza de que he herança dos bons Governadores da India ficarem mal com os homens por servirem bem ao seu Rey; mas as censuras da inveja, são elogios da fama. Se isto he desgraça, a que experimentou o passado, experimentará o presente, porque o zelo que mostra assim na conservação dos Direitos de Vossa Magestade, como no augmento da Fé e Christandade, são vaticinios, que se confirmam nas experiencias, são porém crimes honrados, de que só se envergonham os que os não sabem commetter, e pelos quaes nunca o Marquez será castigado; póde Vossa Magestade tolerar a digressão, porque a verdade em toda a parte tem logar: vamos ao ponto.

Digo pois, que lançarão os Inglezes, e terão mais lugar na estimação do Marquez, tão empenhado em destruir esta regalia de Vossa Magestade, para que a Propaganda consiga o que pretende com tanto desvelo; e que farão os Inglezes nestas terras? o mesmo que os Hollandezes, mas com maior excesso, como mais crueis, tyrannos, e violentos, queimaram as Imagens sagradas, profanaram os calices, e os claustros Religiosos, em logar de Sermões comporão Satyras contra o Papa e Ministros da Igreja, zombarão do culto Divino e de todas as ceremonias e Ministros Ecclesiasticos, e deste modo se acabará de huma vez a Christandade na India, chorarão os caminhos do Sião porque não haverá quem passe por elles para as solemnidades do Nascimento de Christo; para as Memorias compassivas da Paixão do mesmo Senhor; não se saberá que cousa he Quaresma, nem Semana Santa, porque não haverá jejum, nem abstinencia; não haverá devoção, nem piedade; mas como venha o preço da India, nada importa esta serie de desgraças lastimosas; e assim se não ha quem mais lance arremato.

De vagar que neste mercado póde ficar a India roupa de Francezes, tambem estes accrescentam o lanço com os seus Luizes ou com as suas Pistolas; pois arremate-se a India aos Francezes, que como nella faltava o Jansenismo, introduza-se mais esta seita com o seu obsequioso silencio nas definições Pontificias, mas sem guardar os Decretos da Cadeira de S. Pedro, com a sua Graça vencedora, e tão valentemente efficaz, que posta ella necessariamente se obra, e não se póde obrar sem ella; com a sua impossiblidade na observancia dos preceitos divinos, para persuadir ao povo, que se não peca ainda que se quebrantem; com toda a sua estreiteza de doutrina, e largueza de costumes; e finalmente com toda a sua resistencia á Bulla Unigenitus; porque havendo quem compre a India, tudo fica bem feito, e se o Mogor dèr mais, sejam todos Mouros, e haja ganancia.

E poderá a ternura de Vossa Magestade ouvir sem lagrimas todas estas rasões, que nada tem de encarecidas, tendo tanto de lastimosas? Poderá a piedade de Vossa Magestade soffrer tantos estragos da Religião, tantos despresos da Fé, e a perda de tantas almas? Como disse nomeio almas, não quero dizer mais, porque a este só nome sei se ha de enternecer Vossa Magestade, e que não hade ter coração para ver successos tão tragicos e funestos.

Bem sei dirá o Marquez se venda a India a hum Principe Christão, para se evitarem todos estes damnos, que ainda elle com toda a sua pouca fé reconhece serem grandes, e por isso lance nella o Serenissimo Rey de Hespanha, por soberano timbre o Catholico, mas este Monarcha diz, que não quer comprar o que he seu, e que se acha disposto a conquistar, o Reino de Portugal, e que este conquistado seguirá o accessorio ao seu principal: ainda Castella depois de tantos annos de pleito disputado nas campanhas, e sentenciado nos triumphos, appella para huma revista de armas, lá medita enlaçar nos seus pendões as Quinas com as Grifas, e como estiver desimpedida de outras emprezas, se applicará a esta, e bem será advertir, que correm hoje as Fontes Portuguezas para os Banhos castelhanos, e unidas humas e outras aguas prognosticarão inundação, e não será a primeira vez que se chore afogado hum Rey de Portugal nas correntes do Salado; nos campos de Alcacer o foi aquelle eterno desejo e eterna saudade do Reino o Serenissimo Dom Sebastião, e porque se não temerá o mesmo neste concurso e união de Fontes com Banhos? Se porém ha Rey Catholico, que queira comprar a India, he sem duvida, que algum motivo hade haver para esta compra; este motivo hade ser ou pelo interesse temporal do que ella renda, ou pelo espiritual das almas, que nella vivem convertidas, e que se hão de converter, ou finalmente por ambos juntos, que he o lucro temporal e espiritual: se tem o primeiro motivo, não he certo o que affirma o Marquez, que gasta a India e não rende; e se ha Rey amigo dos seus augmentos de rendas, que ache bens temporaes na India para a comprar, levado desta conveniencia; tambem Vossa Magestade poderá ter a mesma sem a perda de a vender, e se Vossa Magestade a não tem, são culpados os Ministros Reaes, que attento só ao proprio commodo, não attendem ao de Vossa Magestade.

Appliquem elles os meios conducentes e proporcionados a este fim, porque ainda agora são aquellas Regiões, como sempre foram, fecundas de canella e pimenta, ainda brotam os montes de Golconda diamantes, e os vales do Pegú rubins;

ainda as Costas d'Africa exhalam ambar e incenso, ainda os rios de Sofala correm sobre areas de ouro, e com tão crescidas enchentes, que bastaria esta só parte com tão preciosa tempestade a inundar hum mundo inteiro; não ha palmo de terra naquellas immensas campinas, que não seja mina, se a nossa diligencia a souber profundar, ou seguir as betas, que se descobrem na superficie.

Se tem o segundo motivo, e despresando interesses temporaes, não pertende outra cousa o zelo deste Rey, que suppomos, mais que o lucro das almas a expensas proprias; he bem que soffra Vossa Magestade leve outro Monarcha esta gloria unica e singularmente concedida aos Principes de Portugal? He materia esta, que sem injuria do real zelo de Vossa Magestade, e sem afronta de tão magnifico Principe se não póde representar. Não considera este Politico, mal considerado, que he Vossa Magestade aquelle homem mandado por Deus, que se chama João, para dar testemunho da luz, como Monarcha Portuguez, a quem compete esta prerogativa de ser testemunba dos resplendores de Christo nas nações estranhas e distantes, o que já ponderou o seu Vigario na terra, Pio IV nas tres excellencias que considerou nos Serenissimos Reis de Portugal: huma, serem elles os primeiros, que receberão a Fé de Christo; outra, os que sempre a conservarão pura e limpa; e unica, serem os unicos que a dilatarão e propagarão nas partes ultramarinas: e hade haver Rey, no conceito do Marquez, que possa o que não póde Vossa Magestade, e não se vê logo fulminado de seu Throno em castigo da sua ousadia?

Mas se ultimamente o que se resolver a comprar a India acha os dois motivos juntos, não tenho que acrescentar sobre o que já disse, porque basta que se conheça a pouca attenção com que o Marquez em damno do Real nome de Vossa Magestade, cuja fama quer expor á censura publica no theatro do mundo, e ao ludibrio das nações e que terão tanto motivo para zombarem agora neste tempo, como tiveram de se admirar no passado, vendo naquelle o invicto João I preparando as ancoras, que tomou por divisas, para as lançar aonde o entendimento de Santo Agostinho não achou fundo, porque ignorou os mares da India; neste o Serenissimo João V sobre a amarra com receio de continuar tão gloriosas emprezas, porque o Marquez quer avanços no lucro, e não augmentos na fé.

Tambem sei, que contra tão dissonantes propostas do Marquez de Abrantes replicou o Marquez de Valença allegando em meu obsequio huma circumstancia, que deve obrigar a minha vontade para lhe segurar diante de Deus a minha protecção, e seja huma especie de agradecimento valer-me da sua instancia: disse o Marquez de Abrantes, que se vendesse a India, replicou o de Valença, quanto dinheiro será necessario, para comprar o corpo de S. Francisco Xavier? Não ha duvida que se o Marquez respondesse conforme os impulsos da sua inclinação, facilmente soltaria o argumento, porque quem não repara que se vendam tantas almas creadas para o Ceo, para serem victimas do inferno, que caso faria de se vender hum corpo, ainda que fosse corpo santo, que serenou tantas tempestades, e tormentas, e mais sendo corpo de Jesuita, de tão pouco preço no seu conceito, como quem em toda a occasião lhe offende a fama, desacredita o nome, e tira o credito: elles lá no mundo tudo perdoam, porque o devem assim fazer obrigados do amor do proximo, e de encommendarem a Deus todos os que não tem boa vontade á companhia; cá no Ceo onde póde haver ira sem peccado, terá seu logar o pedir a Deus não deixe sem castigo semelhantes offensas, e o de Valença ficará na minha lembrança em ordem a desempenhar diante de Deus a minha obrigação, que será sempre sollicita pelos augmentos de sua illustrissima casa.

Saiba porém o Marquez de Abrantes, que este corpo, ainda que he corpo de Jesuita, e (para elle) por esta rasão de pouca estimação, he hum corpo, em que se depositou huma alma tão grande e tanto alma, que se animava de perigos para os vencer, e que pedia mais e mais por serem todos poucos para a sua ancia de padecer; mas para tudo ajudada deste corpo, com elle soffreu as neves e os ardores, com elle mediu os longes e as distancias, com elle correu os mares e as terras, com elle obrou prodigios e maravilhas, com elle mereceu o preço grande da gloria, que se iguala com a eternidade, e hum corpo santificado com huma alma, que soube despresar perigos para salvar almas, não he de pouco preço e valia: huma reliquia deste corpo se estima como thesouro na piedade catholica de todo o mundo, porque respeita a Fé neste corpo a certeza de que hade ser companheiro da sua alma na bemaventurança, circumstancia, que o faz subir tanto no valor, que não póde haver cabedal na terra, que iguale ao que com tanta estimação se avalia no Ceo.

Não ha duvida, que na evidencia das razões com que tenho ponderado a desattenção do Marquez na sua proposta conhecerá Vossa Magestade quanta tive para representar a Vossa Magestade a dissonancia do dictame, que as encontra; mas porque o Marquez ainda fomenta outras idéas, que totalmente se oppõem ao fim a que sempre dirigi os meus desvelos, que foi a conversão de toda a India, não he bem que passe por ellas sem mostrar quanto serão de prejuizo ao bem destas Missões. Lá em Roma pacteou-se excluissem de Bispos Missionarios os Jesuitas, atando as mãos a Vossa Magestade para que os não podesse propor, e a Vossa Magestade representou que os não nomeasse, mas nomeasse os Carmelitas, por se accommodarem melhor a serem amigos dos Hollandezes. Que os Jesuitas não sejam Bispos, este he o seu voto e o seu desejo tambem, nem acceitam estas dignidades senão obrigados da obediencia, e levados daquella esperança de que lhes póde servir nas Missões o Baculo, para colherem a palma do martirio: estas são as pensões, ou entradas que pertendem com estes beneficios, que as rendas e osdizimos cedem a todos os que forem da religião dos Reys dos Romanos, que se acabou com Tarquinio o soberbo, e não dos Reys dos Romanos, que succedem aos piissimos Imperadores de Allemanha verdadeiramente Magestades Cesareas e Catholicas, porém nesta parte se não deve attender ao que querem ou não querem os Jesuitas, mas só ao que convem ao bem das Missões e serviço de Vossa Magestade.

O primeiro sujeito que passou á India com poderes de Nuncio fui eu, e sou Jesuita, nem se deve suppor que procurei a Nunciatura, senão que me sujeitei por força ao peso della, e porque quem o podia mandar ponderou a conveniencia desta grande e trabalhosa commissão: mas que Nuncio, Xavier Jesuita? Hum Nuncio, que estabeleceu as regalias de Portugal, como base firmissima em que se fundasse o exercicio da christandade, pois só debaixo do Real Padroado se vio levantar, e sem elle padece as ruinas, que se experimentam. Hum Nuncio que nunca condemnou os ritos Gentilicos, e só os exterminou; hum Nuncio que se costumou aos costumes da terra em que vivia, para introduzir as leis do Ceo, que prégava; hum Nuncio que foi a plantar a Fé, que de novo havia de nascer, e não a arrancar a que já estava crescida; hum Nuncio que não acceitou da Grandeza Real, e que o queria prover com abundancia, mais que alguns livros conducentes ao seu ministerio, e não introduziu no numero dos que chamam Missionarios, os moços de servir, roubando tantas assistencias da fazenda de Vossa Magestade, que applicadas a Christo, ou aos seus Apostolos dariam logar ao Marquez a dizer com Judas, para que são tantos desperdicios, se tudo isto se podia vender? Hum Nuncio que renuncia todos os seus poderes nas mãos de quem naquelle tempo governava o espiritual da India, porque nunca intentou que fossem admittidas as suas Bullas contra os privilegios da Corôa. Este foi então o Nuncio Jesuita, e se agora fossem Jesuitas, todos seriam como este Nuncio, porque nunca houve até agora Jesuita Prelado, que não seguisse os meus exemplos, e por esta razão se viram florescer as Missões, augmentar a Fé, propagar o Evangelho, e extender a Religião: assim hão de ser os Nuncios de paz, Nuncios de socego, Nuncios de zelo, para serem Nuncios canonisados por Santos, e que tenham nos altares a veneração que logra este Nuncio: mas porque o Marquez não quer estes Nuncios, por isso faz pactos iniquos para que os Jesuitas não sejam Prelados nas Missões, porque não procuram os seus augmentos, e só pertendem as suas ruinas em ceder as regalias de Vossa

Magestade: como perseguir huns homens, que tanto zelo mostram no real serviço de Vossa Magestade? E foi tão patente na curia sua inclinação, que chegou a dizer hum sujeito (e era estrangeiro) que se Vossa Magestade mandasse a Roma hum Embaixador Portuguez tudo havia concluir, mas como mandou hum Embaixador Italiano, tudo perdeu; perdeu o direito de nomear Bispos na China; perdeu a maior parte das suas regalias; perdeu a protecção dos Jesuitas, que sempre estiveram debaixo do amparo real, os quaes hoje se acham destituidos, sem outro crime mais, que servirem a Vossa Magestade com zelo e fidelidade.

Supponhamos porém que este Nuncio não obrava o que obrou, e não seguindo aquelles erros, que o Marquez julga por certos, fulminava censuras contra os ritos ignorantes ou differentes, e ainda que tivessem alguma sombra de superstição na ignorancia do vulgo, muito menos dissonantes, do que aquelles que se permittem na Europa e se avaliam por veneraveis antiguidades de Roma. Que resposta daria áquelles Neophitos, quando me instassem: quereis Nuncio, que todos os nossos nomes sejam baptisados, que não haja em nós acção, que tenha origem de fabulas, que não respeitemos a natureza dos paes mortos, com a mesma veneração, que lhes damos vivos: e que offertas são aquellas, que lá na Europa se põem sobre as sepulturas dos nossos defunctos? Quem canonisou a Minerva, para ser titulo de hum Templo? a Jove e Venus, para serem nomes dos dias mais santos? Quem santificou a Mercurio e Saturno, para lhes accender alampadas nas estrellas, e finalmente quem fez christã aquella Idéa, que na capella Pontificia se vê pintada em hum painel, no qual Christo, bem nosso, se representa julgando o mundo, e por baixo Acheronte com a sua barca passando almas para o inferno? He certo que não chegam a esta dissonancia os nossos ritos, pois nenhum delles se funda na propria gentilidade, como estes, e só se fundam nos usos e costumes das Nações, donde devemos inferir ser certo o que disse hum Politico, que não queria Roma nas Missões o que queria em a Europa, e estando a vontade pela razão, não havia que perguntar senão obedecer, ainda que se perdesse a christandade: se eu não fosse Nuncio Jesuita teria que responder sem duvida e ataria as mãos, mas por isso me accommodei ao que era costume nacional, por me não ver nestes apertos, nem fazer impossivel a conversão do gentilismo com tão manifestas implicancias.

Sejam embora excluidos os Jesuitas destes Bispados, que nesta exclusiva não recebem injuria, senão favor, mas que sejam admittidos os Carmelitas pela razão, que aponta o Marquez, não póde haver maior affronta, nem maior aggravo: diz que se admittam por serem amigos dos Hollandezes, se esta razão é convincente, será muito mais cabal nomear os mesmos Predicantes, porque sem duvida são maiores amigos, e nesta parte tem muita força o argumento de menos a mais.

Fatal cegueira da paixão querer, que os Pastores para serem Pastores sejam amigos dos lobos; e que será das ovelhas com estes pegureiros? Christo quando entregou as ovelhas a S. Pedro examinou o amor que tinha ao mesmo Christo, mas não o amor que tinha aos Fariseus, que já naquelle tempo eram hereges: se os Carmelitas por terem amor e muito amor a Christo forem nomeados, he justo e santo, mas que o sejam por terem amor aos hereges, inimigos de Christo, que afronta mais manifesta se póde fazer a huma Religião sagrada? e como a poderá soffrer toda a sua modestia e paciencia.

Fallemos claro, Senhor, para se excluirem os Jesuitas não era necessario substituir-lhes os Carmelitas, outras Religiões ha, e outros Ecclesiasticos, a quem se podia commetter esta incumbencia, donde algum engano encobre semelhante proposta, e por esta razão deve Vossa Magestade ponderar, que estes Carmelitas patrocinados pelo Marquez, são aquelles mesmos, que o Serenissimo Senhor Rey D. Pedro, pae de Vossa Magestade, desterrou da India por inconfidentes, e que nunca os quiz restituir ao Estado por mais diligencias, que fizeram, ainda interpondo a auctoridade Pontificia, e querer o Marquez, que agora sejam Bispos das Missões, que outro motivo tem, senão buscar auxiliares, para os seus intentos, para de huma vez conquistar as regalias, que todos os mais defendem: a este fim he que se dirigem todos os meios, que a sua pingue Minerva descobre; aqui todas as traças que medita; mas quem tão crassamente discorre, podia ter o mesmo nome, que tem em Portugal os Carmelitas, e se este nome lhe vem proprio pelo discurso, o que merece pela proposta he que Vossa Magestade o julgue no que projecta por tão inconfidente como os seus patrocinados, que tambem lhe não será appellativo, pois tanto concorda com a sua pessoa, que o distingue dos verdadeiros Portuguezes, e fieis vassallos de Vossa Magestade.

Estas razões, que ainda não são todas as que podia representar, me pareceu propor á soberana comprehensão de Vossa Magestade, não com menor zelo, do que as representou Elias áquelle Rey, mas com huma differença: Elias acabou a sua carta comminando castigos e rigores, mas não seguirei nesta parte o seu exemplo, porque como Apostolo estou ensinado, que não he o espirito de Elias para o tempo da lei da Graça; e assim só me resta vaticinar muitas felicidades, estas terá Vossa Magestade com grandes prosperidades cerrando os ouvidos a arbitrios tão contrarios á Fé e Piedade. Continuar-se-hão os soccorros para a India, hirão em augmento as Missões, comprir-se-ha por esta causa a promessa de Christo de estabelecer em Vossa Magestade o seu Imperio, que he o quinto que esperamos, que tem grande connexão com o nome de quinto do felicissimo appellido de Vossa Magestade, o qual será tão dilatado nos dominios, como florescente na Religião Catholica, e para ter cumprimento todo este vaticinio empenharia toda a minha protecção diante do Divino acatamento, que a ouvirá pondo o cumpra-se nas minhas promessas, para gloria immortal de Vossa Magestade.

A Serenissima Pessoa de Vossa Magestade guarde Deus muitos annos.

CONCORDATA ENTRE O PAPA LEÃO XIII E EL-REY DE PORTUGAL

Concordata entre o Papa Leão XIII a El-Rey de Portugal para regular nas Indias Orientaes, assignada em

Em nome da Santissima Trindade.

Sua Santidade o Summo Pontifice Leão XIII e Sua Magestade Fidelissima El-Rei D. Luiz I, animados do desejo de favorecer e de promover o maior desenvolvimento das christandades nas Indias Orientaes, e de regular por maneira estavel e definitiva o Padroado ahi da Corôa Portugueza, têem resolvido fazer uma Concordata, nomeando para este fim dois Plenipotenciarios, a saber: por parte de Sua Santidade o Emo. e Remo. Sr. Cardeal Luiz Jacobini, seu Secretario de Estado, e por parte de Sua Magestade Fidelissima o Exmo Sr. Conselheiro d'Estado João Baptista da Silva Ferrão de Carvalho Martens, Embaixador Extraordinario, Par do Reino e Ministro d'Estado Honorario, os quaes, trocados os seus respectivos plenos poderes, e achados em boa e devida fórma, convieram nos artigos seguintes:

ARTIGO 1.°

Em virtude das antigas concessões pontificias, continuará o exercicio do Real Padroado da Corôa Portugueza, em conformidade dos sagrados canones nas Igrejas Cathedraes das Indias Orientaes, segundo as modificações estabelecidas na presente Concordata.

ARTIGO 2.°

Emquanto á Igreja Metropolitana e Primacial de Goa, o Arcebispo continuará a exercer os direitos metropolitanos nas Dioceses que lhe são suffraganeas.

O Arcebispo *pro tempore,* por benigna concessão de Sua Santidade, será elevado á alta dignidade de Patriarcha *ad honorem* das Indias Orientaes, e gosará alem d'isso do privilegio de presidir os concilios provinciaes de todas as Indias Orientaes, os quaes ordinariamente se reunirão em Goa, salvo ao Summo Pontifice o direito de dispor de outro modo em circumstancias especiaes.

por maneira estavel e definitiva o Padroado da Corôa Portugueza
Roma em 23 de Junho de 1886

In Nome della Santissima Trinità.

Sua Santità il Sommo Pontefice Leone XIII, e Sua Maestà Fedelissima il Re D. Luigi I, animati dallo zelo di favorire e promuovere un maggior sviluppo delle cristianità nelle Indie Orientali, e di regolare in esse in modo stabile e definitivo il Patronato della Corona Portoghese, hanno risoluto di fare un Concordato, nominando a tale effeto due Plenipotenziarii, cioè, per parte di Sua Santità, l'Emo. e Rmo. Sig.^r Cardinale Lodovico Jacobini, suo Segretario di Stato, e per parte di Sua Maestà Fedelissima l'Eccmo. Sig.^r Giovanni Battista da Silva Ferrão de Carvalho Martens, Ambasciatore Straordinario e Ministro di Stato Onorario: i quali scambiati i loro rispettivi pieni poteri, e trovatili in buona e dovuta forma, convennero negli articoli seguenti:

ARTICOLO 1.°

In virtù delle antiche concessioni pontificie continuerà lo esercizio del Patronato della Corona Portoghese, in conformità dei sacri canoni, nelle Chiese Cattedrali del Indie Orientali, secondo le modificazione espresse nel presente Concordato.

ARTICOLO 2.°

In quanto alla Chiesa Metropolitana e Primaziale di Goa, l'Arcivescovo proseguirà ad esercitare i diritti metropolitani nelle Diocesi Suffraganee.

L'Arcivescovo *pro tempore*, per benigna concessione di Sua Santità, sarà elevato alla dignità di Patriarca *ad honorem* delle Indie Orientali, e godrà inoltre il privilegio di presiedere ai concilii nazionali di tutte le Indie Orientali, e quali ordinariamente si aduneranno a Goa, salvo al Papa il diritto di disporre altrimenti in circonstanze particolari.

ARTIGO 3.º

A Provincia Ecclesiastica Metropolitana de Goa será composta, alem da Séde Metropolitana, das tres Dioceses seguintes: de *Damão* e titular de *Cranganor;* de *Cochim;* e de *S. Thomé de Meliapor*.

Em annexo separado serão indicados os limites e os logares que ficam sujeitos a cada uma das tres Dioceses.

ARTIGO 4.º

Na Diocese Metropolitana de Goa, bem como nas tres Dioceses Suffraganeas, o direito de Padroado será exercido pela Corôa Portugueza.

ARTIGO 5.º

Em consideração das vantagens que pela reconstituição das tres referidas Dioceses e de uma regular Provincia Ecclesiastica, poderão provir aos fieis alguns dos grupos principaes das christandades denominadas Goanezas, que são indicadas no annexo já mencionado, não comprehendidas nos limites assignados ás tres mencionadas Dioceses, serão a estas aggregados, tendo-se em attenção os elementos materiaes e moraes da homogeneidade, que mostrem que ficarão assim melhor reunidos.

Nas missões Goanezas das outras Dioceses deverá o Ordinario confiar de preferencia a cura de almas a Sacerdotes Goanezes ou Portuguezes d'elle dependentes.

ARTIGO 6.º

Pela sua parte o Governo Portuguez compromette-se a providenciar á conveniente dotação das mencionadas Dioceses, de que trata o artigo 3.º da presente Concordata, dos Cabidos, do Clero e dos Seminarios, e a cooperar efficazmente com os respectivos Bispos para a fundação de escolas, orphanologios, e outras instituições necessarias para o bem dos fieis e da evangelisação dos infieis.

ARTIGO 7.º

Com relação ás quatro Dioceses de *Bombaim, Mangalor,*

ARTICOLO 3.°

La Provincia ecclesiastica di Goa sarà composta, oltre alla Sede Metropolitana, delle tre Diocesi seguenti, cioè, *Damão,* col titolo anche di *Cranganor; Cochin;* e *S. Thomé di Meliapor.*

In foglio separato verrano indicati i limiti ed i luoghi soggetti alle tre Diocesi.

ARTICOLO 4.°

Nella Diocesi Metropolitana di Goa, come nelle tre Diocesi Suffraganee, il diritto di Patronato serà esercitato dalla Corona Portoghese.

ARTICOLO 5.°

Em vista dei vantaggi, che dalla ricostituzione delle stesse tre Diocesi e quindi di una regolare Provincia ecclesiastica, potranno derivare a quei fedeli, alcuni dei gruppi principali delle cristianità Goane, indicati nello annesso allegato, non compresi nei limiti delle summenzionate tre Diocesi, saranno aggregati a queste, tenendosi ragione degli elementi materiali e morali di omogeneità, che ad esse meglio li assimilano.

Nelle missioni Goane delle altre Diocesi dovrà l'Ordinario affidare di preferenza la cura delle anime a sacerdoti Goani o Portughesi da esso dependenti.

ARTICOLO 6.°

Il Governo assume l'impegno di provedere alla conveniente dotazione delle menzionate Diocesi, dei Capitoli, del Clero e dei Seminarii, e coopererá efficacemente all'azione dei Vescovi nel fondare scuole orfanotrofii ed altre istituzioni richieste dal bene dei fedeli e dalla evangelizazione dei pagani.

ARTICOLO 7.°

Per le quatro Diocese di *Bombay, Mangalor, Quilon* e *Ma-*

Quilon e *Maduré*, que serão erectas com a instituição da gerarchia nas Indias, os Metropolitanos com os seus Suffraganeos na vagatura de qualquer das ditas Sés Episcopaes, assim como igualmente os Suffraganeos da respectiva Provincia, quando a vagatura seja da Séde Archiepiscopal, á sua livre escolha formarão e communicarão uma lista de tres nomes ao Arcebispo de Goa, que a enviará a Sua Magestade El-Rei de Portugal, o qual no praso de seis mezes deverá apresentar á Santa Sé um candidato escolhido de entre os tres da proposta. Se no praso indicado de seis mezes esta apresentação não tiver sido feita, a livre escolha será devoluta á Santa Sé.

ARTIGO 8.°

O Summo Pontifice nomeará pela primeira vez os Arcebispos e Bispos das quatro Dioceses indicadas no precedente artigo, que serão fundadas com a constituição da gerarchia ecclesiastica.

ARTIGO 9.°

As christandades de Malaca e Syngapura, actualmente dependentes da jurisdicção extraordinaria do Arcebispo de Goa, ficarão sujeitas á jurisdicção do Bispo de Macau.

ARTIGO 10.°

Regulado assim o Padroado da Corôa Portugueza, em todo o outro territorio das Indias Orientaes, a Santa Sé gosará plena liberdade de nomear os Bispos e de adoptar as determinações que julgar opportunas para o bem dos fieis.

ARTIGO 11.°

Modificadas e interpretadas por esta fórma as precedentes concessões relativas ao Padroado da Corôa Portugueza nas Indias Orientaes, continuarão em vigor os artigos 3.°, 4.°, 5.°, 6.° e o annexo *A* da Concordata de 21 de Fevereiro de 1857.

ARTIGO 12.°

O presente Tratado com o seu annexo, que d'elle fica fa-

duré, che si erigeranno colla istituzione della gerarchia nelle Indie, i Metropolitani insieme coi Vescovi suffraganei, nella vacanza della sede Vescovili, come pure i suffraganei della Provincia nella vacanza della Sede Arcivescovile, formeranno a loro libera scelta e comunicheranno una tenra all'Arcivescovo di Goa che la rimetterà alla Corona, la quale dovrà presentare dentro sei mesi alla Santa Sede un candidato fra i tre inclusi nella tenra, trascorso il quale termine, la libera scelta è devoluta alla Santa Sede.

ARTICOLO 8.°

Il Sommo Pontefice nominerà per la prima volta gli Arcivescovi ed i Vescovi del quattro Diocesi indicate nel precedente articolo, le quali saranno fondate colla costituzione della ecclesiastica gerarchia.

ARTICOLO 9.°

Le cristianità di Malaca e Singapour, attualmente dipendenti dalla giurisdizione straordinaria dell'Arcivescovo di Goa, saranno soggette alla giurisdizione del Vescovo di Macao.

ARTICOLO 10.°

Regolato per tal guisa il Patronato della Corona, in tuto il rimanente territorio delle Indie Orientali, la Santa Sede godrà piena libertà di nominare i Vescovi e di prendere le determinazioni che crederà opportune e vantaggio dei fedeli.

ARTICOLO 11.°

Modificate ed interpretate per tal guisa le precedenti concessioni relative al Patronato della Corona nelle Indie Orientali, rimangono, in vigore gli articoli 3, 4, 5, 6, e l'annesso *A* del Concordato del 1857.

ARTICOLO 12.°

Il presente Trattato col suo annesso, che forma parte in-

zendo parte integrante, será ratificado pelas Altas Partes Contratantes, e as ratificações serão trocadas em Roma dentro de tres mezes, da data da assignatura, ou antes, se for possivel.

Roma, em vinte e tres de Junho de mil oitocentos oitenta e seis.

(L. S.)=*João Baptista da Silva Ferrão de Carvalho Martens.*

Annexo ao artigo 3.º do Projecto da Concordata

I

A Igreja Patriarchal Metropolitana e Primacial de Goa ficará comprehendendo:

1.º) Todo o territorio das Possessões Portuguezas da India que hoje lhe pertencem, com excepção dos districtos de Damão e de Diu, que ficarão pertencendo á Diocese Suffraganea de Damão e titular de Cranganor, nos termos do artigo 3.º da presente Concordata.

2.º) O Canará septentrional com as Christandades de uma e de outra jurisdicção que o compõem, e que são actualmente as seguintes:

De Sadashigor:

De Sunkerry:

De Karwar:

De Ankola, com as Christandades de Bingi, Chindierro, Bollingoly, Yellopor:

De Sircy:

De Hanowar, com as Christandades de Kiroly, Boteul, Ferquembat:

De Chandowar e Coomptá:

De Golmuna, com as Christandades de Sounxim, Munkim e Baitur:

constituindo assim territorio diocesano continuo sujeito á jurisdicção ordinaria de Goa.

3.º) As Christandades n'esta circumscripção que actualmente são de outra jurisdicção, ficam sujeitas á jurisdicção ordinaria de Goa.

tegrante di esso, serà ratificato dalle Alte Parti Contraenti, e le ratifiche saranno scambiate in Roma dentro tre mesi dalla data delle sottoscrizioni, o prima, se sarà possibile.

Roma, venti tre de Giugno del milleottocento ottantasei.

(L. S.)=*L. Card. Jacobini.*

Annesso all' articolo 3.° del Proyetto di Concordato

I

La Chiesa Patriarcale Metropolitana e Primaziale di Goa comprenderà:

1.°) Tutto il territorio dei possedimenti Portoghesi dell' India che oggi le appartengono, eccetuati i distretti di Damão e di Diu, che resteranno alla Diocesi suffraganea di Damão e titolare di Cranganor, a termini dell' articolo 3.° del presente Concordato.

2.° Il Canará settentrionale colle Cristianità dell' una e dell' altra giurisdizione che lo compongono e che sono attualmente le seguenti:

Di Sadashigor:

Di Sunkerry:

Di Karwar:

Di Ankola, colle Cristianità di Bingi, Chindierro, Bollingolly, Yellopor:

Di Sircy:

Di Hanowar colle Cristianità di Kiroly, Boteul, Ferquembat:

Di Chandowar e Coomptá:

Di Golmuna colle Cristianità di Sounxim, Munkim e Baitur:

costituenti così il territorio diocesano non interroto sottoposto alla giurisdizione ordinaria di Goa:

3.°) Le Cristianità in questa circoscrizione, che presentemente sono di altra giurisdizione, restano sogette alla giurisdizione ordinaria di Goa.

II

A Diocese de Damão e titular de Cranganor agora erecta, em virtude do artigo 7.° da Concordata de 21 de Fevereiro de 1857, ficará assim composta.

NUMERO PRIMEIRO

1.°) Dos districtos de Damão e de Diu actualmente da jurisdicção ordinaria da Archidiocese de Goa:

2.°) Da parte do districto de Broach ao sul do rio Norhadda e do districto de Surrat:

3.°) Do districto de Kenkam septentrional:

4.°) Do actual varado das ilhas de Salcete e Trombay:

5.°) Do actual varado de Baçaim:
constituindo assim territorio diocesano continuo sujeito á jurisdicção ordinaria da Diocese:

6.°) Ficam exceptuadas as Christandades e estabelecimentos seguintes, hoje sujeitos á jurisdicção do Vigario Apostolico:

No districto de Surrat as Igrejas e Parochias de Surrat e Bulsar.

Nas Ilhas de Salcete e Trombay as Igrejas e Parochias inteiras de Marolis e de Maucy na Ilha de Trombay, hoje já pertencentes á jurisdicção do Vigario Apostolico, com os estabelecimentos da mesma jurisdicção que actualmente lhe pertencem.

No Bandorá a Igreja actualmente sujeita á jurisdicção do Vigario Apostolico com o Stanislau's Institute e St Joseph's Convent, que já actualment lhe pertencem, e mais as Igrejas de Iuven, Condotina e Culven, que igualmente pertencem á jurisdicção do Vigario Apostolico.

7.°) Para evitar qualquer confusão fica declarado que nos actuaes varados n.ºs 4 e 5 de Salcete e Baçaim continuam sujeitas á jurisdicção ordinaria da Diocese de Damão todas as Christandades que actualmente o estão á Archidiocese de

II

La Diocesi di Damão e titolare di Cranganor ora eretta, in virtù dell' articolo 7.° del Concordato del 21 de Febbraro del 1857, resterà così composta.

NUMERO PRIMO

1.°) Dei distretti di Damão e di Diu attualmente della giurisdizione ordinaria dell' Archidiocesi di Goa:

2.°) Della parte del distretto di Broach al sud del fiume Norhadda e del distretto di Surrat:

3.°) Del distretto del Kenkam settentrionale:

4.°) Delle'attuale territorio (varado) delle isole di Salcete e Trombay:

5.°) Dell'attuale territorio (varado) de Baçaim:
costituendo così il territorio diocesano non interroto soggeto alla giurisdizione ordinaria della Diocesi:

6.°) Restano eccetuate le Cristianità e stabilimenti seguenti, oggi soggetti alla giurisdizione del Vicario Apostolico:

Nel distretto di Surrat le Chiese e Parrochie di Surrat e Balsar:

Nelle isole di Salcete e Trombay le Chiese e Parrochie intieri di Marolis e di Maucy nell' isola de Trombay, oggi già appartenenti alla giurisdizione del Vicario Apostolico, cogli stabilimenti della medesima giurisdizione che attualmente le appartengono.

Nel Bandorà la chiesa attualmente soggeta alla giurisdizione del Vicario Apostolico collo Stanislau's Institute e St Joseph's Convent, che già attualmente le appartengono, e di più le chiese di Iuven, Condotina e Culven, che egualmente appartengono alla giurisdizione del Vicario Apostolico.

7.°) Per evitare qualsiasi confusione resta dichiarato che negli attuali distretti (varados) n.ºs 4 e 5 di Salcete e Baçaim seguono a restar soggetti alla giurisdizione ordinaria della Diocesi di Damão tutte la Cristianità che attualmente lo sono

Goa, não sendo actualmente sujeitas a esta jurisdicção as Christandades que já ficam exceptuadas sob n.º 6.

NUMERO SEGUNDO

Ficarão igualmente pertencendo á Diocese de Damão todas as Christandades com as suas Igrejas, capellas e estabelecimentos dependentes, bens e rendimentos na cidade e ilha de Bombaim, actualmente sujeitas á jurisdicção do Arcebispo de Goa, que para maior clareza se designam aqui:

1.º) De Mazagão com a Igreja e estabelecimentos que lhe pertencem e capella de S. Francisco Xavier em Colaba e estabelecimentos que lhe são dependentes:

2.º) De S. Francisco Xavier de Dalbul:

3.º) De Calvel (Nossa Senhora da Soledade) e capella em Lonpoor:

4.º) De Mahim superior (S. Miguel) com capella do Bom Conselho em Sião e escola que lhe pertence:

5.º) De Mahim Inferior (Nossa Senhora da Salvação) com as capellas de Matenga e de Parel, collegio e escolas annexas.

III

A Diocese de Cochim Suffraganea de Goa ficará assim circumscripta comprehendendo:

NUMERO PRIMEIRO

1.º) A cidade de Cochim com todas as suas Christandades, Igrejas, capellas e quaesquer outros estabelecimentos dependentes.

2.º) As seguintes circumscripções com as Christandades de uma e de outra jurisdicção que lhes pertencem;

Mattanchery e Amarambady (jurisdicção do Arcebispo e do Vigario Apostolico)

Pallarutti (jurisdicção do Vigario Apostolico)

Idacochi, Arus, Punuguto e Perumpadippu

Manasherry S. Luiz

Manasherry S. Miguel

alla Archidiocese di Goa, non essendo attualmente soggete a questa giurisdizione le Cristianità che già rimangono eccetuate sotto il n.° 6.

NUMERO SECONDO

Rimarrano egualmente assegnate alla Diocese di Damão tutte le Christianità colle loro chiesi, cappelle e stabilimenti dependenti, beni e rendite nella città ed isola di Bombaim attualmente sogetta alla giurisdizione dell'Arcivescovo di Goa, che per maggior chiarezza siannoveranno qui appresso:

1.°) Di Mazagão colla Chiesa e stabilimenti che gli appartengono e cappella di S. Francisco Saverio in Colaba, e gli stabilimenti che gli sono dipendenti:

2.°) Di S. Francesco Saverio di Dalbul:

3.°) Di Cavel (N.ª S.ª della Solidade) e capelle in Lonpoor:

4.°) Del Mahin superiore (S. Michelle) colla cappella del Buon Consiglio in Sion e scuola che le appartiene:

5.°) Del Mahim Inferiore (N.ª S.ª della Salvazione) colle capelle di Mantenga e di Parel, collegio e scuole annesse.

III

La Diocesi de Cochim suffraganea di Goa resterà cosi circoscritta comprendendo:

NUMERO PRIMO

1.°) La città di Cochim con tutte le sue Cristianità, Chiese, cappelle e qualunque altro stabilimento dipendente.

2.° Le seguenti circoscrizioni colle Cristianità dell'una e dell'altra giurisdizione che loro appartengono:

Mattanchery e Amarambady (giurisdizione dell'Arcivescovo e del Vicario Apostolico)

Pallarutti (giurisdizione del Vicario Apostolico)

Idacochi, Arus, Punuguto e Perumpadippu

Manasherry S. Luigi

Manasherry S. Michele

Caunnamalé
Candacadavuy
Combalananguy
Chellanam S. Sebastião
Chellanam S. Jorge
Pollitodu
Truvine (jurisdicção do Vigario Apostolico e do Arcebispo)
Manacudam e Toreur
Pallipuram
Bendurti e Tevere
Tanghi
Arthungal S. Jorge
Arthungal Santo André e Mararicolam e Chetti
Mararicolam (jurisdicção do Arcebispo de Goa)
Kattur (jurisdicção do Arcebispo)
Aleppi (jurisdicção do Arcebispo e do Vigario Apostolico)

Vattalunyhal (jurisdicção do Arcebispo)
Pungavu (jurisdicção do Vigario Apostolico)
Tumboly (jurisdicção do Arcebispo e do Vigario Apostolico).

NUMERO SEGUNDO

No actual Vicariato Apostolico de Quilon as seguintes Christandades:

1.º) Aravola
2.º) Caringolam
3.º) Pontorré
4.º) Tutur
5.º) Waliatowe
6.º) Velli

comprehendo todas as Igrejas, capellas, estabelecimentos, bens e rendimentos que actualmente lhe pertencem:

IV

A Diocese de S. Thomé de Meliapor, Suffraganea de Goa, ficará assim circumscripta:

Caunnamalé
Candacadavuy
Combalananguy
Chellanam S. Sebastiano
Chellanam S. Giorgio
Pollitodu
Truvine (giurisdizione del Vicario Apostolico e dell' Arcivescovo)
Manacudam e Toreur
Pallipuram
Bendurti e Tevere
Tanghi
Arthungal S. Giorgio
Arthungal S. Andrea e Mararicolam e Chetti
Mararicolam (giurisdizione dell' Arcivescovo di Goa)
Kattur (giurisdizione del Arcivescovo)
Aleppi (giurisdizione dell' Arcivescovo e del Vicario Apostolico)
Vattalunyhal (giurisdizione dell' Arcivescovo)
Pungavu (giurisdizione del Vicariato Apostolico)
Tumboly (giurisdizione dell' Arcivescovo e del Vicario Apostolico).

NUMERO SECONDO

Nell' attuale Vicariato Apostolico di Kilon le seguenti Cristianità:

1.°) Aravola
2.°) Caringolam
3.°) Pontorré
4.°) Tutur
5.°) Waliatowe
6.°) Velli

comprendendo tutte le Chiese, capelle, stabilimenti, beni e renditi che presentemente loro appartengono.

IV

La Diocesi di S. Thomé di Meliapor, suffraganea di Goa, resterà così circoscritta:

NUMERO PRIMEIRO

1.º) A cidade de S. Thomé de Meliapor com todas as suas Christandades de uma ou da outra jurisdicção e aquellas do Monte de S. Thomé, Igrejas, capellas e quaesquer estabelecimentos dependentes, e em

Palavaram

Cavelung e Chinglepett; tendo por limites a leste o golfo de Bengala; a norte os caminhos chamados Edward Elliot's Road e S. George's Cathedral Road; a oeste o caminho que conduz de Madrasta a Congeveran até ao Rio Palar; a sul o Rio Palar até ao mar, constituindo tudo assim territorio diocesano continuo.

2.º) No actual Vicariato Apostolico do Maduré:

As Christandades de uma e da outra jurisdicção, comprehendendo todas as suas Igrejas, capellas e quaesquer outros estabelecimentos dependentes situados nos districtos de

Tangiore

Rigapatam e de

Manargudi

tendo por limites a este o golfo de Bengala, a norte os rios denominados Vettar e Vemar; a oeste e ao sul os limites dos districtos de Tangiore, Manargudi e Nizagapatam: constituindo tudo assim territorio diocesano continuo.

NUMERO SEGUNDO

1.º Todas as Christandades, Igrejas, capellas, e quaesquer estabelecimentos dependentes, com todos os seus bens e rendimentos em Calcuttá e Dacca, ou Daka, sujeitos actualmente ao Vicariato geral Portuguez de Bengala, e que para maior clareza aqui se mencionam:

De Boitakanak na cidade de Calcuttá

De Cinzurak

De Boudel no districto de Hoogly com as escolas dependentes:

Em Dacca, ou Daka, as Christandades de Dacca (Nossa Senhora da Piedade)

De Tesgão (Nossa Senhora do Rosario);

NUMERO PRIMO

1.°) La città di S. Thomé di Meliapor con tutte le su Cristianità dell'una o dell'altra giurisdizione, e quelle del Monte S. Thomé, Chiese, cappelle e qualsiasi stabilimenti dipendenti, e in

Palavaram

Cavelung e Chinglepett; avendo per limiti al l'est il golfo di Bengala; a nord le strade dette Edward Elliot's Road e S. George's Cathedral Road; all' ovest la strada che conduce de Madras a Congeveran fino al fiume Palar; al sud il fiume Palar fino al mare rimanendo cosi tutto il territorio diocesano continuo.

2.°) N'ell' attuale Vicariato Apostolico del Madurè:

Le Cristianità dell' una e dell' altra giurisdizione, comprendendo tutte le sue Chiese, cappelle e qualsiasi altro stabilimento dipendente situato nei distretti di

Tangiore

Rigapatam e di

Mapargudi

avendo per confini ad este il golfo de Bengale, a nord i fiumi detti Vettar e Vemar; and ovest ed a sud i limiti dei distretti di Tangiore, Manargudi e Nizagapatam

costituendo cosi tutto il territorio diocesano continuo.

NUMERO SECONDO

1.°) Tutte le Cristianità, Chiesi, cappelle e ogni sorta stabilimenti dipendenti con tutti e loro beni e rendite in Culcuttà e Dacca, o Daka, soggetti presentemente al Vicariato generale Portughese di Bengala, e che per maggior chiarezza qui si annoverano:

Di Boitakanak nella città di Calcuttà

Di Chinzurak

Di Boudel nel distretto di Hoogly colle scuole dipendenti

In Dacca, o Daka, le Cristianità di Dacca (N.ª S.ª della Pietà)

Di Tesgão (N.ª S.ª del Rosario)

De Nagory (S. Nicolau Tolentino)

De Hosnabad (Nossa Senhora do Rosario) com as Christandades que lhe estão actualmente annexas e dependentes

De Shibpur (Nossa Senhora da Guia) igualmente com as christandades que lhe estão actualmente annexas e dependentes

2.º) As Christandades com as suas Igrejas e capellas, actualmente sujeitas exclusivamente á jurisdicção do Arcebispo de Goa, sitas no actual Vicariato Apostolico do Maduré.

Com relação ás pequenas aldeias que ahi haja sujeitas ás duas jurisdicções, os dois Bispos de S. Thomé e do Maduré proporão equitativamente, para ser resolvido pela Santa Sé e o Padroeiro, a qual das jurisdicções deverá ficar pertencendo de futuro.

V

Ainda que já fica declarado, todavia para maior clareza, e a fim de evitar quaesquer duvidas de futuro, declara-se que sempre que n'este annexo se trata de Christandades, entende-se que comprehende todas as Igrejas, capellas e quaesquer outros estabelecimentos, que lhes estejam annexos ou dependentes, com todos os seus bens e rendimentos.

Será dada uma compensação para os bens proprios de Portugal ou dos Vigarios Apostolicos nos logares que forem reciprocamente cedidos. Estes negocios serão regulados por os Bispos e os Vigarios Apostolicos respectivos, os quaes os submetterão á Santa Sé e ao Governo Portuguez.

Roma, em vinte e tres de Junho de mil oitocentos oitenta e seis.

João Baptista da Silva Ferrão de Carvalho Martens.

Di Nagory (S. Nicolò da Tolentino)

Di Hosnabad (N.ª S.ª del Rosario) colle Cristianità che loro sono presentemente annesse e dipendenti

Di Shibpur (N.ª S.ª della Guida) parimenti colle Cristianità che sono a questo presentemente annesse e dipendenti.

2.°) Le Cristianità colle loro chiese e cappelle attualmente sogette esclusivamente alla giurisdizione dell' Arcivescovo di Goa, e site nell' attuale Vicariato Apostolico del Maduré.

Quanto ai piccoli villaggi che attualmente sono soggeti alle due giurisdizioni, i due Ordinarii di S. Thomé e del Maduré proporranno equitativamente alla rizoluzione della Santa Sede e del Patrono, a quale delle due giurisdizioni dovranno essi appartenere nell' avvenire.

V

Sebbene già è state dichiarato, tuttavia per maggior chiarezza ed a fine di evitare qualunque dubbio nel futuro, si dichiara che tutte le volte che in questo annesso si tratta di cristianità, s'intende che comprende tutte le chiesse, cappelle e qualunque altro stabilimento annesso o dipendente, con tutti i loro beni e rendite.

Avrà luogo un compenso per tutti i beni proprii del Portogallo, e dei Vicarii Apostolici nei luoghi che sono reciprocamente ceduti. Questi affari saranno regolati dai Vescovi e Vicarii Apostolici rispettivi, che ne riferiranno alla Santa Sede ed al Governo Portoghese.

Roma, ventitre di Giugno de milleottocento ottantasei.

L. Card. Jacobini

Relatorio dos Ministros e Secretarios d'Estado dos Negocios Estrangeiros e da Marinha e Ultramar

Senhor.—Sob o influxo sereno do Pontifice, que hoje preside com tamanha gloria á Igreja de Deus, e na pessoa sagrada de quem o mundo catholico venera e acata a um tempo a grandeza da fé, a superioridade da sciencia, e o mais agudo criterio politico, muitos problemas apparentemente insoluveis têem podido encontrar final e opportuna resolução, e muitas difficuldades, que pareciam querer baldar para sempre o esforço de quem procurava debellal-as, se têem visto subitamente aplanadas, deixando, na lembrança do seu passado, um marco a mais para assignalar periodo tão fecundo da historia da Igreja.

Entre esses problemas de difficil e delicada solução figurará, por certo, o que se originára na contenda porfiada, mantida entre Portugal e a Santa Sé, com varia fortuna e sob aspecto diverso, mas quasi ininterruptamente, durante um periodo de mais de meio seculo, contenda a que veiu pôr um termo e o remate final o accordo firmado em Roma no dia 23 de junho ultimo. Atravez das vicissitudes dos tempos, a despeito das luctas intestinas que o dilaceravam e apesar do eclypse do seu poderio ultramarino, Portugal procurára tenazmente, affirmando a sua vitalidade presente e a elevada grandeza moral das suas melhores glorias passadas, manter as prerogativas e singulares proeminencias do seu Padroado oriental, monumento vivo do valor dos seus capitães e do zelo dos seus missionarios, testemunho inolvidavel do quanto se entrelaçam no periodo mais illustre da existencia da nossa patria a historia de Portugal com os annaes do pontificado.

A partir de Martinho V e da bulla *Romanus Pontifex*, que em 1417 erigiu a Sé de Ceuta, sagrando assim a primeira e gloriosa empreza maritima dos Portuguezes, quantos outros diplomas pontificios, firmados por muitos dos vultos mais proeminentes que se têem sentado na cadeira de S. Pedro.

não vieram successivamente, no decurso dos seculos XV e XVI, assignalar os nossos triumphos, que o eram da civilisação christã, e assentar os alicerces d'esse verdadeiro estado religioso, que, resistindo á perda da soberania politica em grande parte da India, de novo vem affirmar-se na recente convenção, onde mais uma vez apparecem unidos estreitamente em um pensamento commum e persistente os nomes do Rei Fidelissimo e do Vigario de Christo na terra!

Do nosso antigo imperio nas Indias Orientaes, firmado na posse e manutenção das fortalezas e cidades de Goa, Ormuz e Malaca; de Diu, Damão, Baçaim e Chaul; de Cananor, Columbo e Cochim; de Ternate, Amboino e Tidore; de Timor, Solor e Macau, a par de tantas outras, illustres pelos feitos valorosos que presencearam e pelo sangue generoso que as regou, d'esse enorme imperio oriental, apenas nos restam hoje Goa, Diu, Damão, Macau e Timor.

D'esse outro senhorio religioso que chegára, em começo do seculo XVII, a comprehender a Arabia Feliz, a Persia, o Afghanistan, Cabul e Lahore, o Tibet, Scinde, a Tartaria Central, toda a India, Ceilão, as Maldivas, os reinos de Nepaul, o imperio Birman, o Pegú, a inteira peninsula Malaia, as ilhas de Sumatra, Sunda, Batavia, as Molucas, os imperios da China e do Japão, o reino de Siam, a Tartaria Oriental, a Cochinchina, Tonkim e o reino da Coreia, d'essa immensa area por onde antigos missionarios portuguezes prégaram o nome de Christo, e engrandeceram o de Portugal, ficar-nos-hão ainda, á face da Concordata de 23 de junho, alem da archidiocese de Goa, cuja sé historica, por tantos titulos illustre, constituirá o centro de todo o movimento catholico nas Indias Orientaes, as Dioceses de Cochim e S. Thomé de Meliapor; a nova Diocese de Damão, abrangendo as ricas Igrejas de Bombaim, como a de Meliapor abrange as de Calcuttá e Daká; Malaca e Singapura, aggregadas a Macau; e, finalmente, como reconhecimento de passados serviços e de tradicionaes grandezas, o direito reservado para a corôa de Portugal da apresentação á curia de um d'entre tres dos sacerdotes indigitados para provimento nas quatro sés que vão ser erigidas em Coulão, Maduré, Bombaim e Mangalor. Directa ou indirectamente o direito do Padroado virá assim a manter-se sobre a vastissima area da peninsula Indo-Gangetica, accentuando-se e firmando-se nas quatro Dioceses propriamente portuguezas, por fórma como não fôra ainda possivel conseguil-o, desde que se travára a lucta tão renhida e tão fatal entre os Vigarios Apostolicos e os Missionarios da propaganda por um lado, o Arcebispo Primaz e os Padres de Goa por outro.

Dos 1.640:000 Catholicos, hoje espalhados pela India, meio milhão approximadamente obedecerão ao Arcebispo de Goa e aos tres Bispos portuguezes, dos restantes ainda, de parte, terão cura Padres goanezes, e todos obedecerão a Bispos apresentados pelo Rei Fidelissimo á Santa Sé e escolhidos d'entre a lista triplice formulada pelos Prelados não portuguezes das Indias Orientaes.

Na apreciação imparcial dos resultados conseguidos pelo accordo recente de 23 de Junho, cumpre ter em vista, a par do muito que fomos e valemos, a par dos direitos, e esses já tão restringidos, que ainda nos reconhecêra e mantivera a Concordata de 21 de Fevereiro de 1857, qual estava sendo a situação creada nos ultimos tempos ao nosso predominio e influencia religiosa no Oriente. As prorogações successivas dos poderes extraordinarios delegados, nos termos das notas reversaes annexas á Concordata de 1857, ao Arcebispo de Goa, alcançavam-se com uma crescente difficuldade, e sempre encurtadas no praso, tornando-se não raras vezes origem de attritos entre os Governos de Portugal e o Vaticano, e pondo constantantemente em sobresalto as Christandades da India. A discussão quasi permanente a que assim ficava submettida a origem e a propria essencia do nosso direito do Padroado, fóra dos dominios onde conservâmos soberania politica na Asia, enfraquecia necessariamente, e abalava o prestigio e a força moral do nome portuguez, base e fundamento unicos da manutenção d'esse direito. As mesmas vantagens, aliás já restrictas, que parecia dever assegurar-nos a Concordata de 1857, haviam ficado como letra morta, e servindo apenas, pela sua falta de execução, para continuar alimentando, por meio de reciprocas recriminações, aquelle espirito de hostilidade, cuja destruição e termo se esperavam por effeito d'esse mesmo documento diplomatico, espirito de hostilidade a que alludia o predecessor de Vossa Magestade e seu augusto irmão El-Rei D. Pedro V, de boa memoria, quando em carta dirigida ao Santo Padre Pio IX, em 15 de Novembro de 1856, escrevia e firmava com o seu nome o seguinte periodo:

«Esse espirito de hostilidade revela-o a historia em innumeraveis e bem expressivos factos, especialmente desde o meiado do seculo XVII, e apparece em maior evidencia depois das deploraveis desintelligencias, que sobrevieram em 1834 entre as duas côrtes. Nenhum acto de docilidade, nenhuma concessão da parte do Padroeiro Real satisfaz a esse espirito hostil; *só poderá contentar-se, ao que mostra, com a anniquilação de todo o effeito do direito do Padroado em qualquer parte, que não esteja sujeita ao dominio temporal d'esta Real corôa.*»

Pois esse espirito de hostilidade, germen permanente da desconfiança, impedimento constante e funesto para uma intelligencia mais do que nunca conveniente entre os representantes dos dois poderes temporal e espiritual, esse espirito que parecia sómente poder satisfazer-se e folgar, na phrase de El-Rei D. Pedro, com a anniquilação de todo o direito do padroado em qualquer parte que não estivesse sujeita ao dominio temporal da Corôa Real portugueza, veiu encontrar na proposta da Santa Sé com data de 28 de Dezembro de 1884, mister é confessal-o, a sua expressão cabal e completa. O Padroado fóra do dominio portuguez podia, quando essa proposta fosse aceeita, dizer-se extincto, e o titulo sonoro de Patriarcha das Indias ficaria apenas como recordação historica de um enorme imperio religioso que desabára.

Ás causas complexas que em Portugal, no Vaticano e na India haviam levado áquella situação violenta o antigo e venerando direito do Padroado, acresciam ainda, por vezes, outras de natureza internacional e em extremo delicadas, que faziam ligar ás vicissitudes da politica e dos partidos de uma nação estrangeira a sorte provavel do mesmo Padroado. Podia o procedimento tradicional d'essa nação, em assumptos religiosos, reconhecer esse direito do Padroado, como facto, quando mantida a intelligencia entre Portugal e o Summo Pontifice, mas contestando-o sempre como direito, e não o tolerando como origem, que podia ser e estava sendo, até certo ponto, de dissenções e perturbação dos espiritos e da ordem publica no vasto imperio por ella dominado.

Eram estas as difficuldades a que cumpria metter hombros na defeza dos direitos da Corôa de Portugal, era este o estado desorganisado e abatido a que chegára a Igreja de Goa, e sómente á luz da situação assim creada, e dos factos acima referidos é que póde e deve ser apreciado o accordo habil e patrioticamente negociado pelo illustre estadista a quem o ministerio transacto confiára, em momentos difficeis, o espinhoso encargo do nosso Embaixador junto á Santa Sé.

Á sombra d'esse accordo mantem-se para Portugal:

1.° A Archidiocese de Goa, fundada por Paulo III em 1534, e que ficará abrangendo, alem do territorio do estado da India, o Canará septentrional. N'aquelle territorio, comprehenderá uma população superior a 200:000 catholicos, na parte sujeita á soberania de Inglaterra entre 10:000 a 11:000. Constituirá uma Diocese continua, e pelas condições solidas da sua organisação, e mais que tudo pela grandeza e illustração das suas tradições, ficará em circumstancias de vir a ser novamente o grande emporio religioso da India, congregando, em torno das reliquias venerandas de S. Francisco Xavier, os concilios que a miudo ali deverão celebrar-se para definitivamente organisar a Igreja oriental, e regular o que importe á sua disciplina, conservação e engrandecimento, e renovando assim a lembrança dos cinco concilios provinciaes ali celebrados nos seculos XVI e XVII com tamanho lustre e esplendor da sé primacial de Goa.

2.° A Diocese de Damão, que conservará o titulo de Cranganor, recordando a que fôra creada em Angamale por Clemente VIII no anno de 1601, e transferida por Paulo V para Cranganor em 1609, e que ficará comprehendendo alem dos territorios portuguezes de Diu e Damão, onde apenas existem cinco igrejas e 1:865 Catholicos, a parte do districto de Baroche ao sul do rio Nerbudda, os districtos de Surrate e do Concan septentrional, a ilha de Salsette, e tambem o grupo, por muitos titulos importante, das Christandades que na cidade e ilha de Bombaim ainda hoje reconhecem e obedecem á jurisdicção do Arcebispo de Goa, formando o actual vicariato geral de Bombaim com as suas ricas igrejas, capellas e importantes estabelecimentos de umas e outras dependentes. N'estas condições a Diocese de Damão quasi toda continua ficará abrangendo uma população superior a 50:000 almas.

3.° A Diocese de Cochim creada em 1558 por Paulo IV, e que até agora abrangia Christandades e Igrejas dispersas pelas duas Costas do Malabar e Coromandel. Ficará esta Diocese circumscripta mais de accordo com as conveniencias de uma salutar administração ecclesiastica, abrangendo ainda assim unicamenten as regiões do Malabar, uma população catholica entre 60:000 a 70:000 almas.

4.° A historica e veneranda Sé cathedral de S. Thomé de Meliapor, erigida em 9 de Janeiro de 1606 pelo Summo Pontifice Paulo V, e á qual ficarão ligadas as Igrejas riquissimas de Calcuttá e Daccá, que constituiam o vicariato geral de Bengala, e o grupo importante das Christandades do Maduré, dispersas muitas d'ellas por essa costa da Pescaria e monumento eloquente, como tantos outros da India, do que foi e valeu, o fervor e o zêlo de um S. Francisco Xavier. Comprehenderá esta Diocese por seu lado uma população, que independentemente das Christandades do Maduré, deve orçar por uns 50:000 Catholicos.

5.° Finalmente as Igrejas de Malaca e Singapura que ficarão ligadas á Diocese de Macau.

Tal é, em traços muito geraes, a circumscripção das Dioceses indianas que permanecem na dependencia directa do Padroado. O organismo assim constituido do modo definitivo vale por certo como vigor e intensidade o que possa perder em extensão, quando se compare com o estado actual mantido á sombra da Concordata de 1857, que, por seu lado, partíra já da base, não de uma reivindicação de Igrejas que haviam sido nossas, reivindicação que as circumstancias tinham tornado impossivel, mas da simples conservação d'aquellas que á data em que foi firmado esse instrumento diplomatico reconheciam e acatavam a jurisdicção de Goa.

É por certo dolorosa para Portugal a perda dos actuaes varados de Poonah e dos Gattes, de Calliampor no vicariato geral do Canará e dos vicariatos geraes de Cranganor e Ceylão. Foram instantes as recommendações do Governo de Vossa Magestade para o Embaixador, e esforçado o empenho d'este no intuito de conservar, com o Padroado de Portugal, o ultimo vestigio da nossa influencia tão tenazmente mantida através das vicissitudes dos tempos, entre outros, junto aos christãos syriacos do Malabar, e n'essa Tapobrana, referida pelo nosso grande epico, e onde ainda hoje se conserva o conhecimento e mesmo o uso da lingua portugueza.

Escrupulos de consciencia não consentiram, porém, n'esta parte ao Santo Padre acceder aos desejos do Governo de Vossa Magestade e deferir benignamente as representações e petições formuladas pelas Christandades d'essas longinquas regiões, que desejariam manter e reforçar o laço que ainda as prendia a Portugal. No que respeita a Ceylão, como succedêra, aliás, com outras das missões acima referidas, allegou-se muito especialmente por parte da Santa Sé a inconveniencia de manter, tão longe da jurisdicção do Ordinario, um grupo exiguo de limitadissimos recursos pecuniarios, e constituido apenas por 4 missões e 3:506 fieis, perdidos estes no meio das Christandades relativamente numerosas e ricas da ilha de Ceylão. Tiveram, por isso, o Governo e o seu Representante no Vaticano, de se curvar reverentes ante essa resistencia do Pontifice, que lhes não era quasi dado discutir, nos termos em que se apresentava, não deixando comtudo de reconhecer quanto são benevolas para com Portugal as intenções que animam a Sua Santidade, e que na carta dirigida pelo Pontifice a Vossa Magestade encontraram a sua mais eloquente e commovedora expressão.

E muito convem, n'este particular, ter sempre presente que se, pelos motivos já referidos de boa administração ecclesiastica, algumas poucas Christandades do Padroado ficarão assim fóra d'elle e pertencendo ás quatro Dioceses novamente creadas pela Santa Sé, bastantes outras, hoje sujeitas á jurisdicção dos Vigarios Apostolicos, serão de futuro comprehendidas na parte continua das quatro Dioceses portuguezas, particularmente nas de Cochim e S. Thomé de Meliapor, e poderão vir a compensar as perdas soffridas com relação ao *statu quo* da jurisdicção ordinaria ou extraordinariamente delegada no Arcebispo de Goa. Não menos é para notar o facto de que n'essa Igrejas, destacadas para as quatro novas Dioceses que vão ser creadas, serão sempre preferidos padres de Goa por Bispos cuja apresentação tambem ficará cabendo ao Real Padroeiro.

Em taes condições deve pois asseverar-se, sem receio de um desmentido, que reatando as tradições de alguns dos seus mais illustres predecessores e fiando como elles da vitalidade e religiosidade da nação portugueza a continuação do exercicio do direito do Padroado, Leão XIII veiu associar-se aos exforços e collaborar na obra em que trabalharam com amor, embora em grau diverso, esses Pontifices que tiveram nome Nicolau V, Julio II, Leão X, Paulo III, S. Pio V, Sixto V, Clemente VIII e tantos outros.

Póde o accordo firmado em 23 de Junho considerar-se como o legitimo corollario dos preceitos estabelecidos no Tratado que tem a data de 21 de Fevereiro de 1857.

Consignando mais uma vez, e de modo solemne, o direito do Padroado, Circumscrevendo as Dioceses indianas, dividindo em duas a Archidiocese de Goa, é licito reputar o novo pacto como uso feito pelo poder executivo de auctorisações a elle conferidas pelo Parlamento. É esta a opinião, por tantos titulos auctorisada, do jurisconsulto eminente que em nome de Portugal negociou o recente accordo diplomatico.

Sendo isto assim, e havendo vantagem evidente em que de similhante accordo se derivem sem demora os fructos que d'elle podem legitimamente ser esperados, isto é, a pacificação religiosa, a consolidação dos direitos tradicionaes da Corôa de Portugal, e com ella a nova affirmação da nossa influencia e prestigio tão justamente conquistados em tempos remotos; e tendo Sua Santidade Leão XIII manifestado tambem por seu lado ao Governo de Portugal quanto era vivo o desejo que nutria, de publicar em breve a bulla instituindo definitivamente a hierarchia ecclesiastica em toda a India, de pôr assim um termo ao estado de incerteza que perturba n'aquella região a livre expansão do Catholicismo, e de illustrar desde já por mais um acto de tão largo alcance os annaes riquissimos do seu memoravel pontificado, entendeu o Governo que lhe cumpria apresentar sem demora á approvação de Vossa Magestade o recente convenio, como expressão do uso de uma auctorisação legal. Cumprir-lhe-ha tambem o submetter mais tarde ao Parlamento, com os documentos todos que illustram e explicam tão porfiada negociação, a apreciação d'esse seu procedimento, mantendo então, como lhe incumbe, a responsabilidade d'elle e acceitando para si as consequencias que lhe possam directamente advir do *veredictum* proferido a tal respeito pelos representantes da nação.

Firmados n'estas rasões, tèem, pois, os ministros abaixo assignados a honra de submetter ao superior criterio e illustrada apreciação de Vossa Magestade o seguinte projecto de decreto.

Paço, 22 de Julho de 1886.=*Henrique de Macedo*=*Henrique de Barros Gomes.*

Decreto approvando para ser ratificado o Tratado

Tomando em consideração o relatorio dos Ministros e Secretarios d'Estado da Marinha e Ultramar e dos Negocios Estrangeiros; hei por bem decretar o seguinte:

Artigo 1.° É approvado, e será ratificado dentro do praso estabelecido em o seu artigo 12.°, o convenio firmado em Roma em 23 de Junho ultimo, e que, nos termos dos artigos 7.°, 10.°, 14.° e 16.° da Concordata de 21 de Fevereiro de 1857, define e precisa a circumscripção dos Bispados portuguezes, e estabelece as condições em que deverá continuar o exercicio do direito do Padroado da Corôa Portugueza na India oriental.

Art. 2.° O Governo dará conta ás côrtes das disposições d'este decreto.

Os Ministros e Secretarios d'Estado dos Negocios da Marinha e Ultramar, e dos Negocios Estrangeiros assim o tenham entendido e façam executar. Paço, em 22 de Julho de 1886.=REI.=*Henrique de Macedo*=*Henrique de Barros Gomes*.

Relatorio do Plenipotenciario Portuguez o Conselheiro João Baptista da Silva Ferrão de Carvalho Mártens ao Ministro dos Negocios Estrangeiros

Lisboa, 15 de Julho de 1886.—Illmo e Exmo Sr.—Tendo terminado a negociação com a Santa Sé, para remover as difficuldades que desde longos annos se tinham opposto ao exercicio completo do Real Padroado Portuguez nas Indias Orientaes, e que não poderam de facto ser terminadas pela Concordata de 21 de Fevereiro de 1857, devo fazer a V. Ex.ª a exposição das condições d'esta negociação e dos seus termos, resumindo o que tenho escripto na minha correspondencia sobre este assumpto.

Juntarei algumas reflexões sobre a fundação do Padroado.

O Padroado das Indias foi tão longe quanto fôra longe o arrojo dos Portuguezes em estender no oriente o dominio da patria. Na vida austera e sobria da nação afeita á guerra desde seculos, foi que se formaram os homens que tão longe tinham de levar o nome portuguez, e levantar-lhe o padrão, que ainda hoje a historia divisa. Abrindo o caminho do oriente, não por um feliz acaso, mas na execução de um plano concertado, Portugal abriu as portas do mundo moderno. Nem essa gloria nem esse immenso resultado se lhe podem contestar.

No primeiro momento o exclusivo da conquista e do commercio, o dominio do mar foi para Portugal a consequencia immediata d'aquelle commettimento ousado. Defendia-o e sustentava-o o direito da epocha apoiado na força.

A Religião era então o primeiro poder politico, era como sempre o primeiro elemente civilisador, e a piedade e a crença consagrava-o igualmente entre os povos como preito ao sentimento. A Igreja que dispunha não só do poder das chaves, mas que era arbitro no poder civil, consagrou os dois grandes factos; o primeiro traçando a linha das novas descobertas, do direito de conquista, do exclusivo commercio dos marés; o segundo concedendo o Padroado em todo o oriente ao braço que o havia fundado por titulos bem superiores ainda aos que o direito de então, mantido ainda hoje, fazia reconhecer e respeitar.

A historia portugueza no oriente é assim nos fastos civis e nos fastos da religião o maior monumento que a historia social e politica regista n'aquella epocha, e bem se póde dizer, que nem antes nem depois se conhece outro que o exceda.

Das cruzadas, que foram um supremo empenho das forças vivas dos povos da Europa, não restou, fóra dos seus remotos resultados sociaes, nenhum monumento estavel; da empreza portugueza, commettimento de um só povo, ficou immorredouro o estabelecimento do Christianismo, a civilisação, o commercio e o imperio da Europa no oriente.

O descobrimento das Indias chamou desde logo ao convivio da civilisação europea e ao seu commercio, povos, que, embora de um berço commum, os seculos haviam isolado, e a missão do Christianismo ali levado pela acção directa de Portugal, renovou a missão apostolica com fervor não menor, e com não menos proficuos resultados, nesta mais vasta região do antigo mundo.

Este facto extraordinario na ordem moral de um povo levando a cruz a toda a parte onde fez chegar a sua influencia, creou para Portugal um verdadeiro estado, que como tal teve o seu reconhecimento e consagração pelo Padroado. Aquella é a sua origem, este é o seu titulo.

Até onde Portugal levou as suas armas, o seu commercio, a sua amisade ou o respeito do seu nome, levou como distinctivo o Christianismo, plantou a fé.

A Igreja não lhe disputou este facto, consagrou o seu reconhecimento e exaltou-o pelo Padroado, tão vasto então quanto era vasta a influencia que, ou pela amizade ou pela força, Portugal estendia na Asia e na Africa.

Mais duas gerações de homens iguaes aproveitados, e o seu imperio teria ficado inabalavel; mas é esta a grande doença social dos povos, cança-se a natureza moral, como se cança a natureza physica, mas não se cançam as invejas, nem deixam de medrar as mediocridades porque a ninguem fazem sombra.

Em 1498 o Grande Capitão abordava a Calicut, e logo em 1500 e 1503 Portugal enviava os primeiros missionarios; em 1542 entrava o apostolo das India, era a conquista moral. Da foz do Indo a Coulão, de Coulão ao Ganges, do Ganges á China, da China ao Japão, da foz do Indo ao cabo das Tormentas corria rapidamente a missão evangelica, e mais de um milhão de neophitos abraçava o Christianismo.

Eram outras tantas familias que se fundavam. D'este primeiro acto de zêlo e de fervor do grande apostolo e dos seus companheiros e discipulos, e fructo não menos da larga previsão dos grandes capitães portuguezes, devia seguir-se mais tarde a natural organisação por uma fórma permanente do regimen da Igreja em tão novas e vastas regiões. Essa nova organisação teve por base a organisação de Dioceses, e a distribuição regular das missões sob um centro commum de auctoridade, tal foi a organisação ecclesiastica dada á conquista religiosa do oriente.

Todo o oriente era comprehendido no Padroado Portuguez.

Póde assim dizer-se que o Padroado foi constituido a titulo de restauração da missão apostolica no oriente, titulo singular e unico porque já não ha espaço sobre a terra, onde igual facto e por igual modo possa actualmente repetir-se. A dotação pelo estado e pelo fervor dos fieis, que então se confundia, foi larga e generosa, como largo havia sido o impulso que fundára tão vasta missão, e bom o acolhimento dos povos, que despreoccupados dos seus erros abraçavam a luz do Evangelho.

Caberia aqui, se eu fizesse n'este momento a historia do Padroado Portuguez, referir as innumeras bullas que o reconheceram, desenvolveram e exaltaram, mas não escrevo a historia, faço apenas um succinto relatorio.

Albuquerque, o mais ousado capitão da sua epocha, cujas largas vistas politicas nem os homens do seu tempo, nem os que de perto se lhe seguiram, quizeram comprehender e aproveitar[1], conquistára Goa (1510) na larga previsão de fundar ali o centro do grande imperio do oriente.

Quasi senhor do commercio dos dois mares, Vermelho e Persico, cuja chave havia sujeitado ao Rei de Portugal; e senhor do commercio da Indo-China pela tomada de Malaca (1511), com a posse de Goa por centro da grande peninsula indostanica, elle só em tres campanhas lançára assim as bases do grande imperio, que mais tarde estranhos souberam aproveitar, seguindo os seus passos. Quando o grande capitão e politico lançava em Goa os fundamentos do vasto imperio que concebêra, lançava a par os fundamentos do templo magestoso que, resistindo ás desgraças posteriores, havia de, seculos depois, voltar a ser o centro reconhecido de todas as Christandades indostanicas, com preeminencia de honra e de categoria nada inferior ás grandezas passadas, de que ainda hoje é quasi o unico monumento contemporaneo!

Era a Igreja central que ahi ficava fundada, como repre-

[1] A India fallará por si e por mim! carta a El-Rei (*Commentarios de Affonso de Albuquerque*).

sentando a civilisação que se implantava, e da qual é o symbolo na crença inspirada dos povos.

Este facto, que bem merece hoje commemorado, passava-se em 1510, e em 1534 era erecta a Igreja primacial de Goa, abrangendo no seu dominio desde o cabo da Boa Esperança até aos confins do oriente. Tornada assim centro d'este campo, que se lhe abria, não podia mais continuar a sua dependencia da séde Funchalense. Goa era o centro do novo estado, a sua Igreja como entidade moral tinha de o ser tambem. A sua erecção em metropole, em 1557, foi a consagração ou o reconhecimento legal dos factos.

Tudo dependia de Goa.

A missão indo-china, vasta de mais para ficar sob a direcção immediata da Igreja de Goa, foi dividida successivamente pelas Dioceses suffraganeas de Malaca (1557), Macau (1575), Funay, Japão (1588), Pekin, Nankin (1690). O Indostão pelas Dioceses igualmente suffraganeas de Cochim (1557), Meliapor (1606), Cranganor antes Angrmale (1600–1609)[1]. Quando o Santo Padre Pio VI declarou Goa igreja primacial das Indias orientaes foi apenas a ratificação solemne do titulo de que desde muito havia usado; não foi nova graça.

Durante esta epocha celebravam-se na cathedral de Goa quatro concilios; em 1567, presidido pelo Arcebispo de Goa D. Jorge Remado, cujas resoluções foram approvadas por Paulo V em breve de 1 de Janeiro de 1570; em 1575, Arcebispo D. Gaspar; em 1584 ou 1585, presidido pelo Arcebispo de Goa, Vicente da Fonseca; outro em 1590 e ainda outro em 1606, em que se fizeram muitos decretos relativos á disciplina da igreja do oriente.

Por outra parte as missões eram divididas ou repartidas pelas differentes congregações ou ordens religiosas[2].

[1] Vide doc. n.º 24 — 17 Janeiro 1607, no livro das *Monções*, tomo 1.º e doc. 435 — 15 Fevereiro 1614, tomo 3.º

[2] As missões foram pelo decurso dos tempos assim repartidas, segundo as notas existentes no archivo de Goa:

Cochim, Coulão, Ceylão, Costa do Coromandel e Japão coube aos franciscanos.

Assim se desenvolveu e assim se manteve o Padroado das Indias.

Portugal fundára na Asia o poder civil e o poder religioso. Os factos sociaes não permittiram a permanencia immutavel d'esse estado creado. É quasi sempre a lei da historia.

Pelo lado politico Portugal não manteve e exclusivo da navegação e do commercio, nem a linha divisoria de Alexandre VI (1493) apesar do seu *in perpetuum tenore præsentium donamus, concedimus et assignamus!* nem as suas immediatas rectificações no tratado de Tordesillas (1494) lhe sustentaram esse direito, desde que a espada o não póde mais manter, e nem essa o conseguiria por longo tempo.

O mar era livre perante os principios, estrada pela natureza aberta a toda a navegação e a todas as audacias, insusceptivel de occupação permanente, tinha de ser livre perante os factos e perante a natural expansão do commercio livre. Livre ficava o commercio, e livre a conquista para o mais forte. E depois a preferencia dada ás colonias da America, e, mais do que isso, os periodos de decadencia que são as grandes doenças das nações, cujo restabelecimento é sempre tardio, fizeram com que a influencia colonial Portugueza na Asia passasse por um longo periodo de abatimento e de perdas successivas, de que uma melhor comprehensão dos interesses politicos da nação a tem feito levantar.

Tão partilhada aquella influencia civil, a influencia religiosa

Aos jesuitas a missão universal, dividida em quatro provincias orientaes:

Do norte, do sul, do Japão e da China.

Aos dominicanos a Africa oriental, Jafnapatam, Malaca, China, Solor e Timor.

Aos reformados de S. Francisco, Diu Damão, Chaul, S. Thomé e parte de Malaca, Moçambique, Cochim, Taná e Ceylão.

Aos agostinianos, a Persia, Baçorá, Mascate, Ormuz, Baçaim, Bengala e Monbaça.

Aos theatinos, Malabar, Golconda, Borneo e Sumatra.

Aos carmelitas, Carrapur, Quitur e Tahnoricapa.

Aos congregados ficaram igualmente missões em Ceylão.

Aos hospitalarios, os hospitaes de Damão, Diu e Moçambique.

poderia ainda manter-se, porque outras são as suas leis, mas de facto não succedeu assim por uma ordem de rasões, que não tenho que desenvolver agora, e que demais são conhecidas. D'aquella tão vasta organisação religiosa chegou-se a um periodo em que em toda a Asia não havia um Prelado Portuguez.

Malaca não tinha Bispo desde 1818, Cochim desde 1829, Cranganor desde 1794, Meliapor desde o começo do seculo! Este foi o estado dos longos annos que precederam a Concordata de 1857.

Abro aqui um parenthesis para notar, que quando Portugal, por motivos que não tenho de apreciar, se desherdou de uma parte importante das suas colonias pelo tratado de 1661, ahi manteve integro o direito do seu Padroado, direito que conservou até hoje consagrado por uma posse continua. Não será sem importancia deter-me um pouco sobre este ponto.

II

A Inglaterra, como paiz não catholico, tem-se conservado desde que poz termo ás antigas luctas, totalmente estranha ás questões jurisdicionaes do Catholicismo nas suas vastas e tão variadas possessões, como no proprio imperio. A rasão é historica e administrativa, não tenho que occupar-me d'este ponto historico, nem tão pouco que analysar a indole da administração ingleza, conforme com a indole e circumstancias dos povos a que se impõe.

Nos memorandos que apresentei á Santa Sé, especialmente no dia 15 de Fevereiro, notei factos no Indostão mui importantes sobre este assumpto.

Aqui esboçarei apenas que o exercicio regular do Padroado Portuguez no Indostão assenta com relação á Inglaterra na força obrigatoria dos tratados e na tradição e posse inalteravel até hoje.

Devo notar como principio, que o reconhecimento do Padroado é da Santa Sé, porque os seus effeitos são unica e puramente canonicos, e regendo livremente o Summo Pontifice as Igrejas e missões, póde, como sempre fez, reconhecer os titulos canonicos do Padroado existente, e acceitar o seu exercicio como de direito está acceito.

Mas isto, que seria doutrina generica, attento o modo por que a Inglaterra acceita a livre administração da Igreja catholica, tem, com relação ao Padroado Portuguez na India, a sua base no direito dos tratados.

No tratado de Bombaim, de 23 de Junho de 1661, posterior á creação de todos os bispados do padroado nas Indias, como deixo mostrado, estipulou-se no artigo 11.º o seguinte:

. . ., permittindo-se aos catholicos de Bombaim, como vassallos do Rei da Gran-Bretanha, e sujeitos ao seu mando, corôa, jurisdicção e governo, ficar n'ella e gosar do livre exercicio da religião catholica romana, do mesmo modo que agora o fazem; o que já se disse e deve sempre entender-se, que a mesma ordem se ha de observar no exercicio e conservação da religião catholica romana na cidade de Tanger, e em todas as mais praças que por El-Rei de Portugal se hão de conceder e entregar ao Vice-Rei da Gran-Bretanha, que se proveu e accordou na entrega de Dunquerque aos inglezes, etc. etc. . . .

Não sendo n'aquella epocha recebido o Catholicismo na Inglaterra nem nos seus dominios, é claro que aquella condição, para ser exequivel, dependia da livre conservação da ordem hierarchica ecclesiastica portugueza n'aquellas terras, como na epocha se achava, isto é, provida pelo Padroeiro, e organisadas nas differentes Dioceses portuguezas, como já então desde muito era; verdadeiramente o *statu quo legal*, não só em Bombaim, mas em toda a India.

No acto de tradição de Bombaim feito em 18 de Fevereiro de 1665, transcripto na collecção do sr. Biker, lê-se a seguinte declaração:

«Item que não se intrometterão os srs. inglezes nas materias da fé, nem obrigarão os moradores da dita ilha de Bombaim, nem directa nem indirecta a mudar de crença, nem de ouvir suas predicas, e deixarão aos ministros ecclesiasticos exercitar sua jurisdicção, sem impedimento algum, por ser esta condição expressa nos *capitulos da paz*, e debaixo da qual se lhes mandou fazer a entrega; e fazendo em algum tempo o contrario se entenderá que quebraram o assentado e promettido, e recairá o direito da dita ilha para a Corôa de Portugal.»

«Item that the English shall not concerne themselves in matters of faith, nor oblige the inhabitants of the said Island of Bombaim directly or indirectly to alter their belief, nor to come to hear their sermons. And they shall let the ecclesiastical Ministers exercise their jurisdiction withont any disturbance, this express condition being in the articles of peace, and under it the delivery is commended to be made to them, and they doing at any time to the contrary, it shall be understood a breach of what is let down and promised and the right of the said Island shall return to the Crown of Portingall.»

E mais adiante:

«Item que aos parochos e religiosos que assistem em Bombaim se terá todo o respeito devido e promettido, e as Igrejas não serão tomadas para uso algum, nem n'ellas se façam predicas, e as que o intentarem se dê o castigo devido que sirva de exemplo.»

No *quadro elementar das relações politicas e diplomaticas de Portugal com as diversas potencias do mundo*, lê-se na parte respectiva a esta epocha o seguinte, que transcrevo:

«16 de Agosto de 1663.—Carta regia mandada executar em nome das conveniencias particulares do estado da India. Por ella se declarou formal e explicitamente a reserva que fazia a Corôa de Portugal *in perpetuum* do Padroado com todas as regalias que até então gosára, acrescentando que os pleitos civis dos christãos catholicos seriam decididos com assistencia do feitor que El-Rei de Portugal nomeasse, e ordenando que só quando elle o julgasse necessario teria logar a appellação para as justiças inglezas, correndo o processo perante ellas, mas sempre na lingua portugueza.

No mesmo documento assegurava-se que o Governo Inglez nos trataria com tão inteira amizade em todos os logares, como se na India as duas nações fossem uma só, auxiliando para este fim os decretos da Corôa de Portugal a todos os respeitos.

A carta regia ajuntava ainda que os vigarios actuaes e seus successores seriam nomeados pelo Prelado diocesano de Goa, como até então, e que as Igrejas de Bombaim se conservariam no Real Padroado com todos os direitos e regalias que até ahi lhe competiam, reservando-os Sua Magestade absoluta e perpetuamente para si e seus successores, por modo tal, que qualquer infracção a este artigo principal tornaria nullas todas as outras clausulas do primeiro tratado e da recente convenção, a que se referiam os artigos antecedentes relativos á entrega, de fórma que, sendo qualquer d'elles quebrantado ou alterado, se julgaria todo elle revogado, recaíndo todo o direito de soberania da ilha de Bombaim outra vez na Corôa de Portugal.

E referindo-se o mesmo colleccionador á escriptura da entrega de Bombaim, que fica citada da collecção do Sr. Biker, diz encontrar-se na Bibliotheca de Evora — (Mss. Codic. CXVI — 39, pag. 305).

N'um discurso mui erudito do Sr. Conselheiro Barros e Sá, n'uma das ultimas sessões legislativas da camara dos pares, encontram-se largos desenvolvimentos sobre este assumpto.

Póde tambem ver-se sobre este ponto a convenção entre Antonio de Mello e Castro, Vice-Rei dos estados da India Portugueza, e Abraham Thipman, Governador da India ingleza, relativa á entrega de Bombaim, que se encontra no livro de registo geral da secretaria do estado de Goa, pag. 54, segundo a citação já referida.

São, pois, documentos inatacaveis do direito portuguez a disposição do tratado de 1661, por titulo oneroso como aquelle tratado é nas suas condições a condição explicita e desenvolvida da carta regia authentica de 1663, cuja substancia deixo notada, e o auto de posse já igualmente transcripto. Isto como documentos expressos para regularem os direitos e as obrigações reciprocas. Mas sobre todos esses documentos ha o facto constitutivo de direito em jurisprudencia internacional, qual é a longa e pacifica posse do exercicio pleno do Padroado Portuguez em todas as Igrejas cathedraes do Indostão, e nas Christandades d'ellas dependentes, fundado em *titulo legitimo patente e reconhecido*, e essa posse exercida sempre em trato continuo antes e depois do dominio inglez. Este facto, ainda quando não existissem aquelles documentos, só por si seria um titulo justo de direito que *bona fide* não poderia ser impugnado. Estão conformes os antigos como os modernos tratadistas de direito internacional Watel, Hoefter, Bluntschli, Calvo, Martens e outros.

Quando mesmo não houvesse aquelles documentos diplomaticos que determinam preciosamente que o *respeito* do Padroado Portuguez na India fôra condição dos dominios e direitos cedidos no tratado de 1661, a posse continua de um facto assente em concessões a titulo oneroso pela Santa Sé, praticado nas Igrejas da India durante seculos mansa e pacificamente, teria todos os caracteres de Tratado tacito, e constituiria por isso para Portugal um verdadeiro estado de direito internacional. Não se encontrará jurisconsulto que sustente o contrario.

III

Na longa negociação que precedeu a Concordata de 1857 teve de attender-se ao estado creado pelas circumstancias. Poderia desde logo ter-se estabelecido um estado permanente, e este foi o defeito d'este Tratado aliás importante, mas que o Parlamento não melhorou, é forçoso confessal-o, pela lei de 21 de Julho de 1857.

Entretanto a Concordata poz termo ás longas desintelligencias que por tão largo periodo affligiram a Igreja do oriente. Sem a Concordata o Padroado fóra das possessões portuguezas achar-se-hia compromettido pela falta então de recursos sufficientes para sustental-o pela continuação da vacancia da Sé Archiepiscopal de Goa, e porque as rivalidades creadas o fariam soffrer perdas successivas, impossiveis pois de recuperar.

Para inteira apreciação e confronto d'este tratado, aqui transcrevo os seus artigos.

ARTIGO 1.°

Em virtude das respectivas bullas apostolicas, e na conformidade dos sagrados canones, continuará o exercicio do direito do Padroado da Corôa Portugueza, quanto á India e China, nas cathedraes abaixo declaradas.

ARTIGO 2.°

Quanto á India:

Na Igreja Metropolitana e Primacial de Goa, na Igreja Archiepiscopal *ad honorem* de Cranganor; na Igreja Episcopal de Cochim; na Igreja Episcopal de S. Thomé de Meliapor; e na Igreja Episcopal de Malaca.

ARTIGO 3.°

Quanto á China:

Na Igreja Episcopal de Macau.

ARTIGO 4.°

Concorda-se em que a provincia de Quamsi não ficará incluida de futuro na jurisdicção Episcopal de Macau, e por consequencia no Padroado; reservando-se Sua Santidade tomar livremente n'esta provincia, em utilidade dos fieis, as determinações que julgar convenientes e necessarias.

ARTIGO 5.°

O Santo Padre reserva-se fazer o mesmo quanto á ilha de Hong-Kong, a qual, posto que incluida na provincia de Kuan-tong (Cantão), ficará separada da jurisdicção Episcopal de Macau e fóra do Padroado.

ARTIGO 6.°

A jurisdicção do Bispado de Macau e o Padroado da China, comprehenderá assim de ora em diante o territorio que lhe pertence, segundo as respectivas bullas; a saber: Macau, provincia de Kuang-tong (Cantão) e as ilhas adjacentes; exceptuadas sómente a dita provincia de Quamsi e a ilha de Hong-Kong.

ARTIGO 7.°

Em vista das considerações de conveniencia religiosa, offerecidas por parte da Santa Sé, quanto á erecção de um novo Bispado em alguma parte do territorio actual do Arcebispado de Goa, o Governo Portuguez, como Padroeiro, contribuirá quanto d'elle dependa, para que esta erecção se realise opportunamente nos termos e nas localidades, que de accordo com a Santa Sé se reputarem mais convenientes á boa administração d'aquella Igreja e á commodidade dos fieis.

ARTIGO 8.°

Ficará separada da jurisdicção do Bispado de Malaca e do Padroado a ilha de Pulo-Penang, a respeito da qual tomará Sua Santidade as disposições que lhe parecerem opportunas.

ARTIGO 9.°

Mas a ilha de Singapura continuará a pertencer ao mesmo Bispado de Malaca, e poderá na mesma ilha estabelecer-se a residencia Episcopal, conservando o prelado o titulo de Bispo de Malaca.

ARTIGO 10.°

Devendo o territorio de cada um dos Bispados suffraganeos da India acima mencionados ter tal extensão que n'elle se não difficulte o prompto e proficuo exercicio da jurisdicção episcopal, as Altas Partes Contratantes convêem em que, de accordo, se proceda á circumscripção dos mesmos Bispados que parecer mais adequada áquelle fim.

ARTIGO 11.°

O Santo Padre, tendo em vista os deveres dictados pelo seu apostolico ministerio, e desejando que se ponha, quanto antes, termo ás desintelligencias e perturbações que têem affligido e ainda affligem as Igrejas das Indias orientaes, com grande prejuizo dos interesses da religião e da paz publica dos fieis das mesmas Igrejas, situação esta que Sua Santidade não poderia ver continuar sem accudir-lhe com o remedio competente; e Sua Magestade Fidelissima o Senhor D. Pedro V, animado do mesmo desejo de ver prosperar aquellas Igrejas, e restabelecido o socego nas suas respectivas Christandades; concordaram em que se proceda sem demora á feitura do acto addicional, ou regulamento, no qual se fixem os limites dos ditos Bispados do Padroado, nos termos do artigo antecedente.

ARTIGO 12.°

Nas bullas dos Bispos, que forem apresentados, deverá fazer-se menção dos limites que de commum accordo se fixarem.

ARTIGO 13.°

Para este fim serão nomeados dois commissarios, um por cada uma das Altas Partes Contratantes, os quaes, animados do espirito de conciliação e conhecedores das localidades, proponham as respectivas circumscripções de cada Diocese.

A estes commissarios serão declarados os territorios em que as Altas Partes Contratantes se têem accordado que continue o exercicio do Padroado da Corôa de Portugal.

ARTIGO 14.°

Nas partes do territorio, que ficarem fóra dos limites assignados ás supramencionadas Dioceses na India, poderão erigir-se, com as competentes formalidades, novos Bispados, o exercicio de cujo Padroado pela Corôa Portugueza começará desde então.

ARTIGO 15.°

Em vista do que se acha convindo sobre a materia do artigo 7.° do presente tratado, Sua Santidade annue a accordar a instituição canonica, á pessoa que por Sua Magestade Fidelissima for nomeada e apresentada para a Igreja metropolitana de Goa. E as Altas Partes Contratantes, concordam em que, logo que se effectue a posse do novo Arcebispo, passem os Commissarios nomeados a occupar-se da definitiva circumscripção da Diocese, que deve erigir-se no territorio do mesmo Arcebispado na conformidade e para os fins do citado artigo 7.º

Outrosim concordam as mesmas Altas Partes Contratantes em que para o exercicio da jurisdicção ordinaria do novo Arcebispo se declarem, como limites provisorios do seu territorio, as Igrejas e missões, que ao tempo da assignatura do presente tratado estiverem de facto na obediencia da sé Archiepiscopal; devendo ficar na pacifica obediencia dos Vigarios Apostolicos todas as outras, que na mesma data se acharem tambem de facto sujeitas á sua auctoridade. Este estado permanecerá até á definitiva constituição canonica do Bispado que ha de erigir-se.

E ao passo que se for concluindo e approvando a circumscripção das Dioceses suffraganeas da India, e effeituando o provimento canonico dos respectivos Bispos, será successivamente reconhecido pela Santa Sé n'essas Dioceses o exercicio da jurisdicção metropolitana do mesmo Arcebispo.

ARTIGO 16.º

Á medida que se for estabelecendo a circumscripção de qualquer dos Bispados suffraganeos da India, e achando-se provida de meios convenientes a Sé Episcopal, será admittida pelo Summo Pontifice a apresentação do Bispo, feita pelo Real Padroeiro Portuguez; e expedidas que sejam as respectivas bullas confirmatorias, remover-se-hão successivamente do territorio do Bispado o Vigario ou Vigarios apostolicos que n'elle existirem, a fim de que o Prelado nomeado possa entrar no regimen da Diocese.

As negociações para as explicações pedidas pela lei de 21 de Julho d'aquelle mesmo anno de 1857 duraram até 1859, em que, tendo precedido a auctorisação legislativa de 9 de Abril de 1859, se chegou a formular as explicações contidas nas notas reversaes de 10 de Setembro de 1859.

Foi ahi que se estabeleceu a fórma das prorogações da jurisdicção extraordinaria delegada ao Arcebispo Primaz, objecto depois de tão largas duvidas e contestações.

Ratificada a Concordata em 6 de Fevereiro de 1860, foi por parte de Portugal apresentado o Arcebispo para a Igreja metropolitana de Goa, que teve confirmação e assumiu a jurisdicção ordinaria e extraordinaria nas condições das notas reversaes já referidas. Deu-se começo aos trabalhos da circumscripção, tendo tanto a Santa Sé, como Portugal, nomeado os seus respectivos delegados, mas os trabalhos de circumscripção não progrediram, havendo pouco tempo depois de começados, fallecido o delegado da Santa Sé, Arcebispo de Cartago, e não tornando a ser nomeado outro.

Assim seguiram as cousas até 1864, em que o Santo Padre Pio IX escreveu a Sua Magestade El-Rei a sua carta de 3 de Agosto.

N'essa carta expoz o Santo Padre as difficuldades que julgava opporem-se ao cumprimento integral da Concordata e á nomeação do novo delegado para continuar nos trabalhos da circumscripção.

Na resposta de Sua Magestade a essa carta, manteve-se o direito de Portugal constituido na Concordata, e instou-se pela nomeação, por parte da Santa Sé, de delegado para se proceder á circumscripção.

Muitas foram as notas trocadas desde esse tempo, especialmente nas epochas das successivas prorogações das faculdades extraordinarias ao Arcebispo Primaz, até que a proposta da alteração ou revisão da Concordata foi feita pela Santa Sé e acceita pelo Governo de Sua Magestade, para se tratar de novo accordo.

A primeira audiencia em que concretamente se tratou da revisão foi a de 1 de Setembro (1884), seguindo-se depois outras conferencias até que se começou em discussão na conferencia de 7 de Dezembro e seguintes, passando depois as primeiras indicações feitas nestas conferencias a serem formuladas na nota de 28 de Dezembro de 1884, que resume o começo da negociação.

Occupava o logar de Embaixador Extraordinario de Portugal junto da Santa Sé o meu illustre antecessor o Sr. Marquez de Thomar. Quanto este homem eminente na politica do paiz, e eminente como diplomata, fez na sustentação e defeza dos direitos de Portugal, melhor do que eu o diz a sua larga e illustrada correspondencia diplomatica existente no ministerio. Não terminarei esta devida referencia de respeito sem transcrever aqui as solemnes palavras proferidas pelo Santo Padre no discurso com que respondeu ao que pronunciei na audiencia em que fui recebido. Essas palavras serão de satisfação de certo ao illustre Portuguez a quem se referem, e aos seus.

«Déjà votre illustre predecesseur dont Nous avons toujours apprecié la droiture et la haute intelligence, s'efforçait d'applanir les voies pour faciliter un accord reciproque.»

D'ellas lhe dei logo conhecimento.

Um dos pontos que, desde muito, maiores difficuldades suscitára, era o das prorogações das faculdades extraordinarias ao Arcebispo Primaz, prorogações cujo praso successivamente havia sido encurtado.

Muitas foram as prorogações das faculdades extraordinarias ao Arcebispo para exercer a auctoridade metropolitana nas quatro Dioceses concordatarias, creio ascenderem a quatorze. Notarei apenas desde quando se foi diminuindo o praso.

Em 1867 foi a concessão por tres annos em vez de seis, por que se havia pedido:

Em 1871 foi por outros tres annos:

Em 1874 até ao fim de 1875 e depois até ao fim de 1876, e ainda até ao fim de 1877, e depois até Junho de 1878:

Depois em 3 de Abril até ao fim de Junho de 1880; mais até ao fim de Junho de 1881:

Com a posse do novo Arcebispo foi prorogada a jurisdicção extraordinaria por dois annos a datar do *dia da posse:*

Em Abril de 1884 por mais um anno nos vicariatos de

Bombaim, Mangalor, Maduré, Verapoli, Quilon, Madrasta, e por seis mezes nos outros vicariatos:

A prorogação das faculdades extraordinarias por breve de 1 de Abril de 1884 cessava no ultimo de Março de 1885:

Prorogação por mais dois mezes (despacho de 10 de Abril de 1885):

Em 27 de Maio prorogação por mais quatro mezes a 1 de Setembro (despacho de 27 de Maio):

Em Junho publicava-se em Berlim o seguinte:

«Plusieurs journaux catholiques publient des renseignements très-interessants d'un missionaire, qui revient des Indes sur la situation religieuse de ces contrées et le conflit pendant entre le Portugal et le Saint Siége.

«Ce missionaire assure que, depuis un siècle le Portugal a cessé de protéger les missions catholiques aux Indes. Il n'a laissé que des ruines. L'administration ecclesiastique est tombée dans un état déplorable. Les priviléges accordés au Gouvernement de Lisbonne sont devenus un obstacle à la diffusion du Christianisme.

«Le missionaire fait le plus grand éloge de l'attitude généreuse des anglais qui mantiennent efficacement l'église et les missions catholiques. Il propose que dorénavant le Patronat Portugais soit restreint à Goa et que tout le reste soit, de fait, soumis à la jurisdiction de la propagande» (Despacho de 5 de Junho).

Apreciações não mais lisonjeiras faz Mr. Le Baron Hubner na sua recente publicação *(Atravers l'Empire Britannique,* 1883 et 1884, 1886).

Uma e outra publicação tem a sua cabal resposta na presente Concordata, e em tudo quanto escrevi, sustentando-a nas minhas differentes memorias.

A prorogação, que cessava em 30 de Setembro, teve nova concessão por mais dois mezes *improrogaveis,* a findar em 30 de Novembro de 1884 [1].

[1] Dalle Stange del Vaticano, 20 Setembre 1885.— Il Sottoscripto Cardinale Segretario di Stato Si è recato a premura di portare a conoscenza

As notas diplomaticas, em que de parte a parte até Novembro do anno preterito de 1885, em que fui encarregado d'esta embaixada, se tratou das bases para uma nova convenção, são as seguintes:

—Nota da Santa Sé de 28 de Dezembro de 1884.

A esta nota respondeu o Governo Portuguez com a nota de 18 de Março de 1885.

A esta respondeu a Santa Sé com a de 8 de Junho de 1885, e a esta foi resposta a de 29 de setembro do mesmo anno.

Junto aqui o resumo d'estes importantes documentos.

Proposta da Santa Sé na nota de 28 de Dezembro de 1884:

1.º Ao Arcebispo de Goa se conferirá o titulo altamente honorifico de Patriarcha das Indias orientaes;

2.º Exercerá direitos metropoliticos sobre a sua propria provincia, e presidirá os concilios nacionaes de toda a India oriental com direitos primaciaes;

3.º No *territorio portuguez* poder-se-hão erigir duas outras dioceses suffraganeas do Arcebispo de Goa, ás quaes se poderá aggregar algumas populações do territorio inglez;

4.º Nas localidades onde é consideravel o numero de fieis

del Santo Padre la communicazione di V. S.ª in data 12 Settembro, colla quale domanda a nome del suo Governo per l'Arcivescovo di Goa una nuova proroga delle facultá straordinarie, che andrebbero a cessare al 30 Settembro.— Sua Santitá, in attesa di una soddisfacente risposta dell Governo alla nota dell' 8 Giugno intorno al Patronato, si è dignata prorogare per altri due mesi le richieste facoltà.—Il Santo Padre ha voluto dare con ciò una prova ulteriore della sua benevolenza, nella persuasione che il Governo de Sua Maestà, per la sua parte, si darà premura in questo bimestre, a che si giunga ad un definitivo ed amichevale componimento. In tal guisa il Governo stesso non si troverebbe nella condizione d'insistere nella dimanda di nuove proroghe, che Sua Santità dopo le molte già concesse, non è disposta di accordare.—Lo scrivente Cardinale profitta di quanto incontro per confermare alla S. V. i sentimenti della sua distincta stima.=(Assignado) *L. Card. Jacobini.*— Sig. Augusto Andrade, incariato d'affari del Portogallo presso la Santa Sede.

sujeitos de facto ao Arcebispo de Goa, a *cura animarum* será confiada a sacerdotes portuguezes ou goanos, nomeados pelo Arcebispo de Goa, sobre proposta triplice do Bispo da localidade;

5.° A jurisdicção do Arcebispo de Goa sobre os outros pontos do territorio inglez deverá cessar;

6.° Ter-se-ha conta das fundações e interesses, adoptando as disposições convenientes que forem consideradas mais conformes á equidade e á justiça.

Na nota de 11 de Março de 1885 o Governo Portuguez contrapoz a seguinte proposta de bases:

1.ª A Corôa Portugueza continuará a exercer na conformidade das respectivas bullas apostolicas e dos sagrados canones o direito de Padroado, quanto á India nas cathedraes mencionadas na Concordata de 21 de Fevereiro de 1857, a saber: na Igreja Metropolitana e Primacial de Goa; na Igreja Archiepiscopal *ad honorem* de Cranganor; na Igreja Episcopal de Cochim; na Igreja Episcopal de S. Thomé de Meliapor; e na Igreja Episcopal de Malaca.

2.ª Reconhecendo, porém, que o territorio comprehendido nas Dioceses das referidas Igrejas, conforme as bullas que as erigiram, é demasiado extenso para a conveniente satisfação das necessidades religiosas nas presentes circumstancias, e desejando comprazer com os desejos manifestados pelo Summo Pontifice, o Real Padroeiro consente que se proceda sem demora a uma nova circumscipção das mesmas dioceses nas seguintes condições:

a) Que nas Dioceses do Padroado serão incluidas as terras ou povoações onde os missionarios portuguezes foram os primeiros a lançar as sementes evangelicas; onde a maioria dos fieis são convertidos ou dependentes de convertidos por estes missionarios; ou d'elles têem mais gloriosas e venerandas tradições; onde gosam de um prestigio que os torna mais bemquistos dos nativos, e por consequencia mais aptos para a propagação da fé do que quaesquer outros.

b) Que as corporações e institutos admittidos pelo soberano territorial, e que ficarem incluidos nas Dioceses do Padroado, continuarão a existir ahi como até agora, sujeitando-se no espiritual ao Prelado diocesano, o que é tanto mais justo e rasoavel, quanto este Prelado só póde exercer a sua jurisdicção depois de confirmado pelo Summo Pontifice.

c) Que todas as Igrejas que outr'ora pertenceram á jurisdicção do Padroado, e que provisoriamente se acham sujeitas á jurisdicção dos Vigarios Apostolicos, serão restituidas á sua primitiva jurisdicção.

3.ª Circumscriptas assim as Dioceses do Padroado no territorio que fica fóra d'ellas (e que será a maxima parte da India ingleza), poderá a sagrada congregação de *propaganda fide, de accordo com a Santa Sé,* erigir os Bispados, que tiver por mais convenientes á propagação da fé. Mas em justo reconhecimento dos serviços prestados e dos sacrificios de dinheiro e de sangue feitos pelos Reis Fidelissimos e pelos seus subditos em favor da propagação da fé, os Bispos das novas Dioceses erectas serão apresentados pelo Real Padroeiro, que os escolherá n'uma lista de seis ecclesiasticos dignos propostos pela sagrada congregação.

4.ª Se as Dioceses assim creadas não deverem ser incluidas na provincia ecclesiastica actualmente existente, serão ellas divididas em tantas provincias, quantas se julgarem convenientes, dando-se a cada uma um metropolita Arcebispo.

5.ª Estabelecida a pluralidade de provincias ecclesiasticas, será então conferido ao Arcebispo de Goa, que é já primaz do oriente, o titulo de Patriarcha das Indias Orientaes, devendo ser creado Cardeal no consistorio immediato ao da sua confirmação, e exercer não só os direitos de metropolita na sua propria provincia, mas tambem o de presidir aos concilios nacionaes de toda a India.

Estas bases não foram acceitas na nota do Cardeal Secretario d'Estado de 8 de Julho, insistindo nas que a Santa Sé tinha proposto e discutindo as que haviam sido offerecidas pelo Governo Portuguez na nota já referida.

A esta nota de 8 de Junho do Cardeal Secretario d'Estado, respondeu o Governo Portuguez com a nota de 23 de Setembro de 1885.

N'esta nota o Governo não fez nova proposta; mantendo-se na discussão generica, chegou todavia á seguinte conclusão:

«Entende o Governo de Sua Magestade que, uma vez concluido o ajuste especial que modificaria a actual Concordata, poderiam dar-se aos Commissarios encarregados da circumscripção instrucções conformes, até onde seja legal e licito, *com as citadas reflexões da nota de 1 de Junho*, das quaes em geral não se *desconforma* o Governo de Sua Magestade, e com o artigo 10.º da Concordata de 21 de Fevereiro de 1857.»

«Quanto aos outros pontos da contra-proposta portugueza, seria muito para desejar que a Santa Sé se prestasse a exprimir francamente o seu parecer na certeza de que o Governo de Sua Magestade se acha disposto a modifical-os, quando seja preciso, para se chegar de prompto a um accordo que respeite por igual os interesses e a dignidade de ambas as partes. Não proponho desde já modificações por ignorar as idéas e sentimentos da Santa Sé a similhante respeito.»

IV

De 7 de Novembro de 1885 em diante.

Principia aqui a nova negociação que tive a honra de tratar.

Antes de começar o relatorio succinto dos factos e dos documentos concernentes a esta epocha, cumpre-me precedel-o de algumas considerações indispensaveis.

Primeiro que tudo devo prestar o preito devido ao superior espirito de justiça, e mais do que de justiça, de amor paternal para com a nação portugueza, manifestado sempre pelo Santo Padre, já na carta de 6 de Janeiro dirigida a Sua Magestade El-Rei, já na solução de todos os pontos d'esta complicada negociação, que todos o Santo Padre quiz pessoalmente resolver.

Fazer justiça ao bom direito de Portugal e aos seus extraordinarios serviços prestados á Igreja no oriente; crear uma organisação que corresponda ao que deve ser o Padroado Portuguez das Indias; e por outra parte attender á organisação definitiva da missão catholica em todo o oriente, de que o Padroado Portuguez se não separa, foram, a meu juizo, as tres grandes idéas a que attendeu o espirito inspirado do Santo Padre ao resolver a grave questão do Padroado Portuguez das Indias, e a comprehendel-o assim como parte integrante no vasto plano da organisação geral.

A alta illustração e espirito conciliador e subtilmente politico do Cardeal Negociador inspirou-se sempre d'aquelle pensamento.

Eu creio que nas negociações diplomaticas é mister, primeiro que tudo, conhecer o que a parte com quem se trata poderá ceder, e aquillo em que isso será impossivel, salvo grave pressão, quando esta se póde exercer, e o convenha.

Insistir tenazmente no que se conhece ou prevê que não se poderá conseguir, é impedir todo o meio de transacção, e como hoje não ha questões eternas, perde-se em estereis resistencias o que melhor se poderia applicar em obter uteis compensações, e é-se forçado muitas vezes a ceder por fim sem ellas, porque se perdeu a opportunidade que é o mais importante factor, e porque o tempo tambem se impõe. Não são poucos os casos em que assim tem succedido.

Em absoluto todas as cousas podem sempre ser melhor, mas não é em absoluto que as cousas têem de ser apreciadas na vida pratica, e que as negociações se tratam, mas sim em referencia com as circumstancias existentes, e não poucas vezes tida attenção ás difficuldades serias que, ou se affastam, ou se evitam.

Apreciando a Concordata de 1857 e a que se acha negociada agora, é facil conhecer que esta cabe toda nas auctorisações legaes por aquella conferidas ao Governo, e nas faculdades d'este.

A Concordata de 1857 não estabeleceu um estado definitivo, foi antes uma auctorisação sobre bases, e o estabelecimento de um estado provisorio entretanto.

Vê-se dos seus artigos:

«As Dioceses concordatorias seriam circumscriptas a limites *mais estreitos* do que as suas originarias circumscripções (artigo 10.º);

«Aos Commissarios portuguez e pontificio seriam declarados os territorios em que as Altas Partes Contratantes se *tivessem accordado, que continuasse o exercicio do Padroado da Corôa de Portugal* (artigo 13.º);

«Era obrigatoria a creação de uma nova Diocese nos *territorios de Goa* (artigo 7.º).»

A circumscripção agora feita entra evidentemente n'aquella auctorisação, cessa ahi a dupla jurisdicção (artigo 16.º).

Por aquella auctorisação igualmente ficariam fóra do Padroado territorios que antes lhe pertenciam.

N'esses territorios poderiam erigir-se, é certo, novas Dioceses (artigo 14.º), mas essa creação nãe era obrigatoria, e desde que não se fizesse, a quem ficariam pertencendo? Evidentemente ás missões da propaganda.

Pelo novo projecto ha sobre aquella auctorisação a vantagem de, nos territorios da peninsula indostanica, não comprehendidos nas novas circumscripções das Dioceses propriamente portuguezas, ficar pertencendo a Portugal a apresentação diocesana, sem nenhuns encargos, o que não succederia se Portugal tivesse de crear e sustentar essas novas Dioceses, facultativas pelo artigo 14.º, alem dos obvios embaraços, que esse facto crearia.

A nova Concordata acha-se assim dentro das auctorisações legaes concedidas ao Governo pela antiga Concordata e das suas previsões, salvo n'esta parte as novas vantagens e preeminencias ao Padroado, estabelecidas n'esta, que então se não presumiram. Esta circumstancia tem a importancia que V. Ex.ª de certo lhe reconhecerá.

É um Tratado feito todo dentro das auctorisações legaes existentes, e das suas previsões salvo n'esta parte as vantagens importantes para Portugal, que no novo Tratado estão estipuladas.

V

Como a negociação chegou a estes termos, consta dos documentos que junto.

São elles:

As bases que propuz para a nova negociação com nota de 18 de Novembro preterito.

O *memorandum* da mesma data com que as sustentei, e que com ellas foi entregue.

A memoria de 20 de Dezembro mostrando o valor e dotação das igrejas portuguezas sujeitas ao Padroado.

A proposta verbal feita pela Santa Sé, que communiquei ao Governo com o meu officio de 31 de Dezembro.

A Carta do Santo Padre dirigida a Sua Magestade El-Rei de Portugal com data de 6 de Janeiro d'este anno.

A resposta de Sua Magestade ao Summo Pontifice, com data de 10 de Fevereiro.

O meu *memorandum* com data de 15 de Fevereiro, com que acompanhei a entrega da carta de Sua Magestade El-Rei ao Santo Padre.

A Nota de Sua Eminencia o Cardeal Secretario d'Estado, com data de 13 de Marco, em resposta ao meu anterior *memorandum*.

A minha nota, com data de 15 do mesmo mez, em resposta á anterior de Sua Eminencia o Cardeal Secretario d'Estado (de 13).

As minhas memorias de 12 e de 25 de Março, que communiquei com notas da mesma data com referencias ás igrejas de Ceylão e de Calcuttá e Daka.

A proposta verbal de Sua Eminencia o Cardeal Secretario d'Estado, que a V. Ex.ª communiquei com o meu officio de 15 de Abril, e que desenvolvi no de 19.

Os meus officios de 11 de Maio.

O projecto definitivo de Concordata e de circumscripção diocesana, accordado com a Santa Sé, e por mim enviado a V. Ex.ª com o meu officio de 31 de Maio, e sob a declaração de que a acceitação d'aquella proposta por mim, como negociador, era *ad referendum*.

A acceitação por parte do Governo, e a auctorisação com o pleno poder para assignar a nova Concordata.

De todas as conferencias dei successiva conta com o caracter reservado que é mister guardar n'estes assumptos, caracter que mantive igualmente em todos os meus telegrammas.

Estes são os documentos que esclarecem os resultados da negociação.

Agora a simples exposição dos factos.

A ultima prorogação das faculdades extraordiuarias ao Arcebispo de Goa, concedida, como fica dito, por curto praso, terminava em 30 de Novembro. O meu primeiro empenho, chegando a Roma no dia 7 d'esse mez, foi obter a prorogação das faculdades por praso sufficiente a terminarem as negociações, e sem a comminação que havia tido a anterior; foi por isso que no proprio dia 7 procurei ter uma conferencia com o Cardeal Secretario d'Estado, conferencia ainda sem caracter official, por ser antes da recepção pelo Santo Padre.

No dia 12 annunciei ao Governo que a prorogação seria concedida, e pouco depois communiquei a prorogação sem praso, e por isso sem comminação. A communicação foi feita directamente pelo Governo ao Arcebispo Primaz, e pela Santa Sé ao seu Delegado Apostolico em Bombaim, Monsenhor Agliardi. Junto aquelle documento.

Na recepção official no dia 13, em que apresentei ao Santo Padre a minha carta credencial, Sua Santidade respondeu ao breve discurso com que a apresentei, em termos de muita affeição para Portugal. Seguiu-se a isto o começo da nova negociação.

Comecei esta segundo a auctorisação do Governo, sobre bases differentes, na parte essencial, das que constam das notas anteriores, que deixei extractadas n'este relatorio, bases que, antes de ser encarregado d'esta negociação, tinha tido a honra de dizer ao Governo que julgava serem as unicas com que a negociação poderia ser seguida com proveito para Portugal.

O meu fim foi seguir n'esta negociação o systema que no moderno direito publico da Europa de ordinario se toma por base na solução das questões praticas: ter em conta os factos existentes e sobre elles negociar.— O *uti possidetis* no termo consagrado.

É facil comprehender que nas circumstancias creadas, não só pela Concordata de 1857 e pelo estado anterior, depois da interrupção das relações com a Santa Sé em 1833, mas já de muito tempo antes, desde que por motivos que não tenho que apreciar aqui, o que me levaria muito longe, as missões da Asia começaram a ser divididas, com independencia, pelos missionarios de differentes Nações, e a crearem-se as circumscripções canonicas extraordinarias, origem de largas e quasi sempre improficuas contestações, não poderia pretender-se praticamente voltar ao estado primitivo, não tomando em conta, nem as relações de interesse reciproco estabelecidas entre o novo estado creado e a ordem civil local; nem o estado actual das missões catholicas em toda a India, com o muito maior desenvolvimento que hoje têem.

Abstrâhio de apreciar aqui as difficuldades de ordem civil, que facilmente se comprehendem e que muitos documentos confirmam.

O retrocesso puro e simples ao estado de outras epochas afigurar-se-ha a todos cousa não pratica, e por outra parte a Portugal não lhe podia convir tomar os fortes encargos, que d'ahi lhe adviriam.

A congregação da propagacão da fé recebe recursos de todas as Christandades do mundo, tem um grande pessoal disponivel, tem o favor dos differentes Governos, porque não é representante de imperio civil, e possue na India os seguintes estabelecimentos e pessoal, conforme o *Atlas des Missions Catholiques*, du R. P. V. Werner, 1886:

«Segundo o *Madras Directory* de 1885, nos vicariatos e prefeituras das Indias orientaes, Madrasta, Hyderabad, Nisagapatam, Pondichery, Mayssour, Coimbatour, Maduré, Quilon, Verapoly, Mangalor, Bombay, Agra, Potura, Penjok, Calcutta, Bengala central, Bengala oriental, Birmania septentrional, meridional e oriental, Malasia, Siam, Jaffna, Roudje, e Colombo, tem 26 Bispos, 1:222 Padres, 1.198:569 catholicos, 1:680 escolas frequentadas por 70:541 alumnos.»

N'estas cifras não são comprehendidas as igrejas e Christandades do Padroado Portuguez.

Sendo este o quadro publicado na obra a que me refiro, eu devia fazer com igual evidencia o estado da Igreja de Goa, a sua importancia, a sua disciplina, o estado do seu seminario e dos estudos nas suas escolas, para mostrar que lhe sobejam recursos para poder, como convem, sustentar os encargos do Padroado, nos termos em que eu sustentava a sua definitiva organisação. Foi este sempre o meu pensamento, e assim juntei os successivos memorandos a que já me referi, que enviei sempre á approvação do Governo, e que aqui junto como documentos. N'elles creio ter interpretado a opinião do Governo de Sua Magestade, conforme as instrucções recebidas, e a approvação que depois se dignou dar-lhes.

O Santo Padre, querendo manifestar claramente n'esta negociação toda a importancia que lhe ligava, dirigiu-se a Sua Magestade El-Rei, mostrou-lhe o interesse que tinha por Portugal, a alta attenção em que havia seus serviços á Religião, e as rasões de conveniencia para se fazer uma nova Concordata em que se tivesse conta das circumstancias creadas, dirigindo a Sua Magestade El-Rei a carta a que me referi, e de que recebi a copia de estylo.

A essa carta respondeu Sua Magestade El-Rei, como tambem já disse. Tendo de entregar ao Santo Padre a carta de Sua Magestade, entendi conveniente apresentar um novo memorandum, resumindo quanto havia exposto e sustentado nas successivas conferencias verbaes.

A este memorandum respondeu a nota da Santa Sé de 13 de Março.

A essa nota respondi immediatamente com a minha nota de 15, e conforme as conveniencias da negociação me foram indicando, apresentei as differentes memorias que já relacionei, tendo dado successsiva conta ao Governo de Sua Magestade, que as approvou.

Fica feita sobre os documentos a historia da negociação; da sua conveniencia julgarão os poderes publicos; decorre-me, porém, o dever de juntar ainda algumas reflexões.

VI

A maior vantagem da nova Concordata é que por ella se termina o estado provisorio, organisando-se um estado definitivo não superior ás condições actuaes do paiz, mas muito superior ao estado actual do Padroado.

Goa fica sendo o centro catholico; o seu Primaz, como Patriarcha das Indias orientaes, presidirá aos Concilios de todas as Indias orientaes, que deverão ser celebrados em Goa; é por meio do Patriarcha das Indias que as propostas para o provimento das novas quatro Dioceses de eleição subirá a El-Rei de Portugal, para ser feita a escolha e apresentação ao Santo Padre.

Goa voltará a ser assim o centro do Catholicismo na India.

Portugal mantem as suas Dioceses historicas com uma vasta circumscripção de jurisdicção continua, comprehendendo numero consideravel de igrejas hoje da jurisdicção dos Vigarios Apostolicos.

A essas Dioceses continuam sujeitos os grandes grupos das suas Christandades com a ampla faculdade de missão, e com toda a sua dotação respectiva.

As igrejas de Malaca e Syngapura insufficientes para, sem grave encargo para o thesouro, constituirem Diocese, são reunidas á Diocese de Macau.

Alem da conservação integral no Padroado das tres Dioceses historicas consignadas na Concordata de 1857, é estabelecido o Padroado de honra, tendo El-Rei de Portugal a escolher no *terno* nas quatro Dioceses, que serão creadas pela Santa Sé, completando a organisação da igreja da peninsula indostanica.

Apesar de mui affastadas, as Christandades de Calcuttá e de Daka ficam ligadas á historica Diocese de Meliapor; a importancia d'estas igrejas em dotação vê-se da minha memoria já referida.

As Christandades que n'este systema não poderam ser comprehendidas nas dependencias das Dioceses portuguezas, apesar dos esforços que o Governo de Sua Magestade sabe empreguei para as manter, serão providas em Missionarios portuguezes ou goanezes, devendo notar-se que essas igrejas ficam pertencendo a alguma das quatro Dioceses, em que o real Padroeiro continua, tendo o direito de apresentação dos Bispos na lista triplice, e foi esse um dos fundamentos porque isto se conseguiu.

Por outra parte Portugal fica alliviado de prover a todas as vastas missões a que seria obrigado pela execução do artigo 14.º da Concordata, se d'elle se quizesse prevalecer e tomar os seus encargos, se isso fosse possivel.

Pelo artigo 7.º da Concordata de 1857 estava estabelecido que, em vista das considerações de conveniencia religiosa, que pela Santa Sé haviam sido ponderadas para a creação de um novo bispado em alguma parte do territorio do arcebispado de Goa, o Governo Portuguez, como Padroeiro, contribuiria quanto d'elle dependesse para que a erecção do referido bispado se realisasse opportunamente, nos termos e nas localidades que, de accordo com a Santa Sé, se reputassem mais convenientes á boa administração d'aquella Igreja, e á commodidade dos fieis.

A esta obrigação, imposta pela Concordata de 1857, satisfaz a creação da Diocese com séde em Damão, e titular de Cranganor, que fica composta primeiro dos districtos portuguezes de Damão e Diu, e dos territorios importantes continuos fóra do dominio portuguez designados no n.º 1.º do annexo; e de todas as igrejas igualmente importantes indicadas no n.º 2.º do mesmo annexo.

Fica assim composta no seu todo de districtos e igrejas, umas actualmente sujeitas ao Padroado, outras (districtos e igrejas) que actualmente não o estavam, mas sim sob a jurisdicção dos Vigarios Apostolicos.

O mesmo pondero com relação á circumscripção da Archidiocese de Goa, na parte fóra do territorio portuguez.

Da Diocese concordataria de Cochim passam para a de Meliapor as igrejas da costa de Coromandel comprehendidas no vicariato apostolico de Maduré.

Segundo o *Annuario de Goa*, a antiga Diocese de Cochim ficaria assim com 31:280 almas, mas pela nova Concordata fica com 66:126 almas conforme se vê do mappa da proposta respectiva da Santa Sé apresentada em 15 de Abril, além do mais que lhe pertence ou possa pertencer no territorio continuo, em que fica constituida, pois é de *circumscripções* que ali expressamente se trata.

A Diocese concordataria de Meliapor fica com uma larga circumscripção continua e com as mais importantes dependencias.

Como Diocese *continua* abrange os territorios descriptos, com as Christandades de uma e de outra jurisdicção, que ahi, como se sabe, são numerosas.

Fica comprehendendo além d'isso as igrejas de Calcuttá e de Daka, que constitue todo o vicariato geral portuguez de Bengala.

A grande distancia a que fica esta provincia da séde da Diocese de Meliapor, o diminuto numero de igrejas que a compõem (oito) e a sua pequena população, foram difficuldades serias que se offereceram á conservação d'essas igrejas ligadas á Diocese de Meliapor, e tão desanimadoras eram estas condições, que do respectivo Vigario Geral recebi representação, para que ao menos o provimento das igrejas ficasse reservado para padres portuguezes, era o mais que esperava; mas as fundações ou dotações d'aquellas igrejas eram tão importantes, ascendendo a 1.416:589 rupias ou 2.832:178 francos, como fiz ver no meu *memorandum* já referido de 25 de Março, que o Santo Padre, no espirito de justiça que presidiu a esta negociação, concordou em que aquellas igrejas ficassem reunidas integralmente á Diocese de Meliapor, como se vê do *numero segundo*.

Ficam mais reunidas a esta Diocese as igrejas importantes que o Padroado possue no vicariato apostolico do Maduré, que são as christandades da costa do Coromandel (Werner, pag. 26), antes dependentes, como fica dito, da Diocese de Cochim. A importancia d'estas igrejas vê-se do *Annuario de Goa,* que faz ascender a sua população a 44:400 almas.

Assim apreciada a nova concordata á luz dos factos, e fóra das illusões, que tão frequentemente fazem desvairar a opinião, ou pela exageração das grandezas proprias, ou pela desconfiança na seriedade e circumspecção alheias, e mais do que tudo pelo desconhecimento real dos factos, e do meio em que elles se dão, parecerá que Portugal, em vez de perder com o novo accordo, lucrou com elle principalmente porque ficou um estado definido, calculado mui expressamente de maneira a não poder suscitar difficuldades diplomaticas de outra qualquer ordem, e a manter o prestigio das antigas glorias portuguezas, n'uma organisação solidamente constituida.

Essa fórma assim constitue uma verdadeira organisação

Carta do Papa Leão XIII

(Copia do original.)

Maestà.—Non senza provarne sentimento di vivo rammarico, abbiamo appresa la notizia della perdita del Re Ferdinando, augusto genitore di Vostra Maestà.

Che se i nostri suffragi come pure quelli che gli si renderanno solennemente nella chiesa nazionale del Portogallo, e la parte che prendiamo a cosi luttuoso avvenimento, valessero a lenire il dolore di Vostra Maestà. Noi saremmo confortati almeno dal pensiere, di aver potuto compiere un pietoso uffizio.

In tale occasione poi ci permetta Vostra Maestà di aprirle tutto l'animo nostro, come già ci proponevamo, sulle nego-

como nunca houve na igreja das Indias orientaes. Se não vae tão longe a acção de Portugal quanto foi n'outras epochas, em que as armas a sustentavam, ganha evidentemente em intensidade, em organisação, e por isso em importancia real.

Tendo vencido para o meu paiz todas as questões sem excepção, cuja defeza me foi confiada na minha longa vida publica, permitta-me V. Ex.ª dizer aqui que não julgo ter perdido esta. É a satisfação, e nenhuma outra quero, que póde ter o funccionario que serve a sua patria ha trinta e dois annos *sem interrupção*, procurando manter as tradições que dos seus maiores recebeu.

Tenho exposto a largos traços a historia e as condições d'esta negociação. Os documentos, que junto, completam essa informação.

Deus guarde a V. Ex.ª—Ill.mo e Ex.mo Sr. Conselheiro Henrique de Barros Gomes, Ministro e Secretario d'Estado dos Negocios Estrangeiros, etc., etc., etc.=*João Baptista da Silva Ferrão de Carvalho Mártens.*

---

a El-Rey de Portugal

(Traducção official.)

Ministerio dos Negocios Estrangeiros—Direcção politica.—Traducção.—Magestade.—Não foi sem experimentar um vivo sentimento de pezame que tivemos conhecimento da noticia da perda de El-Rei D. Fernando, augusto pae de Vossa Magestade.

Se os nossos suffragios, bem como aquelles que se lhe hão de render solemnemente na igreja nacional de Portugal, e a parte que tomamos em tão luctoso acontecimento, servissem a minorar a dor de Vossa Magestade, ficariamos confortados, ao menos com a idéa de havermos podido cumprir uma piedosa missão.

Em tal occasião, pois, permitta-nos Vossa Magestade que lhe abramos completamente o nosso coração, como já ten-

ziazioni, che corrono fra la Santa Sede ed il Governo di Vostra Maestà, in rapporto al Patronato Portoghese nelle Indie.

Nel rivolgere pertanto direttamente a Vostra Maestà la nostra parola, ci è grato innanzi tutto di constatare, che, come per lo passato, cosi al presente, la Nazione Portoghese ha ben meritato di questa Sede Apostolica, alla quale ha costantemente tributato l'omaggio del suo ossequio e della sua venerazione.

Ci gode invero l'animo nel rammentare, che mentre quella Nazione rimase sempre unita al centro della cattolicità, i suoi Sovrani si adoperarono alacremente a propagare il Cattolicismo nelle nuove terre per essi conquistate.

Può quindi veramente affermarsi che la bandiera lusitana si spiegò ovunque all' ombra della Croce, sicchè le conquiste del Portogallo ponno riguardarsi come altrettante conquiste della Religione.

Pertanto come il titolo di Re Fedelissimi, cosi pure furono ben conceduti que' molti e particolari privilegi de'quali i Sovrani dei Portogallo furono dai Romani Pontefici largamente insigniti.

Fra questi hassi certamente ad annoverare il privilegio del Patronato sulle chiese dell' Indie orientali, che i nostri predecessori vollero ad essi nelle forme più ampie conferire. Che se i Romani Pontefici nelle profondere cosi speciali concessioni furono mossi dal sentimento di rimunerare lo zelo religioso di quei Sovrani, ebbero però al tempo stesso in vista di eccitarli a fondare nuove chiese, a fornirle di congrua dote, ed a costituirvi un ecclesiastico organamento, che meglio rispondesse all' esigenze di quelle Cristianità, ed alla propagazione della fede.

È questo d'altronde il concetto fondamentale del Patronato, al quale dovevano ispirarsi i nostri predecessori, ed al quale in realtà s'ispirarono, come risulta da' relativi documenti.

Senonchè queste condizioni inerenti alla natura del Patro

cionavamos, ácerca das negociações que correm entre a Santa Sé e o Governo de Vossa Magestade relativamente ao Padroado Portuguez nas Indias.

Ao recorrer, pois, directamente a Vossa Magestade é-nos grato, alem de tudo, constatar que, como no passado, assim tambem no presente a Nação Portugueza, tem bem merecido d'esta Sé Apostolica, á qual tem constantemente tributado a homenagem do seu affecto e da sua veneração.

Satisfaz-nos o espirito recordarmo-nos que emquanto aquella Nação ficou sempre unida ao centro do Catholicismo, os seus soberanos dedicaram-se vivamente a propagar a Religião Catholica nas novas terras por elles conquistadas.

Póde, por conseguinte, affirmar-se verdadeiramente que a bandeira lusitana se desfraldou por toda a parte á sombra da Cruz, de sorte que as conquistas de Portugal podem considerar-se como outras tantas conquistas da Religião.

Portanto como o titulo de Reis Fidelissimos, assim tambem foram bem concedidos aquelles muitos e particulares privilegios de que os Soberanos de Portugal foram pelos Pontifices Romanos largamente revestidos.

Entre estes tem certamente de se mencionar o privilegio do Padroado sobre as igrejas da Indias orientaes que os nossos predecessores quizeram conferir-lhes nas mais amplas fórmas. Que se os Pontifices Romanos, ao crear tão especiaes concessões, foram movidos do sentimento de remunerar o zelo religioso d'aquelles Soberanos, tiveram, porém, ao mesmo tempo em vista incital-os a fundarem novas igrejas, a fornecerem as congruas e a constituirem ali uma organisação ecclesiastica que melhor correspondesse ás exigencias d'aquellas Christandades e á propagação da fé.

É este por outro lado o conceito fundamental do Padroado, no qual deviam inspirar-se os nossos predecessores e em que, na realidade, se inspiraram como resulta dos documentos que lhe são relativos.

No emtanto estas condições, inherentes á natureza do Pa-

nato, e richieste esplicitamente nella sua concessione, per un complesso di circostanze che ora non è d'uopo il ricordare, non furono attuate nella proporzione che richiedeva il bene spirituale di quei popoli.

In tale stato di cose, la Santa Sede, non potendo permettere, che per motivi ad essa estranei, gran parte di quelle Cristianità fosse pressochè abbandonata, e che l'opera dell' evangelizzamento degl'infedeli rimanesse quasi paralizzata, si studiò di provvedere al bisogno, coll' inviarvi elette schiere di operai evangelici.

Da qual felice risultato siano state coronate le fatiche dei Missionari, lo addimostrano le conversioni per essi operate, e le fiorenti missioni ivi costituite.

È perciò che il progressivo sviluppo e le rigogliose condizioni di quel popolo cristiano, ci consigliano di far cessare lo stato anomalo e precario fin qui protratto, e di sostituirvi la forma normale e canonica della ecclesiastica gerarchia.

Mentre però ci disponiamo a prendere tale provvedimento, che sarà per tornare di grande vantaggio alla chiesa delle Indie, e di gloria non lieve al nome cattolico, noi per altra parte non abbiamo omesso di togliere nella dovuta considerazioni i rilieve che il Governo di Vostra Maestà ha fatto comunicare alla Santa Sede sul tema del Regio Patronato.

Nell' intento pertanto di far cosa grata alla Maestà Vostra, ed alla Nazione Portoghese, abbiamo fatto presentare per mezzo del suo Ambasciatore al di lei Governo un projetto, che ci sembra soddisfare alle avite tradizione ed ai legittimi interessi del Portogallo, compatibili colla istituzioni della gerarchia, e col bene religioso delle popolazioni delle Indie: alle quali non potrebbe provvedersi colla creazione di una doppia autorità nello stesso territorio. E di già il nostro predecessore Gregorio XVI nel Breve del 4 Gennaio 1837 dichiarò: *«a nobis duplicem in urbe Calcuttae auctoritatem creari non expedit, quod neque Ecclesiae mos patitur, nec paci et unitati fovendae idoneum foret».*

droado e reclamadas explicitamente nas suas concessões por um complexo de circumstancias que não vem agora a proposito recordar, não foram executadas na proporção que reclamava o bem espiritual d'aquelles povos.

Em tal estado de cousas, a Santa Sé, não podendo permittir que, por motivos que lhe são estranhos, grande parte d'aquellas Christandades estivessem a ponto de serem abandonadas e que a obra da evangelisação dos infieis ficasse quasi paralysada, applicou-se a prover ao que era necessario enviando legiões escolhidas de operarios evangelicos.

Por que feliz resultado tenham sido coroadas as fadigas dos missionarios, demonstram-o as conversões por elles operadas e as florentes missões ali constituidas.

É por isso que o progressivo desenvolvimento e as florescentes condições d'aquelle povo christão nos aconselham a fazer cessar o estado anormal e precario protrahido até hoje e substituir-lhe a fórma normal e canonica da jerarchia ecclesiastica.

Ao passo, porém, que nos dispomos a tomar tal providencia, que era de redundar em grande vantagem para a igreja das Indias e em não ligeira gloria para o nome catholico, por outro lado não temos deixado de tomar na devida conta as considerações que o Governo de Sua Magestade tem feito communicar á Santa Sé sobre o thema do Real Padroado.

No intento de fazer uma cousa agradavel a Sua Magestade e á Nação Portugueza, fizemos apresentar, por meio do seu Embaixador, ao Governo de Sua Magestado um projecto que nos parece satisfazer ás tradições avoengas e aos legitimos interesses de Portugal compativeis com a instituição de jerarchia e com o bem religioso das populações na India; ás quaes não se poderia prover com a creação de uma dupla auctoridade no mesmo territorio. E já antes o nosso predecessor Gregorio XVI no breve de 4 de Janeiro de 1837 declarou: «*a nobis duplicem in urbe Calcuttæ auctoritatem creari non expedit, quod neque Ecclesiæ mos patitur, nec paci et unitati fovendæ idoneum foret.*»

Al contrario secondo le proposte della Santa Sede, l'Arcivescovo di Goa viene innalzato alla dignità di Patriarca in tutte le Indie orientali, sulle quali può spiegare tutta quell' influenza che la onorifica posizione di capo morale glia crea.

Inoltre la facoltà, che gli si conferisce, di presiedere à Concilii nazionali, lo pone nella condizione di provvedere, insieme coll' Episcopato delle Indie, all' esigenze del clero e del popolo cattolico.

Quindi coll'erezione di tre Diocesi portoghesi il medesimo Arcivescovo di Goa viene a godere dè dritti metropolitani su que' Vescovati suffraganei.

La Corona poi col nominare liberamente l'Arcivescovo di Goa ed i tre Vescovi suoi suffraganei, nonchè collo scegliere e presentare alla Santa Sede un candidato compreso nella terna compilata dai Vescovi delle nuove quattro provincie ecclesiastiche, nelle quali si trova un numero ragguardevole di Goani, manterrebbe il Patronato non solamente come ricordo storico di quello che gli augusti antenati di Vostra Maestà hanno operato a favore della Religione, ma eziandio coll'esercizio effettivo di quel privilegio, nella forme che le attuali circostanze consentono. Nè si è omesso di prendere in considerazione quei gruppi principali di Goani che sarebbero esclusi dalla giurisdizione de' Vescovi Portoghesi; avvegnachè abbiamo appalesato la nostra dispozione perchè la cura di quelle anime sia affidata a sacerdoti Goani.

Dal che si può inferire che anche l'ultimo Concordato del 1857 viene sostanzialmente conservato, coll'introdurvi quelle modificazioni che sono reclamate dalle condizioni religiose dell' attuale situazione.

Per tal guisa cesserebbero le cagioni degl'inconvenienti e degli attriti che si sono dovuti deplorare fin qui, e, rifiorendo l'unità e la pace nella chiesa delle Indie, tutte la forze convergerebbero allo scopo essenziale della Religione, cioè alla salute delle anime.

In tutto questo procedimento, come la Maestà Vostra vorrà rendersene giustizia, noi non fummo animati da altro desi-

Pelo contrario, segundo as propostas da Santa Sé, o Arcebispo de Goa vem a ser elevado á dignidade de Patriarcha em todas as Indias orientaes sobre as quaes póde desenvolver toda a influencia que lhe cria a honorifica posição de chefe moral.

Alem d'isso a faculdade que se lhe confere de presidir aos Concilios nacionaes habilita-o a prover, juntamente com o Episcopado das Indias, ás exigencias do clero e do povo catholico.

Alem d'isso, com a creação de tres Dioceses, o mesmo Arcebispo de Goa vem a gosar dos direitos metropolitanos sobre aquelles tres Bispados suffraganeos.

A Corôa, pois, com o nomear livremente o Arcebispo de Goa e os tres Bispos suffraganeos, e outrosim com escolher e apresentar á Santa Sé um candidato comprehendido na lista triplice compilada pelos Bispos das quatro novas provincias ecclesiasticas nas quaes se acham um numero consideravel de Goanos, manteria o Padroado não só como recordação historica d'aquillo que os augustos antepassados de Vossa Magestade fizeram em favor da Religião, mas tambem com o exercicio effectivo d'aquelle privilegio na fórma por que as actuaes circumstancias o consentem. Nem se deixou de tomar em consideração os principaes grupos de Goanos que ficariam excluidos da jurisdicção dos Bispos portuguezes, visto que mostrámos a nossa disposição para que o governo espiritual d'aquellas almas seja confiado a sacerdotes Goanos.

D'isto se póde inferir que até a ultima Concordata de 1857 é substancialmente conservada, com a introducção das modificações que são reclamadas pelas condições religiosas da actual situação.

D'esta maneira cessariam as rasões dos inconvenientes e dos attrictos que tiveram de se deplorar até aqui, e reverdecendo a unidade e a paz na igreja das Indias todas as forças convergiram ao fim essencial da religião, isto é, a salvação das almas.

Em todo este procedimento, como Vossa Magestade quererá fazer-nos justiça, não fomos animados por outro desejo

derio, che da quello di porre un termine alle difficoltà inseparabili da un modo di esistere eccezionale e complicato, nonchè di provvedere nel miglior modo possibile all' incremento ed all'avvenire del Cattolicismo nell' Indie.

Nondimeno nell' adempimento de' nostri doveri, e nel consiguimento del fine impostoci dal nostro apostolico ministero, abbiamo usato ogni studio ed industria per appagare il Governo di Vostra Maestà, nella più larga misura, che per noi si potesse.

E' poi nostro intendimento che su que' territorii, le cui condizioni non hanno subito sostanziali cangiamenti, el Patronato della Corona Portoghese rimanga nel suo pieno vigore. Vogliamo specialmente alludere al Congo, ove desideriamo vivamente che Vostra Maestà, giovandosi de' privilegi che a Reale Patrono si appartengono, voglia adoperarsi per farvi progredire e dilatare il Cattolicismo, sopratutto coll'istituzione di collegi pe' Missionarii, che incentrandosi nella Sede Metropolitana di Lisbona, alla quale forniranno idonei soggetti anche gli altri Vescovi, diffondano quindi i loro allievi pei dominii portoghesi nel Congo, come altrettanti raggi di luce e di vita.

Dopo ciò noi portiamo ferma fiducia che Vostra Maestà investendosi degli obblighi inerenti al Nostro Apostolico Ministero, ed apprezzando l'equità delle accennate proposte, vorrà rendersi benemerito cooperatore nella sistemazione della Chiesa della Indie. Dal che ne seguirà che come il nome dei gloriosi suoi Predecessori, i quali fecero propagare il regno di Cristo fra quei popoli, così il nome di Vostra Maestà, per avere generosamente contribuito alla definitiva costituzione della chiesa indiana, sarà benedetto dai cattolici, e registrato con sensi di riconoscente affecto negli annali ecclesiastici.

Nè dissimili fiducia nutriamo che il popolo Portoghese vorrà rendere ragione ai nostri sentimenti.

Lungi da noi l'idea di adombrare le sue gloriose tradizioni, o di contraddire alle sue legittime aspirazioni!

La conoscenza delle nostre proposizione vorrà a farle gius-

senão o de pôr um termo ás difficuldades inseparaveis de um modo de existir excepcional e complicado, e alem d'isso prover pelo melhor modo possivel ao incremento e ao futuro do Catholicismo nas Indias.

Não obstante, no cumprimento dos nossos deveres e no proseguimento do fim que nos é imposto pelo nosso apostolico ministerio, temos empregado todo o zêlo e diligencia em ser agradavel ao Governo de Vossa Magestade na mais larga medida que nos fosse possivel.

É, pois, nosso intento que nos territorios cujas condições não têem soffrido substancialmente mudanças, o Padroado da Corôa Portugueza fique no seu pleno vigor. Queremos especialmente alludir ao Congo, onde desejâmos vivamente que Vossa Magestade, gosando dos privilegios que lhe pertencem como Real Padroeiro, queira esforçar-se por fazer ali progredir e dilatar o Catholicismo, sobretudo com a instituição de collegios para os Missionarios que, concentrando-se na Sé Metropolitana de Lisboa, á qual tambem os outros Bispos fornecerão sujeitos idoneos, diffundam d'ahi os seus discipulos pelos dominios portuguezes no Congo, como outros tantos raios de luz e de vida.

Depois d'isto, temos firme confiança em que Vossa Magestade, compenetrando-se das obrigações inherentes ao nosso apostolico ministerio e apreciando a equidade das indicadas propostas, quererá tornar-se benemerito cooperador na systematisação da igreja das Indias. A consequencia d'isto será que, como o nome dos seus gloriosos predecessores, que fizeram propagar o reino de Christo entre aquelles povos, assim o nome de Vossa Magestade por ter generosamente contribuido para a denitiva constituição da Igreja Indiana, será abençoado pelos catholicos e registado com sentimentos de reconhecido affecto nos annaes ecclesiasticos.

Igual confiança nutrimos de que o povo portuguez quererá dar rasão aos nossos sentimentos.

Longe de nós a idéa de escurecer as suas gloriosas tradições, ou de contrariar as suas legitimas aspirações.

O conhecimento das nossas propostas servirão para as fa-

tamente apprezzare ed a dileguare qualunque impressione preconcetta.

Ma d' altronde un popolo, che va orgoglioso di noverare come prima sua gloria, l'aver conservata intatta la fede degli avi, saprà comprendere che la Chiesa Cattolica, comechè universale e perpetua, deve seguire le situazioni create dalla variabilità degli umani eventi, nell' intendimento supremo di coordinarli agl' interessi religiosi.

Riceva frattanto l'apostolica benedizione che dall' intimo del nostro cuore impartiamo a Vostra Maestà ed a tutta la reale famiglia.

Vaticano, 6 Gennaio 1886.—LEO PP. XIII.

Resposta de El-Rey ao Papa

Santissimo Padre.—Immerso na dôr pela perda de meu augusto pae, recebo com vivo reconhecimento e o acatamento devido as palavras de conforto e de benção que Vossa Santidade, como pae commum dos fieis, me dirige em tão angustioso lance.

Na missão de chefe supremo da Igreja, Vossa Santidade, sempre solicito pelo engrandecimento da fé catholica, que por Deus lhe está confiado, chama a minha attenção para as benevolas disposições de Vossa Santidade na resolução conveniente dos muitos e importantes assumptos ora dependentes de accordo entre a Santa Sé e Portugal.

São de commum interessados a Santa Sé e a Nação Portugueza no fim superior a que essa resolução e esse accordo têem de dirigir-se, a dilatação da fé catholica nas vastas regiões da Asia e da Africa. Esse fim pela sua parte tem-no realisado Portugal com mais empenho e mais largo resultado, do que nenhuma outra Nação do mundo; Vossa Santidade o reconhece e a historia imparcial o attesta.

A todas as regiões da Asia Portugal levou a missão apostolica, que fez resurgir do ponto quasi desconhecido onde o

zer apreciar justamente e para pôr de parte qualquer impressão preconcebida.

Mas por outro lado um povo que se orgulha do apresentar como a sua primeira gloria o ter conservado intacta a fé dos seus avós, saberá comprehender que a Igreja Catholica, embora universal e perpetua, deve seguir as situações creadas pela variabilidade dos acontecimentos humanos no intuito supremo de coordenal-os aos interesses religiosos.

Receba, no entretanto, a benção apostolica, que do intimo do nosso coração dispensâmos a Vossa Magestade e a toda a real familia.

Vaticano, 6 de Janeiro de 1886.—Leão XIII.

Apostolo a deixára, e onde jazia quasi extincta, baldados tantos esforços antes empregados para a elevar.

Ainda hoje o maior centro do Catholicismo na Asia é o portuguez.

Só Portugal com o sangue dos seus martyres, com a espada dos seus homens de guerra, e com os seus recursos de toda a especie, fundou e firmou o vasto imperio do Catholicismo, que hoje se estende por toda a Asia.

O meu espirito, Santissimo Padre, sentiu elevar-se vendo Vossa Santidade tão solemnemente fazer justiça aos serviços por Portugal prestados á Igreja, serviços que, com magoa o digo, não poucas vezes se têem querido esquecer. As palavras solemnes de Vossa Santidade hão de ficar indeleveis como o mais superior documento de quanto é merecido a Portugal o titulo de Fidelissimo.

As conquistas de Portugal foram outras tantas conquistas da religião, dil-o Vossa Santidade no seu espirito de justiça e de verdade, e esta declaração do Supremo Chefe da Igreja será para sempre um novo titulo de gloria para Portugal, junto aos outros que em epochas afastadas igualmente recebeu dos supremos Chefes da Igreja.

Fez Vossa Santidade justiça a Portugal, que estava sequioso d'ella!

Tão solemne declaração mostra bem, que não está no animo paternal de Vossa Santidade menosprezar o Padroado Portuguez fundado por Portugal pelas suas missões, pela sua larga dotação, mantido intacto pela sua expressa resalva nos tratados com uma nação amiga, e reconhecido em innumeras Bullas dos Summos Pontifices, e por ultimo novamente sanccionado pelo Santissimo Padre Pio IX de gloriosa memoria na Concordata de 1857.

É o Padroado Portuguez inherente á Corôa de Portugal pelos titulos mais solemnes, em que o direito escripto póde firmar-se, e Vossa Santidade reconhecerá que é dever superior dos Reis de Portugal mantel-o e cumprir com os encargos impreteriveis que d'ahi resultam. São deveres que a minha consciencia me incumbe de guardar e de cumprir.

A vasta extensão que n'outro tempo foi assignada ao Padroado da Corôa de Portugal attesta o reconhecimento dos limites até onde Portugal levou a sua bandeira e com esta a fé.

A Concordata vigente regulou este direito em harmonia com as circumstancias que o passar dos tempos aconselhava que se attendessem depois de epochas menos prosperas para Portugal.

Hoje que o espirito colonial revive, que as colonias portuguezas vão no caminho da prosperidade, e que a Igreja Primacial de Goa, desde muito provida de pastor, se acha habilitada a desempenhar todos os deveres do seu Primado, não póde tratar-se de revogar aquelle pacto firmado entre a Igreja e Portugal, mas tão sómente de tornar a sua execução praticavel pela modificação de alguma das suas disposições, cuja execução porventura encontraria difficuldades graves no estado geral creado.

Este assumpto, Santissimo Padre, é dos mais vitaes para Portugal, porque toca aos seus titulos de gloria, de que as Nações não prescindem, e é ao mesmo tempo garantia da sua importancia colonial. É por isso que eu com o meu Governo, seguindo a inspiração unanime do paiz, me preoccupo vivamente d'este momentoso assumpto. É o Padroado da India o padrão moral do facto unico do descobrimento do caminho das Indias, devido a Portugal, e do seu poder de outras epochas; é ainda hoje um dos elementos mais poderosos da sua influencia na Asia, não é um monumento morto que retenha apenas a memoria das antigas glorias, é uma instituição viva, que funcciona, que se mantém, e que tem em si todos os elementos de corresponder ao fim religioso e social para que foi instituido.

Estas idéas, que impressionam vivamente a opinião do paiz, Vossa Santidade o reconhece, não deixam de achar echo no animo de Vossa Santidade, pae commum dos fieis, justo e igual para todos, e inspirarão de certo o espirito de larga previsão de Vossa Santidade, na resolução d'este assumpto, a que está ligada a tradição gloriosa de um povo sempre fiel, a sua honra e a sua dignidade no presente.

O concurso de Portugal possuidor de vastas colonias a que hoje presta a mais viva attenção e interesse, não será de certo por Vossa Santidade considerado inutil para o largo desenvolvimento do Catholicismo.

O meu Governo, inspirado n'estes principios, que são os de toda a Nação Portugueza, e na mais larga idéa de conciliação e de mutuo auxilio e concurso, seguirá as condições d'esta importante negociação, em que ouso esperar confiadamente que não nos faltará a justiça igual de Vossa Santidade para a resolução final e proxima, que não póde ferir os sentimentos patrioticos de uma Nação tão catholica, quanto orgulhosa da sua gloria e do seu direito.

N'esse superior intuito o concurso de Portugal não contraria, antes nas suas ainda hoje vastas e importantes colonias da Asia e da Africa poderosamente secundará o fim superior que a Igreja universal e eterna se propõe no tempo para o largo desenvolvimento do Catholicismo.

Pendente como ainda hoje se acha a negociação de esclarecimentos importantes por parte da Santa Sé, não posso entrar na apreciação das suas especialidades, que o meu Governo proseguirá com o mais vivo interesse e zêlo por meio do meu embaixador acreditado junto da sagrada pessoa de Vossa Santidade.

É esta a expressão, Santissimo Padre, dos meus sentimentos de vivo zêlo e de interesse fervoroso pelo desenvolvimento do Catholicismo, mantido ainda hoje como religião do estado; pela sustentação dos direitos de Portugal; e pela continuação do seu concurso efficaz na grande obra que ha seculos iniciou.

A larga previsão de Vossa Santidade sobre o procedimento dos povos, o seu espirito de justiça e de conciliação, a que ha pouco toda a Europa prestou respeitosa homenagem, encontrará meio de certo de conciliar interesses e direitos tão importantes, tão justos, e que facil parece de serem harmonisados.

Recebo, Santissimo Padre, com filial acatamento a benção apostolica de Vossa Santidade para mim, para a minha familia e para o reino de Portugal, a cujos destinos á Providencia aprouve que eu presida.

Lisboa, 10 de Fevereiro de 1886.— De Vossa Santidade obediente filho, LUIZ.

Ratificação Portugueza

Dom Luiz, por graça de Deus, Rei de Portugal e dos Algarves, d'aquem e d'alem mar em Africa, senhor de Guiné, e da conquista, navegação e commercio da Ethiopia, Arabia, Persia e da India, etc. Faço saber aos que a presente carta de confirmação e ratificação virem, que aos 23 de Junho de 1886 se concluiu e assignou no Vaticano entre mim e Sua Santidade o Summo Pontifice Leão XIII, pelos respectivos Plenipotenciarios, munidos dos competentes plenos poderes, uma Concordata, precisando e definindo a circumscripção das

Dioceses Portuguezas, e regulando o exercicio do direito do Real Padroado nas Indias Orientaes, cujo teor é o seguinte:

(Segue-se a Concordata e o Annexo ao artigo 3.º)

E sendo-me presente a mesma Concordata, celebrada nos termos dos artigos 6.º, 10.º, 14.º e 16.º da Concordata de 21 de Fevereiro de 1857, e cujo teor acima inserido e bem visto, considerado e examinado por mim o que n'ella se contém, e bem assim, tendo em attenção o decreto de 22 de Julho do corrente anno, ratifico e confirmo a mesma Concordata, assim no todo como em cada uma das suas clausulas e estipulações, e pela presente a dou por firme e valida para haver de produzir o seu devido effeito, promettendo observal-a e cumpril-a inviolavelmente, e fazel-a cumprir e observar por qualquer modo que possa ser.

Em testemunho e firmeza do sobredito, fiz passar a presente Carta por mim assignada e passada com o sêllo das minhas armas.

Dada no Paço da Ajuda, em 29 de Julho de 1886.—REI (com rubrica e guarda).—*Henrique de Barros Gomes.*—(Logar do sêllo.)

Ratificação Pontificia

LEO PP. XIII

Cum inter Nos et Carissimum in Christo Filium Nostrum Ludovicum I, Portugalliae et Algarbiae Regem Fidelissimum, VII Kal. Julii 1886 inita sit nova Conventio ad definiendum Patronatus exercitium, quo Reges Fidelissimi gaudent in Indiis Orientalibus, cuius Conventionis tenor est sequens, videlicet.

(Segue-se a Concordata e o Annexo ao artigo 3.º)

Nos novam hanc Conventionem a Nobis diligenter inspectam atque perpensam voluntati Nostrae conformem ratam habemus et confirmamus, eique prorsus omnique ex parte obstrictos adhaerere declaramus.

In quorum fidem solemne hoc ratihabitionis documentum Nostra subscriptione munivimus, eique Nostrum apponi iussimus.

Datum Romae ex Palacio Apostolico Vaticano die 10 Augusti Anno MDCCCLXXXVI Pontificatus Nostri Nono. — LEO PP. XIII.

Protocollo da troca das ratificações

Essendosi fra la Santa Sede ed il Governo di Sua Maestà Fedelissima conchiuso, e dai respettivi Plenipotenziarii sottoscritto, nel giorno 23 Giugno di quest-anno un Concordato per favorire e promuovere maggior sviluppo della Cristianità

Carta encyclica do Papa Leão XIII aos Bispos Portuguezes, em res

VENERABILIBVS FRATRIBVS PATRIARCHAE LISBONENSI
ARCHIEPISCOPIS ET EPISCOPIS VNIVERSIS IN REGIONE LVSITANA

LEO PP. XIII

VENERABILES FRATRES
SALVTEM ET APOSTOLICAM BENEDICTIONEM

(Impresso — Romae, MDCCCLXXXVI.)

Pergrata nobis accidit communis epistola vestra, quam superiore mense accepimus, quaeque illud maxime testabatur, vos civesque vestros libentibus animis cognovisse novissima Apostolicae Sedis cum Regno Lusitano pacta conventa, de iisque laetari, velut de re bene gesta ac bono publico non minimum profutura. — Omnino, quod vos perspexistis, illud nobis fuit in universo hoc negotio propositum, ut ea ad dignitatem imperii conservarentur, quae Regibus vestris de catholico nomine meritis Pontifices Romani contulerant, unàque meliori constitutioni commodisque rei Indo-

nelle Indie Orientali e per regolare in esse in modo stabile e definitivo il Patronato della Corona Portoghesa, oggi 16 Agosto Sua Eminenza il Signore Cardinale Lodovico Jacobini Segretario di Stato di Sua Santità, ed il Signore Commendatore Augusto de Andrade, Incaricato d'Affare del Portogallo presso la Santa Sede, riuniti nelle Camera del Palazzo Apostolico del Vaticano previa lettura dei rispettive Istromenti di ratifica li hanno trovati pienamente conformi in tutti e singoli i loro Articoli. In seguito di che hanno entrambi proceduto allo scambio della Ratifiche medesime, ed in fede di tale atto, hanno sottoscritto di loro propria mano il presente processo verbale in doppio originale, apponendovi il sigillo delle loro armi.

Roma dal Palazzo Pontificio al Vaticano il 16 Agosto 1886.
(L. S.) *L. Card. Jacobini.*=(L. S.) *Augusto de Andrade.*

---

posta á que estes lhe escreveram por occasião da ultima Concordata

VENERAVEIS IRMÃOS PATRIARCHA DE LISBOA
ARCEBISPOS E BISPOS DO REINO DE PORTUGAL

LEÃO PP. XIII

VENERAVEIS IRMÃOS
SAUDE E BENÇÃO APOSTOLICA

(Traducção particular.)

Muito agradavel nos foi a vossa carta collectiva que recebemos no mez passado, e na qual se dizia principalmente que vós e os demais Portuguezes tivestes satisfação em conhecer a novissima Concordata entre a Sé Apostolica e o Reino de Portugal; com o que vos regosijaveis, como acontecimento feliz e do qual haviam de resultar vantagens publicas não pequenas.—Em todo este negocio foi nosso proposito, como bem vistes, conservar para a dignidade da Corôa Portugueza as cousas que dos Romanos Pontifices tinham recebido os vossos Reis, benemeritos da religião ca-

rum Christianae consuleretur. Quod quidem propositum partim videmur consecuti, partim confidimus Dei munere beneficioque consecuturos. — Quamobrem intuentibus animo optatissimum, de quo loquimur, eventum, prospicere licet in posterum, nec ominari solum, sed plane spem certam concipere, futurum ut Christianum nomen in Lusitania vestra ad communium rerum salutem florere pergat, et maiora in dies incrementa capiat.

Cui spei ut ad plenum respondeat exitus, nos profecto primi omnium, ita Deus adsit propitius, dabimus operam. Plurimum vero adiumenti in prudentia vigilantiaque vestra episcopali, in solertia et virtute cleri, in voluntate populi Lusitani, sine ulla dubitatione reperiemus. Immo in caussa tam nobili tamque fructuosa nec partes desiderabuntur virorum qui rem publicam gerunt: de quibus minime dubitamus, quin nobis sapientiam et aequitatem suam, sicut nuperrime probavere, ita probare reliquo tempore velint: multo magis quod Catholicae fidei studium beneque de Ecclesia merendi consuetudo non est apud Lusitanos inusitata aut recens, sed pervetus diuque celebrata.

Etenim quamquam est Lusitania velut ad extremitatem sita peninsulae Ibericae, eademque angustioribus limitibus circumscribitur, tamen reges vestri, quae laus est non exigua, imperii fines in Africam, in Asiam, in Oceaniam protulerunt, ut ex ipsis praestantioribus gentibus nulli Lusitania cederet, multas antecelleret. — Sed virtutem horum inceptorum magnitudini parem unde putandi sunt quaesivisse? Scilicet, si recte diiudicari velit, ex amore sensuque religionis. In iis enim ad ignotas et barbaras gentes laboriosis periculosisque expeditionibus, sic animo affectos constat plerumque fuisse, ut Christo Domino prius inservirent, quam vel utilitati vel gloriae, serendi Christiani nominis, quam propagandi imperii sui cupidiores. Unà cum expressa imagine vulnerum Iesu Christi, quod erat populare gentis vexillum, praeferre maiores vestri Crucem sacrosanctam in triremibus, in acie, venerabundi simul ac fidentes consueverant, ut

tholica; e juntamente procurar a melhor constituição e o interesse das Christandades na India. Este proposito em parte parece-nos tel-o conseguido já, e parte confiâmos que, com a graça e favor divinos, havemos de o conseguir depois.— E assim, considerando o mencionado exito por nós cordealmente desejado, poderemos prever no futuro, e não só futurar, senão esperar com certeza, que o Christianismo continuará florescendo em Portugal para bem da Nação, e receberá incrementos cada vez maiores.

E, ajudando Deus, seremos nós o primeiro de todos a cooperar para que esta esperança se realise plenamente. Muito auxilio, sem duvida, encontraremos tambem na vossa prudencia e solicitude episcopal, na actividade e virtude do clero e na boa vontade do povo portuguez. E até, em cousa tão nobre e de tanto proveito, não faltará a cooperação do Governo, a respeito do qual não duvidâmos queira continuar mostrando aquelle bom senso e cordura de que, ha pouco tempo, deu provas; muito mais porque o zêlo pela fé catholica e o habito de servir a Igreja já não é cousa recente ou estranha entre Portuguezes, antes muito antiga e muito costumada.

Porquanto, ainda que Portugal está como que situado na extremidade da peninsula Iberica e apertado em assás estreitos limites, todavia os Reis Portuguezes (e isto é uma grande gloria) estenderam o seu imperio á Africa, á Asia, á Oceania, de sorte que entre as nações mais prestantes a nenhuma cede Portugal, e excede a muitas.—Mas o valor igual a tamanhos feitos d'onde o tiraram elles? A julgarmos rectamente, foi da paixão e sentimento religioso. Pois sabido é que, naquellas trabalhosas e perigosas expedições ás gentes barbaras e desconhecidas, os Portuguezes costumavam ir animados por fórma, que primeiro serviam a Christo Senhor Nosso do que ao seu proveito e gloria, desejando mais espalhar o nome christão, que dilatar o proprio imperio. Juntamente com a imagem das cinco chagas, que era a bandeira nacional, costumavam vossos antepassados levar na frente a cruz sacrosanta, arvorada nas galeras e nas batalhas, cheios

non tam armorum quam crucis ipsius praesidio nobiles victorias, quarum gloria permansit, videantur adepti.—Quae pietas tunc maxime enituit, cum Lusitaniae Reges viros apostolicos ex exteris quoque gentibus arcessitos studiose conquirebant, Francisci Xaverii vestigiis ingressuros, eosdemque non semel a Romanis Pontificibus Nuntiorum Apostolicorum auctos potestate. Singularis haec fuit nec unquam interitura maiorum vestrorum laus, quod in remotissimas gentes fidei Christianae lumen principes invexerint, eoque insigni beneficio Sedem quoque Apostolicam sibi egregie demeruerint.—Nec unquam sane decessores nostri destiterunt, quominus grati animi significationes genti vestrae exhiberent; cuius rei praeclarum sunt argumentum decora singularia in Reges collata. Ad nos quod spectat, quoties reputamus quam magna gesserit populus non ita magnus, gestit animus exemplum a Lusitanis petere, quanta vis religionis pietatisque sit: simulque nostra vehementius excitatur mixta admiratione benevolentia. Ita sane: paternam vobis caritatem vel nuperrime re videmur probavisse: quandoquidem in componenda de rebus Indiae Orientalis controversia. Nos quidem, quantum officii nostri ratio patiebatur, liberaliter cum Lusitania egimus atque indulgenter. Quoniamque rectum est parem voluntatem accipere et reddere, idcirco plurimum de studio facilitateque gubernatorum rei publicae nobismetipsis pollicemur. Fore nimirum confidimus, non solum ut curam summam de iis adhibeant quae pacta sunt, sed operam nobiscum pariter ac vobiscum libentes conferant ad ea, quae istic Ecclesia accepit, detrimenta sarcienda.

Sunt haec sane haud levia, praesertim si conditio spectetur cleri vestri, et ordinum religiosorum: quorum clades non in Ecclesiam solum, sed in ipsam civitatem redundavit, quae sibi sensit ereptos adiutores prudentes et strenuos, quorum opera informandis populi moribus, instituendae iuventuti, ipsis etiam coloniis ad christiana instituta fingendis, non mediocri usui esse potuisset, hodie maxime, cum

de veneração e de fé, de sorte que parece haverem ganhado essas victorias famosas, de que ainda hoje dura a gloria, não tanto pelas armas como pela cruz.—Esta piedade resplandeceu principalmente quando os Reis de Portugal buscavam com zêlo, e mandavam vir tambem das outras nações, varões apostolicos que seguissem as pisadas de um Francisco Xavier, e estes accrescentados mais de uma vez pelos Romanos Pontifices com os poderes de Nuncios Apostolicos. Gloria singular e immorredoura de vossos maiores foi esta que elles, os primeiros, levaram a luz da fé christã ás gentes mais remotas e com este assignalado serviço penhoraram de modo distincto a gratidão da Sé Apostolica.—Em verdade nunca os nossos antecessores deixaram de mostrar á vossa nação o seu reconhecimento; e d'isto são prova brilhante as honras singulares concedidas aos vossos Reis. Pelo que nos diz respeito, sempre que pensâmos nos grandes feitos obrados por um povo não proporcionalmente grande, exulta o nosso coração por ir buscar aos Portuguezes o exemplo do muito que póde a piedade e a religião; e ao mesmo tempo aviva-se mais o nosso affecto misturado de admiração. E assim é realmente: ainda ha bem pouco, parece-nos ter-vos provado com factos o nosso amor paternal, pois na composição da controversia sobre as cousas da India Oriental, nós tivemos com Portugal a generosidade e complacencia compativeis com o nosso dever. E pois que a rasão pede que a boa vontade seja correspondida, muito esperâmos nós do zêlo e condescendencia do Governo Portuguez: confiâmos não só que preste o maior cuidado áquillo que se concordou, mas que de boa mente coopere comnosco e comvosco para se repararem os damnos que a Igreja ahi tem soffrido.

Pequenos não são elles em verdade, principalmente se considerâmos a condição do clero e das ordens religiosas; cuja perda recaiu não sómente sobre a Igreja, mas sobre o Estado mesmo, que se viu privado de auxiliares prudentes e zelosos, cujos serviços tanto lhe poderam aproveitar na formação dos costumes publicos, na educação da mocidade e na christianisação das mesmas colonias; hoje principalmente,

tam late patentem sacris expeditionibus campum in Africa interiore videamus.

Quod si ad ipsas malorum origines animum advertamus, impietatis libidinem, quae superiore saeculo tantopere invaluit, neque unicam neque praecipuam caussam arbitramur fuisse. Pervasit illa quidem, velut contagione morbi, vestrorum etiam animos, incursuque suo graves ruinas traxit: nihilominus non ii videntur longe a vero discedere qui maiorem perniciem censent allatam a politicarum partium factionibus, intestinis discordiis, popularium seditionum procellis. Etenim religionis laudem et antiquam Lusitanorum erga Romanum Pontificatum fidem nulla vis extinguere, nullae artes labefactare potuerunt. In mediis etiam vestrae reipublicae tempestatibus, populi semper indicium fuit, foedus concordiamque Regnorum cum Ecclesia maximum esse principium, quo christianas regi oporteat civitates: eamque ob caussam sanctum religiosae unitatis vinculum non modo permansit incolume, sed praebuit, auctoritate nutuque legum, constitutioni politicae fundamentum. Quae sane, laetabilia et ad commemorandum iucunda, ostendunt, rei Catholicae statum, idoneis remediis adhibitis, non difficulter fieri posse longe meliorem. Vigent enim bona semina; quae si constantia animorum concordiàque voluntatum adoleverint, optatorum fructuum copiam submittent.

Hi vero qui cum imperio praesunt, quorum tam necessaria est opera ad Ecclesiae incommoda sananda, facile intelligent, quemadmodum Lusitanum nomen ad tantum gloriae fastigium Catholicae religionis virtute beneficioque pervenit, ita unam esse viam tollendis malorum caussis expeditam, si eiusdem religionis ductu auspiciisque res publica constanter administretur. Quo facto, cum ingenio, cum moribus, cum voluntate populi futura est gubernatio rei publicae congruens. Continet enim catholica professio publicam regni Lusitani legitimamque religionem; propterea que omnino consentaneum est, tutelà legum ac magistratuum potestate esse de-

que vemos abrir-se tão largo campo ás missões religiosas no interior da Africa.

E se attentâmos nas origens mesmas de similhantes males, entendemos que não foi a causa unica ou principal d'estes a desinvoltura da impiedade que vogou no seculo passado. Percorreu sim, ella, qual molestia contagiosa, tambem os animos dos vossos concidadãos e com o seu influxo causou graves estragos: todavia, não nos parecem ir longe da verdade os que pensem ter o maior mal vindo das facções dos partidos politicos, das discordias civis, e das tormentas das sedições populares. Pois a estima da religião e a antiga fidelidade dos Portuguezes ao Pontificado Romano, nenhuma força as pôde extinguir, nenhuns artificios abalar. Ainda no meio das tempestades do vosso paiz, o povo entendeu sempre que a alliancia e concordia dos Estados com a Igreja é o grande principio pelo qual se devem reger as sociedades christãs; e por isso, não só permaneceu incolume o sancto vinculo da unidade religiosa, senão que, auctorisado e acceitado pelas leis, fez o fundamento da constituição politica. O que, sendo realmente satisfactorio e de aprazivel recordação, mostra ao mesmo tempo que o estado do Catholicismo póde, sem difficuldade, melhorar-se muito, empregados que sejam os meios idoneos: existem vigorosas e boas sementes; se estas se desenvolverem com a constancia nos animos e com a harmonia nas vontades, hão de produzir abundantemente os desejados fructos.

O Governo, porém, cujo concurso muito necessario é para curar os males da Igreja, facilmente conhecerá qne, assim como o nome portuguez subiu a tão alto grau de gloria por virtude e beneficio da religião catholica, igualmente o meio unico e prompto de destruir as causas dos males é governar constantemente segurado ás maximas e sob os auspicios da mesma religião. D'est'arte aquelle Governo harmonisará com a indole, costumes e vontade da nação, pois o Catholicismo é a religião publica e legal do povo portuguez, e d'ahi é consequente que aquelle seja protegido pelas leis, defendido pelo poder das auctoridades, e assegurado com todas as ga-

fensam, praesidiisque omnibus ad incolumitatem, ad perennitatem, ad decus, publice munitam. Politicae perinde atque ecclesiasticae potestati sua legitime constet et libertas et actio, omnibusque sit persuasum, quod res ipsa quotidiano experimento confirmat, tantum abesse ut invidiosa aemulatione adversetur Ecclesia potestati civili, ut huic plurima et maxima ad salutem civium tranquillitatemque publicam adiumenta suppeditet.

Ex altera parte ii qui sacra auctoritate pollent, quaecumque pro munere suo acturi sunt, sic agant, ut ipsis plane fidere se posse ac debere rectores civitatis intelligant, nec ullam sibi oblatam caussam putent retinendarum fortasse legum, quas interest Ecclesiae non retineri. Suspicandi, diffidendi locum plerumque praebet politicarum concertatio partium: idque vos satis experiendo cognovistis. Profecto catholicorum hominum et nominatim clericorum primum maximumque officium est, nihil unquam nec re suscipere, nec opinione profiteri, quod ab obsequio fideve Ecclesiae dissentiat, aut cum conservatione iurium eius consistere non possit. Quamvis autem fas cuique sit suum de rebus mere politicis iudicium, modo ne religioni iustitiaeque repugnet, honeste legitimeque tueri, tamen videtis, Venerabiles Fratres, perniciosum errorem eorum, si qui sunt, qui rem sacram remque civilem non satis secernant, religionisque nomen ad politicarum partium trahant patrocinium.

Igitur prudentia ac moderatione adhibita, non solum nullus erit suspicionibus locus, verum etiam firmius consistet illa catholicorum vehementer a nobis expetita consensio. Quae si antea difficilior ao impetrandum fuit, ea de caussa fuit, quod nimis multi plus forsan, quam par esset, tenaces sententiae suae, nihil unquam nullaque ratione a studio partium suarum recedendum putaverunt. Quae quidem studia, tametsi intra certos fines improbari nequeant, adeptionem tamen supremae illius atque optatissimae coniunctionis valde impediunt.

Vestrum itaque erit, Venerabiles Fratres, omnem indus-

rantias publicas, para que se conserve incolume, perenne e honrado. Tenha o poder civil, bem como o ecclesiastico, a sua legitima liberdade e acção; e convençam-se todos (o que a experiencia está confirmando por factos quotidianos) de que a Igreja, longe de ser inimiga do poder civil por uma rivalidade invejosa, antes lhe presta muitos e grandes auxilios promovendo o bem dos povos e a tranquillidade publica.

Por outra parte, os revestidos da auctoridade sagrada, em tudo o que hão de fazer por virtude do seu cargo, façam-n'o de maneira que o Governo entenda que póde e deve confiar n'elles plenamente, e não julgue dar-se-lhe motivo para conservar leis que, no interesse da Igreja, não devem ser conservadas. Ás suspeitas, ás desconfianças ministram ordinariamente occasião as luctas dos partidos, o que a experiencia bem vos tem mostrado. Em verdade, o primeiro e mais importante dever dos catholicos, e nomeadamente dos clerigos, é não praticar acto nem manifestar opinião que destôe do respeito e fidelidade á Igreja, ou que não possa coexistir com a manutenção dos direitos d'esta. E, posto que a cada um seja licito sustentar honesta e legalmente a sua opinião sobre materias meramente politicas, uma vez que não vá de encontro á religião e á justiça, todavia, Veneraveis Irmãos, bem vedes o pernicioso erro d'aquelles (se alguns ha) que não extremam assás o religioso do civil e servem-se do nome da religião para patrocinar partidos politicos.

Com o emprego, pois, da prudencia e da moderação, não só não haverá logar para suspeitas, mas ha de existir e firmar-se mais a união entre os catholicos, por nós ardentemente procurada. E se antes foi ella mais difficil de alcançar, a rasão tem sido porque muitos, muitos em demasia, aferrados ás suas opiniões talvez mais do que é rasoavel, entenderam que nem um ponto deviam, de modo algum, afrouxar do seu zêlo partidario; zêlo que, embora não possa reprovar-se dentro de certos limites, tolhe todavia, e muito, o conseguimento d'aquella união tão importante e tão desejada.

E assim a vós cabe, Veneraveis Irmãos, dirigir todo o po-

triae diligentiaeque vim illuc intendere ut, prudenter amotis quaecumque obstare videantur, salutarem concordiam animorum concilietis. Idque commodius ex sententia succedet, si in re tanti momenti non disiuncte, sed collatis in unum curis, manum operi admoveritis. Quamobrem opportuna in primis videtur communicatio et societas consiliorum inter vos, ut agendi ratio similis existat. Quinam vero consiliorum delectus sit habendus, quid proposito conducat aptius, haud aegre dispicietis si vobis ob oculos veluti normam proposueritis quae identidem ab Apostolica Sede de huiusmodi negotiis declarata ac praescripta sunt, maxime vero litteras nostras Encyclicas de constitutione christiana reipublicae.

Ceterum non omnia singulatim persequemur, quae idoneum remedium desiderant, praesertim cum ea sint exploratiora vobis, Venerabiles Fratres, quos incommodorum vis proxime et prae ceteris urget. Similiter nec ea enumerabimus, quae tempestivam civilis potestatis operam postulant, ut rei catholicae, quo modo aequum est, consulatur. Cum enim nec de paterno animo nostro, nec de vestro legibus civilibus obsequio dubitare queant, rectum est confidere, fore ut gubernatores civitatis iusto pretio aestiment propensionem nostrae itemque vestrae voluntatis, Ecclesiamque, multis caussis afflictam, in libertatis dignitatisque debitum gradum restituendam curent. Nos autem, quod est partium nostrarum, paratissimo semper animo futuri sumus agere communique consensu statuere de negotiis ecclesiasticis quod maxime opportunum videatur, honestas et aequas conditiones libenter accepturi.

Quaedam alioqui sunt, eaque non parvi momenti, quibus nominatim debet industria vestra, Venerabiles Fratres, mederi. Eiusmodi in primis est paucitas sacerdotum, ex eo maxime profecta, quod pluribus locis, nec brevi annorum intervallo, vel ipsa seminaria alumnis sacrorum instituendis desiderata sunt. Hac de coussa saepe vel christianae institutioni multitudinis, vel sacramentorum administrationi vix aegreque consultum. Nunc vero, quoniam Divinae Providentiae

der de vossa diligencia e actividade para que, removidos quaesquer apparentes obstaculos, consigais a salutar concordia das almas. O que mais facilmente se realisará, se em cousa tão momentosa pozerdes mãos á obra, não separados, mas unidos em vosso empenho. Por isso, primeiro que tudo, parece conveniente combinar-vos e communicar-vos vossos planos, para que sigais um modo de proceder uniforme. Quaes planos haveis de escolher? qual meio levará melhor ao fim intentado? São cousas que conhecereis sem difficuldade, se tiverdes diante dos olhos como norma o que a tal respeito por vezes foi declarado e determinado pela Sé Apostolica; e particularmente a nossa Encyclica sobre a constituição dos estados christãos.

Não especificaremes agora todas as cousas que precisam de apropriado remedio, mórmente porque estas são mais conhecidas de vós mesmos, Veneraveis Irmãos, a quem a força dos males incommoda de mais perto e mais que a ninguem. Outrosim não enumeraremos as que reclamam a opportuna cooperação do poder civil, para se procurar o bem do Catholicismo, como é de rasão; pois, não podendo o Governo do vosso paiz duvidar nem do nosso paternal affecto, nem do vosso respeito ás leis do estado, rasão é confiar qne elle terá no justo apreço a boa disposição da nossa e vossa vontade, e tratará de repor no devido grau de liberdade e dignidade a Igreja por tantas causas avexada. Da nossa parte estaremos sempre cordialmente promptissimo para tratar e assentar de commum accordo, sobre os assumptos ecclesiasticos, o que pareça mais opportuno; disposto para acceitar de bom grado as condições que forem honestas e justas.

Dão-se ainda, Veneraveis Irmãos, outras cousas e de não pouca importancia, ás quaes especificadamente o vosso zêlo deve procurar remedio. Taes são, em primeiro logar, a falta de Clerigos, devida principalmente a não ter, em diversos logares e por muitos annos, havido nem sequer seminarios para a educação dos alumnos ecclesiasticos. Eis porque muitas vezes se tem provido á educação christã dos povos e á administração dos sacramentos a custo e mal. Hoje, porém,

beneficio in Dioecesibus singulis sua sunt clericorum seminaria, et ubi nondum restituta sunt, brevi, uti speramus et cupimus, restituentur, supplendi collegia sacerdotum in promptu est ratio, si modo disciplina alumnorum eâ, qua decet, ratione constituta sit. Quam ad rem plane confidimus cognita nobis prudentiâ sapientiâque vestra: sed tamen ne consilium nostrum in hoc genere desideretis, dicta vobismetipsis putatote, quae ad Venerabiles Fratres Hungariae Episcopos paulo ante in caussa simili perscripsimus. «Omnino in instituendis clericis sunt duae res necessariae, doctrina ad cultum mentis, virtus ad perfectionem animi. Ad eas humanitatis artes, quibus adolescens aetas informari solet, adiungendae disciplinae sacre et canonicae, cauto, ut earum doctrina rerum sana sit, usquequaque incorrupta, cum Ecclesiae documentis penitus consentiens, hisque maxime temporibus, vi et ubertate prestans, *ut potens sit exhortari... et eos, qui contradicunt, arguere.* Vitae sanctitas, qua dempta, inflat scientia non aedificat, complectitur non solum probos honestosque mores, sed eum quoque virtutum sacerdotalium chorum, unde illa existit, quae efficit sacerdotes bonos, similitudo Iesu Christi, summi et aeterni sacerdotis... In iis (seminariis) maxime evigilent curae et cogitationes vestrae: efficite, ut litteris disciplinisque tradendis lecti viri praeficiantur, in quibus doctrinae sanitas cum innocentia morum coniuncta sit, ut in re tanti momenti eis confidere iure optimo possitis. Rectores disciplinae, magistros pietatis eligite prudentia, consilio, rerum usu prae ceteris commendatos: communisque vitae ratio, auctoritate vestra, sic temperetur, ut non modo nihil unquam alumni offendant pietati contrarium, sed abundent adiumentis omnibus, quibus alitur pietas: aptisque exercitationibus incitentur ad sacerdotalium virtutum quotidianos progressus».

Deinde vero vigilantia vestra debet maxima et singularis

que, mercê da Divina Providencia, ha seu seminario em cada Diocese e, n'aquellas onde ainda faltam, breve serão restabelecidos, como esperâmos e desejâmos; existe um meio prompto para obter os precisos sacerdotes, comtanto que se estabeleça de modo decente a disciplina dos alumnos. Para este fim plenamente confiâmos na vossa prudencia e sabedoria, de nós conhecida: sem embargo, para que n'esta parte não vos falte o nosso conselho, tende como dito a vós mesmos o que em caso analogo, não ha muito, escrevemos aos nossos Veneraveis Irmãos Bispos da Hungria. «Na educação dos clerigos duas cousas são absolutamente necessarias: doutrina que dê cultura ao entendimento, virtude que torne perfeito o coração. Ás humanidades com que de ordinario se formam os mancebos devem juntar-se as disciplinas sagradas e canonicas; cautela, porém, que a doutrina toda seja sã, inteiramente pura, e de perfeito accordo com o ensino da Igreja e, em especial nos tempos de hoje, superiormente forte e fecunda, para que seja *capaz de exhortar e de rebater os contradictores*. A santidade de vida, sem a qual a sciencia incha, não edifica, abrange não só a bondade e honestidade de costumes, mas ainda o conjuncto das virtudes sacerdotaes, d'onde procede a causa efficiente dos bons sacerdotes — a similhança com o summo e eterno sacerdote, Jesus Christo... Sobre estes (seminarios) velem especialmente os vossos cuidados e pensamentos: fazei que o ensino das letras e das disciplinas seja encarregado a pessoas escolhidas, nas quaes a pureza da doutrina ande junta com a innocencia dos costumes, para que em objecto de tanta importancia elles possam com toda a rasão e justiça merecer a vossa confiança. Para reitores e para directores espirituaes escolhei os mais abonados por sua prudencia, madureza e pratica; e a vida em commum seja, sob vossa auctoridade, dirigida de modo que os alumnos não topem jàmais com alguma cousa contraria á piedade, antes abundem nos meios que a fomentam; e pelos exercicios convenientes sejam incitados a progredir dia para dia nas virtudes sacerdotaes».

Em segundo logar, deveis ter muito grande e particular

esse in presbyteros, ut quo minor est operariorum numerus, eo sese impertiant in excolenda vinea Domini alacriores. Illud ex Evangelio *messis quidem multa* vere de vobis usurpari videtur posse, propterea quod religiosam institutionem semper Lusitani homines adamare consueverunt, eamdemque cupide et libenter excipiunt, si in sacerdotibus, magistris suis, ornamenta virtutum doctrinaeque laudem inesse perspexerint. Itaque mirum quantum profutura cleri est opera in erudiendis popularibus suis, maxime adolescentibus, digne studioseque posita. Sed ad pariendum alendumque in hominibus amorem virtutis, exploratum est, valere maxime exempla: propiereaque curent, quotquot in muneribus sacerdotalibus versantur, non solum ne quid in ipsis deprehendatur ab officio institutoque ordinis sui dissentiens, sed ut morum vitaeque sanctitate emineant, *tamquam lucerna super candelabrum, ut luceat omnibus qui in domo sunt.*

Tertium denique genus, in quo curas vestras oportet assidue versari, earum rerum est quae, mandatae litteris, in singulos dies, aut statis temporibus in lucem prodire solent. Nostis tempora, Venerabiles Fratres: ex altera parte rapiuntur homines inexplebili cupiditate legendi; ex altera ingens prave scriptorum colluvio licenter effunditur: quibus caussis vix dici potest, quanta labes honestati morum, quanta religionis incolumitati quotidie ruina impendeat. Itaque hortando, menendo, omni qua potestis ope ef ratione perseverate, ut facitis, ab istiusmodi corruptis fontibus homines revocare, ad salubres haustus adducere. Plurimum iuverit, si cura ductuque vestro diaria publicentur, quae malis venenis undecumque oblatis opportune medeantur, suscepto veritatis, virtutis, religionis patrocinio. Et quod ad eos pertinet, qui scribendi artem cum amore studioque rei catholicae honestissimo sanctissimoque proposito coniungunt, si labores suos vere volunt esse fructuosos et usquequaque laudabiles, constanter meminerint quid ab iis requiratur, qui pro caussa optima dimicant. Scilicet in scribendo summa cum cura adhibeant necesse est moderationem, prudentiam, maximeque

cuidado nos presbyteros, para que, quanto menos em numero são os operarios, com tanto maior enthusiasmo cultivem a vinha do Senhor. O dito do Evangelho — *a messe é grande* — parece poder com verdade applicar-se a vós, pois que os Portuguezes costumaram sempre amar a educação religiosa, e de bom grado a recebem com vontade se nos sacerdotes, seus mestres, vêem dar-se o ornamento das virtudes com o merecimento do saber: e assim ha de aproveitar admiravelmente o trabalho do clero, applicado com dignidade e zêlo á instrucção do povo, principalmente da mocidade. Mas, para produzir e alimentar nos homens o amor da virtude, o que mais vale é o exemplo, como está provado: e por isso, quantos se empregam no munus sacerdotal, façam por que nada se encontre n'elles que destôe de seus deveres e dos principios da sua classe, e tambem por que sobresáiam na santidade da vida e costumes, *qual a luz posta no candelabro para alumiar a todos que estão na casa.*

Em terceiro logar, outro ponto sobre que deveis empregar de continuo os vossos cuidados é o relativo aos escriptos que costumam ser dados á luz em publicações diarias ou periodicas. Conheceis os tempos, Veneraveis Irmãos: de um lado os homens são arrebatados pelo desejo insaciavel da leitura, e do outro derrama-se licenciosamente uma alluvião de ruins escriptos: causas, que mal póde dizer-se quantos estragos fazem na pureza dos costumes, e quanto ameaçam todos os dias arruinar a religião. Perseverae, pois, exhortando, admoestando, como fazeis, com todo o empenho e por todos os modos possiveis, a fim de retirar os homens d'essas fontes corruptas e trazel-os para as aguas salutares. Muito bom será que, por vosso cuidado e direcção se publiquem jornaes que ministrem cura opportuna aos venenos por toda a parte propinados, tomando a defeza da verdade, da virtude e da religião. E pelo que respeita áquellas pessoas, que, no mais honesto e mais santo dos intuitos, reunem com o amor e zêlo do Catholicismo a prenda de escrever, se querem devéras que seus trabalhos sejam fructiferos e inteiramente louvaveis, lembrem-se sempre do que se requer em quem com-

eam, quae vel mater vel comes est virtutum reliquarum, caritatem. Fraternae vero caritati videtis quam sit contraria suspicandi levitas, criminandi temeritas. Ex quo intelligitur, vitiose et iniuste facturos, qui favent uni parti politicae, si crimen suspectae fidei catholicae aliis inferre non dubitent, hac una de caussa quod sunt ex altera parte, perinde ac catholicae professionis laus cum his illisve partibus politicis necessitate copuletur.

Haec, quae hactenus vel monuimus vel praecepimus, auctoritati vestrae commendata sint; quam quidem vereri, et cui subesse necesse est universos, quibus praeestis, praecipue vero sacerdotes, qui in omni vita cum privata, tum publica, sive in muneribus sacri ordinis versentur, sive magisterium in lyceis exerceant, in Episcoporum potestate esse numquam desinunt; iidemque quemadmodum ad omne decus virtutis, ita ad obtemperationem et obsequium, quod auctoritati episcopali tribuere oportet, debent vel exemplo suo vocare ceteros.

Quo autem omnia ex voto ac prospere cedant, coelestem opem deprecemur; in primisque perennem illum Divinae Gratiae fontem adeamus, Cor sanctissimum Servatoris Nostri Iesu Christi, cuius viget apud vos religio praecipua et vetus. Patrocinia imploremus Immaculatae Dei Genitricis Mariae, cuius singulari tutela Lusitanum regnum gloriatur: item Elisabethae vestrae, feminarum Regiarum Sanctissimae, sanctorumque martyrum, qui vel a primis Ecclesiae temporibus profuso sanguine rem Christianam in Lusitania constituerunt vel auxerunt.

Interea testem benevolentiae nostrae et coelestium donorum auspicem, benedictionem apostolicam vobis et clero populoque vestro universo peramanter in Domino impertimus.

Datum Romae apud S. Petrum die XIV Septembris an. MDCCCLXXXVI. Pontificatus nostri nono. — LEO PP. XIII.

bate pela melhor das causas. Isto é, tenham summo cuidado em empregar em seus escriptos moderação, prudencia e, principalmente, a mãe ou companheira das demais virtudes —a caridade. Bem vêdes, porém, quanto é contraria á caridade fraterna a leveza em suspeitar e a temeridade em criminar. D'onde se deprehende que procedem incorrecta e injustamente os fautores de um partido politico, se não duvidam accusar os outros de suspeitos na fé catholica, só pela rasão de serem de partido differente, como se o merecimento da crença catholica andasse necessariamente ligado a este ou áquelle partido.

As admoestações e preceitos que até aqui apresentámos ficam encommendados á vossa auctoridade, a qual devem acatar e á qual devem sujeitar-se necessariamente todos os vossos governados, em especial os sacerdotes que, em toda sua vida particular e publica, ou desempenhem as funcções do seu sagrado ministerio, ou exerçam o ensino nos lyceus, nunca deixam de estar debaixo da auctoridade dos Bispos; e até lhes corre a obrigação de attrahir tambem com o seu exemplo os outros para a pratica de todas as virtudes, e d'ahi para a obediencia e respeito devidos á auctoridade episcopal.

Mas, para que tudo succeda prosperamente e como se deseja, imploremos o auxilio celeste: e em primeiro logar vamos áquella fonte perenne de Graça Divina, ao Santissimo Coração de Jesus Salvador Nosso, cuja religião, antiga e preeminente, florece entre vós. Imploremos o patrocinio da Immaculada Virgem Maria Mãe de Deus, de cuja singular protecção se gloria Portugal: e tambem o da vossa Rainha Santa Izabel, e o dos Santos Martyres que, logo desde os primeiros tempos da Igreja, com o seu sangue estabeleceram ou acrescentaram o Christianismo na Lusitania.

Entretanto, em testemunho da nossa benevolencia e como presagio dos dons celestes, damos mui affectuosamente no Senhor a benção apostolica a vós e a todo o vosso clero e povo.

Dada em Roma junto a S. Pedro, no dia XIV de Setembro do anno de MDCCCLXXXVI, nono do nosso Pontificado.— LEO PP. XIII.

Sentimos que n'esta Encyclica aos Bispos, tão lisongeira para a Nação Portugueza, que até se implora o patrocinio da nossa Rainha Santa Izabel, o Summo Pontifice censure a Regencia do Imperador D. Pedro, Duque de Bragança, de saudosa memoria, pelo decreto de 28 de Maio de 1834, que extinguiu as ordens regulares. Esta medida foi altamente politica, pois sem ella dificilmente se teria podido estabele-

---

Carta dos Bispos Portuguezes ao Papa Leão

(Impresso — Romae, MDCCCLXXXVI.)

Beatissime Pater. — Haud poterant Lusitani Antistites, quin profundos experirentur laetitiae sensus, ubi compertum habuerunt gravissimam non minus ac difficilem de Patronatu indiano controversiam, quae iamdudum non levis dissidii Sanctam Sedem inter et Lusitaniam argumentum occasionemque praebebat, communi tandem consilio mutuaque satisfactione fuisse expeditam.

Haec vero laetitia omnium Regni civium animos pervasit; ac tibi profecto, Beatissime Pater, ipsa est tribuenda: tibi nempe qui tua superius illustrata sapientia illam erga nos paciferam exercuisti missionem, quae, Divinae Providentiae dispositione, Pontificatus tui, tot tantorumque gestorum iam uberis, peculiariter propria videtur; quique in difficilimis rerum adiunctis opportunam nactus es rationem votis obsequendi huius catholicae nationis de anteactis gloriae fastis sollicitae, et supremis simul Catholicae Ecclesiae negotiis ac maiori inter indianas gentes Religionis incremento summopere consulendi.

Millies itaque ac millies, Beatissime Pater, tuo nomini bene dicetur, non modo in Indiis quae salutares novae conventionis effectus directe sentiunt, verum etiam in hoc regno Lusitano, quod iure gloriatur memorata fuisse iterumque comprobata ac promulgata illustria suorum filiorum erga

cer o governo constitucional em Portugal. Os frades, alem de terem degenerado, tornaram-se no tempo de D. Miguel facciosos, prégando nos pulpitos contra o governo legitimo, e armando-se para combaterem nas fileiras do exercito usurpador, incitando os povos por todos os modos e maneiras a perseguir os subditos da Rainha a Senhora D. Maria II.

XIII por occasião da ultima Concordata

(Traducção particular.)

Santissimo Padre — Os Bispos Portuguezes não podiam deixar de experimentar profundo jubilo ao saberem que a questão tão delicada quão importante do Padroado da India, que era de ha muito rasão e objecto de grave dissentimento entre a Santa Sé e Portugal, tinha sido resolvida de commum accordo, e com satisfação de um e outro lado.

Este jubilo encheu a alma de todos os habitantes d'estes reinos, e é a vós, Santissimo Padre, a quem o devemos, a vós que, com a sabedoria que resplandece em todos os vossos anteriores actos, cumpristes para comnosco essa missão de paz, que, por favor da Divina Providencia, parece ser o caracteristico do vosso Pontificado, já tão fecundo em acções egregias; a vós, que nas conjuncturas tão difficeis do momento, encontrastes um meio tão conveniente de deferir os votos d'esta catholica nação, tão ciosa dos seus antigos titulos de gloria, como em prover cabalmente aos grandes interesses da Igreja Catholica e ao progresso da religião entre os povos indianos.

Mil e mil vezes bemdito vosso nome, Santissimo Padre, não só nas Indias, que aproveitam directamente os salutares effeitos da nova Convenção, mas tambem n'este reino de Portugal, que se gloria com justo titulo que os altos feitos dos seus filhos, com respeito á religião nas regiões longi-

religionem gesta in illis dissitis regionibus, quodque ex ista paterna ac munifica Tuae Sanctitatis liberalitate novum capit incitamentum sese magis magisque sacrosanctae Petri Sedi devinciendi omnique ope ac studio adnitendi, ne unquam Summi Ecclesiae Antistitis beneficia benedictionesque demereantur. Utinam, igitur, omnes huius catholici regni cives, ac praesertim ii qui ad moderandas ipsius sortes propius sunt vocati, utinam sincere agnoscant, quod dumtaxat ad catholicas traditiones, quae tantam nobis olim promeruerunt gloriam, pro viribus redeuntes, prout id rerum temporumque circumstantiae ferunt, antiquum poterunt recuperare splendorem ac decus, vel saltem ex parte damna resarcire, quibus, simul cum Ecclesia, societas ipsa civilis fuit obnoxia.

Faxit Deus ut iste novae conventionis sit fructus! Interea, Beatissime Pater, Lusitani Episcopi dum sincero animo spondent se ad eum finem assequendum omnia studia totasque vires esse collaturos, obsequentissimas quoque cumulatasque Sanctitati Tuae, ex officio, referunt gratias pro peculiari ac vere paterna, qua in nostram dilectam patriam usus es benevolentia. Utinam ipsa tali ac tantae benevolentiae nova semper in dies merita sibi adquirere valeat!

Digneris, Beatissime Pater, super eam tuas benedictiones effundere, ut fideles omnes sollicitudini nostre concrediti in sancto firmentur consilio sequendi nobiles nostrorum maiorum catholicas traditiones; digneris quoque benedicere humilibus hisce Lusitaniae Episcopis, qui ad Sanctitatis Tuae pedes provoluti omnimodo devotionis obsequio sunt ac constanter erunt — Sanctitatis Tuae — Olysipone, die 5 Iulii anno 1886 — addictissimi obsequentissimi filii = † *Ioseph Cardinalis Netto,* Patriarcha Lisbonensis = † *Americvs,* Cardinalis Episcopus Portugalliensis = † *Antonivs,* Archiepiscopus Bracarensis Primas = † *Iosephvs,* Archiepiscopus Eborensis = † *Antonivs,* Archiepiscopus-Episcopus Algarbiensis = † *Avgvstvs,* Archiepiscopus Pergen. Coadiutor Eboren-

quas, sejam novamente lembrados, approvados e publicados, e que recebe da paternal e munificente liberalidade de Vossa Santidade um novo incitamento a unir-se mais e mais á augusta Cadeira de S. Pedro e a apoiar-se n'ella com todas as suas forças e com todo o seu ardor, a fim de nunca se tornar indigno dos beneficios e das bençãos do Chefe Supremo da Igreja. Praza a Deus, pois, que todos os cidadãos d'este estado catholico, e principalmente aquelles que forem mais immediatamente chamados a governar os seus destinos, reconheçam lèalmente que é congraçando-se de boa vontade, e tanto quanto as circumstancias comportam, com as tradicções catholicas que já nos deram tão grandes glorias, que ellas poderão recuperar o esplendor e o brilhantismo de outros tempos, ou, pelo menos reparar os males soffridos, tanto pela sociedade civil como pela Igreja.

Faça Deus que tal seja o fructo da nova Convenção! E agora, Santissimo Padre, ao mesmo tempo que os Bispos de Portugal vos promettem, com a maior sinceridade, empregar todo o seu zêlo e todos os seus esforços a esse fim, elles rendem, como devem, muito humildes e numerosas acções de graças a Vossa Santidade, pela benevolencia muito particular, verdadeiramente paternal, que mostrastes á sua patria. E possa ella tornar-se cada vez mais digna de uma tão alta e tão grande mercê!

Quanto a vós, Santissimo Padre, dignae-vos lançar sobre ella as vossas bençãos, a fim de que todos os fieis confiados á nossa solicitude se arreiguem na santa resolução de seguir as nobres tradições catholicas dos nossos antepassados; dignae-vos tambem abençoar estes humildes Bispos de Portugal, que prostrados aos pés de Vossa Santidade, na homenagem absoluta da sua dedicação, são e serão sempre—De Vossa Santidade—Lisboa, dia 5 de Julho do anno de 1886—Os mais devotados e obedientes filhos=*José, Cardeal Netto,* Patriarcha de Lisboa—*Americo,* Cardeal Bispo do Porto=*Antonio,* Arcebispo de Braga, Primaz=*José,* Arcebispo de Evora=*Antonio,* Arcebispo, Bispo do Algarve=*Augusto,* Arcebispo de Perga, coadjutor de Evora=*Antonio,* bispo

sis = † *Antonius*, Episcopus Lamecensis = † *Emmanuel*, Episcopus Conimbricensis = † *Ioseph*, Episcopus Visiensis = † *Emmanuel*, Episcopus Portalegrensis = † *Antonius Xaverius*, Episcopus Bejensis = † *Iosephus*, Episcopus Brigantinus = † *Ioannes*, Archiepiscopus Mitylenensis = † *Antonius*, Episcopus Bethsaidensis.

Não assignaram esta carta o Arcebispo resignatario de Braga, e ex-Primás do Oriente, o Bispo da Guarda ex-Coadjutor do Arcebispo de Goa, e os de Angra e do Funchal.

Fizemos todas as diligencias, mas não nos foi possivel obter uma copia da carta de felicitação dos mesmos Bispos a El-Rei, *seu Soberano, Padroeiro das Igrejas em que os apresentou e nomeou, sem o que não poderiam obter a confirmação da Santa Sé, pois o Papa não póde nomear Bispos para Portugal;* o Sr. D. Luiz I foi uma das Altas Partes Contratantes, concorreu tambem para a conclusão da Concordata, e a ratificou juntamente com o Papa, sem o que ella não teria validade nem effeito; e isto confirma o Santo Padre na carta que dirigiu a El-Rei, em 19 de Janeiro, dizendo-lhe: *assim o nome de Vossa Magestade, por ter generosamente contribuido para a definitiva constituição da Igreja Indiana, será abençoado pelos catholicos e registado com sentimento de reconhecido affecto nos annaes ecclesiasticos.*

A Encyclica, e a Carta dos Bispos foram impressas no Vaticano, e mandadas á Nunciatura Apostolica em Lisboa, que as distribuiu antes de obtido o regio beneplacito. Imprimiu-se tambem uma traducção, approvada pela Nunciatura Apostolica, dos mesmos documentos em portuguez, addicionando-se-lhe os commentarios do *Moniteur de Rome*, nos quaes se censuram e condemnam as medidas do governo constitucional, dizendo-se que é profunda a ulcera que corroe este nobre povo; que se formou no paiz, em todas as ordens da administração, uma vida nova facticia, anti-nacional, e que a lucta interna das facções dynasticas, que desde 1820 fizeram girar a nação em os novos circulos do inferno

de Lamego = *Manuel*, Bispo de Coimbra = *José*, Bispo de Vizeu = *Manuel*, Bispo de Portalegre = *Antonio Xavier*, Bispo de Beja = *José*, Bispo de Bragança = *João*, Arcebispo de Mitylene = *Antonio*, Bispo de Bethesaida.

---

das revoluções constitucionaes; que o Papa attribue a maior parte dos males a esta fonte envenenada; que começou a violencia no reinado de D. Pedro, que extinguiu as ordens religiosas, expulsou o Pro-nuncio, etc.[1] E continúa que, graças a Deus, esta crise, e esta epocha de transição está pres-

[1] A Providencia Divina protegeu a causa da justiça, da rasão e da humanidade, e o immortal Regente, Duque de Bragança, entrou em Lisboa a 28 de julho de 1833. Perfeitamente instruido da desleal conducta do Pro-Nuncio, Cardeal Giustiniani, que, transgredindo os limites que o direito das gentes prescreve aos Ministros estrangeiros, abusára do seu cargo e da sua auctoridade para perturbar o Reino; receoso de que o mesmo Nuncio se servisse da sua immunidade e influencia religiosa para continuar a promover a desordem, e convencido do risco que elle mesmo corria por causa das perseguições que havia promovido, o convidou a sahir de Portugal immediatamente; e para esse effeito lhe mandou expedir o seguinte officio:

«Em.^mo e Rev.^mo Sr.— Constando a Sua Magestade Imperial o Duque de Bragança, Regente em nome da Rainha, que n'esta capital ha a maior indisposição contra V. Em.ª, e não querendo o mesmo augusto Senhor que um Delegado do Summo Pontifice seja insultado nos Estados Portuguezes, mandou preparar uma embarcação para transportar a V. Em.ª ao porto de Cadix, d'onde possa seguir sua viagem; devendo comtudo sahir dentro de tres dias: o que de ordem do mesmo Senhor tenho a honra de participar a V. Em.ª

«Deus guarde a V. Em.ª Secretaria d'Estado dos Negocios Estrangeiros, a 29 de Julho de 1833. — Candido José Xavier. — Em.^mo e Rev.^mo Sr. Cardeal Giustiniani.»

O Auditor ficou na casa da Nunciatura, mas, servindo-se da immunidade da mesma casa para abrigar n'ella os inimigos da Rainha, foi por essa rasão mandado sahir de Lisboa em Março de 1834. (Vide *Supplemento á Collecção de Tratados*, tom. XXII, parte 1.ª, pag. 17 e seg.)

Os fidelissimos e religiosissimos Monarchas absolutos D. João V e

les a terminar, porque Leão XIII cortou uma por uma todas as raizes d'este mal, e trata de desembaraçar a Igreja de todos os compromissos constitucionaes. Exalta a Encyclica do

D. José I expulsaram os Nuncios Arcebispo de Nicéa, e o Cardeal Acciajuoli, e os Auditores, do seguinte modo:

Rompimento com a Curia de Roma em 1728

(Vide *Supplemento á Collecção de Tratados*, tom. II, pag. 332 e seg.)

Officio do Secretario d'Estado para Monsenhor Firrão

«Illmo Sr.—Em 24 do corrente avisei a V. S.ª Illma ser Sua Magestade servido que V. S.ª Illma, e o Auditor sahissem d'esta Côrte dentro de cinco dias, e dentro de dez dos dominios d'esta Corôa; e porque são passados os primeiros cinco dias sem que V. S.ª Illma ou executasse o referido ou allegasse rasão alguma para o não fazer, me manda Sua Magestade declarar a V. S.ª Illma que quando não execute logo o que lhe tenho avisado, Sua Magestade usará d'aquelles meios com que póde e deve fazer effectivas as suas resoluções: e para servir a V. S.ª Illma estou muito prompto.

«Deus guarde a V. S.ª Illma Paço, 30 de Março de 1728.—Diogo de Mendonça Côrte Real.—Sr. Arcebispo de Nicéa.»

Officio do Secretario d'Estado para Monsenhor Firrão

«Illmo Sr.—Recebi a carta de V. S.ª Illma em resposta da que esta manhã lhe remetti, e fazendo-a logo presente a Sua Magestade, me ordena diga a V. S.ª Illma que a execução das suas Reaes resoluções nos seus dominios não depende de outro arbitrio mais do que do de Sua Magestade, e que n'estes termos deve V. S.ª Illma sahir d'esta Côrte sem esperar ordem alguma de Roma, dentro no termo de dois dias e dentro em oito d'estes Reinos, visto constar a Sua Magestade que a indisposição que V. S.ª Illmo padeceu nos dias passados lhe não servirá de embaraço para poder fazer jornada dentro do dito tempo; e quando V. S.ª Illma o não execute assim, mandará Sua Magestade praticar o que hoje avisei a V. S.ª Illma; e se depois de V. S.ª Illma sahir d'esta Côrte quizer despachar correio a Roma, com aviso de V. S.ª Illma, lhe mandarei dar postas, tendo V. S.ª Illma entendido ha de ir continuando as suas jornadas até sahir d'estes Reinos no tempo prefixo; e para servir a V. S.ª Illma estarei prompto.

«Deus guarde a V. S.ª Illma Paço, 30 de Março de 1728.—Diogo de Mendonça Côrte Real.—Sr. Arcebispo de Nicéa.»

Aviso para o Tenente do Correio Mór

«Sua Magestade é servido que nos officios do Correio d'esta Côrte, Provincia e Reino do Algarve se não admittam cartas que se escreve-

Papa, e diz que esta obra de resgate necessaria completar-se-ha na velha Lusitania. No momento em que um novo accordo e uma liberdade mais ampla dos Bispos ligam por no-

rem para a Côrte de Roma e terras do Papa, por haver prohibido toda a correspondencia e communicação com a dita Côrte, e V. M.[de] avisará ao Correio Mór de Madrid, e ao de Inglaterra, pelo que toca aos Paquebotes, lhe não remettam cartas que da mesma Côrte de Roma e terras do Papa vierem para estes Reinos, porque, como V. M.[de] tem ordem para não as distribuir, lhe não ha de satisfazer a importancia dos portes. O que participo a V. M.[de] para que assim o execute, mandando pôr Editaes para que venha á noticia de todos.

«Deus guarde a V. M.[de] Paço, a 5 de Julho de 1728.—Diogo de Mendonça Côrte Real.»

E mais tres Decretos de 5 de Julho de 1728, pelos quaes, não só mandou sahir de Roma todos os Portuguezes, e de Portugal todos os vassallos do Papa sem excepção alguma, e debaixo de gravissimas penas, mas tambem prohibiu com igual severidade que nenhum vassallo seu fosse á Côrte de Roma, ou aos Estados Pontificios, nem para lá mandasse dinheiro, *nem impetrasse do Santo Padre, ou de seus Tribunaes e Ministros Bullas, Breves e graças, ou quaesquer outros despachos* sem licença sua, nem d'ellas usasse depois de obtidas, sem nova approvação e beneplacito Real, nem finalmente se désse entrada nas alfandegas a quaesquer fazendas que viessem em nome dos vassallos do Papa, nem se admitissem a despacho, etc.

Rompimento com a Curia de Roma em 1760

(Vide *Supplemento á Collecção de Tratados*, tom. III, parte 1.ª, pag. 57 e seg.)

Carta do Secretario d'Estado para o Cardeal Acciajuoli

«Em.[mo] e Rev.[mo] Sr.—Sua Magestade, usando do justo Real e Supremo Poder, que por todos os direitos lhe compete, para conservar illesa a sua Auctoridade Regia, e preservar os seus vassallos de escandalos prejudiciaes á tranquillidade publica dos seus Reinos: me manda intimar a V. Em.ª, que logo immediatamente á apresentação d'esta carta haja V. Em.ª de sahir d'esta Côrte para a outra banda do Tejo; e haja de sahir via recta d'estes Reinos no preciso termo de quatro dias.

«Para o decente transporte de V. Em.ª se acham promptos os Reaes Escaleres na praia fronteira á casa da habitação de V. Em.ª

«E para que V. Em.ª possa entrar n'elles, e seguir a sua viagem e caminho, sem o menor receio de insultos contrarios á protecção, que Sua Magestade quer sempre que em todos os casos ache em seus dominios a immunidade do caracter, de que V. Em.ª se acha revestido, manda

vos laços Portugal ao Papado, é bem escolhida a occasião para operar esta triade intellectual, esta distincção politico-religiosa.

Tudo isto é uma verdadeira proclamação contra as leis, a ordem estabelecida em Portugal, e os nossos usos e costumes, e que terá serias consequencias.

Consta que o Governo, prestando respeito ás leis em vigor, e ás regalias da Corôa, expediu uma portaria aos Bispos signatarios da carta collectiva, que nos não foi permittido vêr, e por isso ignorâmos os termos em que foi feita, mas aproveitâmos a occasião para publicar a portaria de 15 de Dezembro de 1860, a qual se tivesse sido cumprida, não haveria necessidade de suscitar agora a observancia das leis a que os mesmos Bispos estão sujeitos.

«Tendo constado por este Ministerio que alguns Prelados Diocesanos se têem dirigido official e directamente ao Nuncio de Sua Santidade, acreditado n'esta Côrte, sobre a expedição por elles solicitada, de Breves Apostolicos, e sobre outros objectos; e que da mesma fórma o referido Nuncio se tem dirigido aos mesmos Prelados, tratando-se e decidindo-se assim varios assumptos sem o conhecimento e assenso do Governo; e porquanto, segundo os principios de direito in-

o dito Senhor ao mesmo tempo acompanhar a V. Em.ª até á fronteira d'este Reino, por uma decorosa e competente escolta militar.

«Fico para servir a V. Em.ª com o maior obsequio.

«Deus guarde a V. Em.ª muitos annos. Paço, a 14 de Junho de 1760.—De V. Em.ª—obsequiosissimo servidor—D. Luiz da Cunha.»

Aviso para o Abbade Testa, Auditor

«Sua Magestade é servido que V. M.ce, no termo de vinte e quatro horas precisas, e peremptorias, que principiarão a correr da data d'este aviso, haja de sahir d'esta Côrte, para a outra banda do Tejo: E que no preciso espaço de seis dias sáhia d'este Reino indispensavelmente.

«Deus guarde a V. M.ce Paço, a 2 de Agosto de 1760.—D. Luiz da Cunha.—Sr. Abbade Testa.»

Os tres severissimos decretos de El-Rei D. João V foram litteralmente adoptados, e identicamente mandados executar por outros tantos de El-Rei D. José I, datados de 4 de Agosto de 1760.

ternacional, em toda a especie de negocios, a intervenção official dos Agentes Diplomaticos, ou representantes de Côrtes Estrangeiras, em cuja categoria se comprehendem os Nuncios Apostolicos, não é consentida com auctoridade alguma do paiz, em que residem, senão por intermedio do Governo junto do qual se acham acreditados; sendo igualmente certo que nenhum Nuncio n'este Reino entra no exercicio de suas funcções sem que receba Carta de intimação, na qual se lhe declara que só poderá fazer uso das faculdades concedidas no Breve Facultativo, de que vem munido, em tudo o que não offender as prerogativas da Real Corôa, nem for contrario á lei fundamental d'estes Reinos, e á legislação n'elles vigente; e sem que pela Carta Reversal o mesmo Nuncio faça constar que recebeu a Carta de Intimação, o que tudo é communicado aos predictos Prelados Diocesanos; não havendo logar a duvidar de que os factos alludidos não podem deixar de ser considerados como contrarios ás regalias da Corôa Portugueza, ás practicas nacionaes, aos estylos diplomaticos, á Carta Constitucional, e mais leis patrias, porque estas não consentem que os Decretos dos Concilios, os Breves Pontificios, as determinações da Curia, e quaesquer constituições ecclesiasticas possam ter execução n'este Reino sem que primeiro sejam presentes ao Governo, e hajam obtido o Regio Beneplacito: Houve Sua Magestade El-Rei por bem resolver que, suscitada a exacta observancia dos preceitos referidos, se pondere aos Prelados Diocesanos do continente do Reino e Ilhas adjacentes a conveniencia de fazer cessar uma similhante pratica; reconhecendo, como lh'o ha de suggerir a sua illustração, o dever de se conformarem com as prescripções legaes, e do seu exemplo no respeito devido ás leis. O que Sua Magestade assim manda communicar ao Reverendo Arcebispo Primaz de Braga, devendo dar parte por este ministerio de haver ficado sciente das presentes resoluções Regias.

«Paço, em 15 de Dezembro de 1860. — Alberto Antonio de Moraes Carvalho.»

Documentos a que se refere o officio do Embaixador de Portugal em

Proposta da Santa Sé na Nota, de 28 de dezembro de 1884, do Embaixador

Dalle Stanze del Vaticano, 28 Decembre 1884.—Il Santo Padre, avuta piena relazione della prima Conferenza tenutasi il 7 Decembre sopra la revisione del Concordato del 1857, ha portato nuovamente la sua particolare attenzione sopra la proposta che la stessa Santità Sua si compiacque di fare personalmente sull'oggetto a Vostra Eccellenza nella udienza dello stesso giorno, e della quale si tenne discorso nella menzionata conferenza.

Come la eccellenza vostra ben ricorda, la proposta si riassumeva nei seguenti punti:

1.° All'Arcivescovo di Goa si conferirebbe il titolo altamente onorifico di Patriarca delle Indie Orientali;

2.° Egli eserciterebbe diritti Metropolitici sulla sua provincia, e presiederebbe ai concilii nazionali di tutte le Indie orientali con diritti primaziali;

3.° Nel territorio Portoghese si potrebbero erigere due o tre Diocesi suffraganee dell'Arcivescovo di Goa, alle quali si potrebbero aggregare alcune popolazioni del territorio inglese;

4.° Nelle località, ove è considerevole il numero dei fedeli soggeti in fatto All'arcivescovo di Goa, la *cura animarum* sarebbe affidata a Sacerdoti Portoghesi, o Goani, da nominarsi dalla'Arcivescovo di Goa sulla terna proposta dai Vescovi locali;

5.° La giurisdizione dell'Arcivescovo di Goa sugli altri punti del territorio inglese dovrebbe cessare;

6.° Si terrebbe conto delle fondazioni ed interessi Portoghesi prendendo quelle migliori disposizioni che sarebbero ravvisate più conformi alla equità ed alla giustizia.

Nel pensiero della Santa Sede una tale proposta, considerata nel suo insieme, formerebbe una congrua base per un

Roma, de 15 de Julho de 1886 ao Ministro dos Negocios Estrangeiros

Cardeal Jacobini, Secretario d'Estado, ao Marquez de Thomar, em Roma

(Traducção.)

Da Secretaria do Vaticano, a 28 de Dezembro de 1884.— O Santo Padre, tomando conhecimento do que se passou na primeira conferencia celebrada aqui no dia 7 de Dezembro, sobre a revisão da Concordata de 1857, presta novamente a sua particular attenção á proposta que sobre o mesmo objecto fez a V. Ex.ª na audiencia concedida no mesmo dia e da qual se fallou na referida conferencia.

Como V. Ex.ª bem se deve lembrar, a proposta resume-se nos seguintes pontos:

1.° Ao Arcebispo de Goa conferir-se-hia o titulo altamente honorifico de Patriarcha das Indias Orientaes;

2.° Elle exerceria direitos metropolitanos sobre a sua provincia e presidiria aos concilios nacionaes de todas as Indias Orientaes com regalias de Primaz;

3.° No territorio Portuguez erigir-se-hiam duas ou tres Dioceses suffraganeas do Arcebispo de Goa, ás quaes se aggregaria alguma população do territorio Inglez;

4.° Nas localidades onde é consideravel o numero dos fieis sujeitos de facto ao Arcebispo de Goa, a *cura animarum* seria entregue a Sacerdotes Portuguezes ou naturaes de Goa, nomeados pelo Arcebispo de Goa, sobre proposta triplice dos Bispos locaes;

5.° Cessaria a jurisdicção do Arcebispo de Goa nos outros pontos do territorio Inglez;

6.° Ter-se-hiam em conta as fundações e os interesses Portuguezes, tomando aquellas melhores disposições, que fossem julgadas mais conformes á equidade e á justiça.

No pensamento da Santa Sé uma tal proposta, considerada no seu todo, formaria uma adequada base para um accordo

amichevole accordo rispondente egüalmente agli urgenti bisogni della chiesa delle Indie, alle giuste esigenze della Corona ed alle glorie del nome Portoghese.

E perciò che il Santo Padre ha incaricato il sotto scritto Cardinale Secretario di Stato di pregare Vostra Eccellenza a voler comunicare al suo Governo la menzionata proposta per quelle osservazioni che el Governo stesso stimasse opportuno di farvi, e che il Santo Padre accoglierà volontieri, animato come è dal più sincero desiderio di conchiudere con comune soddisfazione la intrapresa trattativa.

Lo scrivente profitta, etc.

Extracto do officio do Marquez de Thomar ao Ministro dos Negocios Estrangeiros

Roma, 30 de Dezembro de 1884.—Illmo e Exmo Sr.—Como tive a honra de dizer a V. Ex.ª no meu officio precedente, o projecto exposto na nota de S. Em.^{a} o Cardeal Secretario d'Estado de Sua Santidade, cuja copia remetti a V. Ex.ª, parece-me inacceitavel na fórma por que está concebido, tenho rasões para suppor que da parte da Santa Sé serão ainda feitas numerosas concessões.

Para isso concorrerá muito a firmeza com que o Governo de Sua Magestade deve continuar a pugnar pela sustentação dos seus direitos.

Contra-proposta ás bases apresentadas pela Santa Sé para a revisão da Concordata de 1857

Extracto do despacho do Ministro dos Negocios Estrangeiros, de 20 de Março de 1885, ao Marquez de Thomar

Ás bases que, ao parecer do Governo de Sua Magestade, melhor podem conciliar os desejos manifestados pelo Summo Pontifice com as justas exigencias da dignidade da Corôa e da Nação Portugueza e com os verdadeiros interesses da Religião Catholica são as seguintes:

amigavel correspondendo igualmente ás urgentes necessidades da igreja das Indias Orientaes, ás justas exigencias da Corôa Portugueza e á gloria do nome Portuguez.

É por isso que o Santo Padre encarregou o abaixo assignado, Cardeal Secretario de Estado, de rogar a V. Ex.ª que communique ao seu Governo a referida proposta, ficando certo que o Santo Padre acolherá de boa vontade quaesquer observações que o mesmo Governo julgar opportuno fazer, pois está animado do mais sincero desejo de fechar com satisfação commum o pendente Tratado.

O abaixo assignado aproveita, etc.

1.ª A Corôa Portugueza continuará a exercer, na conformidade das respectivas Bullas Apostolicas e dos Sagrados Canones, o direito do Padroado, quanto á India, nas cathedraes mencionadas na Concordata de 21 de Fevereiro de 1857, a saber: na Igreja Metropolitana e Primacial de Goa, na Igreja Archiepiscopal *ad honorem* de Cranganor, na Igreja Episcopal de S. Thomé de Meliapor e na Igreja Episcopal de Malaca.

2.ª Reconhecendo, porém, que o territorio comprehendido nas Dioceses das referidas igrejas, conforme as Bullas que as erigiram, é demasiado extenso para a conveniente satisfação das necessidades religiosas nas presentes circumstancias, e desejando comprazer com os desejos manifestados pelo Summo Pontifice, o Real Padroeiro consente que se proceda sem demora a uma nova circumscripção das mesmas Dioceses nas seguintes condições:

Que nas Dioceses do Padroado serão incluidas as terras ou povoações onde os missionarios portuguezes foram os primeiros a lançar as sementes evangelicas, onde a maioria dos fieis são convertidos ou descendentes de convertidos por estes missionarios, onde elles têem mais gloriosas e veneradas tradições, onde gosam de um prestigio que os torna mais bemquistos dos nativos e por consequencia mais aptos para a propagação da fé do que quaesquer outros.

Que as corporações e institutos admittidos pelo Soberano territorial, e que ficarem incluidos nas Dioceses do Padroado, continuarão a existir ahi como até agora, sujeitando-se no espiritual ao Prelado Diocesano, o que é tanto mais justo e rasoavel quanto este Prelado só póde exercer a sua jurisdicção, depois de confirmado pelo Summo Pontifice.

Que todas as igrejas que outr'ora pertenceram á jurisdicção e que provisoriamente se acham sujeitas á jurisdicção dos Vigarios Apostolicos serão restituidas á sua primitiva jurisdicção.

3.º Circumscriptas assim as Dioceses do Padroado, no territorio que fica fóra d'ellas (e que será a maxima parte do territorio da India Ingleza) poderá a Sagrada Congregação da *Propaganda Fide,* de accordo com a Santa Sé, erigir os Bispados que tiver por mais convenientes á propagação da fé. Mas em justo reconhecimento dos serviços prestados e dos sacrificios de dinheiro e de sangue feitos pelos Reis Fidelissimos, e pelos seus subditos em favor da propagação da fé, os Bispos das novas Dioceses erectas serão apresentados pelo Real Padroeiro, que escolherá n'uma lista de seis ecclesiasticos dignos, propostos pela Sagrada Congregação.

4.º Se as Dioceses assim creadas não deverem ser incluidas na provincia ecclesiastica actualmente existente, serão ellas divididas em tantas provincias quantas se julguem con-

---

Nota do Cardeal Jacobini

Dalle Stanze del Vaticano, 8 Giugno 1885.—Il Cardinale Segretario di Stato accusando all' Eccellenza Vostra ricevimento della sua nota del 27 decorso Marzo, e dell' annesso dispaccio di Sua Eccellenza il Sigr.[r] Ministro degli affari esteri in data del 18 dello stesso mese, che dichiarava inaccettabili le modificazioni del Concordato del 1857 proposte dalla Santa Sede, e conteneva le contra proposte del Reale Governo, non potè a meno di manifestarle la penosa impres-

venientes, dando-se a cada uma um metropolita Arcebispo.

5.° Estabelecida a pluralidade de provincias ecclesiasticas será então conferido ao Arcebispo de Goa, que é já Primaz do Oriente, o titulo de Patriarcha das Indias Orientaes, devendo ser creado Cardeal no consistorio immediato ao da sua confirmação, e exercer, não só os direitos de metropolitano na sua propria provincia, mas tambem o de presidir aos concilios nacionaes de toda a India.

Sobre estas bases, que de per si bastam a patentear o largo espirito de conciliação de que o Governo de Sua Magestade se acha animado, poder-se-ha concluir brevemente um accordo amigavel que faria cessar os conflictos e dissensões que dividem as Christandades Catholicas da India e promoveria ahi efficazmente a propagação da fé, porque associaria no mesmo empenho e nas condições mais convenientes os obreiros do Padroado e os da Congregação.

Prevê o Governo de Sua Magestade que os Vigarios Apostolicos não deixarão de envidar todos os esforços para que a Santa Sé insista em bases de todo o ponto inacceitaveis, porque nutrem ainda a esperança de que a final o Summo Pontifice ha de suspender a jurisdicção do Arcebispo de Goa, em toda a India Ingleza e mettel-os na posse de todas as igrejas e de todos os rebanhos do Real Padroado Portuguez.

---

ao Marquez de Thomar

Secretaria do Vaticano, 8 de Junho de 1885.—O Cardeal Secretario d'Estado, accusando a V. Ex.ª a recepção da sua nota de 27 de Março ultimo e do despacho annexo de S. Ex.ª o Sr. Ministro dos Negocios Estrangeiros datado de 18 do mesmo mez, que declarava inacceitaveis as modificações da Concordata de 1857, propostas pela Santa Sé, e que continha as contra propostas do Governo Real, não póde deixar de manifestar-lhe a penosa impressão que aquelle despacho

sione che il dispaccio stesso aveva prodotto nell' animo di Sua Santità. Ora il maturo esame istituito in quel documento è venuto a confermare il primitivo apprezzamento che il Santo Padre nella sua alta sapienza aveva portato intorno al medesimo.

I principali argomenti svolti nel ridetto dispaccio del 18 Marzo furono già preoccupati nella risposta al *memorandum* rimessa alla Eccellenza Vostra con nota del 15 decorso Aprile; tuttavia serà opportuno di raccogliere dalla risposta stessa alcune conclusioni, e aggiungere qualche osservazione alle nuove ragioni d'indole subalterna addotte dal Sig.[r] Ministro.

Infatti il concetto generale del dispaccio del 18 Marzo suppone che il Patronato abbracci tutto il territorio delle Indie Inglesi e costituisca il patrimonio acquistato irrevocabilmente dalla Corona Portoghese, al quale il Pontifice stesso non può menomamente toccare senza il consenso, anzi la condiscendenza del Re di Portogallo, quando anche per le mutate circostanze un cambiamento venisse richiesto dal bene della Chiesa.

Peraltro questo modo di vedere del Governo non è in armonia colle norme canoniche che regolano le relazioni tra la Chiesa ed il Patrono; e con i documenti pontificii reguardanti la concessione del Patronato fatta alla Corona di Portogallo.

Tali norme, già indicate nella risposta al *memorandum*, si riassumono nei seguenti principii.

L'oggetto principale della Chiesa in questo mondo è diffondere e stabilire il regno di Dio e dirigere gli nomini alla felicità immortale. A questo fine altissimo vanno subordinate tutte le concessioni e i privilegii, e perciò quando si tratti di convertire gl' infedeli e di mantenere nella fede le Cristianità, deve tacere qualunque legge, patto, concessione, etc., che vi si opponga, *lex suprema salus animarum*.

Il Patronato non è solo il diritto di presentare i candidati alle sedi e benefici vacanti, ma importa eziandio il dovere di proteggere e dotare la Chiesa e di adempiere le condizioni imposte dall' autorità ecclesiastica. E questi due elementi

produziu no animo de Sua Santidade. Ora o maduro exame d'aquelle documento veiu confirmar a primitiva apreciação, que o Santo Padre, na sua alta sabedoria, tinha formado d'elle.

Os principaes argumentos desenvolvidos no mencionado despacho de 18 de Março, foram já considerados na resposta ao *memorandum* remettido a V. Ex.ª com a nota de 15 de Abril ultimo; todavia será opportuno colligir d'essa resposta algumas conclusões e juntar algumas observações aos novos argumentos de ordem secundaria apresentados pelo Sr. Ministro.

Com effeito a idéa geral do despacho de 18 de Março suppõe que o Padroado abrange todo o territorio da India ingleza e constitue o patrimonio adquirido irrevogavelmente pela Corôa Portugueza, no qual o proprio Pontifice não póde tocar sem o consentimento ou a condescendencia do Rei de Portugal quando mesmo uma mudança de circumstancias o exigisse a bem da Igreja.

Por outro lado este modo de ver do Governo não está em harmonia com as normas canonicas que regulam as relações entre a Igreja e o Padroeiro, nem com os documentos pontificios relativos á concessão do Padroado feita á Corôa de Portugal.

Taes normas, já indicadas na resposta ao *memorandum*, resumem-se nos seguintes principios.

O objecto principal da Igreja n'este mundo é diffundir e estabelecer o reino de Deus, e dirigir os homens á felicidade immortal. A este fim altissimo estão subordinadas todas as concessões e privilegios, e por conseguinte quando se trata de converter os infieis e de manter na fé as christandades, deve emmudecer qualquer lei, pacto, concessão, etc., que se lhe opponha, *lex suprema salus animarum*.

O Padroado não é só o direito de apresentar candidatos ás Sés e beneficios vagos, mas importa tambem o dever de proteger e dotar as Igrejas e de cumprir as condições impostas pela auctoridade ecclesiastica. Estes dois elementos

sono così strettamente connessi che l'esercizio dell' uno suppone l'adempimento degli altri, e la trascuranza dei doveri porta seco la decadenza dei diritti patronali.

È debito dell' apostolico ministero, e perciò sono prerogative inalienabili del primato dei Sommi Pontefici il promuovere efficacemente la conservazione della fede e la propagazione dell' Evangelio in tutto il mondo, il provvedere ai mali della Chiesa, non ostanti i privilegi patronali, l'esigere dal Patrono l'adempimento dei suoi doveri, e l'applicare liberamente la suprema legge della salute delle anime.

A questi principii incontestabili fu sempre informata la condotta dei Romani Pontefici nelle lunghe controversie con la Corte di Lisbona, e secondo questi criteri deve apprezzarsi la storia del Patronato Indo-Portoghese.

Penetrati i Portoghesi nelle vaste regioni delle Indie Orientale e piantatavi la Croce all'ombra del loro glorioso vessillo, i Romani Pontefici furono larghi di onori, di privilegi e d'incoraggiamenti con i loro Re ed i valorosi militi dell' ordine di Cristo. Li coadiuvarono nelle loro costose intraprese con fondi ecclesiastici e con i beni dell' ordine dei templari recentemente soppresso, e dettero loro dotti e zelanti missionarii anche di altre nazioni, tra i quali rifulge l'Apostolo delle Indie Francesco Saverio, nel quale lo spirito del Signore volle rinnovare i carismi e le meraviglie dell' Apostolato primitivo della Chiesa. Una perfetta unione si stabili fin da principio tra Monsignor Albuquerque religioso francescano Vescovo di Goa ed il Saverio, il quale attese a diffondere largamente la fede tra quelle popolazioni infedeli. Viste poi le disposizioni a ricevere la semenza evangelica che si andavano ampiamente presentando in varii paesi di quelle estese regioni, egli nella sua qualità di superiore generale delle missioni delle Indie inviava liberamente i missionarii ove credeva più opportuno, e domandava all' Europa nuovi rinforzi di Ministri Evangelici, i quali gli erano mandatti dalla Santa Sede sovvenuti generosamente dalla Corona Portoghese. Tra questi si distinse specialmente la Compagnia di Gesù, la quale associatosi anche il clero indigeno stabili fiorenti Cristianità e diffuse la

são tão estreitamente unidos, que o exercicio de um suppõe o cumprimento do outro, e a negligencia dos deveres traz comsigo a annullação dos direitos do Padroeiro.

É dever do Ministerio Apostolico, e por isso são prerogativas inalienaveis do primado dos Summos Pontifices e promover efficazmente á conservação da Fé e a propagação do Evangelho em todo o mundo, e prover aos males da Igreja, não obstante os privilegios dos Padroeiros, o exigir do Padroeiro o cumprimento dos seus deveres e applicar livremente a suprema lei da salvação das almas.

Por estes principios incontestaveis se regulou sempre o procedimento dos Pontifices Romanos nas longas controversias com a Côrte de Lisboa, e á luz d'este criterio deve apreciar-se a historia do Padroado Indo-Portuguez.

Tendo os Portuguezes penetrado nas vastas regiões da India oriental, onde plantaram a Cruz á sombra da sua gloriosa bandeira, os Pontifices Romanos foram generosos em honras, privilegios e animação com o seu Rei e com a valorosa milicia da Ordem de Christo. Coadjuvaram-os nas suas despendiosas emprezas, com os fundos ecclesiasticos e com os bens da Ordem dos Templarios recentemente extincta, e deram-lhes doutos e zelosos Missionarios, mesmo de outras Nações, entre os quaes brilha o Apostolo das Indias, Francisco Xavier, no qual o espirito do Senhor quiz renovar a graça e maravilhas do apostolado primitivo da Igreja. Uma perfeita união se estabeleceu desde o principio entre Monsenhor Albuquerque, religioso franciscano, Bispo de Goa, e Xavier, o qual tratou de derramar largamente a Fé n'aquella população infiel. Em vista, pois, das disposições favoraveis para receber a semente evangelica que se revelavam abundantemente nos varios povos d'aquella extensa região, elle, na sua qualidade de Superior Geral da Missão da India, enviava livremente os Missionarios onde julgava mais opportuno e pedia á Europa novos reforços de ministros evangelicos, os quaes lhe eram mandados pela Santa Sé subsidiados generosamente pela Corôa Portugueza. Entre estes distinguiu-se especialmente a Companhia de Jesus, a qual com a coadjuvação do

luce evangelica nelle Indie, nella Cina, nel Giappone. Nei luoghi poi dove era meglio assicurato il dominio Portoghese, si eressero successivamente varie Diocesi, il cui patronato fu conferito ai Re di Portogallo, come amministratori e gran maestri dell' Ordine di Cristo. Così Paolo III, nel 1534, eresse la Diocesi di Goa, che Paolo IV elevò, nel 1557, alla dignità metropolitica, dismenbrando dal suo vasto territorio le nuove Diocese di Cochin e Malaca, che dichiarò sue suffraganee; Gregorio XIII, nel 1575, vi aggiunse altra suffraganea colla nuova Diocesi de Macao; Clemente VIII, nel 1600, colla Bolla *In supremo* institui la chiesa di Angamale o Cranganor, e Paolo V, nel 1606, quella di S. Tommaso di Meliapor.

Queste concessioni per parte della Santa Sede, come già si è dimostrato nella citata risposta, furono legate a certe condizioni tra le quali le principali sono la fondazione e dotazione delle chiese e il possesso civile dei territorii. Paolo III nella sua Bolla *Aequum reputamus* del 3 Novembre 1534 impose ai Re di Portogallo di fondare e mantenere la Cathedrale di Goa, le chiese, capelle, santuarii e monasteri, di edificare le nuove parrocchie e di soddisfare al Vescovo *et personis illis in divinis inservientibus solita et congrua redditus et salaria annua*, disponendo che nè il numero fissato dei sacri ministri, nè le loro rendite e assegni, *reduci nullatenus possent, sed inconcussa illaesa et intacta permanerent*. Lo stesso fu stabilito per le altre Diocesi, nelle cui Bolle di erezione ricorrono le formole *ex mera fundatione et dotatione;* ed in alcune Bolle si esprime anche la clausola di caducità, come nella citata Bolla *In supremo*, relativa alla fondazione della chiesa di Cranganor, nella quale, fissata la dotazione, si soggiunge *Volumus... quod in defectu assignationis vel solutionis dicti redditus annui, ut praemittitur, faciendae, reservatio et concessio jurispatronatus hujusmodi nullius roboris vel momenti sint, ac esse censeantur, nec Philippo ac pro tempore existenti Regi praedicto amplius suffragentur*.

La seconda condizione del possesso civile dei territorii nei

clero indigena estabeleceu florescentes Christandades e diffundiu a luz evangelica na India, na China e no Japão. Nos logares aonde estava mais assegurado o dominio Portuguez, estabeleceram successivamente varias Dioceses, cujo Padroado foi conferido aos Reis de Portugal, como administradores e gran-mestres da Ordem de Christo. Assim Paulo III em 1534 creou a Diocese de Goa, que Paulo IV elevou em 1557 á dignidade Metropolitana, desmembrando do seu vasto territorio as novas Dioceses de Cochim e Malaca, que declarou suffraganeas; Gregorio XIII em 1575 juntou-lhe outra suffraganea com a nova Diocese de Macau; Clemente VIII em 1600, na Bulla *In supremo* instituiu a igreja de Angamale ou Cranganor e Paulo V, em 1606, a de S. Thomé de Meliapor.

Estas concessões por parte da Santa Sé, como já foi demonstrado na citada resposta, foram feitas, sob certas condições, das quaes as principaes são a creação e dotação de igrejas e a posse civil dos territorios. Paulo III, na sua Bulla *Aequum reputamus,* de 3 de Novembro de 1534, impoz aos Reis de Portugal a obrigação de fundar e manter a cathedral de Goa, as igrejas, capellas, santuarios e mosteiros, de edificar as novas parochias e de satisfazer ao Bispo *et personis illis in divinis inservientibus solita et congrua redditus et salaria annua,* dispondo que nem o numero fixado dos sagrados ministros nem as suas rendas e pensões *reduci nullatenus possent, sed inconcussa illaesa et intacta permanerent.* O mesmo foi estabelecido para as outras Dioceses, em cujas Bullas de fundação se repetem as formulas *ex mera fundatione et dotatione,* e em algumas Bullas se exprime tambem a clausula de caducidade, como na citada Bulla *In supremo,* relativa á fundação da igreja de Cranganor, na qual fixava a dotação, se acrescentou *Volumus... quod in defectu assignationis vel solutionis dicti redditus annui, ut praemittitur, faciendae, reservatio et concessio jurispatronatus hujusmodi nullius roboris vel momenti sint, ac esse censeantur, nec Phillippo ac pro tempore existenti Regi praedicto amplius suffragentur.*

A segunda condição da posse civil dos territorios em que

quali doveva esercitarsi il Patronato, oltre le espressioni generali delle Bolle *in terris vel insulis* ab infidelium manibus ereptis et Regibus Portugalliae *temporali dominio subiectis*, si dimostra dal fatto che tutte le Diocesi menzionate di Goa, Cochin, Cranganor, Meliapor, furono erette quando quelle città erano soggette al dominio dei Portoghesi, i quali vi possedevano fortezze e fiorenti colonie.

Infatti i Pontefici nell'imporre ai Re di Portogallo l'obbligo di dotare le dette Diocesi stabilivano che le dotazioni stesse dovevano essere prelevate dalle rendite che la Corona percepiva dai luoghi stessi e dalle provincie vicine.

Paolo III colla Bolla *Aequum reputamus* per la erezione della Diocesi di Goa stabilisce che la dotazione della chiesa doveva prendersi *ex ipsius Joannis Regis et administratoribus in dicta insula redditibus*, Paolo IV (*Pro excellenti*) stabilisce che la dotazione della Diocesi di Cochin sia presa *ex dictae civitatis Cochinensis redditibus ad ipsum Sebastianum Regem spectantibus*. Paolo V (Atti Consistoriali 9 Gennaro 1606) prescrive per la chiesa di Meliapor la sua dote *ex redditibus annuis ad ipsum Philippum Regem etiam ut perpetuum administratorem militiae Jesu Christi sub regula Cisterciensi in dictis littoribus cum maritimis et portubus spectantibus assignandis*, e Clemente VIII (*In supremo*) ordina che la chiesa di Cranganor sarà dotata *ex Indiarum huiusmodi proventibus ad eumdem Philippum ac pro tempore existentem Portugalliae Regem spectantibus et pertinentibus*.

Siffatte concessioni della Santa Sede e le condizioni onde vollero limitarle, dimostrano chiaramente che i Pontefici nell'essere larghi di favori e privilegii ai Re di Portogallo non solo ebbero in mira di premiarne i meriti e di eccitarli a rendere alla Chiesa ulteriori servigii, ma soprattutto vollero provvedere alla propagazione della luce evangelica ed alla salute delle anime.

La sa: me: di Leone XII nel proemio della costituzione *Praeclara Portugalliae et Algarbiorum* emanata di accordo col Re di Portogallo nel 1827 riassumeva questo primo pe-

devia exercer-se o Padroado, alem das expressões geraes das Bullas *in terris vel insulis ab infidelium manibus ereptis et Regibus Portugalliae temporali dominio subiectis,* se demonstra pelo facto que todas as mencionadas Dioceses de Goa, Cochim, Cranganor e Meliapor, foram fundadas, quando aquellas cidades estavam sujeitas ao dominio dos Portuguezes, os quaes possuiam fortalezas e florescentes colonias.

Com effeito os Pontifices impondo aos Reis de Portugal a obrigação de dotarem as ditas Dioceses, estabeleciam que as mesmas dotações deviam ser tiradas dos rendimentos que a Corôa auferia dos mesmos logares e das provincias vizinhas.

Paulo III na sua Bulla *Aequum reputamus* para a creação da Diocese de Goa, estabelece que a dotação da Igreja devia tirar-se *ex ipsius Joannis Regis et administratoribus in dicta insula redditibus.* Paulo IV (*Pro excellenti*) estabelece que a dotação da Diocese de Cochim seja feita, *ex dictae civitatis Chochinensis redditibus ad ipsum Sebastianum Regem spectantibus.* Paulo V (Actos consistoriaes de 9 de Janeiro de 1606) constitue para a igreja de Meliapor o seu dote *ex redditibus annuis ad ipsum Philippum Regem etiam ut perpetuum administratorem militiae Jesu Christi sub regula cisterciensi in dictis littoribus cum maritimis et portubus spectantibus assignandis,* e Clemente VIII (*In supremo*) ordena que a igreja de Cranganor seja dotada *ex Indiarum hujusmodi proventibus ad eundem Philippum ac pro tempore existentem Portugalliae Regem spectantibus et pertinentibus.*

Taes concessões da Santa Sé e as condições com que quizeram limital-as, demonstram claramente que os Pontifices na sua generosidade em favores e privilegios com os Reis de Portugal, não só tiveram em mira o premiar o merito e incital-os a prestarem futuros serviços á Igreja, mas sobretudo quizeram prover á propagação da luz evangelica e á salvação das almas.

Leão XII, de sagrada memoria, no exordio da constituição *Praeclara Portugalliae et Algarbiorum,* feita de accordo com o Rei de Portugal em 1827, resumiu este primeiro periodo

riodo storico della fondazione del Patronato, e poscia nei seguenti termini esponeva lo scopo delle concessioni apostoliche: *Qua in re etsi illorum studio amplificandae religionis laboribusque pro ea exantlatis debitos honores et praemia deferre voluerunt illud tamen maxime prae oculis habuerunt ut fidei christianae, quae per ipsos in regionibus infidelium quos bello revicerant, disseminata incremento et firmitati consulerent.*

Ma duole ricordare che poco dopo la completa erezione dei vescovati la potenza dei Portoghesi nelle Indie cominciò a declinare e nel 1639–1663 furono loro tolte dagli Olandesi tutte le piazze forti nel Ceylan e sulla costa del Malabar. Allora impedito l'esercizio della loro giurisdizione ai Vescovi Portoghesi, Alessandro VII nel 1655 nominò un Commissario Apostolico del Malabar e per suo mezzo istitui i due primi Vicari Apostolici con carattere vescovile onde assumessero l'amministrazione delle Diocesi di Coccino e Cranganor.

Intanto lo spirito ecclesiastico nel clero indigeno si andava affievolendo, ed i preti goani mossi dal desiderio di lucro non tardarono a preferire disgraziatamente i loro interessi a quelli della Chiesa; di guisa che Alessandro VII colla Bolla *Sacrosancti apostolatus* del 18 Gennaro 1658 fu costretto a riprovare e condannare gli abusi del clero goano enumerando 21 capi di accusa contro il medesimo. Anche Clemente IX col Breve *In excelsa* rinnovò la condanna e riprovazione degli stessi abusi. Quello poi che maggiormente recò danno alla Chiesa, e che conviene lamentare altamente, è lo spirito d'interessata gelosia che si risveglie frà il clero di Goa ed i missionarii, frà l'Arcivescovo di Goa ed i Vicarii Apostolici; onde è che Clemente VIII per accorrere ai bisogni delle anime e promuovere la conversione degli infedeli apri le Indie a tutti ordini regolari permettendo ai generali di inviarvi quel numero che credessero dei loro religiosi. Deferendo però alle istanze del Portogallo volle che tutti gli operaji evangelici partissero dai lidi Portoghesi e passassero per Goa. Ma questa restrizione assoggettando i missionarii a delle vessazioni, non faceva che diminuirne il numero ed impedirne l'azione salu-

historico da fundação do Padroado e proseguindo expunha nos seguintes termos o intuito das concessões apostolicas: *Qua in re etsi illorum studio amplificandae religionis laboribusque pro ea exantlatis debitos honores et praemia deferre voluerunt, illud tamen maxime prae oculis habuerunt ut fidei christianae, quae per ipsos in regionibus infidelium quos bello revicerant disseminata incremento et firmitati consulerent.*

Punge-me recordar que pouco depois da completa fundação do Bispado, o poderio dos Portuguezes na India começou a declinar e de 1639 a 1663 foram-lhes tomadas pelos Hollandezes todas as praças fortes em Ceylão, e na costa do Malabar. E então annullado o exercicio da jurisdicção do Bispado Portuguez, Alexandre VII, em 1655, nomeou um Commissario Apostolico no Malabar, e por meio d'elle instituiu os dois primeiros Vigarios Apostolicos com caracter Episcopal a fim de assumirem a administração das Dioceses de Cochim e Cranganor.

Entretanto o espirito ecclesiastico do clero indigena afrouxava e os padres goanos, movidos pelo desejo de lucro, não tardaram, desgraçadamente, a preferir os seus interesses aos da Igreja, de modo que Alexandre VII na sua Bulla *Sacrosancti apostolatus*, de 18 de Janeiro de 1658, foi obrigado a reprovar e condemnar os abusos do clero goano, enumerando vinte e um capitulos de accusação contra elle. Tambem Clemente IX no Breve *In excelsa* renovou a condemnação e reprovação dos mesmos abusos. Aquillo, pois, que mais damno causou á Igreja e que convem bem alto lamentar, é o espirito de interesseira competencia, que se levantou entre o clero de Goa e os missionarios e entre o Arcebispo de Goa e os Vigarios Apostolicos, pelo que Clemente VIII, a fim de occorrer ás necessidades das almas e promover a conversão dos infieis, abriu as Indias a todas as ordens regulares, permittindo aos geraes que enviassem o numero que entendessem dos seus religiosos. Cedendo, porém, a instancias de Portugal, ordenou que todos os operarios evangelicos partissem das praias portuguezas e passassem para Goa. Mas esta restricção, obrigando os Missionarios a vexações, tinha

tare, quindi Paolo V tolse questa restrizione *ut tantum opus Dei sublato omni impedimento libere peragi posset.* Il libero invio dei Missionarii da varie parti dell'Europa accrebbe il disgusto ed i gelosi sospetti dei Portoghesi. Gli agenti dell'Arcivescovo di Goa non lasciavano di vessare i Missionarii, e lo stesso tribunale dell'inquisizione di Goa, istituito contro l'eresia era rivolto contro i Vicarii del Pontefice. I Brevi e le Bolle che non avevano il Regio *exequatur*, erano dichiarato orrettizi e sorrettizie, i Missionarii erano condannati come sospetti di eresia, e gittati nelle prigioni della inquisizione. Tali abusi indussero i Pontefici a dichiarare i Vicarii Apostolici immuni dalla giurisdizione dell'inquisizione di Goa.

A ciò si riferisce il Breve di Clemente X *Cum ad aures nostras* 10 Novembre 1673 e l'altro *Sollicitudo pastoralis officii* 12 Decembre 1673 col quale definitivamente Vicarii Apostolici e Missionarii si dichiarano esenti dalla Inquisizione di Goa in tutti in luoghi nei quali il Re di Portogallo *temporaliter non dominatur.*

Lo scrivente Cardinale non può poi dispensarsi dal rammentare che la Corona Portoghese avendo perduto il dominio di quelle ricche colonie non potè più continuare alle Cristianità indiane quei soccorsi e quella generosa protezione che erano stati il motivo e la condizione formale della concessione del Patronato fatta dai Romani Pontefici ai Re Fedelissimi. Le sedi stesse di Cranganor, di Coccino, di Meliapour e di Malacca con tanta premura fatte erigere dal Portogallo rimasero il più delle volte e per lunga serie di anni o sprovvedute intieramente del loro Pastore, o con i Vescovi residenti in Europa i quali non prendendosi alcuna cura del proprio gregge, tolleravano che questo andasse sempre più diminuendo con pericolo di far perdere del tutto la fede in quelle regioni.

Ad aggravare viemmaggiormente la condizione delle Cristianità indiane che già languivano e venivan meno per difetto di operaji evangelici, vennero espulsi i gesuiti ed in seguito

por unico resultado diminuir o seu numero e impedir a sua acção salutar; por isso Paulo V aboliu essa restricção *ut tantum opus Dei sublato omni impedimento libere peragi posset.* A saida livre dos Missionarios de todas as partes da Europa acarretou o desgosto, ciume e desconfiança dos Portuguezes. Os agentes do Arcebispo de Goa não deixavam de vexar os Missionarios e o proprio tribunal da Inquisição de Goa, instituido contra a heresia, se declarava contra os Vigarios Pontificios. Os Breves e Bullas que não obtinham o regio *exequatur* eram declarados ob e subrepticios, os Missionarios eram condemnados como suspeitos de heresia e mettidos nas prisões da Inquisição. Taes abusos levaram os Pontifices a declararem os Vigarios Apostolicos immunes da jurisdicção da Inquisição de Goa.

A isto se refere o Breve de Clemente X *Cum ad aures nostras*, de 10 de Novembro de 1673 e o outro *Solicitudo pastoralis officii*, de 12 de Dezembro de 1673, pelo qual definitivamente os Vigarios Apostolicos e Missionarios se declaram isentos da Inquisição de Goa em todos os logares nos quaes o Rei de Portugal *temporaliter non dominatur*.

O Cardeal abaixo assignado não póde, pois, dispensar-se de recordar que a Corôa Portugueza, tendo perdido o dominio d'aquellas ricas colonias, não póde continuar a dispensar ás Christandades indianas os soccorros e aquella generosa protecção que foram o motivo e a condição formal da concessão do Padroado feita pelos Pontifices Romanos aos Reis Fidelissimos. As proprias sés de Cranganor, Cochim, Meliapor e Malaca, que com tanto zêlo foram fundadas por Portugal, ficaram as mais das vezes e por uma longa serie de annos, privadas inteiramente do seu pastor, ou com os Bispos residentes na Europa, os quaes, não manifestando cuidado algum pelo seu proprio rebanho, consentiam que este fosse successivamente decrescendo com perigo e perda total da fé n'aquellas regiões.

Para aggravar cada vez mais a situação das Christandades indianas, que definhavam e decaiam á falta de operarios evangelicos, veiu a expulsão dos jesuitas e em seguida a de todas

tutti gli ordini religiosi, costretti i soggetti ad abbandonare l'abito ed i chiostri, ed i loro beni confiscati. Allora la Religione si affievolì fino al punto di spegnersi in alcuni luoghi ove per l'innanzi era dessa fiorente. Si ebbe il dispiacere di vedere quasi scomparso l'ordine gerarchico, negletta l'ecclesiastica disciplina, le chiese vedove, i sacri ministeri in oblio, cattiva la condotta dei sacerdoti e grande la perversione dei popoli, onde non è a meravigliarsi se il numero dei Cattolici da 3.000:000, conforme si legge in qualche statistica, fossesi ridotto appena a 700:000.

Questa gravissima situazione imponeva alla Santa Sede d'impedire la decadenza della Religione nelle Indie. Perciò Gregorio XVI, seguendo l'esempio dè suoi predecessori, erigeva nelle Indie i Vicariati Apostolici; e ad eliminare l'opposizione del clero indigeno emanava il Breve *Commissi nobis*, del 4 Aprile 1835, nel quale non poteva a meno di lamentare che quel clero, il quale, mentre dimonstrava tanto rispetto verso il suo predecessore, *viventem in nobis plenitudinem potestatis nullo modo revereri*. E in seguito ai 24 Aprile 1838, col Breve *Multa praeclare* estendeva la giurisdizione dei Vicarii Apostolici nei luoghi compresi dentro i limiti delle antiche Diocesi di S. Tommaso di Meliapour, di Cranganor, di Coccino e di Malacca, derogando alle Bolle dè suoi predecessori, e dichiarandoli dipendenti soltanto dalla Santa Sede. E nell' ingiungere ai ricalcitranti la sottomissione e l'obbedienza alle sue Pontificie disposizione dicevache *Omnibus cognitum et Apostolicam Sedem in patronatu illo Fidelissimis Lusitaniae Regibus concedendo, nunquam voluisse impedimentum sibi ipsi inducere quominus religioni in regionibus illis provideret, et non posset ea statuere, quae pro temporum necessitate, populi Christiani salus fuisset postulatura.*

Non è qui necessario ricordare qual fosse la serie degli avvenimenti che susseguirono tale atto pontificio, già riportata nella risposta data al *memorandum*.

Dal detto fin qui si deduce:

1.° Che Romani Pontefici nella concessione del Patro-

as ordens religiosas, constrangidos os seus membros a abandonarem o habito e o claustro e a confiscação dos seus bens. Então a Religião enfraqueceu até o ponto de extinguir-se em alguns logares onde antes era muito florescente. Tivemos o desgosto de ver quasi extincta a hierarchia, desprezada a disciplina ecclesiastica, as igrejas viuvas, os sagrados mysterios em esquecimento, mau o procedimento dos sacerdotes e grande a perversão dos povos, pelo que não é de admirar que o numero dos Catholicos, de 3.000:000, conforme se lê em algumas estatisticas, se reduzisse a 700:000.

Esta gravissima situação impunha á Santa Sé o dever de impedir a decadencia da Religião na India. Por isso Gregorio XVI, seguindo o exemplo dos seus predecessores, creou na India os vicariatos apostolicos e para eliminar a opposição do clero indigena, publicou o Breve *Commissi nobis*, de 4 de Abril de 1835, no qual não podia deixar de lamentar que aquelle clero, que, ao passo que mostrava tanto respeito para com o seu predecessor, *viventem in nobis plenitudinem potestatis nullo modo revereri*. E em seguida, em 24 de Abril de 1838 pelo Breve *Multa praeclare* alargava a jurisdicção dos Vigarios Apostolicos nos logares comprehendidos dentro dos limites das antigas Dioceses de S. Thomé de Meliapor, de Cranganor, de Cochim e de Malaca, derogando as Bullas dos seus predecessores e declarando-os unicamente dependentes da Santa Sé. E impondo aos recalcitrantes a submissão e obediencia ás suas disposições pontificias, dizia que: *omnibus cognitum est Apostolicam Sedem in patronatu ullo Fidelissimis Lusitaniae Regibus concedendo, nunquam voluisse impedimentum sibi ipsi inducere quominus religioni in regionibus illis provideret, et non posset ea statuere quae pro temporum necessitate populi Christiani salus fuisset postulatura.*

Não é necessario recordar aqui a serie de acontecimentos que se seguiram a um tal acto pontificio, já relatado na resposta dada ao *memorandum*.

Do que fica dito deduz-se:

1.º Que os Pontifices Romanos na concessão do Padroado

nato ai Re Fedelissimi del Portogallo hanno avuto sempre in vista la salute delle anime che è la legge suprema.

2.° Che subordinatamente a questa legge furono essi deferenti ai Re Fedelissimi.

3.° Che quante volte il Patronato era in opposizione con questa legge, han fatto uso della autorità suprema.

4.° Che in vista del bene delle anime hanno dismembrato il territorio del Patronato e prescritte al Patrono regole onerose e ristrittive.

5.° Che hanno ingiunto ai Vicarii Apostolici la obbedienza ai Vescovi Portoghesi, quando uniti lavoravano nella vigna del Signore, unicamente intenti alla salvezza delle anime. Quando pero per varii fatti il patronato riuscidi pregiudizio alla salute delle anime, dichiararono l'indipendenza dei Vicarii Apostolici e presero quei provvedimenti che riputarono più spediti e più atti a dilatare la Chiesa di Gesù Cristo.

Quest'ultimo corollario presenta il criterio storico-giuridico per rispondere ai fatti addotti nel dispaccio del Sig.r Ministro, cioè:

1.° Che ai Missionarii di propaganda non si permetteva di aprire le cappelle senza il previo consenso dell'ordinario, o senza facoltà speciale del Sommo Pontefice che pria di decidere in proposito richiedeva l'informazione del Reale Patrono.

2.° Che qualche Vicario Apostolico sollecitando dalla Santa Sede la facoltà per amministrare chiese site nel territorio del Patronato, onde provvedere al bene delle anime, Sua Santità dava istruzioni al Nunzio de Lisbona, perchè pregasse Sua Maestà Fedelissima ad officiare il Prelato di Goa a conferirgli le facoltà richieste.

3.° Che taluni inviati di Propaganda portandosi a Lisbona per procurare il soccorso delle autorità Portoghesi, onde esercitare le loro missioni nel territorio del Patronato si obbligavano *toto pectore* e *sub juramento* a non intraprendere cosa alcuna contro i diritti della Corona del Portogallo.

Giova qui avvertire che la Santa Sede non suole ordinaria-

aos Reis Fidelissimos de Portugal, tiveram sempre em vista a salvação das almas, que é a lei suprema;

2.° Que subordinados a esta lei foram condescendentes com os Reis Fidelissimos;

3.° Que todas as vezes que o Padroado estava em opposição com esta lei, fizeram uso da auctoridade suprema;

4.° Que em attenção ao bem das almas, desmembraram o territorio do Padroado e prescreveram ao Padroeiro regras onerosas e restrictivas;

5.° Que impozeram aos Vigarios Apostolicos a obediencia aos Bispos Portuguezes, quando unidos trabalhassem na vinha do Senhor, unicamente applicados á salvação das almas. Quando, porém, por varios factos o Padroado se tornou um perigo para a salvação das almas, declararam a independencia dos Vigarios Apostolicos e adoptaram as providencias que julgaram mais promptas e mais aptas a dilatar a Igreja de Jesus Christo.

Este ultimo corollario apresenta o criterio historico-juridico para responder aos factos apontados no despacho do Sr. Ministro, a saber:

1.° Que aos Missionarios da Propaganda não era permittido abrirem capellas sem o previo consentimento do ordinario, ou sem faculdade especial do Summo Pontifice, que antes de resolver ouvia o Real Padroeiro;

2.° Que se algum Vigario Apostolico solicitava da Santa Sé a faculdade de administrar alguma igreja sita no territorio do Padroado, a fim de prover á salvação das almas, Sua Santidade dava instrucções ao Nuncio em Lisboa, para que pedisse a Sua Magestade Fidelissima que officiasse ao Prelado de Goa a fim de ser conferida a faculdade pedida;

3.° Que qualquer enviado da Propaganda, que viesse a Lisboa, para pedir a protecção da auctoridade Portugueza, a fim de exercer a sua missão em territorio do Padroado, se obrigava *toto pectore* e *sub juramento* a não emprehender cousa alguma contra os direitos da Corôa de Portugal.

Convem aqui advertir que a Santa Sé não costuma ordina-

mente accordare le facoltà de aprire le capelle senza intelligenza dell' ordinario locale. Prescindendosi poi dal fatto dei cappuccini di Chandernagor, che nel più volte ripetute dispaccio del Sig.r Ministro, si considera come un fatto di ordine generale, mentre è invece un fatto speciale in cui si richiede l'informazione e non la autorizzazione o consenso del Re di Portogallo per fabbricare una cappella; questi fatti se dimostrano quanto i Papi siano stati deferenti ai Re Fedelissimi, non varranno mai a provare che da essi siasi voluto limitare ai loro successori l'uso della suprema potestà nel procurare la propagazione del Vangelo. Poichè qualunque siano le deferenze usate dai Pontefici in concedere indulti, privilegii e diritti a qualsiasi persona, anche supremo principe, e per qualsivoglia titolo, esse non si possono ne si debbono intendere in senso restrittivo dell' autorità pontificia, per l'ovvia ragione che il supremo capo della Chiesa riceve la pienezza della sua autorità non già dagli antecessori, ma da Gesù Cristo fondatore della medesima.

Che se la sa: me: di Gregorio XVI nell' adottare provvedimenti speciali per le Indie col suo Breve *Multa praeclare* si è valso delle espressioni *provisoria ratione, et quoad Sedes Apostolica nihil aliud novi statuerit,* ciò deve riferirsi unicamente al carattere provvisorio che ha per sua natura l'ufficio dei Vicarii Apostolici; ma non può invocarsi in appoggio della irrevocabilità od immutabilità del privilegio del Patronato; per il quale, come dichiaravalo lo stesso Pontefice, la Santa Sede non ha mai voluto crearsi un ostacolo che dovesse impedirle di provvedere ai bisogni religiosi in quei paesi, nè di stabilire ciò che secondo i tempi e le circostanze esigerebbe la salvezza del popolo cristiano.

Che anzi il Breve Pontificio, dopo aver ricordato il privilegio di nomina alle sedi; e dopo avere osservato che la Santa Sede vegliò costantemente a ciò che queste sedi non restassero troppo a lungo vacanti, avessero facilmente buoni Ves-

riamente conceder a faculdade de abrir capellas sem que o ordinario local tenha conhecimento. Pondo de parte o facto dos Capuchinhos de Chandernagor, que já no mencionado despacho do Sr. Ministro se considera como um facto de ordem geral, ao passo que é pelo contrario um facto especial, em que se requer a informação e não a auctorisação ou consentimento do Rei de Portugal para edificar uma capella; estes factos, se demonstram quanto os Papas têem sido deferentes para com os Reis Fidelissimos, nunca poderão servir para provar que da parte d'elles tenha havido a intenção de limitar aos seus successores o uso do supremo poder para promover a propagação do Evangelho. Pois que, quaesquer que sejam as deferencias dos Pontifices em conceder indultos, privilegios e direitos a qualquer pessoa, embora Principe Soberano, e por qualquer titulo, taes deferencias não podem nem devem ser entendidas no sentido de diminuir a auctoridade pontificia, pela obvia rasão de que o Supremo Chefe da Igreja recebe a plenitude da sua auctoridade, não de seus antecessores, mas de Jesus Christo, fundador d'ella.

Que, se Gregorio XVI, de sagrada memoria, ao adoptar providencias especiaes para as Indias no seu Breve *Multa praeclare* se serviu das expressões: *provisoria ratione et quoad Sedes Apostolica nihil aliud novi statuerit*, isto deve referir-se unicamente ao caracter provisorio que tem por sua natureza a missão dos Vigarios Apostolicos; mas não póde invocar-se em apoio da irrevogabilidade ou immutabilidade do privilegio do Padroado; para o qual, como o declarava o mesmo Pontifice, a Santa Sé nunca quiz crear um obstaculo que devesse impedil-a de prover ás necessidades n'aquelles paizes nem de estabelecer aquillo que segundo o tempo e as circumstancias exigisse a salvação do povo Christão.

Que, pelo contrario, o Breve Pontificio, depois de haver recordado o privilegio de nomeação para as sés, e depois de haver observado que a Santa Sé, velou constantemente para que essas sés não ficassem muito tempo vagas, tivessem fa-

covi, e questi trovassero sussidii conformi alla loro dignità; aggiunge le seguenti parole:

Avvenne però per le vicissitudini dei tempi che quanzo era stato già utile alla Religione in quelle contrade non potesse piu restare nelle condizioni che i decreti dei nostri predecessori emanati sotto l'impero di circostanze assolutamente differenti avevano ordinato di mantenere.

Rapporto poi alla Bolla del regnante Sommo Pontefice Leone XIII, relativa alla conferma del presente Arcivescovo di Goa, ivi si legge che al Patronato della metropolitana di Goa *non est hactenus in aliquo derogatum,* tali parole provano soltanto che ai Re Fedelissimi compete il privilegio di presentare il candidato per occupare quella sede Arcivescovile; privilegio a cui non è stato fin qui derogato in alcun modo; non già che siasi voluto dichiarare irrovocabile il Patronato Portoghese nelle Indie senza il consenso o condiscendenza del Reale Patrono.

Nel Concordato si convenne la continuazione dell'esercizio del Patronato; ma si volle che ciò avesse luogo in virtù delle Bolle Apostoliche ed conformità dei sagri canoni: di questi come di quelle si è fatto rilevare lo spirito ed il tenore; e questo fornisce la regola per interpretare giustamente la convenzione. Del resto il Governo Reale ben sa che dal primo momento apparve e fu riconosciuta la difficoltà somma di eseguirla; e la sagrata memoria di Pio IX nella sua lettera a Sua Maestà Fedelissima enumerò con apostolica franchezza i gravissimi e molteplici ostacoli che si frapponevano alla esecuzione senza la remozione dei qual non era possibile alla Santa Sede progredire innanzi.

A queste difficoltà che sono gravissime per se stesse un altra se ne aggiunge derivante dalla inibizione del Governo Inglese. Sebbene al tempo della firma del Concordato fossero ben note le variazioni politiche avvenute nella penisola cisgangetica e nell' Indo-China, tuttavia non si supponevano tali, che ne avessero impedita la effetuazione. Vero è che la Santa Sede fin d'allora volle cautelarsi coll'ingiungere al Nunzio

cilmente bons Bispos e que estes encontrassem subsidios conformes com a sua dignidade, acrescenta as seguintes palavras:

Succedeu, pois, pelas vicissitudes dos tempos que tudo o que outr'ora fôra util á Religião n'aquelles paizes não podesse conservar-se nas condições que os decretos dos nossos predecessores, dados em circumstancias absolutamente differentes, tinham mandado conservar.

Com respeito á Bulla do reinante Summo Pontifice Leão XIII, relativa á confirmação do presente Arcebispo de Goa, ahi se lê que o Padroado da metropolitana de Goa, *non est hactenus in aliquo derogatum;* taes palavras provam sómente que aos Reis Fidelissimos compete o privilegio de apresentarem o candidato para occupar aquella sé Archiepiscopal, privilegio que não foi derogado; não se querendo por isso declarar que o Padroado Portuguez na India seja irrevogavel sem o consentimento ou condescendencia do Real Padroeiro.

Na Concordata estabeleceu-se a continuação do exercicio do Padroado, mas na intenção de que isto tivesse logar em virtude das Bullas Apostolicas e em conformidade com os sagrados canones; de uns e de outros se manteve o espirito e o teor; e é isto o que fornece a regra para a justa interpretação da Convenção. De mais o Governo de Sua Magestade sabe bem que desde logo appareceu e foi reconhecida a difficuldade consideravel de a pôr em pratica, e Pio IX, de sagrada memoria, na sua carta a Sua Magestade Fidelissima, enumerou com apostolica franqueza os gravissimos e numerosos obstaculos que se oppunham á execução, sem a remissão das quaes não era possivel á Santa Sé proseguir.

A estas difficuldades, que são gravissimas por si só, vem juntar-se uma outra que provém da prohibição do Governo Inglez. Posto que na occasião da assignatura da Concordata fossem bem notorias as variações politicas que sobrevieram na peninsula cisgangetica e na Indo-China, comtudo não se suppunham de natureza a impedir a execução. É verdade que a Santa Sé quiz desde esse momento acautelar-se orde-

Apostolico di Lisbona ai 25 Ottobre 1859 di esprimere al Governo Portoghese i suoi timori che l'Inghilterra non si lamentasse vedendo conchiudersi lungi al tutto da ogni sua intelligenza un accordo pér l'esercizio di una giurisdizione patronale comunque in materia ecclesiastica *in un territorio ad essa civilmente soggeto.* E nelle istruzione date al Commissario Pontificio il 22 Ottobre 1865, si ordinò che ad ogni occorrenza dichiarasse al Commissario Portoghese dovere il suo Governo assumersi ogni responsabilità e cura di rimuovere gli ostacoli che potessero suscitarse dalla Inghilterra nella erezione delle nuove Diocesi.

Nulladimeno credevasi che tutto passasse senza richiami del governo territoriale.

Ma questo dopo essersi fin d'allora espresso di non volerni riconoscere il Concordato, nè siguenti tempi e massime in questi ultimi ha formalmente dichiarato che si opporrebbe ad ogni progetto que proponesse di costituire Vescovati Portoghesi su terra Inglese.

In presenza di tutte queste difficoltà la Santa Sede non può a meno di richiamare nuovamente l'attenzione del Governo Reale sopra le proposte già fattegli colla nota del 28 Decembre 1884, ed ad fiducia che esso vorrà apprezzarne la portata, la convenienza e la opportunità.

In effetto la elevazione dell'Arcivescovo di Goa a Patriarca delle Indie Orientali, dignità di gran lunga superiore a quella di Metropolita, sarebbe un solenne ricordo delle glorie Portoghesi nelle Indie Orientali, simile a quello del Patriarca Spagnuolo del Indie Occidentali, che rammenta la scoperta della America e le chiesi ivi fondate da quella nobile Nazione. Attribuendosi al medesimo diritti metropolitici sulla sua nuova provincia, e la presidenza dei concilii nazionali di tutte le Indie orientali sarabbe circondato dal rispetto di Venerandi Prelati, e dall'amore di tutte le popolazioni cattoliche indiane, che lo ravviserebbero rivestito di una dignità superiore a quella dei rispettivi pastori conferitagli dal Supremo Capo della Chiesa; e quel prestigio che tuttora gode soltanto presso coloro che sono soggetti a rettori Portoghesi o Goani, ver-

nando ao Nuncio Apostolico de Lisboa em 25 de Outubro de 1859, que expressasse ao Governo Portuguez os seus receios de que a Inglaterra se queixasse, vendo concluir-se sem conhecimento seu um Accordo para o exercicio de uma jurisdicção em materia ecclesiastica *em um territorio sujeito civilmente a ella.* E nas instrucções dadas ao Commissario Pontificio, em 22 de Outubro de 1865, ordenou-se que em todo o caso declarasse ao Commissario Portuguez dever o seu Governo assumir toda a responsabilidade e cuidar em remover os obstaculos que a Inglaterra podesse suscitar á creação das novas Dioceses.

Não obstante julgava-se que tudo se passou sem reclamações por parte do Governo territorial.

Mas este, depois de ter desde então recusado reconhecer a Concordata, nos seguintes tempos e principalmente n'estes ultimos, declarou formalmente que se opporia a todo o projecto que tivesse por fim constituir Bispados Portuguezes em territorio Inglez.

Em presença de todas estas difficuldades, a Santa Sé não póde deixar de chamar novamente a attenção do Governo de Sua Magestade para as propostas que já este fez na nota de 28 de Dezembro de 1884, e espera que elle apreciará o seu alcance, conveniencia e opportunidade. Effectivamente a elevação do Arcebispo de Goa a Patriarcha das Indias orientaes, dignidade muito superior á de Metropolita, seria uma solemne recordação das glorias Portuguezas nas Indias orientaes, similhante á do Patriarcha Hespanhol das Indias occidentaes, que nos traz á memoria a descoberta da America e as igrejas ali fundadas por aquella nobre Nação. Attribuindo-lhe direitos metropoliticos sobre a sua nova provincia, e a presidencia dos concilios nacionaes de todas as Indias orientaes, seria acompanhado do respeito dos venerandos prelados e do amor de todas as populações catholicas indianas, que o veriam revestido de uma dignidade superior á dos respectivos pastores, conferida pelo Supremo Chefe da Igreja, e o prestigio que hoje gosa sómente entre aquelles que estão sujeitos a auctoridades portuguezas ou goanas viria a esten-

rebbe a stendersi eziandie fra tutte le popolazioni Cattoliche delle Indie. Questa alta posizione compenserebbe certamente quel Prelato dei suoi diritti reali ed effettivi che andrebbe a perdere come metropolita, ma che ora non può esercitare nelle località soggete ai Vicarii Apostolici.

Di che il Governo Reale rimarrá persuaso se pone mente alla importanza dell'altra proposta colla quale si attribuirebbe all'Arcivescovo di Goa, divenuto Patriarca, il diritto di scegliere un sacerdote Portoghese o goano sulla terna proposta dai Vescovi locali, onde affidargli la cura delle anime nelle località ove è considerevole il numero dei fedele soggetti ora in fatto all'Arcivescovo di Goa. Se, come riconosce lo stesso Sig.r Ministro lo stato presente delle cose rispetto alla doppia giurisdizione è causa di conflitti e di scandali, e perciò non può durare più a lungo, la concessione in parola non è forse un riguardo usato dalla Santa Sede alla Corona Portoghese? Non é un esercizio del Patronato per mezzo del Arcivescovo Portoghese? Non da a questi una notevole influenza ed un lustro maggiore? Non ricorda costantemente le glorie del Portogallo? Non apre la via alla posizione tranquilla e dignitosa dei sacerdoti Indo-Portoghese, i quali rimarrebbere soggetti alla giurisdizione dei respettivi ordinarii locali?

La proposta già fatta dalla Santa Sede di formare una provincia ecclesiastica di Goa con due o tre sedi suffraganee merita un apprezzamento ben diverso da quello fattone del despaccio del Sig.r Ministro. Qualora il Governo Inglese non sia per promovere difficoltà alla limitada erezione di dette Diocesi, le qual si estenderebbero in territorii non Portoghesi la Santa Sede è pronta ad intendersi con il Portogallo per delimitarle in quella estensione che sia compatibile colla facile e proficua amministrazione spirituale delle medesime. In tal guisa non mancherebbe al Pastore di Goa, l'esercizio reale dei suoi diritti metropolitici, ed al Governo Portoghese una nova espressione del suo Patronato.

La Santa Sede indottavi dal positivo e reale interesse delle Religione, e dal bene delle anime non può allontanarsi da

der-se ainda a todas as populações catholicas das Indias. Esta alta posição compensaria certamente aquelle Prelado dos seus direitos reaes e effectivos que ia perder como metropolita, mas que agora não póde exercer nas localidades sujeitas aos Vigarios Apostolicos.

D'isto ficará o Governo de Sua Magestade persuadido, se attender á importancia da outra proposta, em virtude da qual se attribuiria ao Arcebispo de Goa, elevado á dignidade de Patriarcha, o direito de escolher um sacerdote Portuguez ou goano, sob triplice proposta dos Bispos locaes, a quem confiar a cura das almas nas localidades onde é consideravel o numero dos fieis sujeitos agora de facto á jurisdicção do Arcebispo de Goa. Se, como reconhece o mesmo Sr. Ministro, o estado actual das cousas com respeito á dupla jurisdicção é causa de conflictos e de escandalos, e por isso não póde existir por mais tempo, não será a concessão de que se trata uma deferencia da Santa Sé para com a Corôa Portugueza? Não é um exercicio do Padroado, por meio do Arcebispo Portuguez? Não dá a este uma influencia notavel e maior explendor? Não nos recorda constantemente as glorias de Portugal? Não facilita imposição tranquilla e digna aos sacerdotes Indo-Portuguezes, os quaes ficariam sujeitos á jurisdicção dos respectivos ordinarios locaes?

A proposta da Santa Sé de formar uma provincia ecclesiastica de Goa com duas ou tres sés suffraganeas merece uma apreciação bem diversa da que se lê no despacho do Sr. Ministro. Toda a vez que o Governo Inglez não ponha difficuldades á creação limitada das ditas Dioceses, as quaes se estenderiam a territorios não Portuguezes, a Santa Sé está prompta a entender-se com Portugal para circumscrevel-as na extensão que seja compativel com a facil e proficua administração espiritual das mesmas. D'este modo não faltaria ao pastor de Goa o exercicio effectivo dos seus direitos metropoliticos e ao Governo Portuguez uma manifestação do seu Padroado.

A Santa Sé, compenetrada do interesse verdadeiro e positivo da Religião e do bem das almas, não póde desviar-se

quest' ordine di idee per il pacifico componimento della presente vertenza.

Che se si consideri pacatamente quel che si è detto intorno alla ambiata situazione politica, alle esplicite dichiarazioni della Inghilterra; alla variazioni costatate nelle missioni indiane, allo straordinario aumento di Cattolici verificatosi nell' ultimo periodo de cinquanta anni; alla insufficienza dei mezzi che potrebbe fornire il Portogallo, onde i sacerdoti del Patronato occupassero le missioni che in mezzo secolo furono dotate quasi per entero dalle contribuzioni dell' Europa, del Governo Inglese e delle Cristianità; alla mancanza d'idoneità del clero goanese a sostituire l'opera laboriosa ed efficace dei Missionarii non solo nella cura delle Cristianità, nella direzione de collegi ed orfanotrofi, ma anche nel vasto campo dell'insegnamento, sarà facile il persuadersi come la Santa Sede non sia in grado di accogliere le nuove basi proposte nel dispaccio del Sig.r Ministro, le quali implicano la ricostituzione di antiche Diocesi, sebene più ristretta, in vasti territorii ora occupati da fiorenti Vicariati. Oltre di che il Governo Reale non ignora che nel delimitari i respettivi territorii Diocesani e nel ragrupparli in Provincie Ecclesiastiche è necessario di tener conto delle condizioni geografiche, amministrative, ed etnografiche; della unità et affinità di origine e di lingua, delle reciproche relazioni, della uniformità o somiglianza degli usi e modi di vivere, della facilità o difficoltà delle communicazioni e per quel che riguarda in modo speciale l'Indie, il vantaggio degli istituti regolari che si occupano dell'assistenza di tutti quei popoli. Ora come per esemplo si potrebbero reunire i popoli che abitano la spiaggia del Malabar con quelli che vivono sull' altra del Coromandel, trovandosi divisi dalla catena di altissimi monti? Come si potrebbe aggregare alla Diocese di Cochin, o ad altra della Provincia Ecclesiastica di Goa, l'isole del Ceylan, così diversa per la sua particolare situazione e morale fisonomia? Le missioni di questa isola e quelle del Malabar per indole dei loro popoli, per la diversità delle leggi e del Governo civile differiscono sia fra di loro sia da quelle nel Coromandel e de Carnate.

d'esta ordem de idéas para a solução pacifica da presente questão.

Se se considerar serenamente o que fica dito com respeito á mudança da situação politica, ás declarações explicitas da Inglaterra, ás variações que se notam nas missões indias, do extraordinario augmento de catholicos verificado no ultimo periodo de cincoenta annos, a insufficiencia dos meios que poderia proporcionar Portugal para os sacerdotes do Padroado occuparem as missões que em meio seculo foram dotadas quasi totalmente com as contribuições da Europa, do Governo Inglez e das Christandades, á falta de idoneidade do clero goano para substituir a acção laboriosa e efficaz dos Missionarios, não só na direcção das Christandades, no governo de collegios e estabelecimentos de orphãos, mas tambem no vasto campo do ensino, será facil reconhecer-se que á Santa Sé não é licito acceitar as novas bases propostas no despacho do Sr. Ministro, as quaes implicam a reconstituição de antigas Dioceses, ainda que mais restrictas em vastos territorios, actualmente occupados por prosperos Vicariatos. Alem d'isso o Governo de Sua Magestade não ignora que na delimitação dos respectivos territorios Diocesanos e na sua reconstituição em provincias ecclesiasticas é necessario levar em conta as condições geographicas administrativas e ethnographicas, a unidade e a affinidade de origem e de lingua, as reciprocas relações, a uniformidade ou similhança dos usos e costumes, a facilidade ou difficuldade das communicações e pelo que diz respeito especialmente á India, a vantagem dos institutos regulares que se occupam da assistencia de todos aquelles povos. Ora como poderiam reunir-se, por exemplo, os povos que habitam a costa do Malabar com os que vivem na costa do Coromandel, achando-se separados pela cadeia de altos montes? Como se poderia aggregar á Diocese de Cochim, ou a outra da provincia ecclesiastica de Goa, a ilha de Ceylão, tão differente pela sua situação particular e physionomia moral? As missões d'esta ilha e as do Malabar, em rasão da indole dos seus povos, da diversidade

Aggiungasi che sarebbe estremamente difficile assegnare territorii continui e limiti ben determinati a Vescovati Portoghesi in mezzo ai Vicariati Apostolici attuali, considerata la grande dispersione dei villaggi che sono ora soggetti alla giurisdizione straordinaria di Goa e che dovrebbero entrare a far parte dei menzionati Vescovati, oltre gli attriti e i conflitti che nascerebbero infallantemente da questa promiscuità o prossimittà di villaggi sottomessi all una ed alla altra giurisdizione.

Nè le condizioni poste dal Sig.r Ministro per la circoscrizione delle nuove Diocesi potrebbero offrire un criterio opportuno per assegnarne i confini. Esso infatti propone che nelle Diocesi del Patronato saranno incluse le terre o popolazioni ove i Missionarii Portoghesi furono i primi a diffondere la semente evangelica. Ora l'incertezza di questo dato storico per tutto il vasto territorio delle Indie trarrebbe seco ben lunghe contestazioni. Se per Missionari Portoghesi s'intendono Missionari oriundi dal Portogallo, è chiaro che a cominciare da S. Francesco Saverio, il Grande Apostolo delle Indie, ch'era Spagnuolo, molti e dei piu grandi tra i Missionarii che introdussero in quelle contrade il Vangelo non appartengono a questa classe. Ed in verità il più delle volte furono Missionarii di differenti nazionalità ma di una stesso ordine Religioso che evangelizzarono gli stessi paesi. Cosi di diversa nazionalita furono quelli che fondarono la missione del Madurè: Missionarii Italiani, Spagnuoli e Francesi predicarono la fede nel Ceylan.

Che se l'opera dei primi Missionari di una Nazione fosse stata distrutta, e dopo lungo tempo Missionarii di altra Nazione l'avessero ristabilita, o se un opera cominciata a deperire avesse ricevuto potente impulso dai medesimi, in questi casi ed altri analoghi ben poco valore potrebbe assegnar si alla precedenza nell' ordine di tempo.

Se poi per missionarii Portoghesi si vogliano intendere quelli di ogni Nazione partiti da Lisbona, o da Goa, allora

das leis e da administração civil, divergem, quer entre si, quer das do Coromandel e do Carnate.

Podemos acrescentar que seria extremamente difficil assignar territorios continuos e limites bem determinados a Bispados Portuguezes no meio dos actuaes Vicariatos Apostolicos, considerando a grande distancia entre as aldeias que actualmente estão sujeitas á jurisdicção extraordinaria de Goa, e as quaes deveriam passar a fazer parte dos mencionados Bispados, alem dos attritos e conflictos que infallivelmente originaria esta proximidade ou promiscuidade de aldeias sujeitas a uma e outra jurisdicção.

Nem as condições postas pelo Sr. Ministro para a circumscripção das novas Dioceses poderiam offerecer um criterio opportuno para determinar os limites. De facto elle propõe que nas Dioceses do Padroado sejam incluidas as terras ou populações onde os Missionarios Portuguezes foram os primeiros a espalhar a semente evangelica. Ora a incerteza d'este dado historico para todo o vasto territorio das Indias, traria comsigo grandes contestações. Se por Missionarios Portuguezes se deve entender Missionarios oriundos de Portugal, é claro que, a começar por S. Francisco Xavier, o grande Apostolo das Indias, que era Hespanhol, muitos e dos maiores de entre os Missionarios que introduziram o Evangelho n'aquellas regiões não pertencem a esta classe. E na verdade as mais das vezes foram Missionarios de differentes nacionalidades, mas da mesma ordem religiosa que evangelisaram os mesmos paizes. Igualmente de diversa nacionalidade eram os que fundaram a missão de Maduré: Missionarios Italianos, Hespanhoes e Francezes prégaram a fé em Ceylão.

Se a obra dos primeiros Missionarios de uma Nação tivesse sido destruida e se depois de muito tempo Missionarios de outra Nação a houvessem restabelecido, ou se uma obra começada a declinar tivesse recebido um poderoso impulso dos mesmos, n'estes casos e n'outros analogos bem pouco valor se poderia ligar á precedencia na ordem do tempo.

Se, pois, por Missionarios Portuguezes se quer designar os de todas as Nações partidos de Lisboa ou de Goa, então

dovrebbe all opera solo del Portogallo attribuirsi la conversione di tutta l'India soggetta o no all' Inghilterra poichè fino al Pontefice Paolo V, tutti i Missionarii, a qualunque Nazione od ordine Religioso appartenessero, dovevano passare dal Portogallo per recarsi alle Indie, viaggiando all' ombra del vessillo Portoghese.

D'altronde o per circostanze indipendenti dalla volontà del Governo Portoghese, o per fatto proprio, come per la soppressione degli ordini Religiosi, che gli fornivano il contingente dei Missionarii per le Indie, esso non potè provvedere alla conservazione della Religione, per mantenere la quale la Santa Sede dovette inviarvi altri missionarii. Per addurne un esempio si citano le Missioni dell' Indostan o Gran Mogol; il popolo Cristiano di rito siriaco nel vicariati de Verapoli; le Missioni de Ceylan; quelle affidate ai Vicarii Apostolici di Pondichery, Missour e Coimbatore; di una parte considere vole di quello di Madurè; l'antica Missione de Carnate: della Birmania meridionale e della penisola de Malacca.

Si propone 2.° per la specificazione dei paesi e popolazioni da assegnarsi alle Diocesi Portoghesi che si abbiano in vista quelle *nelle quali la maggioranza dei fedeli sono convertiti o discendenti di convertiti da questi Missionarii*. Riuscirebbe oltremodo difficile, rintracciando la genealogia di tutte le famiglie Cristiane dell'Indie presso una popolazione di un milione e mezzo di anime, stabilire se il primo padre di famiglia Cristiano sia stato convertito da un Missionario Portoghese ovvero di altra Nazione, per quindi determinare da quale lato si riscontri la maggioranza. Che se volgasi uno sguardo alle conversioni operate dai Missionarii degli ultimi tempi, specialmente dopo la fondazione dei Vicariati fatta dal Pontefice di sa: me: Gregorio XVI, e volesse averse sott'occhio la statistica delle persone convertite nei rispettivi Vicariati Apostolici, potrebbe ognuno acquistare la convinzione che la maggioranza dei padre di famiglia convertiti spetta ai Missionarii di origine non Portoghese.

Non meno astratta è la norma che in terso luogo si pro-

dever-se-ia attribuir sómente a Portugal a obra da conversão de toda a India sujeita ou não á Inglaterra, por isso que até ao Pontifice Paulo V todos os Missionarios, qualquer que fosse a Nação ou ordem a que pertencessem, deviam passar por Portugal a fim de se transportarem ás Indias, debaixo da protecção da bandeira Portugueza.

Por outro lado, ou por circumstancias independentes da vontade do Governo Portuguez, ou por acto proprio, como pela suppressão das ordens religiosas que lhe forneciam o contingente de Missionarios para as Indias, não póde o mesmo Governo prover á conservação da Religião, para manter a qual a Santa Sé foi obrigada a enviar outros Missionarios. Para dar um exemplo citam-se as missões do Indostão ou Gran-Mogol: o povo christão de rito syriaco no Vicariato de Verapoli, as missões de Ceylão, as que estão confiadas aos Vicariatos Apostolicos de Pondichery, Maissoure e Coimbatore, uma parte consideravel do de Maduré, a antiga missão de Carnate, da Birmania meridional e da peninsula de Malaca.

Propõe-se em segundo logar pelo que respeita á especificação dos paizes e populações que devam attribuir-se ás Dioceses Portuguezas, que se tenham em vista *aquellas nas quaes a maior parte dos fieis são convertidos ou descendentes de convertidos por estes Missionarios.* Tornar-se-ia sobremodo difficil, remontando á genealogia de todas as familias christãs da India n'uma população de um milhão e meio de almas, estabelecer-se o primeiro pae de familia christã que tinha sido convertido por um Missionario Portuguez ou de qualquer outra Nação, a fim de por ali determinar de qual lado se acha a maioria. Quem deitasse os olhos sobre as conversões operadas pelos Missionarios dos ultimos tempos, especialmente depois da fundação dos Vicariatos Apostolicos, feita pelo Pontifice, de sagrada memoria, Gregorio XVI e quizesse examinar a estatistica das pessoas convertidas nos respectivos Vicariatos, poderia adquirir a convicção de que a maior parte dos paes de familia convertidos pertence aos Missionarios de origem não portugueza.

Não menos abstracta é a norma que em terceiro logar se

pone per determinare i luoghi e popoli da assegnarsi alle Diocesi Portoghese col preferire quelli *dove essi hanno più gloriose e venerate tradizioni.*

Sarebbe difficili provare che le tradizioni Portoghesi abbiano oggidì nelle Diocesi che si vogliono ripristinare, maggiore preponderanza che quelle francesi ed italiane le quali hanno preso piede in contrade immense del sud delle India. Ma comunque poi a nium può sfuggire a quante ardenti controversie darebbe luogo l'applicazione di questa norma, la quale non potrebbe a meno di eccitare le rispettive suscettività nazionali.

A poco pratiche conclusioni condurrebbe la norma proposta in quarto luogo *dove essi godoni di un prestigio che li rende piu bene acceti dei nativi.*

Niuno vorrà certamente negare la gloria ed il prestigio che acquistossi il Portogallo nell'India, quando ne fece la conquista: ma le vicende storiche e politiche che hanno condotti in quegl'immensi territorii altri missionarii europei, operosi ed intelligenti, hanno fatto anche a questi guadagnare a buon diritto le simpatie degli indigeni. É ben difficile pertanto fissare in ogni luogo la esistenza, il valore, e la superiorità del prestigio si Portoghese, sia Francese o Spagnuolo od Inglese.

Queste brevi considerazioni sul punto principale della proposta ministeriale rendono superfluo l'esame degli altri punti e condizioni indicate nella proposta medesima: nè si vogliono qui rimarcare le insolite dure e minacciose espressioni contenute nel dispaccio stesso, le quali hanno prodotto nell'animo del Santo Padre una ben penosa impressione.

Dopo ciò lo scrivente Cardinale richiama tuta la benevola attenzione de Vostra Eccellenza e del suo Governo sopra le primitive proposte della Santa Sede, sulle quali è sempre pronto a conferire con Vostra Eccellenza per gli ulteriori schiarimenti e dilucidazioni; ed ha ferma fiducia che meglio ponderate ed apprezzate nel loro insieme si riguarderanno nel presente stato delle cose come atte a condurre ad una soddisfacente soluzione della vertenza.

propõe para determinar as localidades e povos a encorporar nas Dioceses Portuguezas, com a preferencia d'aquelles *onde houverem mais gloriosas e veneradas tradições*.

Seria difficil provar que as tradicções Portuguezas têem hoje em dia nas Dioceses que se deseja reconstituir maior preponderancia do que as francezas e italianas, as quaes se tem fixado nas vastas regiões do sul da India. Mas a ninguem poderá escapar, a que vivas controversias não daria logar a applicação d'esta norma, a qual não poderia deixar de excitar as respectivas susceptibilidades nacionaes!

I

Conduziria a poucas conclusões praticas a norma proposta em quarto logar, *onde elles gosam de um prestigio que os torna mais bem acceitos dos nativos*.

Ninguem quererá, de certo, negar a gloria e o prestigio que Portugal alcançou na India quando a conquistou: mas as vicissitudes historicas e politicas que levaram áquelles immensos territorios outros Missionarios Europeus laboriosos e intelligentes fizeram com que estes tambem conquistassem a justa sympathia dos indigenas. É, portanto, muito difficil fixar em qualquer logar a existencia, o valor e a superioridade do prestigio, quer seja Portuguez, Francez, Hespanhol ou Inglez.

Estas breves considerações sobre o ponto principal da proposta ministerial tornam superfluo o exame dos outros pontos e condições indicadas na mesma proposta: nem mesmo desejâmos fazer notar aqui as insolitas, duras e ameaçadoras expressões contidas no mesmo despacho, as quaes produziram no animo do Santo Padre uma bem penosa impressão.

N'estas circumstancias, o Cardeal abaixo assignado chama de novo a benevola attenção de V. Ex.ª e do seu Governo para as propostas primitivas da Santa Sé, ácerca das quaes está sempre prompto a tratar com V. Ex.ª para mais esclarecimentos e declarações e nutre a viva esperança de que, depois de melhor ponderadas e apreciadas no seu conjunto, considerar-se-hão no estado actual das cousas como aptas a promover uma solução satisfactoria da questão.

Con l'accettazione delle medesime non vi scapita la dignità della Corona, nè la gloria della Nazione: ma anzi se ne accrescerebbe il loro valore; mentre in tal maniera Sua Maestà Fedelissima, animata come è da nobili e generosi sentimenti, e la Cattolica Nazione Portoghese coopererebbero col capo supremo della Chiesa alla pace religiosa di quelle contrade, al bene delle anime, al vero e positivo interesse della Religione.

Extracto do despacho de 25 de Setembro de 1885, do Ministro dos Negocios Estrangeiros para o Marquez de Thomar

Entende o Governo de Sua Magestade que, uma vez concluido o ajuste especial que modificaria a actual Concordata, poderiam dar-se aos Commissarios encarregados da circumscripção, instrucções conformes, até onde seja legal e licito com as citadas reflexões da nota de 8 de Junho, das quaes em geral não desconforma o Governo de Sua Magestade, e com o artigo 10.° da Concordata de 21 de Fevereiro de 1857.

Quanto aos outros pontos da contra-proposta Portugueza, seria muito para desejar que a Santa Sé se prestasse a exprimir francamente o seu parecer, na certeza de que o Governo de Sua Magestade se acha disposto a modifical-os, quando seja preciso, para se chegar de prompto a um accordo que respeite por igual aos interesses e á dignidade de ambas as partes.

Não proponho desde já modificações, por ignorar as idéas e sentimentos da Santa Sé, a similhante respeito.

Bases para a nova negociação

Nota do Embaixador de Portugal em Roma, João Baptista da Silva Ferrão de Carvalho Mártens ao Cardeal Jacobini, Secretario d'Estado

Roma, 18 de Novembro de 1885.—O abaixo assignado Embaixador Extraordinario de Portugal junto da Santa Sé,

A acceitação das mesmas não será em detrimento da Corôa de Portugal nem da gloria da Nação: mas antes augmentaria o valor d'ellas, ao passo que d'esta fórma Sua Magestade Fidelissima, animada como está dos nobres e generosos sentimentos, e a Catholica Nação Portugueza cooperariam com o Chefe Supremo da Igreja para a paz religiosa d'aquellas regiões, para bem das almas, para o verdadeiro e positivo interesse da Religião.

---

tem a honra de apresentar a S. Em.ª o Cardeal Jacobini, Secretario d'Estado de Sua Santidade, as bases (documento A) que, segundo as instrucções do seu Governo, formulou para o accordo conveniente ácerca da execução de alguns artigos da Concordata celebrada entre a Santa Sé e o Governo de Portugal, em 21 de Fevereiro de 1857, ratificada por carta regia de 6 de Fevereiro de 1860.

Junta um *memorandum* para succintamente expor os fundamentos principaes de cada uma d'aquellas bases.

Terminando, o abaixo assignado pede permissão para lembrar a S. Em.ª o Cardeal Secretario d'Estado a conveniencia da prorogação das faculdades extraordinarias ao Arcebispo Primaz de Goa, benevolamente promettida por Sua Santidade, não ser deixada para os ultimos dias do mez, para se evitar o sobresalto em que se achariam em Goa o Prelado d'aquella Diocese e todos os ecclesiasticos que, no Padroado Portuguez, exercem jurisdicção delegada.

Em vista da benevola promessa generica feita por Sua Santidade, não julga o abaixo assignado necessario chamar a attenção de S. Em.ª o Cardeal Secretario d'Estado para as reflexões que teve a honra de fazer na conferencia particular, em que tratou d'este assumpto, quanto aos termos em que muito conviria que a prorogação seja concedida, para evitar fundamento a reclamação da parte do Governo de Portugal, e bem assim para dar o tempo necessario para o desejado accordo poder ser terminado e approvado pelo Parlamento Portuguez.

Aproveita, etc.

Bases que acompanharam a nota supra de 18 de Novembro

1.ª É mantido em todo o Oriente o Primado do Arcebispo Metropolitano de Goa.

Este Primado é de honra e de jurisdicção nos seguintes termos:

a) Primado de honra com o titulo de Patriarcha das Indias, com as preeminencias do Patriarcha de Lisboa.

b) Primado de jurisdicção com todas as attribuições que, pelo direito canonico vigente, pertencem ao Primado, sob o titulo de Patriarcha, e com aquellas que for necessario determinar especialmente na Convenção.

c) N'estas attribuições fica mui especialmente comprehendida a presidencia dos concilios e das conferencias provinciaes, as quaes deverão ter logar na séde Primacial de Goa.

d) Nas Dioceses concordatarias, ou nas que em virtude da Concordata forem creadas com o concurso do Real Padroeiro, alem d'aquellas attribuições, conserva em todo o seu pleno vigor todos os direitos metropoliticos.

2.ª São mantidas as actuaes Dioceses de Cochim, Meliapor, Cranganor e Malaca com todos os seus direitos, comprehendendo todas as christandades, igrejas e bens, que actualmente lhe pertençam, ou que se provar deverem pertencer-lhe de direito.

Entende-se que na Diocese de Cranganor se comprehendem mui expressamente as igrejas de Verapoly e a sua dotação, que sempre lhe pertencessem.

a) Quanto ás outras igrejas e bens a resolução pertencerá á *curia*, que será creada nos termos da presente Convenção.

b) Mais lhe pertencerão todas as igrejas que, de futuro, forem fundadas e dotadas pelos mesmos ordinarios, ficando-lhe garantida a liberdade de fundar novas missões.

c) A sua jurisdicção sobre todas as igrejas, Christandades e missões que lhe são, ou forem sujeitas, continuará a ser ordinaria nos termos do direito canonico.

3.ª São conservadas as vigararias apostolicas com as igrejas e missões que tiverem fundado e dotado, continuando isentas da jurisdicção ordinaria dos Bispados do Real Padroado em que se acharem, sob a base do *uti possidetis*, regulado nos termos da presente convenção.

a) As contestações que possam levantar-se sobre o verdadeiro estado de direito actual das igrejas e missões, ou quaesquer duvidas sobre a verdadeira extensão do *uti possidetis*, admittido n'esta base, serão decididas definitivamente por uma *curia*, cuja organisação se regulará na presente convenção.

4.ª Sobre a creação de qualquer das Dioceses a que se refere o artigo 14.° da Concordada, Sua Magestade El-Rei de Portugal, como Padroeiro, reserva-se o direito de declarar se a quer dotar nos termos da Concordata; não querendo ficará para todos os effeitos isenta do Real Padroado, salvo quanto ás attribuições por esta Convenção concordadas e reconhecidas ao Primaz, Arcebispo metropolitano de Goa, Patriarcha das Indias.

a) Fica entendido que nenhuma d'essas novas Dioceses poderá abranger quaesquer Christandades ou igrejas, ora pertencentes, seja á actual Archidiocese de Goa, seja a alguma das quatro Dioceses concordatarias, já referidas, sem o accordo do Real Padroeiro e nos termos de direito.

5.ª A nova *curia*, a que se refere a base 3.ª, será composta de seis membros e o presidente.

a) O presidente será sempre o Arcebispo de Goa, e, na sua ausencia da India, ou, em caso de enfermidade, o Bispo Portuguez mais antigo das quatro Dioceses concordatarias.

b) Os vogaes serão tres Bispos Portuguezes, ou quem estiver exercendo a jurisdicção, e tres Bispos das Vigararias Apostolicas, exceptuados sempre tanto de uma, como de outra parte, os Prelados que forem interessados.

c) A decisão será definitiva e sem recurso.

d) A *curia* funccionará em Goa.

(Assignado) *João Baptista da Silva Ferrão de Carvalho Mártens.*

Memorandum que acompanhou as bases apresentadas

Roma, 18 de Novembro de 1885.—O abaixo assignado, Embaixador Extraordinario de Sua Magestade El-Rei de Portugal junto da Santa Sé, tendo formulado as bases que *em principio* propõe para se regular de futuro a execução de alguns artigos da Concordata de 21 de Fevereiro de 1857, celebrada entre Portugal e a Santa Sé, e ratificada por carta regia de 6 de Fevereiro de 1860, que por difficuldades alheias á vontade e concurso do Governo Portuguez, ainda não poderam ser executados, julga do seu dever fazer acompanhar aquellas bases de um *memorandum*, em que mui succintamente exponha os seus fundamentos.

Sem prejudicar, nem retirar nenhum dos argumentos com que por parte do Governo Portuguez, longa e proficientemente, têem sido tratados os diversos assumptos relativos ao Real Padroado Portuguez no Oriente, consubstanciará agora apenas o mais essencial para a exposição que se propõe fazer, afastando assim questões que não é necessario tratar n'este momento.

Primeira base

A sustentação do seu principio está nas solemnes palavras proferidas, ainda ha pouco, do alto solio pontificio, pelo Santo Padre no mais largo espirito de conciliação, e, sobretudo, de justiça indefectivel, que jamais falta ao Supremo Chefe da Igreja, e que não podia faltar agora para com um filho tão leal e tão benemerito da Igreja Catholica, como felizmente tem sido e é Portugal.

Quem conquistou para a fé o Oriente, indo levantar e continuar a tradição apostolica ali quasi extincta desde seculos, bem mereceu da Igreja, e esta, concedendo-lhe um reconhecimento extraordinario, quiz n'elle levantar o padrão, que não poderia ser esquecido sem que aquelle principio o fosse igualmente. Mas a Igreja, que é perpetua, não póde esquecer nem apagar os serviços á fé, que o foram tambem!

Esta é a base excepcional do Padroado das Indias, reconhecido a Portugal por tantas Bullas de Pontifices illustres, e em epocha mais approximada pela Concordata de 21 de Fevereiro de 1857, que o abaixo assignado vê que felizmente não está no animo do Santo Padre contrariar.

Depois de longos seculos de abatimento, Portugal fez surgir nas Indias uma nova epocha dos tempos apostolicos.

Não o havia antes podido conseguir nos seus continuos esforços e com o seu grande poder a Igreja, conseguiu-o Portugal, e o estado catholico, assim creado, vive e prospera hoje.

Seja permittido ao abaixo assignado notar aqui por estadios essa conquista gloriosa, regada com o sangue de muitos martyres e apoiada com o concurso grave, serio e justo de grandes capitães:

Conquista para a fé, desde a foz do Indo até Coulão, desde 1542;

Do reino de Coulão até á foz do Ganges, desde 1542;

Da foz do Ganges até á China, desde 1545;

Da China e Japão, desde 1549;

Da foz do Indo até ao Cabo da Boa Esperança, desde 1549.

Tal foi a vasta rede das missões Portuguezas no Oriente logo desde o seu começo, emanadas da India Portugueza.

Estes factos historicos tiveram por padrão, e como reconhecimento perpetuo pela Igreja, o Padroado do Oriente; extinguil-o ou amesquinhal-o seria apagar ou apoucar na historia do mundo a memoria d'aquelles factos, como não se praticam nos tempos que vão correndo.

O titulo de Padroado Portuguez no Oriente excede assim a designação vulgar de *fundação e dotação.*

Não é a fundação de uma ou de outra Igreja, não é o seu provimento de meios, foi mais do que isso, foi a fundação *de um estado,* no sentido mais lato da palavra, ou antes a restauração da missão apostolica no Oriente, póde dizer-se apagada ali depois dos tempos apostolicos.

Nada mais e nada menos:

Nada mais porque, alem d'isso, nada mais póde haver;

nada menos, porque a historia não permitte sequer que aquelle asserto possa entrar em duvida.

O Padroado Portuguez é assim, de facto, o titulo de restauração da missão apostolica no Oriente.

Assim o conservou, e assim *expressamente* o reservou Portugal quando, pela vicissitude dos tempos, deu a uma Nação poderosa as paragens onde esta hoje tem constituido o seu emporio.

A dotação essa faz-se reconhecer pelos meios palpaveis no rol dos bens, com que a Igreja do Oriente se acha dotada.

A base 1.ª é a manutenção d'esse monumento que a Igreja e a historia lucram que não se apague.

Segunda base

Esta base versa sobre um ponto que, alem de assentar no direito historico, nunca abandonado por Portugal, reconhecido e mantido na Concordata, consubstancia em si o espirito publico unanime do paiz, que o Governo Portuguez não deve, nem, ainda que o pretendesse, poderia contrariar.

O abaixo assignado deve aqui fazer sentir bem esta circumstancia, que é indispensavel que seja conhecida para a boa discussão da negociação pendente.

Mas não basta esta declaração, é mister provar que ella tem, não só no direito estabelecido, mas nos factos, fundamentos que não podem ser destruidos ou abalados, bastará notar que esse é hoje o estado existente.

E se em consideração do estado existente dos Vicariatos Apostolicos é que a Santa Sé nota as difficuldades de se dar cumprimento ao artigo 16.º da Concordata, que estatue a remoção dos Vigarios Apostolicos das Dioceses do Padroado, á medida que a circumscripção de cada uma seja terminada, como poderá Portugal convir em ser desapossado do exercicio do Padroado nas igrejas mantidas e reconhecidas pela Concordata em epocha, forçoso é confessal-o, em que as Missões Portuguezas ali se achavam menos florescentes do que o estão hoje?

O abaixo assignado deve aqui juntar as provas da sua affirmação.

Quando o Arcebispo resignatario de Goa, D. João Chrysostomo, se retirava d'aquella Archidiocese em 1874, escrevia na sua pastoral de despedida, que corre impressa com as suas obras, que a reforma dos estudos ecclesiasticos estava feita com manifesto aproveitamento, que o real seminario de Rachol, no methodo de ensino, nos compendios proprios, na capacidade intellectual dos professores, na sua disciplina interna, e em todas as outras condições indispensaveis, não era, nem com justiça se podia considerar, inferior a qualquer seminario de Portugal.

«Em todo o Oriente, dizia, não existe hoje, e com grande satisfação e segurança o affirmâmos, outro algum estabelecimento d'este genero que o exceda, nem ainda que possa com elle comparar-se.

«Mereceu-nos sempre, diz mais adiante, especial cuidado o culto divino em a nossa sé cathedral, no seminario, em toda a nossa Archidiocese, bem como nas igrejas e missões do Real Padroado; e nas visitas pastoraes que annualmente fizemos dentro dos estados da India Portugueza, ou fóra d'elles, tambem não deixámos de o promover, ou regular, como julgámos necessario.

«Promovemos, de um modo igualmente effectivo, o adorno da nossa cathedral, que é o primeiro e principal templo catholico de todo o Indostão pelas suas condições architectonicas, e que ainda hoje faz a gloria dos Portuguezes em tão remotas paragens; monumento verdadeiramente grandioso e respeitavel, excita a admiração dos viajantes naturaes e estrangeiros que o procuram, e attesta ás gerações, que se vão succedendo no caminhar dos seculos, a vetusta grandeza dos varões assignalados, que nas terras do Hidalcão foram arvorar a cruz de Christo, dando-lhe por base as quinas lusitanas.

«Conseguimos augmentar as pequenas congruas de cada um dos membros do Exmo e Rev.^{mo} Cabido da nossa sé cathedral; reformámos, usando do nosso direito, o seu regimento interno, para o accommodar ás circumstancias dos tempos e do logar; e não nos esqueceu tambem a administração dos seus rendimentos proprios, augmentando, de accordo com o Governo de Sua Magestade Fidelissima, os fundos dos cofres da fabrica e do priostado.

«Se as necessidades do Real Padroado Portuguez, nascidas das actuaes condições, o reclamarem, e se as circumstancias tambem o permittirem, estamos ainda certos de que o nosso Exmo successor irá visitar as igrejas e missões sujeitas á sua jurisdicção apostolica extraordinaria, e, sem duvida, encontrará ainda frescos, e bem impressos, os vestigios das nossas visitas pastoraes em Bombaim, na ilha de Salsete, em Sadashigor, no Arcebispado *ad honorem* de Cranganor, em Cochim; assim como em Madrasta, em Ceylão, em Calcuttá, em Daccá e em todas as igrejas e missões da provincia de Bengala, sujeitas á nossa jurisdicção; e bem assim na costa da Pescaria, onde Deus abençoou, de um modo tão maravilhoso, a palavra ardente do Grande Apostolo da India, S. Francisco Xavier.

«E com quanta saudade não nos lembrâmos ainda dos muitos e muito sinceros testemunhos de amor filial que nos foram offerecidos e nós acceitámos com a maior gratidão durante as nossas visitas pastoraes n'aquellas vastissimas regiões, onde, depois de tantos annos, não havia apparecido um Prelado Portuguez?

«Certamente é com grande saudade que nos recordâmos, ainda hoje, dos muitos e muito delicados obsequios que na costa de Malabar, na antiga Taprobana, em Meliapor, na capital da India Ingleza, e em toda a parte do Indostão, recebemos, não só dos christãos pertencentes a outras jurisdicções, mas tambem das auctoridades de Sua Magestade Britannica, e ainda d'aquelles que, infelizmente, não professam a Religião Christã.»

Diz ainda mais adiante:

«Não deprimimos a nossa auctoridade e dignidade Archiepiscopal e metropolita, firmámol-a, pelo contrario, solidamente, e a levantámos tão alto quanto nos foi permittido em direito e conforme as prescripções da Concordata.

«Cumprimos esse Tratado solemne com inteira boa fé.

«Ordenámos, depois de rigorosos exames e conscienciosa escolha, 232 presbyteros, e deixámos mais de 300 alumnos do nosso seminario iniciados já na sua ordenação.

Tambem para as missões do Real Padroado na Asia, na Africa e na Oceania mandámos 152 missionarios.

«Outros muitos têem sido mandados depois.

«Por esta fórma todas as igrejas e missões do Real Padroado tiveram os seus respectivos missionarios, como consta dos mappas estatisticos que, sobre tão importante materia, enviámos para a secretaria d'estado do ministerio da marinha e ultramar.

«D'estes mappas, alguns dos quaes foram publicados no *Diario do governo*, consta que havia na nossa Archidiocese e Real Padroado 1:000 ecclesiasticos approximadamente, sendo declarados nos mesmos mappas os seus nomes, naturalidades e empregos.

«Por occasião da nossa visita pastoral havia na freguezia de Aldoná 22 sacerdotes, na de Calangute 23, na da Raia 17, na de Chandor 13, na de Chinchimin 17, e assim nas outras proprocionalmente.

«Com o producto das esmolas da Bulla da Cruzada e com o valioso auxilio de uma subscripção importantissima, para a qual a Junta de fazenda do Estado da India Portugueza concorreu com avultada quantia, devidamente auctorisada pelo Governo de Sua Magestade Fidelissima, podémos erigir um magnifico seminario na antiga Diocese de S. Thomé de Meliapor.

«Logo que seja possivel funccionarem os dois seminarios de Feira de Alva e Alappé, cuja importantissima acquisição podémos conseguir do animo generoso dos fieis das antigas Dioceses de Cranganor e Cochim, que de certo modo estão promptos a satisfazerem ao fim a que são destinados e que tambem já foram contemplados no orçamento do Estado da India Portugueza, devemos esperar que o nosso Exmo successor reparta com elles, como parece ser de justiça, do producto das esmolas da Bulla da Cruzada.

«Devemos, finalmente, tambem esperar que S. Ex.ª Rev.ᵐᵃ, aproveitando o plano da estrada que traçámos, abrimos e limpámos de maiores embaraços, tudo isto á custa de muito trabalho e graves dissabores, continuará a obra tão meritoria, como gloriosa, da restauração completa do Padroado Portuguez nas Indias orientaes; e que terá a felicidade que, por altos juizos de Deus, não nos foi dado gosar, de ver terminada a nova circumscripção das Dioceses, providas as sés cathedraes de Prelados suffraganeos Portuguezes e os povos da India oriental sujeitos a uma só jurisdicção, como tanto convém á gloria de Deus, á salvação das almas e ao esplendor e credito da Igreja Catholica n'aquella parte do mundo, onde a humanidade teve o seu berço e o Christianismo o seu principio.»

Assim se expressava o sabio Arcebispo ao deixar a Archidiocese de Goa em 1874, depois de a ter pastoreado por muitos annos.

N'um relatorio publicado nas mesmas obras, dizia já em 1864 o mesmo prelado:

«É necessario que se saiba que na Diocese de Goa se empregam todos os meios para instruir o clero e habilital-o, como convém, para servir as igrejas e missões do Real Padroado do Oriente.»

Dos mappas juntos a esse relatorio vê-se que n'aquelle anno haviam sido os estudos theologicos frequentados por 236 alumnos e o curso preparatorio de humanidades por 754.

Consultando as estatisticas officiaes, mandadas ao Governo da metropole, e que correm impressas, com referencia aos ultimos annos, não fazendo conta com a parte do Arcebispado de Goa em territorio Portuguez, encontra-se:

No arcebispado de Goa, fóra do territorio Portuguez, 75 missões, 69 igrejas e capellas filiaes: uma população Catholica de 104:860 almas.

Nas missões dos quatro bispados suffraganeos 82 missões, 354 igrejas e capellas filiaes: uma população Catholica de 127:275 almas.

O movimento de estudantes tanto das aulas theologicas do seminario de Rachol, como das escolas preparatorias do mesmo seminario e das filiaes de Mapuçá, dedicados á vida ecclesiastica, nos annos de 1883 a 1884, foi de 542.

O abaixo assignado não mencionará o numero das escolas primarias e outros estabelecimentos de instrucção popular existentes nos Bispados suffraganeos; notará apenas os que têem caracter ecclesiastico e ensino superior ou secundario, e encontra no vicariato geral de Cranganor *um seminario fundado em 1865 em Alvoyce*, no qual se ensinam as linguas malabarica, portugueza e ingleza, liturgia e theologia moral.

Um collegio similhante em Bramangolam, fundado em 1881, sendo o seminario, collegio e escolas frequentados por 357 alumnos.

No vicariato geral de Cochim o seminario do Santissimo Coração de Jesus e de Maria, fundado em 1871 em Alappé, onde se ensinam as disciplinas dos cursos dos pequenos seminarios.

O collegio Ornellas, do nome do Arcebispo ha poucos annos fallecido, fundado em 1877 em Tuticorin, com um curso de estudos preparatorios e linguas, muito desenvolvido.

A escola D. Ayres, igualmente da mesma fundação, instituida em 1880 em Manapar, não fallando em crescido numero de outras escolas diurnas e nocturnas, grande parte das quaes de moderna instituição.

No vicariato de Meliapor encontram-se 20 missões, sendo 3 na cidade de Meliapor, a cathedral (S. Thomé) e as da Mãe de Deus e da Luz.

Ahi conserva-se no dominio effectivo da missão Portugueza a sua historica cathedral e o paço episcopal.

Mais 3 missões na cidade de Madrasta e 14 difundidas pela mesma presidencia de Madrasta.

Encontra-se ahi um seminario diocesano onde se ensina mathematica, physica, geographia e historia com as seguintes linguas: latina, ingleza, tamul, telegu e sãoskritica, sob a direcção de 11 professores, isto alem de outras escolas e orphanologicos, onde se dá instrucção ao povo.

No vicariato geral de Calcutá ou de Bengala, onde se encontram 8 igrejas ou missões fundadas e providas, das quaes 4 na cidade; ahi, alem de outros estabelecimentos de instrucção, existe, de moderna data, a escola de S. João Chrysostomo, que tem um regular curso secundario e de linguas, alem de escolas dominicaes.

Taes são os factos mais geraes.

N'esta mui resumida exposição o abaixo assignado teve apenas em vista apontar os estabelecimentos e missões mais importantes.

É dado ponderar quanto não seria maior o desenvolvimento das missões Portuguezas e dos estudos n'estas Dioceses, se ellas de ha muito estivessem providas dos respectivos Bispos e organisados os estabelecimentos a que a Concordata faz referencia, mas que o estado provisorio de tantos annos não tem permittido desenvolver.

Da exposição feita, do longo desenvolvimento que se conclue terem ainda as igrejas e missões puramente Portuguezas, do seu grande numero restante e das mui importantes dotações que, de propriedade, lhe pertencem, reconhecer-se-ha facilmente que o abandono, por parte de Portugal, de um tão importante estado, fundado em direito, mantido na Concordata, acceito e reconhecido em tratados onerosos com a Gran-Bretanha, em autos de cedencia de territorio e seguido pelo longo uso e posse, muito anterior á dominação Britannica, facto juridico que, na sancção do direito internacional, constitue direito certo entre as nações, seria uma renuncia unica nas relações diplomaticas, em que é impossivel ao Governo Portuguez poder concordar.

O restabelecimento da jurisdicção ordinaria pela nomeação de Bispos para as quatro Dioceses concordatarias, cumpridos pelo Padroeiro os deveres inherentes, e que na Concordata são estabelecidos, é o direito de Portugal a que nada de importante se póde oppor desde que o Governo Portuguez, pela base 3.ª, prescinde do direito que lhe dava o artigo 16, *in fine*, da Concordata, e propõe o regimen definitivo do *uti possidetis*, regulado convenientemente em novo accordo.

É reconhecido que os inconvenientes do regimen das duas jurisdicções, que, todavia, dura como provisorio ha muitos annos, nasce do caracter de provisorio que tem tido, e se conserva actualmente, sempre na esperança proxima de que acabe.

O dualismo, fóra d'esta circumstancia toda especial, é um facto frequente, porque nasce das relações creadas, que nem sempre está no poder dos homens ou dos estados desfazer.

A base d'esse estado é então mixta de territorial e de pessoal.

Desde tempos immemoriaes que no regimen da igreja têem existido os isentos de jurisdicção ou *nullius*.

Nos paizes de missão teve elle largo desenvolvimento pelas ordens e congregações religiosas, tendo cada uma d'essas suas missões privativamente affectas.

Referindo-se ao estado actual da jurisdicção no Padroado das Indias, o actual Arcebispo de Goa pondera para o Governo de Portugal, que o mal da jurisdicção dupla provém principalmente do seu estado provisorio, em que por cada uma das partes se espera ver desapossar em breve a outra; que nos vicariatos de Bombaim e outros a harmonia não é perturbada pelo systema adoptado pelo mesmo Prelado, e que já o fôra pelo seu antecessor.

Não quer o abaixo assignado dizer que o estado de dualismo seja um bem; nota, sim, que é um facto que nasce do dualismo de missões e de igrejas creadas e dotadas, e que se esse facto tem tido como consequencia impedir a execução completa da Concordata, cumprindo-se o artigo 16.°, attento o numero de missões e igrejas creadas pelos Vigarios Apostolicos, não póde elle por certo servir para expulsar quem tem o seu dominio e posse fundado em direito e reconhecido na Concordata.

Esse estado legal deveria, n'esse caso, então prevalecer sobre qualquer outro.

Mas o Governo Portuguez faz o grande sacrificio de prescindir n'este ponto do direito que lhe resultava do referido artigo 16.° da Concordata.

Persuade-se o abaixo assignado que, regulado o estado permanente como convém, desapparecerão os inconvenientes até agora resultantes do dualismo provisorio, por tanto tempo estabelecido.

O restabelecimento da jurisdicção ordinaria, pela nomeação dos Bispos para as Dioceses, ora vagas, estabelecerá a ordem e a harmonia necessarias n'um estado que haja de ser permanente.

Terceira base

3.ª O Governo Portuguez, prescindindo n'esta base do direito stricto, resultante da Concordata (artigo 16.º), e acceitando o *uti possidetis*, regulado convenientemente no accordo, faz um immenso sacrificio em prol da concordia, que muito deseja estabelecer: vae o mais longe que lhe é dado ir, tomando em conta o estado creado pelas circumstancias, que parece terem sido mais fortes do que a lei, cousa que, por vezes, succede nas soluções sociaes.

O abaixo assignado persuade-se que o Santo Padre, no seu superior espirito de justiça e na sua larguissima previsão, reconhecerá com quanto sacrificio o Governo de Portugal acceita e indica mesmo este meio de transacção, depois de esgotados tantos outros, a que não encontrou acolhimento, talvez pelo imperio das mesmas circumstancias, que não pela falta de justiça.

O abaixo assignado entende, sobre esta base, nada mais dever dizer, porque carecerá ella de ser minuciosamente regulada.

Quarta base

A creação de uma curia ecclesiastica que, superiormente, decida as duvidas, ou, porventura, questões que possam provir da especialidade dos factos, parece ao abaixo assignado de reconhecida utilidade.

A composição proposta crê ser a mais curial e conveniente em similhantes circumstancias, pela superior posição dos membros que a devem compor.

Todas as garantias são dadas, e a presidencia do Primaz e Patriarcha das Indias, a quem terá de pertencer a presidencia dos concilios provinciaes, é a naturalmente indicada.

Cumpre notar que já então não se tratam questões geraes, mas é sim a decisão sobre factos especiaes.

Quinta base

Esta base é uma consagração do direito, resultante da Concordata para a futura e eventual execução do artigo 14.°, totalmente distincto na sua disposição e fim do artigo 7.°, que o Governo Portuguez se reserva sem modificação.

O abaixo assignado confia que o Santo Padre, na indefectivel rectidão do seu espirito, fará justiça ao animo de conciliação com que o Governo Portuguez faz esta extrema proposta para se terminar, embora com sacrificio da sua parte, uma questão que dura ha tão longo espaço de tempo, e que traz divididas as Christandades, com tanto sacrificio fundadas no Oriente, que assim gastam em rivalidades estereis o vigor e o zêlo, que tão utilmente poderia ser empregado na continuação da missão superior que o Grande Apostolo das Indias ali deixou cimentada.

Memoria em continuação do Memorandum de 18 de Novembro preterito

Roma, 20 de Dezembro de 1885.—Resumo aqui os inventarios até ao presente feitos dos bens, rendimentos e alfaias das igrejas do Padroado Portuguez no Oriente, fóra do territorio das possessões Portuguezas, comprehendendo as igrejas da Archidiocese de Goa n'estas condições e os das quatro Dioceses concordatarias.

Estes inventarios, começados no corrente anno segundo as instrucções do Arcebispo Primaz, coordenados debaixo das vistas e direcção dos respectivos Vigarios Geraes, e feitos em cada igreja especial pelos missionarios, supposto em muitos pontos sejam deficientes pela escassez de elementos nos mesmos confessada, servem todavia de fazer ver, na parte já apurada, a importancia de valores, que representam em cada vicariato geral as igrejas Portuguezas, ou de missão Portugueza, elemento evidentemente poderoso para que a vasta missão do Padroado Portuguez no Oriente, auxiliada com os solicitos recursos da metropole de Goa, com o grande numero de ecclesiasticos ahi instruidos no importante seminario de Rachol, e ainda com os auxilios mandados do Reino em ecclesiasticos de superior instrucção, possa recuperar a importancia no grande interesse moral da Igreja e do Real Padroado, que em outro tempo teve.

Devo notar que n'alguns inventarios não são comprehendidos, nem o valor das igrejas e casas de residencia, nem os recursos das differentes capellas, que, conforme se vê das estatisticas officiaes, existem em grande numero, e todas com meios de subsistirem, como é vulgar em todas as povoações Catholicas do Indostão.

O que resulta dos inventarios já feitos é o seguinte, que aqui se resume:

1.° Vicariato geral de Meliapor. Vinte missões, não contando as capellas filiaes, como fica dito.

Valor total dos bens segundo os respectivos inventarios:

Rupias (ou 400 réis) 770:845.

Rendimento 69:475.

Rendimento de proes para os respectivos missionarios e fabrica das igrejas 3:285.

O Rev.[do] Bispo de Macau, no seu relatorio de 21 de Dezembro de 1884, diz: que a administração do Bispado e o legado de João do Monte ainda hoje rendem, o menos, réis 10:000$000.

Os rendimentos da mitra e do legado de João do Monte já vem comprehendidos no inventario.

2.° Vicariato de Bengala ou Calcutá. Oito missões, não contando as capellas filiaes.

Valor total dos seus bens segundo os inventarios, rupias 1.416:585.

Rendimento, rupias 36:985.

Rendimento dos proes para os missionarios e fabrica das igrejas 8:634.

O Rev.do Bispo de Macau, no seu relatorio citado, dá a este vicariato geral um rendimento de 16:000$000 réis, cifra superior á que fica dita, pois ascende a 40:000 rupias.

3.º Vicariato geral do Canará. Dezesete missões, não contando igualmente as capellas filiaes.

Rupias 81:449.

Rendimento 10:842.

Proes para os missionarios e fabrica das igrejas 5:549.

4.º Vicariato geral de Malaca. Tem as duas missões de Malaca e de Singapura, não contando as capellas filiaes.

Valor dos bens (patacas 74:006), rupias 148:012, approximadamente.

Proes para os missionarios e fabrica das igrejas (patacas 1:076), rupias 2:152.

O Rev.do Bispo de Macau, no seu relatorio, diz que o jardim, onde assenta a igreja matriz (do Padroado) em Singapura, vale mais de 50:000$000 réis.

Deve notar-se que é em Singapura que são as propriedades, que foram das missões Portuguezas de Pekim e Nankin, e que hoje pertencem á dotação da missão da Diocese de Macau.

5.º Vicariato geral dos Gattes. Comprehende quinze missões, não contando as capellas filiaes. Os inventarios não dão valor aos bens.

Sendo este vicariato geral um dos da Archidiocese de Goa, fóra do territorio Portuguez, é provavelmente mantido, no que não supprirem os bens que tem e os rendimentos de proes, pela metropole ecclesiastica.

6.º Vicariato geral de Cochim. Comprehende trinta e duas missões, não contando as capellas filiaes.

Valor total dos bens, segundo os inventarios, rupias 327:782.

Rendimentos, rupias 6:397.

Rendimento dos proes para os missionarios e fabrica das igrejas, rupias 28:681.

7.° Vicariato geral de Bombaim. Comprehende quarenta e tres missões, não contando igualmente as capellas filiaes.

É o valor total dos bens, segundo os inventarios, rupias 929:139.

Rendimento, rupias 11:261.

Rendimento dos proes para os missionarios e fabrica das igrejas, rupias 15:429.

Na igreja de Nossa Senhora da Salvação ha mais um legado para encargos pios, do capital de rupias 34:660, administrado pelo parocho.

Em todos os rendimentos calculados não são comprehendidos os subsidios pagos pelo Governo Inglez.

N'este vicariato geral só na igreja de Dabul ha um numero de Christãos quasi igual ao de todo o vicariato apostolico.

N'estes summarios, tirados dos inventarios recebidos, faltam os valores de não pequeno numerò de igrejas ou missões d'onde não chegaram ainda os inventarios; nem tão pouco ha a avaliação do rendimento das capellas filiaes, que ainda são hoje em numero de trezentas sessenta e cinco.

Cumpre notar que em todos vem a relação das alfaias, e parece na grande generalidade acharem-se as igrejas providas das indispensaveis.

Este resumo mostra que é mui importante o calculo dos valores pertencentes, ainda hoje, ás igrejas do Padroado fóra do territorio Portuguez.

Contra-proposta apresentada pelo

Decembre 26 de 1885.—La proposta del Governo Portoghese di creare Vescovati goani nello stesso territorio ove trovansiora i Vicarii Apostolici, che colla istituzione della gerarchia verrebbero innalzati alla dignità di ordinarii, deve ritenersi come incompatibile colle prescrizioni canoniche, le quali d'altronde corrispondono alle esigenze della unità et della pace cristiana. Infatti di già il Sommo Pontefice Gregorio XVI nel Breve del 4 Gennajo 1837 scriveva: *a nobis duplicem in*

Do *memorandum* que acompanhou as bases propostas para o accordo, vê-se que na igreja de Goa ha hoje um centro muito importante, florescente mesmo, que pela competencia e zêlo dos Prelados que successivamente o têem regido, está habilitado a occorrer ás crescentes necessidades das missões do Indostão dependentes do Padroado Portuguez. Não tenho a repetir aqui o que ali está dito.

É conhecido que de Portugal estão sendo mandados para a Diocese de Goa e para as outras do Padroado Portuguez ecclesiasticos Europeus de superior illustração.

Basta notar que alguns d'elles têem merecido com bom direito serem elevados á suprema dignidade Episcopal. É este facto de reconhecida importancia.

Finalmente, os esclarecimentos aqui contidos, resumidos dos inventarios até agora recebidos, acabam de comprovar que no Padroado Portüguez no Indostão ha elementos bastantes, que, aproveitados com zêlo, e dirigidos por Prelados investidos da dignidade Episcopal, nas antigas sédes, acompanhados do pessoal docente sufficiente, podem restabelecer o antigo prestigio das igrejas Portuguezas na India, com grande interesse para o fim superior da propagação da Fé Catholica, e com não menos gloria para Portugal.=(Assignado) *João Baptista da Silva Ferrão de Carvalho Mártens.*

Cardeal Secretario d'Estado

A proposta do Governo Portuguez de crear Bispados goanos no mesmo territorio onde agora se acham os Vicariatos Apostolicos, que com a instituição da jerarchia seriam elevados á dignidade de ordinarios, deve considerar-se incompativel com as prescripções canonicas, as quaes por outro lado correspondem ás exigencias da unidade e da paz Christã. Com effeito já o Summo Pontifice Gregorio XVI, no Breve de 4 de Janeiro de 1837, escrevia: *a nobis duplicem in urbe*

urbe Calcuttae auctoritatem creari non expedit quod neque Ecclesiae mos patitur, nec paci et unitati forendae idoneum foret.

In sostituzione pertanto di questo progetto viene presentato il seguente, che conserva sostanzialmente le ragioni del Concordato e del Patronato e che soddisfa all'amor proprio della Nazione Portoghese: sicchè si porta ferma fiducia che esso verrà accettato da quel Governo:

1° L'Arcivescovo di Goa sarà elevato alla dignità di Patriarca d'onore delle Indie orientali. Peraltro avrà il diritto di presiedere i concilii nazionali ed eserciterà i diritti metropolitici sulle Diocesi suffraganee qui sotto indicate.

2° La provincia ecclesiastica di Goa sarà composta, oltre la sede metropolitana, dalle tre Diocesi seguenti:

Daman che comprenderà oltre i territori delle isole di *Daman* e *Diu:*

a) La porzione del distretto inglese di *Broach*, situata al sud del fiume *Nerbudda* e il distretto di *Surat*.

b) Il distretto inglese del *Koncan* settentrionale coll'isola di *Salsette* eccettuate le Chiese e Parrocchie intiere di *Maroly* e di *Maruy* nellisola di *Tromblay;* di *Bandora, Iuvem, Candolim* e *Culven* nell'isola di *Salsete,* le quali debbono stare unite a *Bombay* in tutto approssimativamente 32:500 anime.

Cochin comprenderà, oltre la città di questo nome, i villaggi che seguono:

Amarabady, rito latino, 1:500 anime, sommesse in parte al Vicario Apostolico e in parte all'Arcivescovo di Goa—Mattancherry, rito latino, intieramente sommesso al Vicario Apostolico — Chiulichel — Palliuli — Perumpadippu —Manasherry — Iherry—Audicadavey—Cannamalcy—Candacadavey—Yedacadavey — Combalaguy — Cumbalam — Ariar — Ihiellamun—Yeramalur—Cadaturutti, rito siriaco, 1:800 anime, intieramente soggette al Arcivescovo di Goa—Pallitudu—Eruvine, rito latino, soggetto in parte al Vicario Apostolico e in parte all'Arcivescovo di Goa—Carimaucherry—Cavutcherry — Panavalu —Valiaru —Teikut —Torcur — Pallipu-

Calcuttae auctoritatem creari non expedit quod neque Ecclesiae mos patitur, nec paci et unitati fovendae idoneum foret.

Portanto em substituição d'este projecto apresenta-se o seguinte, que conserva substancialmente as rasões da Concordata e do Padroado, e que satisfaz ao amor proprio da Nação Portugueza, de sorte que ha firme confiança de que virá a ser acceito por aquelle Governo:

1.° O Arcebispo de Goa será elevado á dignidade de Patriarcha *in honore* das Indias orientaes.

Alem d'isso terá o direito de presidir os concilios nacionaes e exercerá os direitos metropoliticos sobre as Dioceses suffraganeas abaixo indicadas.

2.° A provincia ecclesiastica de Goa será composta da séde metropolitana, das tres Dioceses seguintes:

Damão, que comprehenderá alem dos territorios das ilhas de *Damão* e *Diu:*

a) A porção do districto inglez de *Broach* situada ao sul do rio *Nerbbudda* é o districto de *Surat.*

b) O districto inglez de Konkan septentrional com a ilha de Salsete, exceptuando as igrejas e parochias inteiras de *Maroly* e de *Marui* na ilha de *Tromblay*, de *Bandora, Juren, Candolim* e *Culcen* na ilha de *Salsete*, as quaes devem ficar unidas a *Bombaim;* ao todo approximadamente 32:500 almas.

Cochim comprehenderá, alem da cidade d'este nome, as aldeias seguintes:

Amarabady, rito latino, 1:500 almas sujeitas em parte ao Vigario Apostolico e em parte ao Arcebispo de Goa — Mattanchery, rito latino, inteiramente sujeita ao Vigario Apostolico — Chiulichel — Palliuti — Perumpadippu — Manasherry — Ilherry — Audicadavey — Cannamaley — Candacadavey — Yedacadavey — Combalaguy — Cumbalam — Ariar — Ihiellamun — Yeramalur — Cadaturuti, rito syriaco, 1:800 almas, inteiramente sujeitas ao Arcebispo de Goa — Pallitudu — Eruvine, rito latino, sujeita em parte ao Vigario Apostolico e em parte ao Arcebispo de Goa — Carimaucherry — Cavutcherry — Panavalu — Valiaru — Teikut — Torcur — Pallipu-

ram — Tanghi — Mattam — Shertata — Teunimukam — Arthumgal.

Approssimativamente 40:000 o 45:000 anime.

S. Thomé di Meliapour conterrà.

a) Nel vicariato apostolico di Madras: le chiese e parrocchie della città di *S. Thomé*, del *Monte S. Thomas*, *Palavaram*, *Cavelung* e *Chingleppult*.

b) Nel vicariato di *Maduré*: le chiese e parrocchie delle due attuali giurisdizione, comprese nei distretti di *Tanjore*, *Negapatam*, *Manargudi*, come sono ora costituiti e limitati dal Vicario Apostolico; en tutto anime circa 24:000.

3° Nelle regioni nelle quali esiste un gruppo considerevole di goani, e che sono corrispondenti a territori appartenenti alle antiche Diocesi Portoghesi, la S. Sede concede che i metropolitani insieme coi Vescovi suffraganei nella vacanza delle sedi vescovili, come pure i suffraganei della provincia nella vacanza della sede arcivescovile propongano a loro libera scelta una terna all'Arcivescovo di Goa che la rimetterà alla Corona, la quale presenterà alla Santa Sede un candidato fra i tre inclusi nella terna.

Le sedi potrebbero essere le seguenti: *Bombay*, *Mangalor*, *Quilon* e *Maduré*.

4° Quanto alle fondazioni e beni Portoghesi si prenderanno di comune accordo quei provvedimenti che si ravviseranno più conformi alla equità e alla giustizia.

Officio do Embaixador em Roma, João Baptista da Silva Ferrão de Carvalho Mártens, para o Ministro dos Negocios Estrangeiros

Roma, 29 de Janeiro de 1886.—Illmo e Exmo Sr.—Mando a V. Ex.ª os mappas que fiz organisar das igrejas hoje pertencentes ao Padroado Portuguez no Oriente, com todos os dados resultantes dos inventarios a que ali se mandou proceder, e que me foram enviados com despacho d'essa Secretaria.

Estes mappas, confrontados com o *Annuario* official do Arram — Tanghi — Mattam — Shertata — Teunimukam — Arthungal.

Approximadamente 40:000 ou 45:000 almas.

S. *Thomé de Meliapor* conterá:

a) No vicariato apostolico de Madrasta as igrejas e parochias da cidade de S. *Thomé*, do *Monte de S. Thomás, Palavaram, Covelung* e *Chinglepult*.

b) No vicariato de *Maduré:* as igrejas e parochias das duas actuaes jurisdicções comprehendidas nos districtos de *Tanjore, Negapatam, Manargudi*, como estão agora constituidos e limitados pelo Vigario Apostolico, ao todo cerca de 24:000 almas.

3.º Nas regiões em que existe um grupo consideravel de goanos, e que correspondem a territorios pertencentes ás antigas Dioceses Portuguezas, a Santa Sé concede que os metropolitas juntamente com os Bispos suffraganeos na vaga das sés episcopaes, bem como os suffraganeos da provincia na vaga da sé archiepiscopal, proponham á sua livre escolha uma lista triplice ao Arcebispo de Goa, que a remetterá á Corôa, a qual apresentará á Santa Sé um candidato entre os tres incluidos na lista.

As sédes poderiam ser as seguintes: *Bombaim, Mangalor, Quilon* e *Maduré*.

4.º Quanto ás fundações e bens portuguezes tomar-se-hão de commum accordo aquellas providencias que julgarem mais conformes á equidade e á justiça.

---

cebispado de Goa e das missões do Real Padroado Portuguez na India, de 1885, dão uma indicação completa do estado das igrejas do Padroado, comprehendendo os dados da população catholica, capellas, escolas e outros estabelecimentos annexos a cada igreja, seus bens, rendimentos e alfaias.

É provavel que algumas inexactidões haja nos esclarecimentos prestados, mas creio que serão de pouca importancia.

Os inventarios ficam archivados n'esta Embaixada.

Deus guarde, etc.

VICARIATO GE

Nomes das igrejas
Saunt-Wary (*a*)
Vingurlá
Malwan
Rutnagieru (*b*)
Azrém
Belgão
Kanapoor (*c*)
Kitoor ou Bili
Hyderabad
Secunderabad
Sholapoor
Darwar
Kaladji
Rumdroog
Bellary
Hurnee
Dapooly (filiaes de Rutnaguiry)
Capellas de Volcorny (*d*)
Capellas de Belgondy (*d*)
Capellas de Patnam (*d*)
Capellas de Machigor (*e*)
Capellas de S. Francisco (*f*)
Capellas de Senhora do Monte (*f*)
Capellas de Santo Antonio (*f*)
Capellas de Radonog (*f*)
Capellas de Randroog (*f*)
Capellas de Madroogary (*f*)

(*a*) Nota do missionario de Belgão: «Algumas das missões têem confrarias; não me veiu a nota do fun serta».
(*b*) Rutnaguery. A receita da fabrica é constituida em parte por um subsidio de 174 rupias do governo
(*c*) Secunderabad. Paga mais o governo de Nizam 22,12 rupias por mez. Queixa-se o missionario de
(*d*) Pertencem á missão de Azrem.
(*e*) Pertence á missão de Kuitoor.
(*f*) Pertencem á missão de Bellary.

N. B. O signal (*) indica que não houve avaliação.

RAL DOS GATTES

Valores — Moveis — Rupias	Valores — Immoveis — Rupias	Total — Rupias	Renda — Rupias	Fabrica e pé de altar — Rupias	Alfaias
(*)	(*)	–	15-0-0	557-9-0	Tem
–	(*)	–	4-0-0	304-0-0	»
–	(*)	–	10-0-0	490-0-0	»
–	(*)	–	6-0-0	616-0-0	»
(*)	600	600	85-0-0	550-0-0	»
(*)	(*)	–	360-0-0	614-8-0	»
(*)	(*)	–	25-0-0	510-0-0	»
(*)	(*)	–	–	216-0-0	»
(*)	(*)	–	2-8-0	354-8-0	»
(*)	(*)	–	158-0-0	566-0-0	»
(*)	160	160	–	348-8-0	»
(*)	(*)	–	–	466-0-0	»
(*)	(*)	–	–	–	–
(*)	(*)	–	–	10-0-0	–
(*)	(*)	–	–	20-0-0	»
(*)	(*)	–	–	–	–
(*)	(*)	–	–	–	–
(*)	(*)	–	10-0-0	–	Não
(*)	(*)	–	2-0-0	–	»
(*)	(*)	–	–	–	»
(*)	(*)	–	–	–	Tem
(*)	(*)	–	–	–	»
(*)	(*)	–	–	–	»
(*)	(*)	–	–	–	»
(*)	(*)	–	–	–	»
(*)	(*)	–	–	–	»
(*)	(*)	–	–	–	»
		760	677-8-0	5:623-9-0	

do d'ellas. As rendas de Malvano são baseadas sobre notas particulares. A missão de Kaladjy está de-

inglez.

que muitos bens foram usurpados pela sagrada congregação da *propaganda fide*.

VICARIATO GE

Nomes das igrejas
Nossa Senhora da Gloria de Mazagão (*a*)
S. Francisco Xavier de Dabool
S. Miguel Archanjo de Mahim (*b*)
S. Miguel da Fabrica
S. Miguel, Nossa Senhora de Bom Conselho
Apostolo S. Thomé (*c*)
S. Miguel de Purim (*d*)
S. Thiago de Agaçaim (*e*)
Nossa Senhora dos Remedios—Baçaim
Nossa Senhora Mãe de Deus—de Palle (*f*)
Nossa Senhora da Graça--de Papry (*f*)
Nossa Senhora das Mercês—de Baçaim
Santa Cruz do Monte Calvario (*f*)
Deus Espirito Santo em Nandakal
S. João Baptista de Tanna (*g*)
Santos Reis Magos — de Goray
S. João Evangelista de Andosim (*h*)
Santissima Trindade
Santa Cruz de Corlem
Nossa Senhora do Egypto de Caliana (*i*)
S. Francisco Xavier de Parlem
S. Braz — de Ambolim
Senhora de Nazareth — Bairrel
Nossa Senhora da Saude — de Persora
Nossa Senhora do Mar — de Utana (*i*)
Nossa Senhora de Belem de Dongrem (*i*)
Uran na ilha de Karanjá (*i*)
Corlá de Chaul (*f*)

RAL DE BOMBAIM

Valores		Total — Rupias	Renda — Rupias	Fabrica e pé de altar — Rupias	Alfaias
Moveis — Rupias	Immoveis — Rupias				
5:655	21:700	27:355	1:485	3:212	Tem
22:000	26:128	48:128	671	1:800	»
4:432	53:000	57:432	2:599	611	»
1:286	33:500	34:786	1:369	–	»
(*)	4:650	4:650	218	–	»
2:969	2:800	5:769	79	1:242	»
2:775	1:142	3:917	20	507	»
2:269	1:339	3:608	56	450	»
1:805	1:725	3:530	–	–	»
1:442	1:425	2:867	30	784	»
2:250	400	2:650	–	920	»
1:353	250	1:603	–	198	»
3:322	71	3:393	49	797	»
1:574	50	1:624	2	910	»
220	(*)	220	249	1:644	»
1:814	(*)	1:814	225	430	»
9:922	13:540	23:462	698	1:500	»
1:526	(*)	1:526	133	430	»
6:952	17:464	24:416	1:150	4:000	»
2:444	6:950	9:394	75	851	»
475	365	840	27	600	»
(*)	503	503	167	749	»
(*)	60	60	249	264	»
452	1:840	2:292	68	273	»
2:085	1:034	3:119	110	850	»
2:011	625	2:636	1	651	»
2:432	(*)	2:432	420	355	»
275	1:046	1:321	94	20	»
83:740	191:607	275:347	10:244	24:048	

Nomes das igrejas
Transporte
Mahableshwar
Nossa Senhora da Conceição — Manpoinser (*k*)
Nossa Senhora dos Remedios — Poinser (*k*)
Santa Cruz em Matheran (*l*)
Tarapuz e aggregado
Dhanu
Nossa Senhora da Saude — de Patará (*m*)
Senhora da Conceição de Poonah (*n*)
Nossa Senhora da Salvação (*o*)
S. Francisco de Assis
Nossa Senhora da Saude de Cavel (*p*)
Santo Antonio de Malvanc e Confraria

(*a*) Ha casa para escola. O governo inglez contribue com 1:740 rupias annuaes, sendo parte em com

(*b*) Confraria de Nossa Senhora da Immaculada Conceição na igreja de . . . .

(*c*) Este missionario dá a renda deduzidas todas as despezas.

(*d*) O governo inglez paga para a congrua 168 rupias annuaes.

(*e*) O governo inglez paga para a congrua 150 rupias annuaes.

(*f*) O governo inglez tambem contribue.

(*g*) O governo inglez dá 660 rupias annuaes.

(*h*) O governo inglez dá 800 rupias annuaes.

(*i*) O governo inglez dá 180 rupias annuaes.

(*j*) O governo inglez dá 348 rupias e a fazenda de Goa 192.

(*k*) Nada mais diz o missionario.

(*l*) De Goa recebe 16 rupias — do governo inglez 37. O missionario declara ter o necessario para o

(*m*) De Goa vem o subsidio annual de 17 rupias.

(*n*) Ha uma escola. Goa dá o subsidio de 224 rupias por anno e o governo inglez 1:152 rupias.

(*o*) Ha propriedades no valor de 34:660 rupias administradas pelo parocho para missas.

(*p*) Ha uma escola. N'estes bens entram: 1.°, 9:540 rupias pertencentes ao fundo da igreja de Nossa legados com onus de solemnisarem certos dias festivos, e serem cantadas e resadas missas, con

N. B. O signal (·) indica que não houve avaliação.

Valores		Total	Renda	Fabrica e pé de altar	Alfaias
Moveis — Rupias	Immoveis — Rupias	Rupias	Rupias	Rupias	
83:740	191:607	275:347	10:244	24:048	–
(*)	(*)	–	–	300	Tem
75	–	75	–	–	–
102	215	317	23	–	Tem
–	–	–	–	113	»
(*)	(*)	–	–	–	»
(*)	(*)	–	12	–	»
(*)	200	200	11	31	»
2:398	7:050	9:448	611	1:937	»
–	29:963	29:963	–	–	»
–	613:789	613:789	–	–	»
3:176	57:590	60:766	1:318	551	»
1:888	945	2:833	99	–	»
91:379	901:359	992:738	12:318	26:980	

pensação de propriedades com que ficou.

culto.

Senhora da Saude; 2.º, 29:700 rupias em deposito no Bombay Bank, pertencentes ao dinheiro ou bens
forme as tenções dos doadores.

VICARIATO GE

Nomes das igrejas
Agrar
Nossa Senhora Mãe de Deus de Mogornada *(a)*
Senhora dos Remedios e Senhora Sant'Anna da igreja de Kureim
S. Pedro de Bareur
Pezar (cofre de S. José)
Malever
Nossa Senhora da Piedade e S. Francisco Xavier, Carwar
Honowar do Canará
S. Francisco Xavier de Chandor
S. João Baptista de Camyta (filial)
Gulmoná do Canará
Santa Cruz de Biddrem
Caliampor (missão de)
Sirvam (missão de)
Nossa Senhora das Mercês de Olaba
Sadashigor (varado de)
S. José de Sadashigor *(b)*
Ankola (missão de) e capellas filiaes

(a) Este vicariato do Canará não tem fundo proprio, mas dos rendimentos liquidos de varias missões
renda ali descripta, recebe mais 24 fardos de arroz.

(b) Alem dos bens descriptos no mappa tem um deposito de 1:000 rupias em dinheiro. — N'uma gran
tar, e mesmo das outras rendas.

RAL DE CANARÁ

Valores — Moveis — Rupias	Valores — Immoveis — Rupias	Total — Rupias	Renda — Rupias	Fabrica e pé de altar — Rupias	Alfaias
7:473	5:500	12:973	325	426	Tem
-	-	-	13	300	»
466	-	466	479	394	»
585	1:866	2:451	-	121	»
487	4:850	5:337	572	-	»
-	-	-	105	142	»
924	677	1:601	5:078	338	»
1:689	250	1:939	-	610	»
1:090	-	1:090	19	-	»
170	115	285	-	247	»
10	-	10	-	644	»
910	-	910	630	450	»
12:002	36:047	48:049	2:945	537	»
1:110	-	1:110	576	126	»
114	-	114	67	160	»
509	238	747	33	549	»
1:027	3:000	4:027	-	288	»
340	-	340	-	187	»
28:906	52:543	81:449	10:842	5:519	

po lem-se apurar annualmente 600 rupias. — No inventario não vem expresso o valor dos bens. Alem da de parte das igrejas os inventarios não dizem nada relativamente ao rendimento da fabrica e pé de al-

VICARIATO GE

Nomes das igrejas
Valliatorré
Tangacheira
Trivilaram
Allepey (seminario)
Olicaré (hospicio)
Olicaré (igreja)
Tuticorim e capellas annexas (*a*)
Tuticorim (collegio)
Conharacod
Eruvine (*b*)
Tumpolly
Allepey, Santo Antonio e S. Pedro
Coulão com tres capellas (*c*)
Gurdalle com quatro capellas
Nindagoré e annexas (*d*)
Munghur
Naddcantalé
Vaduchery (*e*)
Missão de Allur
Missão de Cuttapully
Arevolão
Cavingulão (*f*)
Poar (*g*)
Cochitorre (*g*)
Sinemathantone (*g*)
Palam (*g*)
Pulvolé (*g*)
S. Pedro (*g*)

RAL DE COCHIM

Valores		Total — Rupias	Renda — Rupias	Fabrica e pé de altar — Rupias	Alfaias
Moveis — Rupias	Immoveis — Rupias				
1:953	3:166	5:119	302	1:285	Tem
362	5:608	5:970	–	100	»
–	6:600	6:600	–	75	–
2:213	15:686	17:899	–	–	Tem
591	12:017	12:608	–	–	–
2:349	800	3:149	–	–	»
34:176	3:000	37:176	295	2:244	»
300	15:533	15:833	1:699	–	–
118	–	118	–	–	–
230	–	230	15	126	Algumas
9:585	5:000	14:585	200	1:400	Tem
2:135	2:505	4:640	40	702	»
2:370	6:600	8:970	190	865	»
5:251	19:540	24:791	3	3:006	»
3:237	13:230	16:467	316	1:000	»
612	3:700	4:312	15	405	»
416	3:600	4:016	3	147	»
319	(*)	319	–	200	»
93	149	242	–	100	»
596	283	879	–	300	»
1:180	2:100	3:280	30	530	»
472	–	472	–	–	–
48	–	48	–	–	–
–	871	871	16	1:521	–
42	–	42	–	–	–
5	–	5	–	–	–
366	–	366	–	–	–
33	–	33	–	–	–
		189:040	3:124	14:006	

Nomes das igrejas
Transporte......
Pittah e annexas ....
Madre de Deus........
Cannantorré ....
Topo ....
Puntorré........
Amarabady e capella filial de Mathancheira........
Velli e annexas........
Pallitorré........
Thumbé ....
S. Christovão Vettucad ....
Santa Cruz ....
Vaddy e filiaes........
Mudaccare (*h*)........
Caddour (*h*)........
Aipolé (*h*) ....
Candacharé (*h*)........
Tutur e annexas........
Puthanlom........
Paritur e Nerody........
Manapor e filiaes........
Deus Espirito Santo........
S. Francisco Xavier ....
Cathur e filiaes........
Maricolam ....
Santa Cruz Pollité ....
Maduré filial ....
Chundlechery........
Metoopathy de Durdigul ....
Pallecael e annexas........
Punecael ....

Valores — Moveis — Rupias	Valores — Immoveis — Rupias	Total — Rupias	Renda — Rupias	Fabrica e pé de altar — Rupias	Alfaias
....	....	189:040	3:124	14:006	
250	(*)	250	95	271	Tem
(*)	–	–	–	214	»
(*)	–	–	–	185	»
(*)	–	–	–	200	»
854	1:582	2:436	120	741	»
(*)	(*)	–	–	300	»
(*)	(*)	–	–	600	»
(*)	(*)	–	–	280	»
( )	(*)	–	–	115	»
(*)	(*)	–	–	35	»
(*)	(*)	–	–	55	»
1:891	13:200	15:091	300	175	»
–	1:500	1:500	–	–	»
–	1:800	1:800	–	–	–
–	1:000	1:000	–	–	–
–	900	900	–	–	–
635	50	685	–	665	Tem
94	–	94	–	200	»
–	500	500	4	435	»
4:350	24:024	28:374	1:347	882	»
–	6:977	6:977	700	500	»
–	750	750	7	240	»
415	47:575	47:990	–	1:296	»
269	1:171	1:440	–	446	»
18	104	122	–	–	»
575	8:500	9:075	215	114	»
390	–	390	215	–	»
414	3:708	4:122	–	365	»
3:886	4:130	8:016	–	4:495	»
740	120	860	–	325	»
		321:412	6:127	27:140	

Nomes das igrejas
Transporte......
Sendabaglam..........
Mucarely..........
Curvitorey..........
Aur e capellas filiaes..........
Sareadd..........
Perinchane..........
Queddeopatty..........
Allentur..........
Mullampatty..........
Sathyanadapuram..........
Maradantale..........
Cutapatty..........
Quillokotley..........
Vatnakotty..........

(*a*) O governo inglez paga por anno 8 e 6 rupias; 8 em compensação da marinha expropriada. Antes
duos. Foi tambem usurpada a missão de Combardó com 1:000 fieis.

(*b*) O governo inglez por occasião dos exames dá a subvenção annual de 525 rupias. Não estão avalia
constará de um livro em poder de outrem.

(*c*) A actual igreja de Coulão é a terceira fabricada, tendo sido a primeira arrebatada pelas ondas

(*d*) Não ha menção dos rendimentos dos immoveis. Em tres aldeias ha as duas jurisdicções, e os
declara que não iniciou a obra por ver os negocios do padroado indecisos.

(*e*) Não vae aqui o inventario da igreja de Cabo Comorim por não estar ainda registado no livro.
ter o parocho 80 rupias e outro tanto a fabrica•.

(*f*) Immoveis 1:000 fanões, renda 15 fanões, fabrica 1:040 fanões.

(*g*) Immoveis 1:500 fanões, renda 75 fanões, fabrica 2:088 fanões. — Immoveis 300 fanões, fabrica 819
Immoveis 2:000 fanões, renda 25 fanões, fabrica 3:975 fanões. — Immoveis, 200 fanões, fabrica
N. B. 7 fanões dão uma rupia.
Os immoveis rendem 670 fanões (95 rupias), fabrica 1:900 fanões (271 rupias).
Declara o missionario que o inventario deve ter falhas, tendo sido feito de memoria.

(*h*) Caddaur, Aipolé e Candacharé estão em construcção. O missionario diz que não ha outras de

Observações. — Tenho feito a reducção de fanões a rupias, 7 fanões = 1 rupia. O governo inglez dá
gregação da *propaganda fide* muito lhe inquieta os povos. A igreja custaria hoje 30:000 rupias.

N. B. O signal (•) indica que não houve avaliação. — O signal (••) indica subscripções de fieis.

Valores		Total	Renda	Fabrica e pé de altar	Alfaias
Moveis — Rupias	Immoveis — Rupias	— Rupias	— Rupias	— Rupias	
....	......	321:412	6:127	27:140	
1:260	600	1:860	-	140	Tem
350	-	350	-	185*	-
300	-	300	155	165	-
9:887	9:000	18:887	-	691	Tem
136	-	136	-	(**)	»
585	-	585	-	(**)	»
44	-	44	-	(**)	»
211	-	211	-	(**)	»
882	1:900	2:752	100	320	»
600	440	1:040	15	40	»
900	110	1:010	-	-	»
72	-	72	-	(**)	»
184	200	384	-	(**)	»
20	-	20	-	(**)	»
		349:093	6:397	28:681	

epois da concordata foram usurpados pela sagrada congregração da *propaganda fide* 4:000 indivi-

s muitos moveis; o terreno, em que se acha a igreja não é proprio. O parocho declara que a receita

oceano e a segunda pela sagrada congregação da *propaganda fide*.
ros dos dois lados em guerra aberta. Em Penatalle comprou o parocho materiaes para edificar e

n tem apparecido o canaquer d'aquella igreja para perguntar a respeito d'isto. «Parece-me que poderá

ões. — Immoveis 700 fanões, fabrica 1:980 fanões. — Immoveis 200 fanões, fabrica 419 fanões. —
) fanões. — Total, immoveis 6:100 fanões, renda 415 fanões, 16 rupias, fabrica 10:651 fanões.

ndimentos porque tudo se gasta nas obras.

rupias annuaes pela expropriação de uma marinha. O missionario queixa-se de que a sagrada con-
stuma haver importantes donativos.

VICARIATO GERAL DE BENGALÁ OU CALCUTÁ

Nomes das igrejas	Valores — Moveis — Rupias	Valores — Immoveis — Rupias	Total — Rupias	Renda — Rupias	Fabrica e pé de altar — Rupias	Alfaias
Nossa Senhora das Dores de Calcutá (*a*)	14:676	202:275	216:951	5:532	7:181	Tem
Nagory Barval (missão de) (*b*)	1:558	815:600	817:158	20:209	166	»
Hosnabad (missão de)	856	104:000	104:856	2:507	460	»
Shibpur, Backergunge (missão de)	622	52:600	53:222	1:494	114	»
Tesgão (missão de)	855	55:625	56:480	2:025	38	»
Chinsurah Hoogly (missão de) (*c*)	1:168	7:800	8:968	12	–	»
Bandel Hoogly (missão de)	9:302	137:071	146:373	4:798	625	»
Dacca (missão de)	1:081	11:500	12:581	408	50	»
	30:118	1.386:471	1.446:589	36:985	8:634	

(*a*) Os proes para casamentos e obitos importariam em muito mais se fosse reconhecida pelo vigario apostolico de Calcutá a d'esta igreja de Boitalchona.

(*b*) O rendimento dos bens sitos em Nagor é susceptivel de augmento consideravel. O rendimento actual d'estes bens é de 424 rupias.
Não tem esta missão rendimentos proprios para a fabrica.

(*c*) Nada diz o inventario a respeito da renda da fabrica e pé de altar.

MISSÕES DE MELIAPOR

Nomes das igrejas	Valor total dos bens — Rupias	Renda — Rupias	Fabrica e pé de altar — Rupias
Bispado de S. Thomé (*a*).........	178:175	33:681	–
Legado de João do Monte (*b*)	403:020	20:594	–
Ayampett......................	3:566	66	190
Manjecupam (*c*)...............	6:000	290	–
Covelong (*d*)	11:175	–	–
Tranquebar (*e*)................	22:400	108	–
Nossa Senhora do Rosario (cathedral) (*f*)....................	5:557	–	–
Sagrado Coração de Jesus em Pudupett (*g*)....................	–	130	40
Nossa Senhora da Assumpção em Madrasta...................	6:879	738	472
Vellangany.....................	43:500	4:140	141
S. João de Madrasta............	14:411	1:668	61
Negapatam......................	5:600	200	139
Rayapuram......................	1:000	70	62
Patijore.......................	–	310	275
Pulicat........................	–	180	15
Poonamale......................	1:000	25	–
Luz............................	7:335	75	17
Refugio........................	–	170	70
Mãe de Deus....................	13:268	31	25
Conocupan......................	–	210	45
Tranquibar.....................	4:400	108	–
Monte Grande e tres capellas dependentes........................	44:877	450	–
Manjecupau.....................	6:000	290	–
Nossa Senhora das Dores de Tanjore (*h*)....................	2:300	–	–
	780:463	63:534	1:552

Nomes das igrejas	Valor total dos bens Rupias	Renda Rupias	Fabrica e pé do altar Rupias
Transporte......	780:463	63:534	1:552
Senhora da Saude de Villanguany..	52:093	4:275	442
Senhora do Carmo de Covelong (*i*)	-	-	-
Senhora do Refugio em Blacktown, Madrasta....................	25:475	621	840
Senhora dos Prazeres de Policate...	-	118	15
Mãe de Deus e Santo Antonio de Negapatam....................	8:521	48	259
Senhora dos Desposorios de Konokopan (*j*)....................	-	-	-
Coração de Jesus em Perdupel, Madrasta....................	1:149	130	45
Santo Antonio de Roiapoozaur.....	1:891	-	132
Senhora da Consolação de Poonamale (*k*)....................	1:253	25	-
	870:845	68:751	3:285

(*a*) Todas as igrejas têem alfaias. Nas verbas descriptas já estão incluidas 9:000 rupias em apolices, que rendem 360.

(*b*) Nas verbas descriptas já estão incluidas 288:000 rupias em apolices, que rendem 11:558. Este legado, comquanto não pertence propriamente á missão, muito a auxilia pelas obras de caridade para que foi instituido.

(*c*) Do inventario não se póde saber mais.

(*d*) Rendimentos que não vem inscriptos no inventario.

(*e*) Rendimentos que não vem inscriptos.

(*f*) Tem um seminario e uma typographia. Os rendimentos não vem descriptos.

(*g*) O inventario não diz o valor dos bens.

(*h*) O inventario não falla em rendimentos.

(*i*) O inventario apenas descreve os bens, mas sem dizer o seu respectivo valor.

(*j*) O inventario nada diz a respeito de bens ou rendimentos. Apenas falla nas alfaias.

(*k*) Do inventario não consta mais nada. O unico vicariato que tem bens proprios, não fallando nos que possue cada igreja em particular, é o de Meliapor, cujo fundo é de 178:000 rupias, com um rendimento annual de 13:000.

N. B. N'uma grande parte das igrejas os inventarios não dizem nada relativamente ao rendimento da tal fabrica e pé do altar, e mesmo das outras rendas.

VICARIATO GERAL DE MALACCA

Nomes das igrejas	Valores		Total — Patacas	Renda — Patacas	Fabrica e pé de altar — Patacas	Alfaias
	Moveis — Patacas	Immoveis — Patacas				
S. Pedro (*a*)	8:535	16:000	24:535	-	217	Tem
S. José em Singapura	6:471	43:000	49:471	-	1:076	»
	15:006	59:000	74:006	-	1:293	

(*a*) As propriedades servem para o culto ou para residencia dos missionarios; não são rendimentos. — Capital de 2:000 patacas e mais de outras proveniencias.

VICARIATO GE

Nomes das igrejas
Missão de Negombo
S. Pedro *(a)*..
Nossa Senhora da Boa Viagem em Dura..............................
Missão de Colombo
Emmanuel em Pettah *(b)* ....
Nossa Senhora da Boa Morte em Hultsdorp.. ....
Missão de Mannar
Santa Luzia ....
Santa Cruz ....
Santo Antonio ....
S. Pedro em Vanchiamkulam ....
S. Pedro em Vilamkulam ....
S. Filippe Nery ....
S. Francisco Xavier............ ....
Missão de Mantote
Nossa Senhora da Assumpção......................................
Santo Antonio ....
Nossa Senhora do Rosario em Puletakandel.........................
Nossa Senhora do Rosario em Piebekulam...........................
S. Sebastião ....
S. Nicolau..
S. Thomé ....
Santo Antonio em Sirukandell.....................................
Nossa Senhora do Rosario...
Santissimo Nome de Maria...
Santo Antonio em Narykalacham.............................. ....
Nossa Senhora da Natividade......................................
Santo Antonio em Periamuripo ....

(a) Os fieis estão edificando casa para o parocho, e promettem augmentar os fundos da igreja. conser-

(b) Os fieis estão sempre promptos a subscrever com o necessario para as despezas do culto. Ha bens dos quaes tomou posse unicamente o bispo de Colombo. Diz o vigario geral que o advogado, tada por quatro cabeças ou Bispos, que são o de Colombo, Kandy, Jaffna e Arcebispado de Goa

N. B. O signal (·) indica que não houve avaliação, e o signal (··) indica que não possue.

RAL DE CEYLÃO

Valores — Moveis — Rupias	Valores — Immoveis — Rupias	Total — Rupias	Renda — Rupias	Fabrica e pé de altar — Rupias	Alfaias
(*)	(*)	-	215	320	Tem
-	(*)	-	165	730	»
(*)	(**)	-	-	150	»
(*)	(*)	-	-	150	»
(*)	-	-	-	175	»
(*)	-	-	-	175	»
		-	380	1:700	

vando-se ella sob o Real Padroado Portuguez.
no valor de 20:000 rupias, que foram deixados em testamento á Igreja Batholica Romana em Ceylão, e consultado sobre este assumpto, entende que, como a Igreja Catholica Romana em Ceylão é represen-
por seu vigario geral, a missão Portugueza deve ter a respectiva quota.

Memorandum do Embaixador em Roma ao Cardeal Secretario d'Estado, que acompanhou a remessa da carta de El-Rei ao Papa

Roma, 15 de Fevereiro de 1886.—O abaixo assignado, para maior clareza, julga dever expôr na presente memoria o que se lhe offerece ponderar sobre as ultimas proposições indicadas pela Santa Sé para a resolução definitiva da execução da Concordata de 21 de fevereiro de 1857.

A proposta verbal, de que ao abaixo assignado foi dada copia por S. Em.ª o Cardeal Secretario d'Estado, completada com as explicações posteriores, é a seguinte, nos seus pontos fundamentaes:

1.º Estabelecimento de tres Dioceses Portuguezas, Cochim, Meliapor e Damão, comprehendendo esta uma parte do territorio da India Ingleza.

2.º Com relação ás missões de Malaca e de Singapura tomar-se-ha um Accordo especial, que não está discutido.

3.º Aquellas tres Dioceses serão continuas, com exclusão de vicariatos apostolicos, passando as igrejas, hoje na jurisdicção d'estes, dentro d'aquellas circumscripções, a pertencerem aos ordinarios Portuguezes.

4.º Para as quatro Dioceses, em vez de vicariatos apostolicos, que Sua Santidade se propõe crear em Bombaim, Mangalor, Quilon e Maduré, a apresentação será feita pelo Padroeiro Portuguez, sobre um terno proposto pelos Bispos; não está porém exposto o systema da eleição, que o abaixo assignado suppõe será o Irlandez.

5.º Os parochos das igrejas Portuguezas, que ficarem comprehendidas nas Dioceses novamente creadas, serão escolhidos pelo Arcebispo Primaz de Goa, em terno proposto pelo Prelado da Diocese, d'entre os padres Portuguezes ou goanos.

6.º No caso de suspensão de qualquer d'esses parochos pelo ordinario, deverá o Bispo, dentro de um praso fixado no accordo, apresentar outro terno para o Arcebispo Primaz de Goa escolher.

7.º Com relação aos bens propõe-se que se estabeleça um accordo, cujos termos não estão fixados.

8.º Alem d'estas bases de organisação ha a que se refere ás condições em que ficará o Arcebispo Metropolitano de Goa e Primaz do Oriente, que será Patriarcha das Indias, com a presidencia dos concilios dos Bispos de toda a India Ingleza, que deverão sempre ser reunidos na capital de Goa, onde já cinco concilios provinciaes foram celebrados.

O abaixo assignado deve ponderar que com estas bases, a não serem ampliadas, não póde chegar-se ao fim que o Governo Portuguez tem sempre posto como limite maximo dos seus sacrificios para o accordo que, como filho sempre fiel da Igreja, anciosamente deseja e a que tem prestado todas as facilidades.

Este facto e aquella consideração que Portugal regista com orgulho na sua historia, leva-o a ter a firme confiança de que o seu direito lhe será integralmente reconhecido, ainda mesmo porventura com qualquer sacrificio, pequeno é elle, no plano que o Chefe Supremo da Igreja tenha já em sua mente pensado para organisar a igreja do Oriente.

Expressão da justiça e da conciliação o Santo Padre, na sua sabedoria, não recusará a applicação d'estes dois principios a Portugal, que não espera e não mantém outra cousa.

O abaixo assignado, tendo estabelecido como base fundamental a não perda de nenhuma das Christandades, hoje sujeitas ao Real Padroado Portuguez, e não tendo posto como condição exclusão alguma d'aquellas a que lhe dá direito a Concordata no artigo 16.º, persuade-se que fez a proposta mais conveniente e de maiores facilidades para poder conseguir-se aquelle fim, indispensavel para que seja possivel qualquer accordo com Portugal.

Não parece ao abaixo assignado que offereça difficuldade ou obstaculo a resposta dada pelo Santo Padre Gregorio XVI pelo Breve de 4 de Janeiro de 1837 á supplica, n'essa occasião feita por algumas Christandades do Padroado Portuguez em Calcutá, para que o Santo Padre ali creasse uma Diocese.

«A nobis duplicem in urbe Calcuttae auctoritatem creari non expedit, quod, neque Ecclesiae mos patitur, nec paci et unitati fovendae idoneum foret.»

Era aquella a epocha em que, por circumstancias, que o abaixo assignado não tem a rememorar agora, se achavam suspensas as relações com a Santa Sé nas regiões do Padroado Portuguez na India e no Reino.

Em taes circumstancias anormaes não poderia o Santo Padre crear, com o concurso necessario do Padroeiro, a Diocese pedida, e a creação de uma Diocese fóra d'aquellas condições e a subsistencia de um vicariato apostolico conjuncto, dependentes ambos assim unicamente da Santa Sé, não teria, nem intuito, nem explicação possivel. Seriam duas auctoridades identicas, sem rasão que o justificasse. É o que claramente significam as palavras *duplicem auctoritatem creari*. Evidentemente aquella era a hypothese e só assim é que seria *duplex* essa auctoridade.

Por outra parte o Santo Padre Gregorio XVI havia enviado Vigarios Apostolicos, amoviveis como são, e que por isso nenhum embaraço creariam a quaesquer negociações futuras para se voltar ao exercicio do Padroado, que bem conhecia não se poderia extinguir sem um esbulho que levaria de certo a serias represalias.

Se n'essa occasião creasse ou provesse a Diocese fóra dos meios canonicos, resultantes do Padroado, levantaria mais uma difficuldade, que bem se previa e que era conveniente afastar.

Estas são as circumstancias d'aquella epocha, e a resposta que as teve em vista, nem foi, nem é *canon*, é sim a escusa a deferir a uma pretensão sem fundamento canonico e plena de difficuldades praticas.

Os *canones* não se fazem assim na moderna jurisprudencia canonica nas relações de direito publico ecclesiastico, como esta era por muitas rasões.

A vastidão de conhecimentos de S. Em.ª o Cardeal Secretario d'Estado não deixa de certo pôr em duvida esta doutrina.

Mas que aquelle Breve não creou um *canon* applicavel á

hypothese de que presentemente se trata, resulta da propria Concordata e da pratica da Igreja, que, durante cincoenta annos, tem mantido jurisdicções differentes na mesma provincia ou circumscripção, que não são assim dupla jurisdicção na sancção de direito.

Dupla jurisdicção seria aquella que, sobre *os mesmos individuos*, fosse exercida por dois ordinarios, ou por dois delegados com faculdades iguaes, mas não o estado ou modo de ser que tem subsistido por cincoenta annos na India, que foi e é o direito das congregações isentas, e que é frequente nas igrejas de todos os paizes catholicos, como desenvolvidamente se vê do Cardeal Petra (Ad Const. 4 Callist. 3, saect. 1, n.º 16).

«... qui habeat jurisdictionem activam in clerum et populum alicujus loci, oppidive seu plurium, quæ loca et oppida *fuèrint* per Papam a Dioecesi in qua erant, avulsa ac sejuncta; constituta separatim Dioecesi quadam seu territorio cum *omnimoda jurisdictione ordinaria*...»

Não é isto outra cousa do que a communicação pelo Summo Pontifice da jurisdicção que, segundo o commum dos canonistas, é do Supremo Chefe da Igreja que dimana.

E o mesmo Cardeal sustenta que esta doutrina é fundada nos canones do concilio Tridentino e nas outras regras de direito.

O que é incontestavel é que esta é a pratica sanccionada em quasi todos, se não em todos os paizes, não talvez por ser a mais perfeita, mas por ser uma necessidade local, ou por quaesquer outros attendiveis motivos.

Mas ha mais do que isto, e sobre este ponto pede o abaixo assignado mui especialmente a attenção de S. Em.ª o Cardeal Secretario d'Estado.

Na propria proposta verbal, de que ao abaixo assignado foi por S. Em.ª dada copia, se segue aquelle mesmo systema, o que não se faria de certo se não fosse canonico.

Diz-se na proposta:

«II. La provincia ecclesiastica di Goa sarà composta, oltre la sede metropolitana, dalle tre Diocesi seguenti:

«*Daman* che comprenderá oltre i territorii delle isole di *Daman* e *Diu: a*) la porsione del distretto inglese di *Broach*, situata al sud del fiume *Nerbudda* e il distretto di *Surat; b*) il distretto inglese del *Koncan* settentrionale coll'isola di *Salsette*, eccettuate le chiese e parrochie intiere di *Maroly* e di *Maruy* nell isola di *Tromblay*, di *Bandora*, *Juvem*, *Candolim* e *Culven* nell isola di *Salsette*, le quali debbono stare unite a *Bombay*...»

Vê-se d'esta transcripção claramente que aquellas igrejas reservadas seriam assim missões ou igrejas que ficariam encravadas nas Dioceses continuas propostas, pertencendo todavia a diverso ordinario; verdadeiros isentos. Não seria nem dupla jurisdicção, nem systema condemnado pelos principios, pois que mesmo a Santa Sé o insere na sua proposta, mas é este exactamente o mesmo systema que o Governo Portuguez propoz nas suas bases, ou que acceitando por uma larga condescendencia a alternativa das Dioceses continuas, sustenta para as igrejas Portuguezas que hajam de ficar fóra das novas circumscripções que se fixarem.

O abaixo assignado pondera ainda que os factos nas differentes Nações são conformes; citará na Hespanha, por exemplo, os Bispos Priores de S. Marcos, de Leon e Ucles com jurisdicção propria e isenta nas Dioceses em que estão encravados aquelles priorados.

É esta a *jurisdicção isenta* dos priorados das ordens militares, *jurisdicção isenta* creada por concessões pontificias, e mantida até hoje ainda na recente Concordata com Hespanha.

O territorio das ordens militares na Hespanha está dividido em varios e numerosos priorados e vigairarias isentas, encravadas em mui differentes Dioceses. E a continuação d'este estado acha-se sanccionada na Concordata vigente no artigo 11.º Não se lhe applicou, é claro, o Breve do Santo Padre Gregorio XVI.

E porque se estabeleceu em tempo aquelle direito, que assim se conserva integro na Concordata? Está ali expressamente dito.

Foi para *conservar a memoria das gloriosas recordações de uma instituição, que tantos serviços prestou á Igreja e ao Estado.*

Foi esta a rasão dada para aquella conservação em tão larga escala, como o é, e que foi acceita e consignada na Concordata pela Santa Sé, como ali se diz pelas palavras que ficam transcriptas.

Mas, por muitos que fossem esses serviços, o que o abaixo assignado não discute agora, não excederam elles os que á custa de grandes sacrificios foram prestados nas longiquas regiões da Asia pelos missionarios mandados por Portugal para crear e dotar as grandes missões, que de uma vez abrangeram todas as vastas regiões da Asia, e trouxeram ao gremio da Igreja 1.370:000 almas no curto espaço até 1640, conforme se encontra documentado pelo Rev.do Francisco de Sousa no seu *Oriente conquistado.*

E se as ordens militares de Hespanha estavam de posse d'essas igrejas como isentas, e por isso assim lhes foram conservadas, não está Portugal menos de posse das suas igrejas da India, onde tem Parochos seus, onde a jurisdicção é a dos seus Vigarios Geraes emanante do seu Arcebispo Primaz, exercida sem interrupção.

Mas proseguindo na demonstração encetada, o abaixo assignado continúa ponderando que tanto a doutrina e os factos que sustenta são canonicos, que até o direito da Igreja admitte similhantes *isentos por prescripção* com o fundamento de que esta envolve um *privilegio presumido,* que ha obrigação de respeitar. São n'isto conformes os canonistas.

É claro que estas isenções assim creadas têem sempre sido consideradas como excepções ao Tridentino, excepções, ou por motivo de ordem publica, ou por quaesquer outros motivos considerados attendiveis, não podendo desconhecer-se que no mesmo Tridentino os julga fundados o citado Cardeal Petra, seguido n'este ponto pelo moderno canonista Bouix, cujas doutrinas não podem ser tidas como pouco canonicas.

Tanto o que o abaixo assignado vem de ponderar é exacto,

que o Santo Padre Bento XIV estabeleceu as regras de resolver nos conflictos de jurisdicção, e n'essas manda manter a jurisdicção ordinaria, *quando a isenção se não fundar em expresso privilegio ou costume immemorial provado legitimamente.*

Quando a isenção é em favor de outro ordinario, que tem a igreja isenta em Diocese estranha, a isenção n'esse caso é plena (Berardi, t. 1.°, dissert. 5.ª).

Em Portugal foram assaz numerosos os *isentos* assim estabelecidos, que apenas terminaram pela recente circumscripcão diocesana.

O abaixo assignado citará o isento do Crato com igrejas annexas, encravado na Diocese de Portalegre, concedido e mantido pelo Santo Padre Eugenio IV, Julio III e Clemente X.

A prelazia de Thomar encravada no patriarchado de Lisboa, creada e mantida como isenta pelo Santo Padre João XXII, Sixto IV, Paulo III e Julio III.

A de Villa Viçosa pelo Santo Padre Gregorio XIII e Clemente VIII.

A de Moçambique, desmembrada do Arcebispado de Goa como isenta, pelo Santo Padre Paulo V.

A de Pernambuco pelo Santo Padre Paulo V e as de Cayola e Goyaz pelo Santo Padre Bento XIV.

Mas não foram só aquelles priorados do Crato e de Thomar, como das ordens militares, que foram isentos, elles mesmos tinham freguezias tambem isentas, pertencendo-lhes em territorio de outras Dioceses e taes eram, entre outras, as freguezias das villas de Pias e Paio, S. Thiago de Santarem, Cinco Villas de Reigada e a Conceição de Lisboa, alem de outras.

No imperio austriaco, especialmente na Galicia, factos muito mais pronunciados são hoje a ordem legal ali existente. E a Igreja mantem essas differentes fórmas de ser porque a ordem ecclesiastica na regencia espiritual dos povos exige, é claro, a uniformidade de doutrinas, mas não a uniformidade de organisação. As diversidades historicas têem raizes profundas, que nem se podem extirpar, nem que podesse isso conviria; é a tradição uma das primeiras condições na vida dos povos e um dos mais fortes elementos da sua estabilidade. A Igreja, sábia e prudente, nunca desconheceu estes principios.

O Indostão póde dizer-se a região mais talhada para estas fórmas de administração, provém isso do immobilismo da sua população, procedente ou da raça ou da tradição, ou antes, de certo, de um e de outro motivo.

A Inglaterra tem ali provincias em que se dá a diversidade de jurisdicções civis, que actualmente existe nas ecclesiasticas. Verdadeiros *isentos civis*, mas que conserva porque respeitou os factos existentes, e o seu imperio não é por isso nem menos forte, nem menos prospero, nem menos bem administrado, attento o fim do estado.

Nem a sociedade civil, nem a ecclesiastica póde remodelar-se como se se fizesse de novo. Não ha hoje estados onde se faça essa experiencia.

«De même que les comtés d'Angleterre les provinces hindoues sont delimitées comme elles le furent autrefois par les guerres et les traités; elles ont gardé leur forme historique, et, si ce n'est en des rares endroits, elles n'ont pas été remaniées par les besoins de la centralisation administrative. *Enclaves* et *enclaves* de toutes *dimensions sont* éparses sur les confins des grandes provinces, qui furent des empires, ou qui sont encore des états mediatisés; il est des regions, comme le Kathyawar, le Radjpoutana, le Sirhind, le Cis-Satledj et le Trans-Satledj près de Simla, dont les cartes les plus detaillées ne peuvent representer l'entrecroisement des lignes de frontière. C'est par la tradition locale que les employés anglais ou indigènes savent quels sont leurs subordonnés; *en beaucoup d'endroits même, les villages appartiennent à deux circonscriptions différentes; ils sont fractionnés en moitiés, tiers ou douzièmes, entre les etats ou provinces limitrophes.* L'empire anglo-indien ne comprend pas l'ile de Ceylan, rattachée directement à la couronne, *mais diverses contrées situées en dehors de la peninsule Cisgangètique dépendent politiquement du Vice-Roi des Indes,* le souverain qui, après l'Empereur de Chine, commande au plus grand nombre d'hommes. C'est ainsi que la Birmanie britannique et même les iles Andaman et Nicobar font partie du *Bengale;* les agences politiques établies en diverses contrées de l'Asie antérieure, à Kélat, sur la côte persane, à Mascate, à Bagdad, à Aden et sur le littoral africain à Zanzibar, ressortissent actuellement à Calcutta.»

Esta longa passagem do geographo Elisée Reclus (l'Inde et l'Indo-Chine) diz o que já antes havia notado Malte-Brun, faz ver que o genio e caracter indostanico é adaptado a estas divisões e pequenas separações, que resistem à fusão dos tempos pelo immobilismo caracteristico, que os distingue, e que o systema pratico inglez preferiu conservar na administração civil, a destruir o estado existente. Esta consideração afigura-se ao abaixo assignado como do maior peso na doutrina que deixa sustentada. . . .

E são porventura continuas as igrejas ou Christandades nos vicariatos apostolicos de todo o mundo?

Basta lançar os olhos para o *Atlas des missions catholiques* do Rev.[do] Wener, feito sobre os documentos da Sagrada Congregação da Propaganda, para reconhecer que não, nem o poderiam ser.

O abaixo assignado, apoiando-se sobre os factos que tem exposto, conclue d'elles, que o systema proposto pelo Governo Portuguez na base segunda, ou indicado agora como complemento das Dioceses continuas contidas na proposta verbal (escripta) feita por parte da Santa Sé, ficando sujeitas a estas todas as igrejas ou Christandades ora no exercicio do Padroado Portuguez, nem contraria o direito canonico praticado nas Nações, nem o estado recebido e existente na India Ingleza, com relação á administração civil, e se o argumento para não se dar completa execução á Concordata é que á sua epocha, 1857, não se conhecia bem o estado real da India, como poderá com fundamento no Breve do Santo Padre Gregorio XVI de 1837, para um caso especial, condemnar-se ou rejeitar-se, o que é o estado civil actual na India, e desde longo tempo o estado canonico das mesmas regiões?

O Santo Padre na sua sabia mediação, que ultimamente teve logar, definiu claramente o direito. Tomou por base o direito historico—e reconheceu o valor dos factos existentes. Mas quanta differença não vae do direito historico e dos factos da Hespanha no archipelago das Carolinas, ao direito historico de Portugal e aos factos nas igrejas do Padroado da India! Aquelle foi, se muito, o direito de descobrimento; este foi o direito de missão e de conquista para o Catholicismo, sanccionado com o sangue de Portuguezes, e aos seus esforços, e unicamente a elles, devida a sua implantação e o seu progresso. Não foi e não é unicamente um titulo; foi e é um titulo e um facto.

Mas os factos actuaes não são menos eloquentes.

Todos os geographos, antigos e modernos, são concordes em reconhecer que o adiantamento do Catholicismo no Indostão foi principalmente devido á declaração do Catholicismo como Religião official nas largas possessões Portuguezas. Era ahi o nucleo que mantinha e alimentava a vasta rede das missões da India e Indo-China.

Hoje é ainda o Padroado Portuguez o maior *centro catholico* das Indias.

A população Portugueza nas suas possessões do Indostão excede a 400:000 almas e d'estas dois terços são Catholicos, diz Reclus. Esta proporção não se encontra em nenhum outro centro.

Vejam-se os dados estatisticos:

A população *só Catholica nas possessões Portuguezas* do Indostão é de 254:233 almas e em todas as igrejas Portuguezas do Indostão de 486:386 (Estatistica official de 1885).

A estatistica de Werner em pouco difere.

Para a *população Catholica só das possessões Portuguezas* a differença entre a estatistica de Werner, que é a do *Madras Directory*, e a official Portugueza, é apenas de 1:756 almas.

Ao total da população catholica das igrejas Portuguezas do Padroado das Indias deve juntar-se a população catholica de Macau, excedente em muito a 300:000 almas, segundo o mesmo Werner, o que dá uma totalidade de Catholicos nas

Igrejas actualmente do Padroado Portuguez das Indias, de cerca de 800:000 almas. Um centro assim, a Nação que o possue, não o deixa desmembrar.

Junte-se ainda, como consideração geral, a estes dados estatisticos inatacaveis, os que resultam das possessões Portuguezas só da Africa occidental 1.000:000 de catholicos, segundo o mesmo Werner, e reconhecer-se-ha que a igreja não póde nem considerar decaida a influencia Portugueza, nem querer desmembrar um estado assim importante, e o abaixo assignado notará que só se referiu á Africa occidental, ou antes aos estados Portuguezes do Governo geral de Angola, por lhe faltarem n'este momento as estatisticas necessarias com relação ás outras vastas possessões Portuguezas, tanto na Africa oriental, como ainda d'aquellas da Africa occidental que não comprehendeu.

Estes factos têem para Portugal a importancia e o valor que S. Em.ª o Cardeal Secretario d'Estado, na sua alta comprehensão não lhes negará. Um estado de desharmonia em similhante assumpto, nas relações entre Portugal e a Santa Sé, seria das mais prejudiciaes consequencias.

O abaixo assignado no seu *memorandum* de 18 de Novembro preterito, e na sua *memoria* de 20 de Dezembro, mostrou como a igreja de Goa se acha ao presente provida dos meios sufficientes para occorrer a todas as igrejas do seu Primado, qual é a importancia da dotação em bens proprios das differentes igrejas do Padroado, e quaes são alem d'isso os seus outros valores moveis e immoveis, a esses dois trabalhos aqui se refere e os considera como reproduzidos.

Mas como para Portugal a questão principal não é a do systema que haja de ser adoptado, mas do fim que mantem firme—*de não perder nenhuma das igrejas ora na sua posse e administração*—porque vae n'isso a honra e o decoro nacional, reconhecido e obtido que seja este resultado, será facil quanto á adopção do systema pratico.

Assim, o abaixo assignado entende que para Portugal póde ser adoptado como base um dos dois systemas, uma vez que em qualquer d'elles seja attendido quanto tem tido a honra de ponderar.

O abaixo assignado tem a profunda convicção que esta exposição simples e clara achará benevolo acolhimento no animo do Santo Padre.

A Igreja foi quem poz a primeira pedra fundamental do direito internacional, sustentando o fraco contra o forte, disse-o ha pouco na sua sabedoria o Supremo Chefe da Igreja! Pois que se deixe a cada um aquillo que de direito lhe pertence, sem causar embaraços aos outros, e Portugal pelo respeito d'este principio só terá mantido o seu direito sobre todas as igrejas que actualmente possue, que fundou, dotou e sustenta, e que a Concordata lhe assegurou nos termos mais explicitos.

E o respeito da Concordata n'um ponto em que a sua execução nenhuma difficuldade offerece, como fica demonstrado.

É um facto comprovado por immensas representações expontaneas das missões do Padroado, que aquellas Christandades preferem a tudo continuarem ligadas ao nome Portuguez pelas tradições dos que trouxeram os seus maiores ao gremio do Catholicismo.

Quem desconhece que é ainda hoje o nome do Grande Apostolo das Indias a maior auctoridade para as Christandades indostanicas? Os restos mortaes do Apostolo depositados em Goa são o centro da devoção d'aquelles povos, como impondo assim ás idades o respeito pela integridade d'aquella missão apostolica, creada á custa dos seus esforços. Esta devoção e este facto incontestavel representa a unidade d'aquellas christandades com o principio do Padroado.

É assim a eloquencia dos povos e a expressão da sua vontade collectiva.

Aquellas representações que por milhares têem subido ás mãos do Rei de Portugal, que são um brado e por vezes mesmo um protesto, têem a mais importante significação. Não é Portugal quem as promove e excita, é manifesto, não estão aquelles povos no seu dominio civil, é sim o estimulo tradicional, que tem uma força incalculavel nos povos religiosos.

Em que principio de justiça se poderá, pois, fundar qualquer acto de violencia, que os arranque ás suas justas tradições para os passar a jurisdicção e governo espiritual estranho, sem que para isso possa comprehender-se fim util, quando elles têem a seu favor a lei, que é a Concordata, a tradição, porque sempre assim viveram os seus maiores, e a gratidão para com Portugal, que dotou as suas igrejas e que lhes defende hoje os seus direitos!

Em similhante conjunctura a violencia feita ás consciencias lançaria a perturbação no seio das Christandades, e seria de funesta influencia na ordem civil mesmo, como já tem sido. E se a Inglaterra pelos seus tratados expressos, hoje vigentes, pelos seus actos de reconhecimento e pela tradição de seculos, que só por si constitue direito, nenhuma difficuldade cria ao pleno exercicio do Padroado, que é o facto existente, tem de certo o direito de esperar que em qualquer accordo se não faça violencia á vontade manifestada d'aquellas obedientes Christandades, quando ella propria tem maiores condescendencias na sua propria administração civil, como o abaixo assignado deixa demonstrado.

No campo do direito a recusa á exigencia de Portugal em qualquer dos dois systemas, pratico como é esse meio a todas as luzes, tenderia (o abaixo assignado no cumprimento do seu dever, deve dizel-o) a lançar na lucta religiosa um paiz essencialmente Catholico, como é Portugal, mas essencialmente patriota e zeloso da sua dignidade e do seu direito, que assim veria desprezado e abatido.

A Europa toda tem admirado com applauso a prudencia inspirada com que o Santo Padre tem sabido resolver n'um espirito de conciliação grandes questões religiosas, com paizes que não se acham no gremio Catholico; como poderá Portugal pensar que só a sua justa exigencia, reduzida a tão pouco nos termos actuaes da negociação, não encontre no Santo Padre o mesmo espirito de conciliação e transigencia, quando em nada são offendidos nem o direito, nem as boas praticas da Igreja!

Portugal, o fiel, o unico paiz que tem ainda hoje na sua constituição politica integro o principio da Religião Catholica, como Religião do Estado, teria de certo o mais fatal dos desenganos. O animo do Santo Padre, a sua admiravel previsão não o póde consentir.

Uma reflexão por ultimo.

Como será possivel, no systema opposto, resolver a grave questão dos bens e dotações das igrejas Portuguezas do Padroado, tão portuguezes, segundo o direito positivo, esses bens e essas dotações, como o são as proprias igrejas, e tão importantes e hoje plenamente conhecidos como esses valores se acham, do que Portugal possue todos os documentos juridicos necessarios, como se reconhece da memoria a que já aqui se fez referencia?!

Por outra parte o larguissimo desenvolvimento que hoje tem o seminario de Rachol, a correcção com que ahi são feitos os estudos ecclesiasticos, não deixando nada a desejar aos melhores seminarios europeus; a exacta e grave disciplina ecclesiastica que os ultimos tres Governos da Archidiocese de Goa têem estabelecido no clero, como tudo o abaixo assignado largamente mostrou no *memorandum* já citado de 18 de Novembro de 1885, que acompanhou as bases, que propoz, faz ver a esperança de uma epocha de progresso catholico nas igrejas e missões do Padroado e a boa harmonia e paz, que já ahi se vae disfructando, devido á sabia prudencia dos tres dignos e illustrados Prelados que successivamente o Governo Portuguez soube escolher e propor para governarem aquellas importantissimas Christandades.

Concluindo o abaixo assignado, tem assim exposto as rasões em que assenta o direito de Portugal e em que no mais largo espirito de conciliação e de mutuo interesse catholico, póde ser resolvida uma questão que conta tão largos annos de existencia e que, assim resolvida, pelo mutuo accordo, será mais uma das difficuldades terminada no glorioso pontificado, que hoje rege a Igreja Catholica e que tem o acatamento de toda a Christandade.=(Assignado) *João Baptista da Silva Ferrão de Carvalho Mártens.*

Memoria que o Embaixador em Roma mandou ao Cardeal Secretario d'Estado, a que se refere o officio de 13 de Março de 1886

Vicariato geral de Ceylão:

Em Ceylão o Padroado Portuguez tem presentemente as seguintes christandades ou igrejas sujeitas a um Vigario Geral Portuguez:

1.ª missão de Colombo com 560 catholicos;
2.ª missão de Negombo com 715 catholicos;
3.ª missão de Mannar com 1:058 catholicos;

Nota do Cardeal Secretario d'Es

Dalle Stanze del Vaticano, 13 Marzo 1886.—Il *memorandum* del Governo Portoghese redatto da Vostra Eccellenza e da essa comunicato al sottoscritto Cardinale Segretario di Stato, ha richiamato la più seria e matura considerazione della Santa Sede. Poichè le espressioni di riverenza e di affetto verso il Santo Padre contenute nella risposta di Sua Maestà Fidelissima alla lettera inviatagli da Sua Santità, gl'intendimenti conciliativi ai quali è ispirato il medesimo *memorandum* e lo sviluppo progressivo delle trattative, dirette a suggellare una vertenza penosa e già di troppo prolungata, sembravano predisporre l'animo in favore del desiderio espresso nello stesso *memorandum.*

D'altra parte la Santa Sede era nel dovere di esaminare colla più grave accuratezza se la sua annuenza alle proposte del Portogallo ridotte ai termini del *memorandum* fosse com-

4.ª missão de Mantote com 1:173 catholicos.

Total dos catholicos sujeitos ao Padroado em Ceylão 3:506.

Concorda Werner a pag. 26, *Colombo* e *Jaffna (Atlas des missions catholiques*, par Werner, de la compagnie de Jesus, 1886).

Vicariato geral de Bengala ou Calcutá:

Tem sujeitas ao Padroado Portugez e governadas por um Vigario Geral Portuguez 8 missões.

População catholica sujeita ao Padroado Portuguez 6:738.

É o valor dos bens d'esta missão 1.446:589 rupias, correspondente a 2.833:178 francos, segundo os respectivos inventarios.

O muito Reverendo actual Bispo de Macau, no seu officio e informação para o Governo de Portugal, de 21 de Dezembro de 1884, confirma a importantissima dotação das igrejas Portuguezas de Calcutá.

Roma, 12 de março de 1886.

---

tado ao Embaixador em Roma

Palacio do Vaticano, 13 de Março de 1886.—O *memorandum* do Governo Portuguez, redigido e communicado por V. Ex.ª ao abaixo assignado Cardeal Secretario d'Estado, tem merecido a mais seria e attenta consideração da Santa Sé. Depois das expressões de reverencia e de affecto para com o Santo Padre, contidas na resposta de Sua Magestade Fidelissima á carta que lhe havia sido dirigida por Sua Santidade, os intuitos conciliadores em que se inspira o mesmo *memorandum*, e o desenvolvimento progressivo das negociações dirigidas a terminar uma questão penosa e já por demais demorada, pareciam predispor o animo em favor do desejo expresso no dito *memorandum*.

Por outra parte a Santa Sé estava no dever de examinar com a mais seria attenção se a sua annuencia ás propostas de Portugal, nos termos do *memorandum* seriam compativeis

patibile cogli interessi religiosi e col bene delle anime, scopo principale delle attuali trattative.

Preferendosi pertanto di considerare la vertenza sotto quest'ordine d'idee, si ritiene superfluo l'esame delle ragioni canoniche e storiche addotte nel *memorandum*, e l'aggiungervi i rilievi relativi alle differenze delle situazioni, sia perchè nei precedenti documenti furono sufficientemente sviluppati, sia perchè al presente non tornerebbero di prattica utilità. Si reputa quindi più opportuno di considerare la proposta del Governo Portoghese sotto un punto di vista, che conduca ad una concreta e definitiva conclusione.

La dimanda che propone il Portogallo alla Santa Sede si è di conservare sotto il suo Patronato le Cristianità che attualmente possiède nelle Indie, e che formano gran parte delle sue glorie storiche, sicchè la Nazione Portoghese non potrebbe rassignarsi a cotesta perdita.

Or bene il Santo Padre non è alieno di proseguire nel sistema delle concessioni verso le Cristianità Portoghesi nelle Indie, e di accondiscendere ulteriormente ai desideri del Governo di Lisbona. Infatti è ben noto come già Sua Santità abbia proposto d'innalzare alla dignità di Patriarca l'Arcivescovo di Goa, e di creare tre Diocesi suffraganee da esso dipendenti, nelle quali verrebbe inchiuso un numero non indifferente di fedeli non goani, e quindi attualmente non soggetti alla giurisdizione Portoghesa. Il Patronato su queste Diocesi sarebbe esercitato esclusivamente dal Re di Portogallo.

Per tal guisa verrebbe a stabilirsi una principale provincia ecclesiastica Portoghese, che formerebbe parte della gerarchia delle Indie.

In tale stato di cose, il Santo Padre, nell'intendimento di addimostrare con pruova novella la sua deferenza per la Nazione Portoghesa, e tenendo in vista i vantaggi che dall'erezione delle tre Diocesi, e quindi dalla costituzione d'una vera provincia ecclesiastica Portoghese, potranno derivare a quei fedeli, è disposto a consentire che alcuni dei gruppi principali delle Cristianità goane, i quali non sono compresi nel progetto delle tre nuove Diocesi, possano essere subordinati

com os interesses religiosos e com o bem das almas, fim principal das actuaes negociações.

Limitando-se, portanto, a considerar a questão sob esta ordem de idéas, torna-se superfluo o exame das rasões canonicas e historicas adduzidas no *memorandum*, e ajuntar-lhe os relevos com respeito á differença das situações, já porque nos precedentes documentos foram sufficientemente desenvolvidas, já porque presentemente não teriam uma utilidade pratica. Julga por isso mais opportuno considerar a proposta do Governo Portuguez sob um ponto de vista que conduza a uma concreta e definitiva conclusão.

A proposta que Portugal faz á Santa Sé é de conservar sob o seu Padroado as Christandades que actualmente possue nas Indias, e que formam grande parte das suas glorias historicas; pelo que a Nação Portugueza não poderá resignar-se a vel-as perdidas.

Pois bem, o Santo Padre está inclinado a proseguir no systema das concessões para com as christandades Portuguezas nas Indias, e a condescender ulteriormente com os desejos do Governo de Lisboa. Effectivamente, é bem notorio como já Sua Santidade havia proposto o elevar á dignidade de Patriarcha o Arcebispo de Goa, e crear tres Dioceses suffraganeas d'elle dependentes, nas quaes seria incluido um numero não indifferente de fieis não goanos, ainda actualmente não sujeitos á jurisdicção Portugueza. O Padroado n'estas Dioceses seria exercido exclusivamente pelo Rei de Portugal.

Por esta fórma viria a estabelecer-se uma principal provincia ecclesiastica Portugueza, que formaria parte da jerarchia das Indias.

N'este estado de cousas, o Santo Padre, no intuito de dar uma nova prova da sua deferencia para com a Nação Portugueza, e tendo em vista as vantagens que da creação das tres Dioceses, e bem assim da constituição de uma verdadeira provincia ecclesiastica Portugueza, poderão advir para aquelles fieis, está disposto a consentir que alguns dos grupos principaes das christandades goanas, que não estão comprehendidas no projecto das tres novas Dioceses, possam ser

a queste, tenendosi ragione degli elementi materiali e morali di omogeneità, che ad esse meglio li assimilano.

Il Santo Padre poi nell'allargare l'orbita della giurisdizione Portoghese, nutre ferma fiducia che i Vescovi, ai quali verrano rispettivamente distribuiti i goani di gruppi indicati, saranno solleciti di provedere alla regolare organizzazione delle loro Diocesi, alla fondazione dei seminari, ed al bene di tutti i fedeli che verrano alle loro cure commessi.

Sarebbero naturalmente esclusi da tale combinazione quei gruppi secondari di goani, ai quali la Nazione Portoghese può rinunziare, senza punto menorame le sue glorie storiche, e che d'altronde per la loro distanza o per la loro lieve importanza, come anche pel tenue numero di fedeli compresivi, non potrebbero incentrarsi a quelle Diocesi, senza creare complicazioni e difficoltà.

Era poi già stabilito nel *Breve studio et vigilantia* che questi gruppi non fossero più soggetti alla giurisdizione Portoghese.

Rimane altresi inteso che la proposta della Santa Sede di nominare dentro una terna i Vescovi delle quattro Diocesi, che avrebbero contenuto un numero ragguardevole di goani non potrebbe più verificarsi in quei luoghi, che faranno parte di questa nuova combinazione, mancando per tal guisa il supposto della concessione, cioè la tutela degli interessi Portoghesi.

Il sottoscritto Cardinale Segretario di Stato, nel participare a Vostra Eccellenza le benevole disposizioni di Sua Santità, nelle quali il suo Governo non mancherà certamente di ravvisare in modo particolare quello spirito di pace e di conciliazione che informa gli atti del Sommo Pontifice, la interessa vivamente a sollicitare dal suo Governo le opportune istruzioni, perchè sulle basi indicate possa conchiudersi un sollecito e definitivo accordo.

Profitta poi lo scrivente stesso di questo incontro per confirmare all'Eccellenza Vostra i sensi della sua più distinta considerazione.=*L. Cardinale Jacobini.*

subordinados a estas, tendo-se em attenção os elementos materiaes e moraes de homogeneidade, que mostrem que ficaram assim melhor reunidos.

O Santo Padre, pois, alargando a orbita da jurisdicção Portugueza, nutre a firme esperança de que os Bispos, a quem forem respectivamente distribuidos os goanos dos grupos indicados, hão de ser solicitos em providenciar á regular organisação das suas Dioceses, á fundação dos seminarios e ao bem de todos os fieis confiados aos seus cuidados.

Serão naturalmente excluidos d'esta combinação aquelles grupos secundarios de goanos, aos quaes a Nação Portugueza póde renunciar sem em cousa alguma diminuir as suas glorias historicas, e que de outra fórma pela sua distancia e pela sua pouca importancia, como tambem pelo pequeno numero de fieis que comprehende, não poderiam concentrar-se n'aquellas Dioceses sem crear complicações e difficuldades.

No Breve *Studio et vigilantia* já se havia estabelecido que estes grupos não fossem mais sujeitos á jurisdicção Portugueza.

Fica, outrosim, entendido, que a proposta da Santa Sé, de nomear dentro da lista triplice os Bispos das quatro Dioceses, que contiverem um numero consideravel de guoanos, não poderá mais verificar-se n'aquelles logares, que farão parte d'esta nova combinação, visto faltar por esta fórma o fundamento da concessão, isto é, a tutela dos interesses Portuguezes.

O abaixo assignado, Cardeal Secretario d'Estado, ao dar conhecimento a V. Ex.ª das benevolas disposições de Sua Santidade, nas quaes o seu Governo não deixará por certo de reconhecer de um modo particular aquelle espirito de paz e de conciliação, que distinguem os actos do Summo Pontifice, interessa-se vivamente em que V. Ex.ª solicite do seu Governo as convenientes instrucções, a fim de que sobre as bases indicadas possa concluir-se um prompto e definitivo accordo.

O que esta escreve aproveita esta occasião para confirmar a V. Ex.ª os sentimentos da sua mais distincta consideração.=*L. Cardeal Jacobini.*

Resposta do Embaixador em Roma á nota do Cardeal Secretario d'Estado

Roma, 15 de Março de 1886.—O abaixo assignado Embaixador de Sua Magestade El-Rei de Portugal, recebeu a nota de S. Em.ª o Cardeal Secretario d'Estado Jacobini, com data de 13 do corrente mez de Março, acompanhada da resposta ao *memorandum* do abaixo assignado, de 15 de Fevereiro preterito.

O abaixo assignado, tendo de enviar ao Governo de Sua Magestade a mencionada resposta, carece, para que possa ser apreciada pelo mesmo Governo, de pedir a S. Em.ª alguns esclarecimentos, que o referido documento não contém, e que são indispensaveis, para que bem possa ser comprehendido.

Dois são os pontos fundamentaes da nova proposta:

1.º Que ás Dioceses concordatarias, já convindas, alem das Christandades continuas, comprehendidas na anterior proposta da Sante Sé, fiquem pertencendo os grupos de Christandades importantes, ora pertencentes ao Padroado, mas que, todavia, d'essa sujeição sejam excluidos alguns pequenos grupos secundarios de goanos, a que a Nação Portugueza possa renunciar, sem em nada diminuir a sua gloria historica, e que por outra parte, pela sua distancia e pela insignificante importancia, como igualmente pelo tenue numero de fieis não poderem ligar-se áquellas Dioceses, sem crear complicações e difficuldades.

2.º Que se altere a concessão já feita pela Santa Sé e acceita pelo Governo Portuguez, quanto á fórma da apresentação dos respectivos Bispos para as quatro Dioceses, que o Santo Padre se propõe erigir em Bombaim, Mangalor, Quilon e Maduré, concessão que, solemnemente, consta da carta de Sua Santidade a El-Rei de Portugal.

Não cabe nas faculdades do abaixo assignado resolver sobre o assumpto da referida nota, mas, para esclarecer o seu Governo, deve ponderar que, não lhe tendo sido dito cousa alguma na ultima audiencia de S. Em.ª o Cardeal Secretario d'Estado sobre este segundo ponto, acceito como estava desde o começo da negociação, não é sem surpreza que o vê agora posto em duvida, quando nenhuma duvida deixa sobre elle, nem a primeira proposta recebida, nem a ampla e solemne carta de Sua Santidade a Sua Magestade El-Rei de Portugal, na qual aquella concessão clara e explicitamente se acha exarada.

Era essa concessão em substituição da base 4.ª, proposta pelo Governo de Portugal, e essa base era fundada no direito certo do artigo 14.º da Concordata de 21 de Fevereiro de 1857, que assim ficava satisfactoriamente substituida.

O abaixo assignado deve ponderar que, se as concessões, solemnemente offerecidas e acceitas de parte a parte, se podem assim retirar, a negociação estará indefinidamente em começo.

O Governo Portuguez não altera cousa alguma d'aquillo em que conveiu.

Firme no direito, e, alem do direito, na rasão, só tem sustentado no mais largo principio de conciliação, e com evidente abnegação, o que é essencialmente pratico n'um tratado vigente, que ligou a fé de ambas as partes concordantes.

Tendo Portugal, segundo os expressos termos do artigo 14.º da Concordata, direito exclusivo á creação de todas as Dioceses que fosse mister crear na India Ingleza, acceitou, como compensação d'esse direito, o direito honorifico da apresentação nas quatro futuras Dioceses já referidas, pela fórma por que o Santo Padre o disse a El-Rei de Portugal.

Mas mais do que isto.

Na ultima audiencia que Sua Santidade teve a benegnidade de conceder ao abaixo assignado, o Santo Padre indicou as mesmas difficuldades que agora se offerecem quanto ás Christandades pouco importantes em população e dispersas longe dos centros das Christandades goanas, exactamente nos mesmos termos agora constantes da nova proposta. N'essa occasião Sua Santidade, enumerando a importancia das concessões feitas a Portugal na nova negociação, exaltou principalmente a manutenção do principio do Padroado ao Rei de

Portugal para as quatro Dioceses indicadas, pela escolha e apresentação que lhe era reservada no *terno*.

Era o preito, no animo largo do Santo Padre, prestado aos serviços por Portugal feitos ao Catholicismo, como nunca se fizeram, nem farão outros!

Foi tão pronunciada a apreciação do Santo Padre sobre a importancia d'esta concessão ou reconhecimento, todo da pura iniciativa de Sua Santidade, e tão accentuado o vivo reconhecimento do abaixo assignado que, sobre a sua exactidão, o espirito do abaixo assignado não póde hesitar.

Foi largo o pensamento do Supremo Chefe da Igreja para com o Reino Fidelissimo, tão largo quanto em tudo e sobre tudo são largas e paternaes as suas vistas, e é efficaz a sua vontade energica.

Com relação ao outro ponto o abaixo assignado pondera a S. Em.ª o Cardeal Secretario d'Estado que, não se dizendo quaes são as igrejas de que se pretende que Portugal faça sacrificio, impossivel é de ser apreciado pelo Governo Portuguez o sentido e o alcance da proposta.

Para que a negociação, pois, possa progredir no mesmo espirito de franqueza e de conciliação, com que tem sido conduzida, o abaixo assignado pede a S. Em.ª o Cardeal Secretario d'Estado as explicações a que acaba de referir-se, para poder, como lhe cumpre, informar o seu Governo.

Por ultimo o abaixo assignado deve notar aqui que, em muitas conferencias, lhe foi dito por S. Em.ª o Cardeal Secretario d'Estado, que as igrejas de Malaca e Singapura seriam annexadas á Diocese de Macau, considerando por isso o abaixo assignado esse como um ponto convindo e acceito.

O abaixo assignado aproveita esta occasião, etc.=*João Baptista da Silva Ferrão de Carvalho Mártens.*

Memoria do Embaixador em Roma ao Cardeal Secretario d'Estado

Roma, 25 de Março de 1886.—Com data de 12 do corrente mez de Março o abaixo assignado, Embaixador Extraordinario de Portugal, teve a honra de enviar a S. Em.ª o Cardeal Secretario d'Estado uma memoria especial com relação ás condições dos dois vicariatos geraes de Colombo e de Calcutá. Referindo-se ao de Calcutá dizia ahi o abaixo assignado:

«Este Vicariato Geral tem sujeitas ao Padroado e governadas por um Vigario Geral Portuguez oito missões. População Catholica sujeita ao Padroado Portuguez 6:738. É o valor dos bens d'esta missão 1.416:582 rupias, correspondente a francos 2.833:178, segundo os respectivos inventarios. O muito Reverendo actual Bispo de Macau, no seu officio e informação para o Governo Portuguez de 21 de Dezembro de 1884, confirma a importantissima dotação das igrejas Portuguezas de Calcutá.»

Em 15 d'este mesmo mez teve o abaixo assignado a honra de receber de S. Em.ª o Cardeal Secretario d'Estado a nota com data de 13, a que respondeu em 15.

Na mencionada nota de S. Em.ª, com relação á designação das Christandades, encontra-se o seguinte:

«Sarebero naturalmente esclusi da tale combinazione quei gruppi secondari di goani, ai quali la Nazioni Portughese può renunziare, senza punto menonare le sue glorie storiche, e che d'altronde per la loro distanza o per la loro lieve importanza, come anche pel tenue numero di fedeli compressivi, non potrebbero incentrarsi a quelle Diocesi, senza creare complicazioni e difficultà.»

Na audiencia especial do dia 17, discutindo o abaixo assignado sôbre os diversos pontos da nota de 13, uma parte da discussão versou sobre aquella declaração.

É a memoria do abaixo assignado, que havia ficado entendido, que similhante declaração não comprehendia o Vicariato Geral Portuguez de Calcutá, não tendo havido o mesmo accordo com relação a Ceylão. Não conservando, porém, S. Em.ª o Cardeal Secretario d'Estado igual reminiscencia, o abaixo assignado julga do seu dever juntar aqui os seguintes esclarecimentos, que provarão que, dando-se á nota de 13 do corrente mez a intelligencia leal e obvia, que a similhantes documentos se deve juntar, seria impossivel conceber-se que o Governo Portuguez, nas condições da Concordata vigente, e n'aquellas em que felizmente se acha a presente negociação, podesse prescindir da conservação d'aquelle ainda hoje importantissimo vicariato geral, n'uma das principaes cidades das terras onde Portugal levou o primeiro a civilisação Christã.

A sua perda pela importancia proporcional do centro Portuguez ali, e pela grandeza ainda da sua dotação em bens Portuguezes, como resumidamente vae indicar, de certo não cabe n'aquellas palavras do Santo Padre que o abaixo assignado aqui repete «e per la loro lieve importanza, come anche pel tenue numero di fedeli compressivi...».

O Vicariato Geral Portuguez de Calcuttá comprehende, como o abaixo assignado deixa dito, 8 missões ou igrejas, Boytakannah (Nossa Senhora das Dores), na cidade, com escola moderna, denominada de S. João Chrysostomo, comprehendendo instrucção primaria e secundaria, e duas escolas dominicaes; nos suburbios de Calcutá as igrejas de Chinsurah (orago, Jesus Maria José) e a de Bandel (Nossa Senhora do Rosario) proximas, com escolas frequentadas por 120 alumnos, e ainda que, por ser doentio o sitio, a população fixa tenha diminuido n'esta ultima, é todavia grande ali a concorrencia dos christãos de Calcutá e immediações, como santuario celebrado entre aquelles povos. Na estatistica impressa que acompanhou a nota de S. Em.ª o Cardeal Secretario d'Estado de 8 de Junho de 1885, diz-se que esta igreja é riquissima.

Em Daka, a pouca distancia, a NE. de Calcutá sobre as margens do rio, as missões, todas ellas muito proximas entre si, de Daka (Nossa Senhora da Piedade), de Tesgão (Nossa Senhora do Rosario), de Nagory (S. Nicolau), de Hosnabad (Nossa Senhora do Rosario), esta com muitas aldeias christãs dependentes, constituindo ella só uma muito importante população catholica de 3:381 almas; e finalmente Shibpur (Nossa Senhora da Guia), com uma população christã de cerca de 1:000 almas, e todas estas igrejas com escolas. A distancia maxima entre estas 5 importantes missões é de poucas milhas, como se vê da grande carta da provincia ingleza e dos mappas especiaes de Reclus. A estas Christandades reunidas dá a estatistica Portugueza, como o abaixo assignado já notou, 6:738 almas, e a já citada estatistica que acompanhou a nota de S. Em.ª de 1885, referindo-se a esta missão de Daka, diz *que é rica.*

Werner, referindo-se á circumscripção civil de Daka, dá-lhe uma população civil approximada de 20:000 almas, das quaes 10:000 catholicos, termos redondos. N'essa mesma circumscripção a parte de população christã Portugueza é de 6:036 almas, conforme o annuario official do Arcebispado de Goa, d'onde se vê que Portugal tem n'aquella circumscripção civil a maioria da população catholica, sendo assim o Portuguez o maior grupo, pois que o grupo não sujeito ao Padroado é apenas de 3:964 almas. A estes algarismos, que constam dos documentos officiaes e publicos, que para serem recusados é necessario que sejam refutados, deve o abaixo assignado juntar, que ainda os seus calculos são inferiores aos factos, porque em documentos geographicos são dadas ás Christandades Portuguezas de Bengala 8:000 almas; mas como o abaixo assignado não tem á mão esses documentos, por isso se refere unicamente ao que póde comprovar.

Ainda outra ordem de factos. Lendo-se a obra recente do Barão de Hubner, vê-se que, atravessando o grande imperio das Indias, confessa que os Portuguezes (ou goanos) formam ainda hoje o *nucleo* da população indigena christã no Indostão. E referindo-se a Goa chama-lhe a capital do mundo catholico indiano.

O abaixo assignado pondera que o respeitavel missionario, hoje Prelado de Macau, officiando para o Governo de Portugal em 21 de Dezembro de 1884 sobre os assumptos do Padroado, e referindo-se ao Vicariato Geral de Calcutá, diz que é elle indispensavel ao Padroado, fazendo ver que é o mais rico de quantos ali possue a Corôa de Portugal. A sua dotação em valores reaes, segundo os inventarios depois feitos, dão-lhe, como fica dito, um valor em rupias de 1.416:589, correspondente a 2.833:178 francos. De todos os bens d'estas igrejas e seus valores foi feita doação a Portugal, em fórma legal pelos religiosos da Ordem Augustiniana que as fundou, cujos processos o abaixo assignado viu, e existem consultados no Ministerio do Ultramar.

O actual Arcebispo de Goa, informando largamente ó Governo de Portugal sobre os negocios do Padroado em officio de 19 de Junho de 1884, diz o seguinte:

«Posso affiançar que nos Vicariatos Geraes de Malaca, de Ceylão, de Bengala, de Madrasta (pertencentes ás Dioceses suffraganeas), do N. de Bombaim, do S. ou Canará e dos Gattes (pertencentes á Archidiocese) não tem havido desde a minha chegada ás Indias Orientaes uma unica questão de jurisdicção entre mim e os Vigarios Apostolicos respectivos.»

Em vista do exposto o abaixo assignado tem a persuasão de que o espirito de conciliação e de justiça para com a Nação Portugueza, que deu as Indias ao Christianismo, espirito que inspira sempre as largas idéas do Santo Padre, não deixará de dar áquella declaração tão recente a intelligencia juridica que o abaixo assignado acaba de lhe dar, e que está bem seguro que nenhum jurisconsulto lhe recusará.

O abaixo assignado não trata aqui dos outros assumptos a que se refere a nota de S. Em.ª o Cardeal Secretario d'Estado de 13 do corrente, porque a elles se referiu a nota do abaixo assignado de 15, e porque sobre elles estão versando as conferencias.═(Assignado) *João Baptista da Silva Ferrão de Carvalho Mártens.*

Proposta verbal do Cardeal Secretario d'Estado ao Embaixador em Roma

Roma, 15 Avril 1886.—S. Em^ce^ le Cardinal L. Jacobini, Secrétaire d'État de Sa Sainteté, ayant fait savoir à S. Ex^ce^ l'Ambassadeur de Portugal que le Saint-Siége consent à ajouter certains groupes de paroisses et de chrétiens à Bombay, dans les Vicariats Apostoliques de Mangalore, de Quilon et du Maduré, aux concessions dejà faites précédemment au Gouvernement Portugais précise quels peuvent être ces groupes.

On peut laisser au Patronage Royal du Portugal les églises, chapelles et établissements dont le clergé goanais est actuelement en jouissance dans la ville de Bombay, les quels sont, d'aprés *l'annuario* même de Goa pour l'année 1884.

	Population catholique
1° *Mazagão:* Nossa Senhora da Gloria, avec une chapelle dédiée à S. Francisco Xavier à Colaba, une école et un hospice	200
2° *Dabul:* S. Francisco Xavier................	10:000
3° *Cavel:* Nossa Senhora da Saude, avec une chapelle dédiée à Nossa Senhora das Dores à Sanapoor...........................	132
4° *Mahin superior:* S. Miguel, avec une chapelle dédiée à Nossa Senhora do Bom Conselho à Sião, et une école....................	1:817
5° *Mahin inferior:* Nossa Senhora da Salvação, avec deux chapelles, l'une située à Matrenga, l'autre à Parel, un collège de garçons et une école de filles.......................	3:000
	15:149

D'où résulte que le Diocèse de Damão (Daman), se composera comme il suit:

1° Des villes et territoires Portugais de Daman et Diu.

2° La partie du district anglais de Broach et qui est située au S. du fleuve Narbudda, le district de Surat.

3° Le district anglais du Konkan septentrional avec l'ile de Salsete, à l'exception des églises et paroisses *entières* de *Maroly* et de *Maney* dans l'ile de *Trombay*, de *Bandora, Juvem, Condotim* et *Culvem* dans l'ile de Salsete, qui seront intégralement unies au Diocèse de Bombay.

4° Les églises, chapelles et établissements ci-dessus indiqués dans la ville de Bombay.

En retour les églises et paroisses de Surat et Bulsar, qui appartiennent actuellement à la juridiction du Vicaire Apostolique, mais qui avaient été comprises dans la concession précédente, devraient être maintenues dans le Diocèse de Bombay.

Par suite de cette nouvelle combinaison, le futur Diocèse de Damão (Daman) comprendra, outre les territoires Portugais de Daman et Diu.

	Population catholique
1° Dans le *varado* de Salcette, églises, chapelles et paroisses, 21	14:620
2° Dans le *varado* de Baçaim, églises, chapelles et paroisses, 10	15:001
3° Dans la ville de Bombay, églises, chapelles et paroisses, 10	15:149
	44:770

Resteront soumis à la juridiction du Vicaire Apostolique de Bombay les églises, chapelles, paroisses, et établissements de tout genre, situées dans la même circonscription et dont voici la nomenclature:

1° Dans la ville de Bombay, les églises, chapelles et paroisses du Mont Carmel, la cathédrale de Nossa Senhora da Esperança, la chapelle de S. José à Omercarry, celle de Santa Thereza à Girgaum, de Santo Ignacio à Mandari, de S. José à Grant Road, celle de la station militaire à Upper Colaba, l'église de Nossa Senhora do Rosario à Mazagon, avec les chapelles de S. José à Parell, de Sant'Anna à Byculla, et l'église de Nossa Senhora das Victorias a Upper Mahim avec la chapelle de S. Francisco d'Assis à Lower Mahim.

2° Dans l'île de Trombay les églises et paroisses de l'une et l'autre juridiction à Moraly et à Maney.

3° Dans l'île de Salcette, les églises, paroisses et établissements de l'une e de l'autre juridiction, savoir: *Bandora, Jurem, Condotim* et *Culrem*.

4° Dans le district de Surat, les églises et paroisses de Surat et Bulsar.

5° Dans la ville de Bombay, le collège de S. Francisco Xavier, le séminaire episcopal, Saint Mary's College à Mazagon, Nesbit lane; les couvents des religieuses de Jesus Maria à Parell, à Mazagon, au fort, à Parell; le couvent du Sacré-Coeur à Mahim; Saint Joseph's Foundling Home, Mount Road, Saint Vincent Home dans le même lieu; Saint Elisabeth Widow's Home.—Dans l'île de Trombay *The Allblen Leper home et Saint John of Beverley's deaf-mute institution.*

Dans l'île de Salcette à Bandora: Saint Stanislao's institute, Saint Joseph's convent.

Enfin les écoles élémentaires et a autres sociétés ou instituts pieux fondés à Bombay.

On pourra ajouter à l'Archidiocèse un groupe pris dans le Vicariat Apostolique de Mangalore comprenant le territoire du district anglais du Canara septentrional; savoir les églises et paroisses suivantes, soit de l'une, soit de l'autre juridiction.

		Ames
1° *Sadashigor*....	juridiction de l'Archevêque..	1:200
	juridiction du Vicariat Apostolique..................	426
2° *Sunkerry*, juridiction du Vicariat Apostolique.		720
3° *Karwar*, juridiction de l'Archevêque.........		669
4° *Ankola*, id., avec les villages de Bingi, Chindiem, Balligully, Yellapoor....................		1:200
5° *Sirsy*, id....................................		292
6° *Honowar*, id., avec les villages de Kiraly, Bateul et Ferguembat...................		2:593
7° *Chanpowa et Compta*, id..................		1:618
8° *Gulmuna*, id., avec les villages de Sounxim, Mounkim et Boitur.....................		1:110
		9:828

De sorte que l'Archidiocèse de Goa comprendra le territoire Portugais de Goa et le district anglais du Canarà septentrional.

On pourrait ajouter aux paroisses désignées pour ce Diocèse de Cochin un groupe d'églises et de paroisses prises dans le Vicariat Apostolique de Quilon et appartenant déjà à la juridiction extraordinaire de l'Archevêque de Goa.

Mais avant de procéder à la determination de ce groupe, il paraît nécessaire de faire une correction aux propositions déjà faites au Portugal.

Quand on fixa le territoire et les paroisses, qui pourraient être assignées au Diocèse de Cochin, on ne possédait pas les renseignements nécessaires pour distinguer les paroisses du rite latin de celles du rite syriaque, qui étaient situées dans le dit territoire, de sorte que, sans le savoir, à l'exception d'une seule (Cadaturutti, ont été mêlées les unes aux autres, et composé ainsi la liste de trente et une (31) paroisses. Mais les renseignements dernièrement connus constatent que dans la liste susdite il existe douze noms de paroisses du *rite syriaque*. Et par contre il en resulte que la population catholique des paroisses *latines* restantes est supérieure à celle qu'on avait attribuée, approximativement à l'ensemble des paroisses de la liste primitive: dans celle-ci, en effet, la population catholique est estimée à 40:000 ou 45:000 âmes, tandis que celle des seules paroisses latines elle s'élève à 45:910 âmes, savoir:

		Nombre d'âmes
1° Cochin		4:500
2° Mattancherry.	juridiction de l'Archevêque...	1:180
	juridiction du Vicariat Apostolique	2:500
3° Amarabadi...	juridiction de l'Archevêque..	380
	juridiction du Vicariat Apostolique	1:200
4° Pallurutti, Vicariat Apostolique		2:495
5° Idacochi, Aruz, Punuguto, et Perunpadippu..		4:358
6° Manasherry, Saint-Louis		3:294
		19:607

		Nombre d'âmes
	Report......	19:607
7° Manasherry, Saint-Michael		1:272
8° Caunnamalé		1:321
9° Candacadovus		1:692
10° Combalanguy		1:824
11° Chellanam, Saint-Sebastien		1:995
12° Chellanam, Saint-George		652
13° Pollitodu		972
14° Truvinc.....	juridiction du Vicariat Apostolique	587
	juridiction de l'Archevêque..	294
15° Manacudam et Torcuar		1:224
16° Pallipuram		3:152
17° Bendurti et Iwere		2:057
18° Tangui		1:764
19° Arthungal, Saint-George		984
20° Arthungal Saint-Andrew et Maravicolom et Chetti		5:223
21° Mararicolam (juridiction de l'Archevêque de Goa		1:190
		45:810

A ce nombre on pourrait ajouter les paroisses suivantes:

		Ames
1° Kattus, juridiction de l'Archevêque		3:121
2° Aleppi.......	juridiction de l'Archevêque..	561
	juridiction du Vicariat Apostolique	1:216
3° Vattalunyal, juridiction de l'Archevêque		1:607
4° Pungara, juridiction du Vicariat Apostolique..		857
5° Tumboly......	juridiction de l'Archevêque..	1:333
	juridiction du Vicariat Apostolique	421
		9:116
		45:810
		54:926

S'il y a donc dans cette nouvelle liste quelques paroisses de moins que dans la précédente, le nombre des chrétiens y est supérieur, et on a lieu à espérer que, en cette considération, le Gouvernement Portugais l'accepterait. Au surplus, il y a telles des chapelles vicariales mentionnées avec les paroisses, qui équivalent à des vraies paroisses.

Cette rectification accomplie, on désignerait le groupe suivant de paroisses du Vicariat Apostolique de Quilon qu'il est possible d'ajouter au Diocèse de Cochin. Ce sont 6 paroisses dans lesquelles existe seule, à présent même, la juridiction de l'Archevêque de Goa.

	Âmes
1° Aravol	930
2° Caringolam	2:728
4° Puntorré	1:333
4° Tüttur	2:531
5° Walliatorri	1:428
6° Velly	1:145
	10:095

De sorte qu'avec cette addition le Diocèse de Cochin compterait finalement 66:126 chrétiens.

Meliapour:

D'après les propositions qui ont été faites précédemment au Portugal, ce Diocèse doit se composer de deux portions. La première comprendrait, dans le Vicariat Apostolique de Madras, les églises et paroisses de l'une et de l'autre juridiction situées dans la ville de *Saint-Thomé,* ou *Monte Saint-Thomás,* à *Palavaram, Covelunq, Chinglepett;* elle aurait pour limites: à l'E., le golfe du Bengale; au N. les routes appelées *Edward Elliot Road* et *Saint-George's Cathedral Road;* à l'O., la route qui conduit de Madras à Conjeveram jusqu'au fleuve Pâlar; au S. le fleuve Pâlar jusqu'à la mer. La seconde dans le Vicariat Apostolique du Maduré, comprendrait les églises, paroisses et chrétientés de l'une e de l'autre juridiction, situées dans les districts de Tanjore, Rigapatam, et

Manargudi; elle aurait pour limites: à l'E. le golfe de Bengale: au N., les rivières nommées *Vetlar* et *Vemar;* à l'O. et au S., les limites des districts de Tanjore, Manargudi et Negapatam comme il est dit ci-dessus.

La population totale serait de 26:000 âmes. A ce nombre on pourrait ajouter le groupe des églises et paroisses du Bengale, composé de 6:517 âmes. Outre çà on y pourrait comprendre la population des chrétientés qui appartiennent uniquement à la juridiction de l'Archevêque de Goa, dans le Vicariat Apostolique du Maduré, et de cette façon rendre possible l'administration soit à l'evèque de Meliapour, soit au Vicariat Apostolique.

	Population catholique
1° Mulciudi	110
2° Cuttapul	225
3° Ittanarupatti	93
4° Xilucottei	120
5° Mikudi	102
6° Puttur	135
7° Letchampatti	77
8° Kumbacudi	90
9° Arosapatti	185
10° Terapalaim	210
11° Vadakêpatti	72
12° à 15° Quatre villages innommés	270
16° Semmangalam	135
17° Mauyotadampatti	165
18° Ruttedipati	453
19° Multandipatti	192
20° Karupupatti	166
21° Alangapatti	187
22° Sambattividudi	75
23° Pandayakottei ou Pandukottei	192
24° Rayazādapuram	130
25° Mandimangalam	105
	3:489

	Population catholique
Report......	3:489
26° Palänganaltam..........................	74
27° à 32° Cinq villages innommés.............	132
33° Kotteyr..............................	125
34° Singalatcherry.........................	897
35° Ultamapaliam..........................	780
36° Multepatti............................	295
37° Pudupatti............................	105
38° Iagapatti............................	458
39° à 41° Trois villages innommés	73
42° Senganam............................	130
43° Ponanendel...........................	27
44° Sanaven.............................	71
45° Prandavayel..........................	74
46° Anchicottei..........................	97
47° Karkulucudi..........................	90
48° à 70° Vingt trois villages innommés........	782
71° Cucurruni............................	93
72° Vandakelur	75
73° Kolanatti	77
74° Carucatorcudi.........................	203
75° Vadakêpatchei.........................	69
76° à 168° Quatre vingt treize villages innommés .	3:218
169° Rolacaltupatti........................	68
170° Panungudi	263
171° Candipatti	70
172° à 175° Quatre villages innommés	84
176° Mukkur	722
177° Pannatar............................	169
178° Muttupetah..........................	490
179° et 180 Deux villages innommés	27
181° Environs de Suzānam	168
182° Vaipar	490
183° Supi ou Choupicolam...................	555
	14:650

	Population catholique
Report......	14:650
184° et 185° Deux villages innommés..........	105
186° Pallacail ou Paddcacail....................	450
187° Mukani................................	222
188° Sendaonangalam	167
189° Gurdalle..............................	518
	16:112

En resumé avec ces nouvelles concessions le Diocèse de Saint-Thomé de Meliapour comprendrait:

	Ames
1° La composition primitive..................	26:000
2° Les églises et paroisses du Bengale	6:517
3° Les églises uniquement de la juridiction de l'Archevêque..............................	16:112
	48:629

N. B. Malaca e Singapura serão reunidas á Diocese de Macau.

O Santo Padre mantem a concessão da carta a El-Rei, para a proposta na lista triplice das quatro Dioceses referidas, que serão creadas.

Officio do Embaixador em Roma ao Ministro dos Negocios Estrangeiros

Roma, 19 de Abril de 1886.—Illmo e Exmo Sr.—Tenho a honra de enviar a V. Ex.ª o resultado do estudo a que procedi sobre a proposta feita pelo Cardeal Secretario d'Estado na conferencia de 15, de que enviei copia a V. Ex.ª com o meu officio de 16.

Seguirei a ordem das propostas e em cada uma d'ellas a ordem do seu desenvolvimento.

I. Diocese de Damão e titular de Cranganor:

1.º Comprehende, em territorio Portuguez, Damão com 3 freguezias e 1:561 almas.

Diu com 2 freguezias e 335 almas; total da população catholica em territorio Portuguez 1:896 almas, segundo o *Annuario do Arcebispado de Goa* e das missões do Real Padroado Portuguez na India do anno de 1885, que seguirei n'este exame.

Fóra do territorio Portuguez na India Ingleza, comprehende:

Todas as igrejas actualmente do Padroado na cidade e ilha de Bombaim e são 5 com todas as suas capellas dependentes.

População catholica segundo o annuario 16:547.

Todas estas igrejas são bem dotadas, sendo a de Mahim inferior a mais bem dotada. Segundo o inventario impresso, a sua dotação é de 678:412 rupias (Nossa Senhora da Salvação e 2 confrarias).

2.º A parte do districto inglez de Broach, que fica situada ao S. do rio Nerbuda e o districto de Surat.

No districto de Broach o Padroado não tem actualmente Christandades; as que ali ha estão sujeitas á propaganda.

O mesmo succede no districto de Surat:

Surat e Broach ficam na costa ao N. de Damão, servidos pelo caminho de ferro que de Bombaim segue a costa para o N.

Esta cedencia ao Padroado fez-se pelo facto da proximidade e por ficar contínuo.

3.º O districto inglez do Konkan septentrional.

O Konkan septentrional segue immediatamente ao S. de Bombaim, cortado pelo caminho de ferro que depois se interna.

A ilha de Salsete, exceptuadas as Christandades que vem designadas.

Essas Christandades, que ficam exceptuadas, são as seguintes:

Marolis é actualmente da propaganda; Maney é da propaganda, tem só uma familia Portugueza.

São ambas na ilha de Trombay e ahi o Padroado não tem Christandades.

Bandorá é uma circumscripção; o Padroado tem ahi uma igreja e capellas annexas com bens.

A propaganda tem uma igreja, escola de orphãos e um convento, 1:200 Catholicos.

É população mixta do Padroado e da Propaganda.

Juvem pertence á Propaganda.

Condolim ou Condal pertence á Propaganda, tem ali uma igreja e capella annexa; Culvem tambem pertence á Propaganda.

O Padroado tem ali Goray, proximo d'aquellas, mas essa fica ao Padroado com o resto da ilha.

Vê-se, pois, que da ilha de Salsete as igrejas que ficam á Propaganda são as que já lhe pertenciam, nos termos que deixo dito

Na proposta faz-se uma rectificação á proposta anterior com relação ás igrejas de Surat e Bulsar. Estas igrejas são da Propaganda, não são importantes, e é um mesmo parocho que as administra.

O varado de Salsete, em Bombaim. Fica todo ao Padroado com as igrejas Portuguezas que actualmente tem, e são 25.

As que são exceptuadas já pertencem á Propaganda.

População catholica do Padroado, segundo o *Annuario de Goa*, 22:314 almas, mais do que vem indicado na proposta, ou porque n'esta se tomasse por base o *Annuario* de 1884, ou outras quaesquer estatisticas privativas da Propaganda.

O varado de Baçaim fica todo pertencendo ao Padroado.

São ali 10 as igrejas com uma população de 17:119 Catholicos.

Não são comprehendidas as 3 igrejas de que se compõe o varado de Poonah, sito a SE. de Bombaim, ao centro, mas servido por caminho de ferro.

Devo notar que a christandade da igreja de Poonah (Nossa Senhora da Conceição) é populosa (1:920 almas), e tem a escola D. Ayres de Ornellas, fundada por subscripção publica em 1882, para perpetuar a memoria d'este illustre Prelado.

Total da população catholica, de que ficará composto o Bispado de Damão, segundo a estatistica do *Annuario* citado:

Bombaim, todas as 5 igrejas que ahi tem o Padroado 16:547.

Varado de Salsete 22:314.

Varado de Baçaim 17:119.

Damão 1:561.

Diu 335.

O que dá um total de população catholica para esta Diocese de 57:876, não contando a população catholica que pertencer a Broach e Surat.

Póde dizer-se que se acha assim comprehendido todo o grande grupo de Bombaim, formando-se uma grande Diocese quasi continua.

A differença a mais de população que aqui fica computada provém da differença do *Annuario de Goa* de 1885, e de contar a população de Damão e Diu.

Fica analysada, tanto quanto posso, a Diocese proposta de Damão.

As igrejas n'esta vasta Diocese, vê-se dos inventarios, são todas regularmente dotadas, havendo algumas que têem muito importante dotação, como deixo notado.

Terminada assim a apreciação das christandades que ficam compondo a Diocese de Damão e Cranganor, diz-se na proposta quaes são as christandades e estabelecimentos que ficarão pertencendo á Propaganda.

Todas as igrejas e estabelecimentos ahi comprehendidos sob os n.os 1 e 5 já são hoje da Propaganda.

Com relação aos outros numeros já fica explicado.

Quanto á Archidiocese de Goa, junta-se-lhe na proposta todo o alto Canará, que confina com o territorio Portuguez na linha S. sobre a costa.

Aqui a idéa predominante foi não alterar a continuidade e por isso passam para a Diocese de Goa muitas christandades, hoje do vicariato apostolico de Mangalor, que é aquelle a que o Canará pertence.

Como é sabido, desde o golfo de Cambaya, atè ao cabo

Comorim, ha os vicariatos apostolicos de Bombaim, e abaixo de Goa, os de Mangalor, de Verapoly e de Quilon (Coulão).

A união integral que se propõe á Archidiocese de Goa de todo o Canará septentrional, como jurisdicção continua considero-a conveniente.

O Canará está dividido em quatro varados Portuguezes, dois comprehendidos no Canará do N. confinante com o territorio de Goa, e dois no Canará do S.

O Canará do N. comprehende nos dois varados de Sadashigor e de Honowar 7 christandades sujeitas ao Padroado e algumas á Propaganda; todas ficam agora sujeitas a Goa.

Pelo *Annuario de Goa*, não comprehendendo as igrejas da Propaganda que passam para o Padroado, dá um total de 10:486 almas.

A Archidiocese de Goa vem a ficar com a seguinte população catholica:

No territorio Portuguez, ilhas de Goa e Novas Conquistas, Bardez e Salsete 252:337.

Mais do Canará 10:486.

Ou um total de 262:823.

Pela Concordata, artigo 7.°, era convindo que se crearia um novo Bispado em alguma parte do territorio actual do Arcebispado de Goa; fica assim satisfeito com a Diocese de Damão.

III. Diocese de Cochim:

A Diocese de Cochim, como está actualmente, seria difficil poder ficar n'uma circumscripção regular.

Hoje estende-se de costa a costa, atravessando a peninsula. É assim que abrange 18 missões na costa do Malabar e 14 na do Coromandel, com uma população de 75:688 almas, segundo o *Annuario de Goa*.

Cochim não tem communicação de caminho de ferro para o Coromandel; só a ha de Quilon, parte em construcção.

Pela circumscripção proposta, Cochim fica Diocese continua toda na costa do Malabar, com uma população catholica de 66:126 almas, segundo a proposta, mas que excederá essa cifra, attendendo a que a estatistica do *Annuario de Goa* de 1885 dá maior população a cada uma das christandades.

Parece-me conveniente esta circumscripção, e a Diocese ficará continua e com uma população catholica sujeita ao Padroado muito importante.

É possivel que convenha haver alteração em alguma igreja, o que não posso dizer desde já, porque não ha exacta correspondencia nos nomes da relação, por entrarem igrejas que estão hoje na posse da Propaganda.

Procurarei esclarecer-me sobre este ponto, mas isto não póde influir no juizo que se deve formar d'esta circumscripção.

IV. Diocese de Meliapor:

N'esta Diocese o que ha de mais importante é ficarem-lhe pertencendo todas as christandades da cidade de Meliapor, muito proxima de Madrasta, e as muito afastadas de Bengala que têem 3 igrejas em Calcutá e 5 em Daka, com uma população, segundo o *Annuario de Goa*, de 6:738 catholicos, mas com os importantes bens e rendimentos que notei na minha memoria de 15 de Março, e que foi objecto de grave discussão, por serem igrejas muito afastadas de Meliapor.

Em Meliapor a Diocese ficará continua com os limites assignados, abrangendo a extensão de Meliapor á foz do Palar, e estendendo-se no interior a Chinglepett, e circumdando por Congeveran, vindo assim a ter a parte comprehendida entre a linha ferrea de Madrasta e a costa, e a parte interior entre as linhas ferreas.

Esta circumscripção é comprehendida pelo cruzamento de tres linhas ferreas: de Madrasta para o S., seguindo a região da costa; de Madrasta ao centro; e a que corta estas duas e segue para o N.

A Diocese fica interrompida ao S. pelo Pondichery Francez, e vem abranger continua, comprehendendo os districtos continuos de Negapatam na costa, Manargudi e Tanjore na linha central, comprehendendo todas as christandades de uma e outra jurisdicção nos tres indicados districtos.

Ainda que muito afastados de Madrasta sobre a costa, são,

todavia, ligados áquella presidencia pela linha ferrea de Negapatam, Tanjore a Madras, ou por mar.

Seguindo na linha S. comprehenderá o outro grupo no Maduré, que vem designado como só da jurisdicção do Padroado, e que dá uma população de 16:112 catholicos da jurisdicção do Padroado.

Os nomes não são correspondentes aos esclarecimentos que aqui tenho, porque estão por povoações, visto serem estas christandades assim divididas.

Pelas estatisticas que aqui tenho todas as christandades do Maduré dão uma população de mais de 44:000 catholicos sujeitos ao Padroado.

Vê-se da proposta que é de 16:112 a população que assim se propõe que fique sujeita á Diocese de Meliapor.

Assim se completa esta Diocese historica com uma população importante, muito superior, pelo motivo que acabo de notar, a 48:629 almas, que lhe vem assignadas na proposta, e com os importantes rendimentos de Meliapor e das igrejas de Calcutá.

V. As igrejas de Malacca e as de Singapura ficarão reunidas á Diocese de Macau. São em Singapura as importantissimas propriedades, hoje pertencentes á igreja de Macau, e que foram os bens das missões de Pekin e Nankin.

Resumindo as condições d'esta proposta noto o seguinte:

A Diocese de Macau fica acrescentada com as igrejas de Malacca e de Singapura, onde já hoje tem uma administração ecclesiastica para os bens a que fiz referencia.

A Diocese de Meliapor fica com uma excellente dotação e quasi toda com districtos jurisdiccionaes continuos.

A de Damão e titular de Cranganor fica com uma grande população e com igrejas de uma importantissima dotação, mantendo todas as igrejas Portuguezas na cidade de Bombaim e ficando em grande parte Diocese continua.

A de Cochim fica comprehendendo importante população e tambem quasi toda a Diocese continua da costa do Malabar.

Da Archidiocese de Goa passa um numero consideravel de

igrejas para as duas Dioceses a que acabo de referir-me; a sua população, porém, fica de 262:823 almas, como notei.

Pelo artigo 7.º da Concordata estava estabelecida a creação de uma Diocese no territorio da Archidiocese de Goa; a essa creação corresponde a Diocese de Damão.

Ficará assim feita aqui em Roma a circumscripção, a que se referia o artigo 10.º da Concordata.

Por outra parte nas 4 Dioceses referidas, que o Santo Padre vae erigir na organisação que tem planeada para a igreja da India, o Padroado restará a El-Rei de Portugal pela fórma possivel no systema de eleição que se propõe, tendo a proposta na lista triplice.

O Padroado não exclue, associa-se assim a toda a igreja da India; e este foi o pensamento que tornou possivel a nova negociação e o seu resultado.

Goa será a capital catholica da igreja da India, e o Arcebispo de Goa o seu Primaz e Patriarcha, com a presidencia dos concilios e reunião d'elles em Goa.

Esta organisação dá ao Padroado importancia e valor, que nunca teve desde que o poder de Portugal decaiu na Asia. Como organisação mesmo, nunca assim a teve.

Considerando todas estas circumstancias, devo dizer a V. Ex.ª que supponho de evidente interesse para Portugal a proposta feita, e que, por isso, convirá que seja acceita pelo Governo.

Devo tambem dizer a V. Ex.ª que o Santo Padre não fará nenhuma outra alteração (conforme a declaração que me foi feita); refiro-me á fórma d'esta organisação.

Pelo systema seguido V. Ex.ª verá que não será facil fazer conservar no Padroado as quatro missões de Ceylão, excentricas como são com o resto do Padroado e mesmo na ilha; já o Reverendo Bispo de Macau o ponderava no seu relatorio de 1884.

Se, pois, V. Ex.ª concordar com o systema da proposta, peço m'o diga para eu fazer a communicação, visto a pressa que o Santo Padre se dá para a resolução d'esta questão, a que liga importancia especial.

Deus guarde, etc.

Despacho do Ministro dos Negocios Estrangeiros para o Embaixador em Roma, e analyse da proposta pontificia de 15 de Abril

Lisboa, 1 de Maio de 1886.—Com o officio de 16 de Abril enviou V. Ex.ª a esta Secretaria copia da proposta que lhe fôra na vespera apresentada pelo Cardeal Secretario d'Estado.

Em 19 do mesmo mez esclareceu V. Ex.ª a mesma proposta com todas aquellas reflexões que um profundo conhecimento da questão e o mais minucioso estudo do documento de que se trata lhe suggeriram, e que deviam esclarecer o Governo habilitando-o a resolver. Embora qualquer convenção celebrada com a Curia Romana só deva validar-se depois da sua approvação pelo parlamento Portuguez, e este se não reuna antes de Janeiro do anno proximo, é certo, pelas rasões delicadas a que V. Ex.ª por vezes tem alludido, que muito convém a Portugal evitar delongas desnecessarias que afastem a epocha da conclusão de uma pendencia tão antiga, e que affecta de modo tão grave os interesses moraes, a dignidade e o brio da corôa e da Nação Portugueza, e quanto ha de mais puro e levantado nas suas gloriosas tradições historicas.

Procedendo por isso sem demora ao estudo da contraproposta da Santa Sé, e submettendo-a ao exame e discussão do conselho de ministros, pude já, em 29 de Abril, communicar a V. Ex.ª telegraphicamente a approvação do Governo á generalidade da mesma contraproposta; acrescentei, porém, que na apreciação dos seus promenores, se me suscitavam graves duvidas, ácerca das quaes carecia ser esclarecido antes de poder acceital-a definitivamente em nome do Governo Portuguez.

Firmára V. Ex.ª no seu *memorandum* de 15 de Fevereiro ultimo, de accordo com as instrucções do meu illustre antecessor, a doutrina de que, no convenio a celebrar com a Curia e que representaria uma como revisão da Concordata de 1857, Portugal, embora sacrificando muitos e dos mais valiosos direitos em cuja posse esse tratado solemne o confirmára, embora consentindo em que continuassem alheadas da jurisdicção de Goa muitas e importantissimas igrejas e missões fundadas e dotadas pelos Portuguezes, Portugal, repito, pelo menos não perderia nenhuma das Christandades de que actualmente estava na posse, mantida esta, através das vicissitudes dos tempos, das luctas com a Propaganda, e graças á fidelidade commovente d'aquelles povos sob a auctoridade do Arcebispo de Goa.

Consentira assim o Governo Portuguez na substituição da proposta de 18 de Novembro, formulada por V. Ex.ª sobre a base das instrucções, que lhe haviam sido dadas, ao partir para essa cidade, por esta Secretaria de Estado, pela contraproposta da Santa Sede de 26 de Dezembro, ampliada e modificada nos termos da carta pelo Santo Padre dirigida a Sua Magestade El-Rei, e bem assim das declarações verbalmente feitas a V. Ex.ª por Sua Santidade e ainda pelo Em.^{mo} Cardeal Secretario d'Estado. Acceitando essa substituição como base para negociar, o Governo Portuguez, porém, entendia cumprir-lhe modifical-a com a applicação do principio acima referido, resalvando assim os interesses da Igreja e Christandades de Goa, que, no seu entender, se confundem com os do catholicismo, o qual carece da influencia e do prestigio historicos do nome Portuguez na India como de um dos instrumentos e meios humanos mais efficazes para a sua propagação n'aquellas vastissimas regiões.

Tal era o estado da questão quando o ministerio actual se constituiu, apressando-me eu, em nome do Governo, e logo que pude haver tomado conhecimento da negociação, em confirmar para Roma as instrucções do meu illustre antecessor, o Sr. Conselheiro Bocage.

É certo, porém, que no decurso da porfiada lucta por V. Ex.ª proficientemente sustentada em Roma, em defeza do principio de que Portugal, sacrificada mesmo a Concordata de 1857, pelo menos não perdesse nenhuma das Christandades actualmente sujeitas á jurisdicção de Goa, V. Ex.ª encontrou como obstaculo insuperavel e por todos os titulos

merecedor de respeito, escrupulos de consciencia do Santo Padre. Prestára Sua Santidade a mais apreciavel e commovente homenagem a Portugal na carta que dirigíra a El-Rei, e nenhum coração Portuguez e catholico deixará de pulsar com gratidão e exultar de jubilo, ao ver um tão grande Pontifice celebrar do alto da cadeira de S. Pedro a grandeza dos serviços prestados pelo nosso povo, não só em remotas epochas, mas ainda presentemente á causa da Igreja e da civilisação. Taes sentimentos do Santo Padre para comnosco não o inhibiam, porém, de julgar na sua posição de Supremo Chefe do Catholicismo, que os interesses espirituaes da igreja da India deveriam tomar o passo á sua sympathia e affeição por Portugal, não podendo nem devendo Sua Santidade consentir que o principio sustentado pelo Governo Portuguez fosse acceito em toda a sua plenitude.

Na audiencia concedida pelo Santo Padre a V. Ex.ª em 25 de Fevereiro, e de que V. Ex.ª deu conta para esta Secretaria d'Estado na mesma data, o Santo Padre, alludindo á doutrina sustentada no *memorandum* de 15 de Fevereiro, acrescentou, segundo V. Ex.ª refere, «que havia algumas Christandades muito afastadas dos centros das Christandades Portuguezas e que a sua sujeição traria difficuldades á boa administração ecclesiastica; entretanto era esse um ponto de *detalhe* que se trataria com o Cardeal, não podendo elle deixar de guardar esta reserva».

Tal foi a declaração do Santo Padre a V. Ex.ª e no seu officio particular de 17 de Março, entre outros, asseverava V. Ex.ª que, em sua opinião, Sua Santidade não cederia da sua idéa com respeito ás Christandades *afastadas e de pouca importancia*. Acrescentava, porém, V. Ex.ª a esperança de que taes igrejas continuariam, ao menos, a ser providas em sacerdotes de Goa, o que corrigiria até certo ponto quanto n'aquella resolução do Santo Padre podesse haver de quebra para o principio sustentado pelo Governo Portuguez.

Resolveu-se este portanto a annuir aos desejos de Sua Santidade, que por seu lado, na contra-proposta de 13 de Março os formulou nos termos seguintes: «Sarebbero naturalmente

esclusi da tale combinazione quei gruppi secondari di goaní, ai quali la Nazione Portoghese può rinunziari, senza punto menorare le sue glorie storiche, e che d'altronde per la loro lieve importanza, come anche pel tenue numero di fedeli cómpresivi, non potrebbero incentrarsi a quelle Diocesi, senza creare complicazioni e difficoltà».

É sabido, porém, como essa contra-proposta se afastava das condições anteriormente definidas, pondo em risco até algumas das concessões solemnemente feitas a Portugal na carta por Sua Santidade dirigida a El-Rei.

Em officio de 21 de Março, mencionando as activas diligencias por V. Ex.ª realisadas para estabelecer os termos primitivos da negociação, que por momentos estivera a ponto de se romper, V. Ex.ª acrescentava com respeito ás Christandades cuja posse teriamos de sacrificar o seguinte: «Sobre as Christandades pequenas e afastadas, Portugal não punha difficuldades, visto ser uma exigencia da consciencia do Santo Padre; que era porém necessario determinal-as.»

«Tive completa segurança de que as Christandades de Malacca e Singapura seriam conservadas a Portugal, as de Bengala ou Calcuttá, Bombaim, Madrasta, e as duas costas do Malabar e Coromandel, isto é, todo o Indostão goano, sendo todavia n'estas duas costas (no Maduré e Gattes) que ha as taes Christandades pequenas e afastadas, que V. Ex.ª póde ver no *Annuario* de 1885 a pag. 116, sob a designação de aldeias e povoações onde ha Christãos e não ha capellas, e o mesmo a pag. 117, a pag. 85 algumas povoações do varado de Hyderabad, que estão no mesmo caso. Ceylão ficará em muito risco, entretanto verei se a posso salvar; em todo o caso os Parochos ali continuariam a ser goanos, visto ser esta a primitiva proposta do Santo Padre. Assim o entendo.»

Taes eram as conclusões a que V. Ex.ª chegára em resultado da sua conferencia celebrada em 20 ou 21 de Março com o Em.^mo Cardeal Jacobini, e n'esses termos esperava confiadamente o Governo que fosse redigida a proposta definitiva da Santa Sé.

O exame d'essa proposta convence-me, porém, que têem

outro e bem diverso alcance as novas concessões, que se exigem de Portugal, e tão inesperadas, dada a phase ultima d'esta difficil negociação, e tão valiosas as reputo, segundo a analyse que junto a este despacho, que entra no meu animo a duvida sobre ser possivel, sem grave responsabilidade para o Governo, deixar de ouvir a tal respeito a opinião auctorisada do Rev.mo Arcebispo de Goa.

Póde ser que as considerações que me suggere o exame da proposta sejam menos exactas. Póde ser que a muita competencia de V. Ex.ª e o seu perfeito conhecimento de um assumpto que tem constituido nos ultimos tempos o thema incessante do mais porfiado estudo, bastem para desvanecer as apprehensões que nutro, e corrigir inevitaveis faltas filhas da escassez dos elementos para estudo existentes n'esta Secretaria d'Estado, dada a variabilidade dos nomes e das circumscripções a que se referem os documentos Pontificios, os officios do Arcebispado de Goa, e os proprios mappas geographicos consultados. Seja como fór, o Governo carece ser esclarecido para poder deliberar definitivamente em assumpto tão grave e que tanto affecta os interesses e a dignidade nacionaes.

Aguardando, pois, esses esclarecimentos, que V. Ex.ª se servirá enviar-me, entendo dever ainda, e desde já, chamar a sua attenção para os seguintes pontos, que muito conviria estabelecer e definir na convenção a celebrar com a Santa Sé:

1.° Provimento em sacerdotes de Goa, de todas as igrejas que, estando hoje sob a jurisdicção do Arcebispo e descriptas no *Annuario* de 1885, sejam por nós cedidas ás quatro Dioceses propagandistas;

2.° Regulamentação das relações entre o clero e os fieis de ambas as jurisdicções, onde estes se mantenham no mesmo territorio; pelo menos fixação dos principios geraes em que terá de basear-se essa regulamentação;

3.° Indemnisação, claramente preceituada, por quaesquer bens que constituam dotação das igrejas cedidas, realisada essa indemnisação por meio de encontro com os das igrejas que passam para o Padroado, ou de outra fórma, por insufficiencia d'aquella.

Ao primeiro d'estes quesitos se refere por vezes a correspondencia official e particular de V. Ex.ª Ao segundo allude-se nas instrucções que por esta Secretaria d'Estado lhe foram dadas no começo da sua missão. O terceiro, finalmente, é mencionado na propria proposta da Santa Sé, mas póde e deve ficar claramente preceituado na convenção definitiva.

Deus guarde, etc.

Analyse da proposta Pontificia

Diocese de Damão

A proposta pontificia abrange os territorios Portuguezes de Damão e Diu, a parte do districto de Baroche ao S. do rio Nerbudda, os districtos de Surrate e do Concão septentrional e a ilha de Salsete.

Com relação á actual divisão ecclesiastica, póde dizer-se que comprehende os varados de Damão e Diu, e a quasi totalidade do vicariato geral de Bombaim.

A população catholica, segundo o *Annuario do Arcebispado de Goa* para 1885, seria n'esses termos de 50:140 almas, sendo:

No varado de Damão 1:561 almas e 3 parochias.

No varado de Diu 304 almas e 2 parochias.

No vicariato geral de Bombaim 16:547 almas e 5 parochias.

No varado de Salsete ou Tannah 15:183 almas e 20 parochias.

No varado de Baçaim 16:545 almas e 10 parochias.

Somma 50:140 almas.

A população total do varado de Tannah é de 22:314 almas; deduz-se, porém, d'esta totalidade a das seguintes igrejas:

	Almas
Manne	105
Maruly	145
	250

Transporte......	250
Curlem ou Corlá..............................	1:583
Condotim ou Marol............................	1:270
Bandorá..................................	4:031
Somma................	7:134

É possivel, porém, que as igrejas de Condotim e Curlem, designadas na proposta pontificia com os nomes de Candotina e Culvem, não sejam as que vem mencionadas no *Annuario* e a que acima me refiro. Na analyse feita no officio de 19 de Abril, pelo Embaixador, affirma-se positivamente que *Condolin* ou *Condet, Culvem,* bem como Juvem, pertencem á Propaganda. Como os nomes proprios e as populações de igrejas e circumscripções divergem na proposta pontificia e no officio do Embaixador, e quasi nunca coincidem em um e outro caso com os do *Annuario,* ha aqui materia para duvida. Onde esta se não admitte, é na perda da importante circumscripção de Bandorá, com uma população catholica de mais de 4:000 almas, com a escola denominada *D. Ayres de Ornellas,* e cuja fundação data de 1678.

É perda importante; convém por isso conhecer as rasões que a justificam, e, sendo possivel, evital-a.

A esta perda acresce a de todo o varado de Poonah com 3 igrejas e uma população catholica de 2:085 almas. O sacrificio d'estas igrejas está, até certo ponto, no espirito da concessão da Santa Sé, que, acceitando o principio dos *isentos* para os grandes grupos, excluiu d'elle os agrupamentos pequenos e afastados, que viriam, sem rasão muito forte, interromper tambem por seu lado a continuidade das Dioceses que a Santa Sé tanto tinha a peito manter. Não deixa, porém, de ser muito para se tomar em conta a perda da igreja de Nossa Senhora da Conceição de Poonah, que só por si abrange uma população de 1:920 almas e 2 escolas, uma das quaes fundada em 1882 por subscripção publica, para commemorar a memoria do Arcebispo D. Ayres, havendo-se-lhe para esse fim dado o nome d'este Prelado. Não deve esquecer a importancia da cidade de Poonah, cuja população attinge 120:000 habitantes.

Era um elemento vivo e prospero do Padroado. Ainda assim comprehender-se-ia, o que não succede para Bandorá, a necessidade, aliás muito dolorosa, de o ceder, quando a troco d'essa cessão se obtivessem outras vantagens.

Figura no numero d'estas a inclusão na area da Diocese de Damão dos territorios da parte S. do districto de Baroche e de todo o districto de Surrate. Ficaram, porém, n'elles isentas da jurisdicção do nosso ordinario as igrejas de Surrate e Bulsar, e segundo se deprehende dos documentos que me foram presentes, nenhumas outras existem nos districtos referidos. É, pois, terreno a conquistar aos infieis. Deve advertir-se que as duas cidades de Baroche e Surrate, a primeira com uma população de 37:000, a segunda com a de 100:000 habitantes, ficam fóra da concessão da Santa Sé, a primeira por se achar ao N. de Nerbbuda, a segunda por ficar constituindo, segundo parece, um *isento*.

Arcebispado de Goa

Comprehendia actualmente em territorio Portuguez as ilhas de Goa, Bardez, Salsete, Damão e Diu com 101 parochias, 232 capellas e uma população de 454:233 almas. Em territorio inglez abrangia os 3 vicariatos geraes do Norte, dos Gattes e do Canará, com uma totalidade de 75 missões, 69 igrejas e capellas filiaes e uma população de 104:860 habitantes.

Na proposta da Santa Sé comprehende apenas o territorio de Goa e o Canará septentrional. Constituiria, a ser adoptada esta circumscripção, Diocese continua, quer dizer, dos 3 vicariatos geraes actualmente existentes destacar-se-iam da Archidiocese o de Bombaim para Damão, e o dos Gattes para a a Propaganda, ficando apenas a ella ligado o do Canará ou do S.

Este vicariato comprehende já hoje as missões seguintes:

No varado de Sadashigor:

	Almas
Sadashigor	1:363
Karwar	775
Ankolá	1:306
Sirsy	370

No varado de Honowar:

Honowar	2:746
Chandowar	1:642
Gulmouá	1:140
	9:341
Ao que acrescem, segundo a proposta da Santa Sé, Sunhurray	720
Sadashigor, jurisdicção do Vigario Apostolico	425
	10:486
População em territorio Portuguez *ut supra*	252:368
Total	262:854

N'estes termos ficarão perdidas para o Padroado o vicariato geral dos Gattes com 15 missões, 39 igrejas e capellas e uma população de 15:701 almas; bem como o vicariato geral do Canará, os varados de Calliampor e Pezar ou Pejuvar, o primeiro com 5 igrejas e 10:551 almas e o segundo com 5 igrejas e 11:776 almas; ao todo uma população de 38:028 almas a oppor ás 1:145 do Canará do N., que ficariam encorporadas na Archidiocese. Não póde comprehender-se á primeira vista a rasão de um tal sacrificio, e nenhuma explicação nos é dada a esse respeito, quer na proposta da Santa Sé, quer no officio de 19 de Abril. Se, para as missões que constituem no vicariato geral dos Gattes o varado de Hyderabad se podem allegar as rasões de excentricidade ou afastamento, como justificar a perda, não direi já de 2 varados do vicariato geral do Canará, mas, no dos Gattes, do varado de Saunt-Wary, sito no antigo principado do mesmo nome, limitrophe ao N. dos territorios de Goa, e habitado por uma população, cujas sympathias por Portugal se têem affirmado por tantas vezes? Pois esse varado, que tão naturalmente ficaria continuando a fazer parte da Archidiocese, contém nada menos de 5 missões com uma população catholica de 10:551 almas.

Parece-me este facto muito grave, e ácerca d'elle, bem como de outros pontos da proposta pontificia, suscita-se naralmente a idéa da conveniencia de ouvir a opinião, no assumpto auctorisadissima, do Arcebispo de Goa. Comprehendo por minha parte a difficuldade de o fazer, dada a altura em que vae a negociação, mas é certo tambem que os termos já accordados, e que envolviam sacrificios de igrejas em nossa posse, alem da confirmação do *statu quo* n'aquellas que, embora de fundação Portugueza, se achassem actualmente em poder da Propaganda, que esses termos, repito, não faziam presuppor perdas como a da igreja de Bandorá, ou mais ainda como a do varado de Saunt-Wary. Que impressão poderá hoje produzir na India a necessidade de entregar repentinamente tantas igrejas Portuguezas aos padres propagandistas, e de fazer passar assim de uma para outra jurisdicção dezenas de milhares de almas, que através das vicissitudes dos tempos e com uma tenacidade verdadeiramente caracteristica d'aquella raça, haviam permanecido fieis á igreja Primacial de Goa?

Diocese de Cochim

Antes de fazer referencia á circumscripção proposta para esta Diocese, convém esclarecer o que se dispõe com respeito ás Christandades syriacas do Malabar, e que constituiam o vicariato geral de Cranganor, comprehendendo 15 missões com 19 igrejas e 8:660 catholicos d'aquelle rito. Deixará este grupo, por tantos titulos interessante, e que representa o vestigio e o testemunho vivo da introducção primitiva do christianismo na India, e dos trabalhos apostolicos do Arcebispo D. Aleixo de Menezes, deixará esse grupo, repito, de pertencer ao Padroado? O scisma relativamente recente do Malabar, a difficuldade invencivel opposta por aquelles povos a acceitarem a jurisdicção do Vigario Apostolico de Verapoly, scisma e lucta descriptos particularmente pelo Arcebispo D. Ayres de Ornellas, no officio dirigido a esta Secretaria d'Estado em 1 de Julho de 1876, e que provam quanto aquelles Christãos se nos conservam affeiçoados, não estará de per si indicando a conveniencia de os abranger no numero das Christandades que ficam sujeitas á jurisdicção Portugueza?

É este um dos pontos sobre o qual careço de informação clara e definida. São os restos que mantinhamos, ainda hoje importantes, e que mais o podiam vir a ser, dado o nosso antigo prestigio no Malabar, e a fundação recente, em 1865, do seminario de Alvayce, do Arcebispado *ad honorem* de Cranganor. Limitarmos a recordação d'este, cuja existencia a propria Concordata de 1857 reconhecêra e confirmára, á annexação, geographicamente pouco explicavel, no titular de Damão, do nome de uma cidade antiga proxima de Cochim, seria um golpe profundo que a opinião em Portugal e na India de certo sentiria por fórma a annullar os resultados favoraveis que se esperavam do accordo dos dois poderes n'esta tão debatida questão do Padroado.

A Diocese de Cochim comprehendia agora 33 igrejas, 257 capellas e uma população catholica de 75:112 almas, espalhadas pelas duas costas do Malabar e de Coromandel e da Pescaria, constituindo estas ultimas um varado especial.

A respeito d'esta Diocese, as explicações são tão confusas, que, sem novos esclarecimentos, se torna de todo o ponto impossivel apreciar em que divergem as propostas da Santa Sé, de 26 de Dezembro, e a recente de 15 de Abril, entre si, e bem assim o estado actual das missões Portuguezas n'essas regiões. A população da Diocese proposta, que se diz continua, não differe muito da que é indicada no *Annuario,* pois se eleva a 66:126 almas. Ignoro, porém, quaes e quantas igrejas se cedem, e se algumas se obtem em troco d'essa cessão, que estivessem sob a jurisdicção da Propaganda, alem das muito pouco importantes que, como taes, se mencionam na proposta recente da Santa Sé.

O que parece certo, em todo o caso, é a perda de parte importante das missões na costa da Pescaria e do Coromandel que hoje são em numero de 14 e com uma população catholica de 44:408 almas. Como a população total do vicariato geral de Cochim fosse de 75:688 almas, e a differença entre estes dois algarismos seja de 32:281 almas, vê-se que na Diocese proposta figuram 33:845 catholicos, que até agora, segundo parece, não estavam sujeitos á jurisdicção de Goa. Seria uma compensação valiosa, mas em todo o caso é este um dos pontos que carecem ser esclarecidos, podendo asseverar-se que, dos elementos até agora fornecidos ao Governo, nada póde deprehender-se com segurança ácerca de tão graves e profundas alterações.

Diocese de S. Thomé de Meliapor

Abrange a que é proposta sob este titulo, alem das missões de Madrasta, das afastadas, mas muito ricas, de Bengala, muitas das da costa da Pescaria, perfazendo tudo uma população calculada pela Santa Sé em 48:629 almas. A respeito d'esta Diocese póde observar-se o mesmo que em relação á de Cochim. É impossivel apreciar-se aqui, com os elementos existentes, qual a alteração effectiva a introduzir no *statu quo* da jurisdicção Portugueza n'aquellas paragens.

Da comparação da proposta da Santa Sé, feita em 26 de Dezembro, com a que é formulada agora, resulta que as chamadas novas concessões abrangem a missão de Calcuttá com 6:517 catholicos, e as do Maduré com 16:112.

Como, segundo o *Annuario,* as missões da costa do Coromandel são em numero de 14 com 44:408 almas, era mister definir quaes de entre estas ficarão perdidas para o Padroado. Figuram, porventura, n'este grupo as de Oriur com 5:143 e Trichinopoli com 5:348? Entre ellas algumas ha que valem não só pela população, mas ainda pelo estado florescente dos seus collegios e outros institutos de ensino e piedade d'ellas dependentes. Muito conviria, pois, definir quaes as que ficam e quaes as que deixam de pertencer ao Padroado.

Vicariato geral de Ceylão

É muito para sentir o desapparecimento do ultimo vestigio existente do nosso antigo poderio n'aquella ilha.

Resumindo, parece que da acceitação da proposta pontificia resultaria no varado de Salsete ou de Tannah cessão de 4 ou 5 igrejas, pelo menos da de Bandorá com 4:031 almas; de todo o varado de Poonah com 3 igrejas e 2:085 almas; de todo o varado dos Gattes com 15 missões, 39 igrejas e capellas e uma população de 15:701 almas, sendo difficil comprehender por que é que as igrejas de Saunt-Wary, districto limitrophe dos territorios de Goa, deixarão de pertencer ao Arcebispado; dos varados de Calliampor e Pezar ou Pejuvar, no vicariato geral do Canará, o primeiro com 5 missões e 10:551 almas, o segundo com 5 igrejas e 11:776 almas, do inteiro vicariato geral de Cranganor com 15 igrejas e 8:653 almas, alem de um numero indeterminado e desconhecido de igrejas na costa do Coromandel; e de todo o vicariato geral de Ceylão com 4 parochias, 20 capellas e 3:506 christãos, valioso mais que tudo, como recordação historica, e pela affeição inalteravel de suas Christandades para com Portugal.

Comparando a população catholica sujeita actualmente á jurisdicção do Arcebispo de Goa, com a que constituiria os 4 Bispados, segundo a proposta da Santa Sé, e acceitas mesmo as rectificações indicadas no officio de 15 de Abril do Embaixador, encontram-se os seguintes algarismos:

Segundo o *Annuario:*	Almas
Arcebispado de Goa em territorio Portuguez.....	254:233
Arcebispado de Goa em territorio estrangeiro....	104:860
Missões nos Bispados suffraganeos.............	127:275
	486:368

Segundo a proposta pontificia:

	Almas
Diocese de Damão	54:876
Arcebispado de Goa	262:823
Diocese de Meliapor	48:629
Diocese de Cochim	66:126
	432:454

Ha pois uma differença de 54:000 almas, algarismo que concorda approximadamente com a somma das populações, que compunham os varados e igrejas acima referidas, como sendo aquellas cuja perda desde já fica patente da proposta pontificia e que é de umas 56:000 almas.

Lisboa, 1 de Maio de 1886.—(Assignado) *Henrique de Barros Gomes.*

Officio do Embaixador em Roma ao Ministro dos Negocios Estrangeiros, remettendo o projeto de Concordata approvado pelo Papa

Roma, 31 de Maio de 1886.—Illmo e Exmo Sr.—Recebi hontem do Cardeal Secretario d'Estado o projecto de Concordata e circumscripção diocesana com relação ao Padroado Portuguez na India, approvado pelo Santo Padre.

A redacção dos artigos da Concordata deveu especial cuidado ao Pontifice, segundo me disse o Cardeal Secretario d'Estado; d'elles verá V. Ex.ª que se acham bem expressas as condições que no decurso da negociação disse a V. Ex.ª que haviam sido acceitas e os termos em que o foram.

O annexo contém a circumscripção.

No artigo 1.º da Concordata comprehende-se o principio geral do Padroado. Não se me offerece ponderação a fazer.

No artigo 2.º acha-se a concessão do titulo de Patriarcha a todos os Arcebispos de Goa que se succederem *pro tempore* (é a phrase usada nas Bullas, *que o forem ao tempo*, é a sua significação canonica). Acha-se bem claro que o titulo de Patriarcha é de todas as Indias Orientaes, que o Patriarcha das Indias presidirá os concilios nacionaes das Dioceses de todas as Indias Orientaes, e que a sua reunião será em Goa, salvo ao Summo Pontifice dispor de outro modo em circumstancias especiaes. Sem esta restricção, como disse a V. Ex.ª, não seria mantida aquella condição, porque é de direito canonico geral, e a Santa Sé não acceita principio que o annulle.

No artigo 3.º estabelecem-se as Dioceses e faz-se referencia ao annexo. Por este V. Ex.ª verá como se chegou a fazer aqui a circumscripção toda, comprehendendo no n.º 1.º em cada Diocese a parte *continua*, e no n.º 2.º as igrejas que alem d'isso ficam pertencendo a cada Diocese.

O annexo está bem claro em toda a sua parte dispositiva, não tenho por isso de o analysar aqui.

As rasões são as de toda a negociação, que escusado é repetir.

No artigo 4.º mantem-se o direito do Padroado integral nas quatro Dioceses da antiga Concordata.

No artigo 5.º dá-se a rasão por que ás Dioceses continuas se juntam os chamados grandes grupos das Christandades Portuguezas, e estabelece-se nos provimentos das igrejas dos pequenos grupos a preferencia concedida aos Padres Portuguezes ou goanos, que a ella por isso ficam com claro direito.

No artigo 6.º contém-se a mesma disposição do artigo 16.º da Concordata vigente de 21 de Fevereiro de 1857.

No artigo 7.º mantem-se o exercicio do Padroado na apresentação para quatro Dioceses, que serão creadas de novo pela Santa Sé; a saber: Bombaim, Mangalor, Kilon e Maduré, segundo o systema pela Santa Sé estabelecido para o provimento d'estas quatro Dioceses. O praso de seis mezes fixado para a apresentação é o canonico em taes casos. Nas antigas Bullas do Padroado não se estabelecia esta *prescripção*, mas hoje a disciplina não admitte essa isenção nas concessões que se fazem de novo, como esta é.

No artigo 8.º provê-se á primeira nomeação pelo motivo

de não se achar ainda creado o corpo electivo com a gerarchia propria.

No artigo 9.º provê-se ás Christandades Portuguezas de Malacca e Singapura, conforme a proposta feita pelo Governo Portuguez.

O artigo 10.º é a consequencia natural da Concordata, segundo a qual á Santa Sé fica livre, o que não foi comprehendido no Tratado.

No artigo 11.º indicam-se as disposições da Concordata de 21 de Fevereiro de 1857, que ficam subsistindo.

Resumindo:

Vê-se que Portugal mantem as suas antigas Dioceses em pleno exercicio do Padroado;

—Que a essas Dioceses são reunidos os grandes grupos de igrejas Portuguezas;

—Que com relação aos pequenos grupos, em que o Pontifice entendeu difficil o exercicio de jurisdicção, ou por serem muito afastados do centro das Dioceses Portuguezas, ou pela rasão de confusão de jurisdicções, ahi se mantem todavia o direito de provimento em Padres Portuguezes ou goanos, e que a sujeição d'essas Christandades é quasi toda a Dioceses em que a apresentação fica pertencendo a Portugal;

—Que esse direito de apresentação sobre a lista triplice de eleição se estende a todas as Dioceses, em que será dividido o Indostão, vindo assim Portugal a manter o principio do seu Padroado ou amplo ou limitado em toda aquella extensão.

Que a igreja de Goa fica sendo o centro effectivo da gerarchia ecclesiastica de todas as Indias Orientaes, porque é ahi que se reunirão os seus frequentes concilios nacionaes, e será o Primaz e Patriarcha das Indias que os presidirá.

Não conheço nenhuma outra organisação similhante na ordem ecclesiastica em paizes de missão.

Ser-me-ia facil mostrar que tudo quanto se acha estipulado n'este projecto de Concordata caberia nas auctorisações dos artigos 13.º, 14.º e 16.º da Concordata de 21 de Fevereiro de 1857, salvo no que a mais d'aquelle Tratado se ampliam as concessões a Portugal, mas não devo alongar esta succinta exposição. Aquella demonstração, aliás facil, terá logar em trabalho mais extenso, com que acompanharei o Tratado, se pelo Governo Portuguez for approvado.

Cumpre-me por ultimo dizer a V. Ex.ª que sei que o Santo Padre, que ligou a esta convenção cuidado mui especial, a ponto de lhe terem sido sempre presentes todas as memorias que escrevi, e todas as instancias que fiz, e foi o Santo Padre que as resolveu, hoje não acceitará alteração alguma no que está accordado. Assim me foi declarado pelo Cardeal Secretario d'Estado, e por isso devo dizel-o a V. Ex.ª Se, porém, V. Ex.ª entender que deve propor ao projecto quaesquer alterações, apresental-as-hei, conforme o Governo ordenar, receiando, porém, que a abertura de uma nova negociação, já conhecida esta, a possa prejudicar totalmente. Não devo desenvolver mais esta consideração.

É esta a minha convicção, que, como me é dever, aqui exponho a V. Ex.ª

Deus guarde, etc.

Despacho do Ministro dos Negocios Estrangeiros ao Embaixador em Roma

Lisboa, 11 de Junho de 1886.—Illmo e Exmo Sr.—Acompanhando o officio de V. Ex.ª de 31 de Maio, chegou ao poder do Governo, que se apressou em tomar d'elle conhecimento, o projecto de Concordata a celebrar com a Santa Sé e o annexo que define e limita as quatro Dioceses de Goa, Damão, Cochim e S. Thomé de Meliapor.

Consubstancia o primeiro d'estes documentos as conclusões a que, de accordo com a approvação d'este Governo, V. Ex.ª conseguiu chegar ao cabo de uma laboriosa e delicada negociação, no decurso da qual se empenhou por sua parte a maxima diligencia em salvaguardar os direitos da Corôa e o prestigio do nome Portuguez nas regiões asiaticas.

Os reparos que possa suscitar agora o texto da Concordata só devem, pois, abranger questões muito secundarias de redacção e de fórma, tendo por fim esclarecer e definir melhor os principios já acceitos, ou evitar o que pareça não ser de uma inserção absolutamente indispensavel, e possa, por uma interpretação menos exacta, suscitar duvidas e difficuldades de ordem diversa e innegavel gravidade, algumas das quaes até susceptiveis, a meu ver, de assumirem um caracter internacional.

Refiro-me n'esta segunda parte, especialmente, ao artigo 4.º, pelas rasões e motivos que adiante desenvolvo.

Emquanto ao annexo, comprehendendo a circumscripção Diocesana, prestar-se-ia elle a observações tambem importantes e de um alcance mais geral por abrangerem a um tempo o fundo e a fórma. Essas observações acham-se, porém, antecipadamente expostas, no meu despacho de 1 de Maio, onde a par d'ellas se encontram algumas, que no recente projecto de convenio poderam felizmente ser attendidas. Não insistirei, por isso, a tal respeito.

Assegura V. Ex.ª «que o Santo Padre não acceitará alteração alguma no que está accordado entre V. Ex.ª e o Cardeal Secretario d'Estado». Esta declaração feita por S. Em.ª em nome e por ordem do Summo Pontifice, traça naturalmente o caminho ao Governo, que não deseja, por fórma alguma, pôr em risco uma negociação affirmando e mantendo o direito glorioso do Padroado, e que vae dar á igreja Portugueza da India a organisação que lhe faltava, pondo termo, por modo honroso para nós, a uma centenda porfiada e por tantos titulos lamentavel.

Circumscripta assim a critica do Governo e limitado o seu exame, eu proporia com respeito á Concordata que o artigo 1.º ficasse redigido da seguinte fórma:

«Em virtude da respectiva Bulla apostolica e dos sagrados canones continuará o exercicio do Padroado da Corôa Portugueza na igreja catholica das Indias Orientaes, de accordo com as modificações estabelecidas na presente Concordata.»

Esta maneira de redigir nenhuma objecção deverá encontrar por parte da Santa Sé, pois ella a acceitou na Concordata de 21 de Fevereiro de 1857.

Nada observarei com relação ás restricções preceituadas no artigo 2.º, emquanto á reunião obrigatoria dos concilios em Goa, visto V. Ex.ª affirmar que se fundam no direito canonico, e não poder por isso prescindir d'ellas a Santa Sé.

Com respeito ao artigo 3.º, teria alguma importancia, dados os habitos e feição dos povos orientaes, o definir-se o titulo *ad honorem* de Cranganor; seria, de accordo com a tradição e o direito escripto, o de Arcebispo. Para a ultima parte do artigo parecia-me preferivel a seguinte redacção:

«Em annexo separado serão indicados os limites de cada uma das tres Dioceses e bem assim as localidades que fóra d'esses limites a ellas ficam sujeitas».

É particularmente no que respeita ao artigo 4.º que o texto da nova Concordata levanta duvidas no animo d'este Governo.

Diz V. Ex.ª no seu officio de 31 que este artigo se limita a manter o direito integral do Padroado nas quatro Dioceses da antiga Concordata. Nos tres primeiros artigos da actual proposta se encontra, porém, já por si claramente preceituado esse direito, e assim o artigo tornar-se-ia inutil, e como tal condemnavel. Verdade é que n'elle se acrescenta que o Real Padroado *assegura e garante aos Bispos das quatro Dioceses o livre e pleno exercicio do seu pastoral ministerio*, e esta asserção, que parece, emquanto a mim, significar apenas o dever inherente e correlativo ás regalias e direitos concedidos ao Padroeiro de dar protecção e segurança aos prelados para cabal desempenho de suas funcções apostolicas, póde muito bem, dadas as condições de não ser Portugueza a soberania na India, e em territorios de todas as quatro Dioceses, ir suscitar reparos e observações até certo ponto naturaes, por parte da Potencia que ali exerce a soberania territorial.

V. Ex.ª, melhor do que ninguem, conhece a delicadeza e gravidade d'esta questão, e por isso apreciará até que ponto seja fundado este meu reparo e se em vista d'elle não conviria supprimir um artigo absolutamente dispensavel para nós, que não figurou na Concordata de 1857, que póde suscitar difficuldades com a Inglaterra e até mesmo servir, dadas certas circumstancias, para pôr um termo ao exercicio do Padroado.

Ainda sob outro aspecto, e não menos grave, pode este artigo ser encarado. Significará a segurança e garantia dada aos quatro Bispos do *livre* e *pleno* exercicio do seu pastoral ministerio, uma renuncia por parte da Corôa de Portugal, com respeito aos Prelados orientaes, d'aquellas prerogativas e direitos de superior inspecção, por cuja posse ou modificação se tem travado, sob todos os regimens politicos e atravez dos seculos, lucta porfiada e por vezes fertil em episodios de violencia e em actos perturbadores das consciencias e da paz entre as duas sociedades, civil e religiosa?

Sem discutir n'este momento, por inopportuno, materia tão vasta e difficil, sem de modo algum antecipar a opinião do Governo, pelo que respeita especialmente á jurisdicção exercida em territorios cuja soberania não pertence hoje a Portugal, é certo poder desde já affirmar-se, que seria um facto grave para os Ministros de Sua Magestade Fidelissima, actuaes defensores das prerogativas da sua Corôa, acceitar pelo menos para territorios da sua soberania, como são Goa, Damão e Diu, e firmar solemnemente em um pacto internacional a renuncia parcial ao exercicio de alguns dos direitos e prerogativas inherentes ao poder soberano em uma das provincias Portuguezas, mantendo-os aliás solemnemente em todo o restante territorio da monarchia.

Não ignora V. Ex.ª, que conhece a situação dos espiritos em Portugal, quanto seria grave suscitar sobre assumpto tão melindroso uma publica discussão nas camaras e na imprensa Portugueza, e até que ponto essa discussão poria em risco a approvação final da Concordata e a paz e harmonia que por tantas e tão fundadas rasões o Governo tem a peito manter com a Santa Sé.

É certo que, por minha parte, eu não posso ligar ás palavras acima referidas do artigo 4.º a accepção especial e tão grave, que acabo de expor.

Em phase alguma da negociação por V. Ex.ª dirigida com tino superior e inexcedivel zêlo se fez, pelo menos depois da minha entrada no Governo, a menor allusão a um assumpto tão delicado por sua natureza. Commentando o artigo em seu officio de 31 de Maio n'elle vê V. Ex.ª apenas, como já tive occasião de o observar, a manutenção integral do direito do Padroado nas quatro Dioceses; e é certo que nem á perspicacia de V. Ex.ª escaparia essa significacão especial attribuida ao artigo, quando logicamente derivada da mente geral da negociação, nem á sua provadissima lealdade seria possivel deixar, na hypothese contraria, de chamar toda a attenção do Governo de Sua Magestade sobre a significação verdadeira e grave, por certo, do artigo referido.

Inclinando-me, pois, por minha parte a rejeitar similhante interpretação, e vendo n'esse artigo apenas os perigos internacionaes a que primeiro alludi, não posso deixar de instar com V. Ex.ª para que o artigo 4.º desappareça do texto da Concordata, ao que, dada a accepção que V. Ex.ª e eu lhe attribuimos, e os reparos de outra ordem que elle motiva, nenhuma difficuldade legitima e fundada póde ser opposta pela Santa Sé.

Emquanto ao artigo 5.º tambem se me offerece dizer que não vejo muito a necessidade de articular em um convenio as rasões em que assentam os preceitos n'elle firmados. Para quem as queira conhecer servem, a meu ver, melhor os documentos da negociação que o precedeu. Na hypothese acrescentarei não me parecer alem d'isso que do facto de ficarem bem constituidas as tres Dioceses e com ellas uma regular provincia ecclesiastica se derive logicamente a conclusão da conveniencia de lhes annexar grupos afastados de igrejas e Christandades.

Seja como for, e deixando n'isto como em tudo ao fino criterio de V. Ex.ª o modificar ou não de accordo com estas reflexões o artigo de que se trata, e que nasce do reconhecimento de quanto seria injusto despojar Portugal de muitas e ricas igrejas, em cuja posse pôde manter-se atravez dos seculos, pediria ao menos que, aliás de accordo com o texto italiano, se modificasse o final d'este artigo, substituindo-se as palavras: «tendo-se em attenção os elementos materiaes e moraes de homogeneidade, que mais se lhes assimilham» as seguintes: «tendo-se em attenção os elementos materiaes e moraes de homogeneidade, que a ellas melhor os assimilham».

Ha n'este artigo uma parte dispositiva, para nós de grande alcance. É a que se refere á preferencia concedida aos padres de Goa para as antigas igrejas Portuguezas das missões que deixem de fazer parte das nossas quatro Dioceses. Juiz d'essa preferencia o ordinario, e dada a ausencia completa de preceitos em que ella se firme, receio, porém, que essa disposição benefica, e que talvez evitasse na India difficuldades e sobresaltos para o nosso clero, quando se executar a nova Concordata, fique na pratica de todo inutilisada.

O systema, primitivamente accordado de lista triplice, formulada pelo Arcebispo Primaz e por este submettida ao ordinario, era o meio unico de evitar com segurança a annullação do que se nos concede em apparencia. Abandonada por nós essa garantia, por effeito das phases conhecidas da negociação geral, conviria, ao menos, que algum preceito se formulasse no sentido de melhor definir e assegurar aquella compensação.

V. Ex.ª apreciará até que ponto seja possivel satisfazer hoje a este desejo do Governo.

A expressão «d'elle dependente», com que termina este artigo, é tambem muito pouco clara; se significa, como parece que deverá ser, que esses padres de Goa, uma vez de posse de qualquer das igrejas de que se trata, ficarão por esse facto sujeitos á jurisdicção do respectivo ordinario, nada por meu lado tenho a oppor. Mas se a dependencia é já anterior ao facto da concessão do beneficio, como aliás parece resultar da construcção grammatical, é evidente que isso importa uma nova e onerosissima restricção, que conviria fazer desapparecer.

No artigo 6.° eu diria de preferencia: «providenciar ácerca da conveniente dotação».

No artigo 7.°, que se refere ás quatro novas Dioceses de Bombaim, Mangalor, Coulão e Maduré falla-se, tanto no texto Italiano como no Portuguez, em *metropolitas*.

Parece isto ser engano, pois para quatro Bispados de certo não haverá mais de um metropolita. N'este artigo ás palavras «formarão á sua livre escolha» eu substituiria: «escolherão ou elegerão» e a estas outras «incluidas no terno» «incluidas na lista triplice».

Nada opporei ao que dispõe o artigo 8.° ainda que me pareça que os actuaes Vigarios Apostolicos poderiam constituir desde já o collegio eleitoral, que permittisse ao Rei de Portugal exercer a sua prerogativa perante a Santa Sé logo por occasião dos primeiros provimentos. Do animo elevado e espirito conciliador do Summo Pontifice póde, porém, a Corôa de Portugal fiar essas nomeações, mais do que nunca importantes, pois d'ellas depende em alto grau a leal e completa execução do novo pacto accordado entre a Santa Sé e esta Nação fidelissima. N'este artigo 8.° se falla tambem em *Arcebispos* e *Bispos*, o que talvez se prenda com a intenção de constituir mais de um metropolita, e mais de uma provincia ecclesiastica, a que parece alludir-se no artigo anterior, questão que aliás nos não interessa.

Nada se me offerece dizer ácerca do artigo 9.° No que respeita ao artigo 10.°, confrontando-o com todos os anteriores, parece-me que conviria intercalar as seguintes palavras logo apoz «das Indias Orientaes» «e para os Bispados que de futuro erigir».

Finalmente, emquanto ao artigo 12.°, parecia-me conveniente não definir o praso da troca das ratificações substituindo-o pela formula usual de o abreviar o mais possivel.

A circumstancia das nossas camaras sómente se reunirem em Janeiro, e outras rasões que V. Ex.ª não desconhecerá, justificam esta alteração. Quando, porém, ella ahi não possa ser acceita, conviria ampliar o praso a um anno.

Nada dizendo ácerca do «annexo» pelas rasões acima referidas, embora no que respeita particularmente á Diocese de Cochim haja a anomalia, apparente ou real, de se não fixarem limites territoriaes, mencionando-se apenas os nomes das Christandades e com relação a essa, bem como á de S. Thomé de Meliapor, não seja facil á vista dos esclarecimentos existentes n'esta Secretaria d'Estado e dos fornecidos por essa Embaixada, fazer uma idéa exacta das alterações introduzidas para mais ou para menos no *statu quo* das Christandades orientaes sujeitas á jurisdicção de Goa, limitar-me-hei a observar que a compensação a que se refere o n.º 5.º d'esse annexo é precisamente a conclusão 3.ª mencionada no meu despacho de 1 de Maio, e que a V. Ex.ª pareceu, de certo por deficiencia de exposição minha, constituir uma clausula nova, estranha como tal a toda a negociação, e podendo bastar para annullar os resultados anteriormente assegurados.

Comprehendo a difficuldade de a formular com maior clareza; estimaria, porém, que nos termos geraes em que ella se preceituou não venha mais tarde a constituir uma clausula onerosa para nós, ou assumpto de novo conflicto.

Parece-me que seria tambem muito conveniente que no texto Portuguez, todas as vezes que fosse possivel, dessemos aos nomes de igrejas e localidades a orthographia com que vem referidas no *Annuario de Goa*, o que não succede na proposta para aqui enviada e por certo evitaria futuras confusões e duvidas; e bem assim que aos nomes geographicos dos mappas inglezes substituissemos os antigos nomes Portuguezes, escrevendo: Coulão por Kilon, Baroche por Broach, etc.

De tudo quanto precede e quasi se limita a observações de fórma, salvo no respeitante ao artigo 4.º, cuja suppressão parece ao Governo necessaria e ácerca do qual elle não póde dispensar, quando essa suppressão se não realise, explicações claras e formuladas de modo a obrigar a Santa Sé, fará V. Ex.ª o uso que lhe parecer conveniente, na certeza de que o Governo o acompanha no desejo de ver sem mais demora firmado por V. Ex.ª e pelo Cardeal Secretario d'Estado o novo instrumento diplomatico, que vem assegurar e definir á Corôa Portugueza o exercicio do Padroado.

Para esse fim são com este despacho enviados a V. Ex.ª os plenos poderes necessarios. Remettendo-os para Roma faltaria a um dever se n'esta occasião solemne deixasse de prestar mais uma vez a minha homenagem de respeito e consideração pelos serviços valiosos que a alta intelligencia e o afervorado patriotismo de V. Ex.ª acabam de prestar a Portugal, contribuindo mais que tudo para fazer valer perante a Santa Sé a justiça da nossa causa, e conservando para esta Nação fidelissima o melhor padrão justificativo dos serviços por ella prestados em tempo á causa da Igreja e da civilisação.

N'este sentimento aqui expresso me acompanham todos os meus collegas no Governo.

Deus guarde, etc.

Officio do Embaixador em Roma ao Ministro dos Negocios Estrangeiros

Embaixada de Portugal em Roma, 18 de Junho de 1886.— Illmo e Exmo Sr.—No dia 16 recebi os despachos de V. Ex.ª, annunciados como tendo saido no dia 11. Alguma mudança do horario faz com que a correspondencia de Lisboa gaste cinco dias a Roma.

No dia 16 já não eram horas de procurar o Cardeal Secretario d'Estado, para lhe fazer as instancias indicadas no despacho de V. Ex.ª de 11.

Hontem 17, embora não dia de audiencia, procurei o Cardeal e fiz-lhe as instancias ordenadas por V. Ex.ª, como communiquei pelo meu telegramma.

Ao expor-lhe a duvida sobre o artigo 4.°, disse-me que não se podia persuadir que o artigo se entendesse como derogando as leis de Portugal. Não era esse o sentido claro, e não o sendo não se lhe podia attribuir; era esta a regra diplomatica. Os Bispos tinham livre o seu pastoral ministerio, em todos os paizes onde não havia perseguição, mas o livre exercicio não era o abuso d'esse exercicio.

Eu não podia contestar esta doutrina, que é verdadeira, e que é diplomatica; disse-lhe porém, que o Governo tinha duvidas e propunha a suppressão do artigo, ou da segunda parte d'este, o que eu considerava conveniente para afastar difficuldades.

O Cardeal disse-me que a proposta dos artigos da Concordata fôra toda approvada pelo Santo Padre, que lhe havia prestado especial attenção e de certo as emendas do Governo lhe seriam sensiveis.

Ficou de apresentar a instancia ao Santo Padre e dar-me hoje a resposta.

Referindo-se hoje á conferencia que tivera com o Santo Padre, este disse-lhe que era uma questão de boa fé, não podia ter pensado ao escrever aquellas palavras, que expressavam um principio geral, haver n'ellas outro sentido.

Que o principio permanecia porque Portugal, como paiz catholico, tinha o dever de garantir a liberdade episcopal, mas porque mais do que tudo estava no seu animo acabar com as questões da India, e dar ali a paz, para o que contava com o concurso leal de Portugal, concordava na suppressão das palavras finaes do artigo *«assegurando e garantindo aos respectivos Bispos o livre e pleno exercicio do seu pastoral ministerio»*; mantinha todavia a idéa.

Com relação ao praso para as ratificações, de que trata o artigo 12.°, estabelece o de tres mezes, de que absolutamente não prescinde. Que a negociação da Concordata fôra começada por uma situação e continuada na actual, que tem assim a seu favor essas duas situações politicas, e que por isso nenhuma difficuldade póde haver na convocação das camaras, para um assumpto assim importante, que é preciso terminar quanto antes. Que tem de publicar a organisação da India em Outubro, do que não póde prescindir, porque tudo está disposto para isso.

Sei que é uma difficuldade, mas tão facil foi o Santo Padre em prescindir do final do artigo 4.°, como não prescindirá n'este ponto.

Se em Portugal ha, como sei que ha, patriotismo, uma intelligencia havida com os chefes da opposição constitucional póde facilitar a resolução. Não haverá de certo quem queira tomar a responsabilidade de fazer caír o Padroado por similhante motivo.

Em Outubro o Papa publica a Bulla da organisação; creia-o V. Ex.ª

Até aqui o que se passou.

Cumpre-me agora dar explicações sobre os pontos principaes do despacho de V. Ex.ª

Permitta-me V. Ex.ª que não me occupe dos reparos sobre a concordancia de orthographia dos nomes do *Annuario de Goa*, e a conveniencia de substituír pelos nomes Portuguezes os Inglezes das actuaes provincias, porque o equivoco não é facil, e creia V. Ex.ª que estes reparos não fariam bom effeito.

Occupo-me unicamente do que se refere a doutrina.

O artigo 4.º é o que levantou duvidas e confesso que o meu espirito, como creio que o de V. Ex.ª, não as teve nem tem.

Isto agora é para a historia, mas é necessario sempre dizel-o.

Com algum uso que tenho de interpretar leis, não posso persuadir-me que as palavras «garantindo aos respectivos Bispos o livre e pleno exercicio do seu pastoral ministerio» tenham a força, ou de imporem obrigações em paiz estranho, acto de soberania; ou de derogarem as leis do paiz, quando estas garantem aos Bispos o justo exercicio do seu ministerio.

Offerece-se logo ao espirito, tratando d'este assumpto, o *beneplacito,* que é lei constitucional, estabelecido nos *artigos constitucionaes* da carta.

Pois póde sustentar-se que aquella disposição n'um tratado, lei ordinaria, derogue um artigo da constituição?!

Se não ha abuso, o exercicio é livre e a lei Portugueza garante-o, é claro; se ha abuso, a lei pune-o, não como exercicio do ministerio, mas como abuso d'esse exercicio.

Os tratados têem sempre um vago muito maior do que as

leis internas. Comprehende-se a rasão, ou antes a necessidade de assim proceder.

Entendi dever exarar aqui, com toda a clareza, a minha opinião, sem recear da discussão.

E já que fallo d'este assumpto, permitta-me V. Ex.ª que eu diga, visto considerar terminada a Concordata, que, se Deus me conceder vida, hei de mostrar na camara que nunca em Portugal se fez uma negociação assim vantajosa em si, e attento o estado das cousas, antes. Sinto-me melhor na camara do que na diplomacia.

A honra da negociação pertence aos Governos, é claro, porque eu só fui seu mandatario, mas exactamente por isso é que o digo, e não os deixarei indefezos, porque não têem sido esses os meus longos habitos de vida parlamentar.

Com relação ao artigo 5.º, nota V. Ex.ª que era melhor o systema anteriormente proposto. É possivel, mas não é novidade o que está no artigo. Sabe V. Ex.ª com que difficuldades se conseguiu esta vantagem real. Tudo foi objecto de largas instancias communicadas todas ao Governo e approvadas.

Ha ainda um equivoco.

No systema, aliás proposto para outra hypothese, quando se perdiam todas as Christandades e todos os Bispados concordatarios, o que se propunha não era o que no despacho de 11 se suppõe. A lista triplice não era formulada pelo Arcebispo para d'eila os ordinarios escolherem os Parochos. Era o contrario. E a nota de 28 de Dezembro de 1884. «.... da nominarsi dall Arcivescovo di Goa *sulla terna proposta dai Vescovi locali*».

Com relação ao artigo 7.º direi que não me parece que haja contradicção entre esse artigo e o meu officio de 31 de Maio, que acompanhou a remessa do projecto de Concordata.

Eu tenho entendido sempre Indias Orientaes como comprehensivas do Indostão, ou antes da peninsula indostanica propriamente dita, e não vice-versa.

Houve em tempo essa largueza dada ao Indostão, termo vago, indefinido mesmo, quasi mysterioso, que hoje o uso limitou, e os geographos dividiram, mas em que ainda não estão de accordo.

O Patriarcha de Goa será de todas as Indias Orientaes, presidirá aos concilios de todas ellas, segundo o artigo 2.º da Concordata. As quatro Dioceses em que El-Rei de Portugal terá a apresentação na lista triplice são as que sempre se disseram, e comprehendem com as quatro Dioceses Portuguezas a maior parte da propriamente dita hoje peninsula indostanica, sem me metter agora na controversia dos geographos por onde ella se limite ou deve limitar, visto não ser um estado, mas uma região, cujos limites são sempre mais ou menos arbitrarios.

Com relação ao n.º 5.º do annexo, as minhas duvidas deviam desapparecer para não o impugnar desde que sube que o Governo o queria.

Agora, não creio que d'ahi venha difficuldade. Se a proposta tivesse sido minha, teria sido aproveitada para a questão das igrejas de Calcutá e Daka, cousa a que eu me oppuz, porque a perda seria total, visto as fundações serem provavelmente das Christandades, pelo que nenhuma compensação teria de haver por ellas.

Resumindo devo dizer que não ha senão dois meios:

Ou abrir nova negociação, ou acceitar a proposta feita como está, e fechar rapidamente esta negociação.

Devo notar que o prolongamento de um estado de indecisão tem riscos n'um negocio tão complicado como este e em que ha tão consideraveis interesses. Basta lembrar o grande numero de logares de que Portugal disporá permanentemente nas regiões do Padroado fóra do territorio Portuguez, sem encargo para Portugal.

Nunca, mas muito principalmente n'esta epocha, esta consideração é para desprezar, e não poucas cubiças suscitará.

Cumpro por ultimo o meu dever testemunhando o meu profundo reconhecimento pelas palavras summamente honrosas, com que V. Ex.ª sempre me distingue, e que em nome do Governo teve a extrema delicadeza de me communicar.

Deus guarde, etc.

Telegramma do Embaixador em Roma ao Ministro dos Negocios Estrangeiros

Roma, 18 de Junho de 1886.—Santo Padre concorda em supprimir palavras «assegurando» e seguintes até ao fim do artigo. Não lhe liga importancia, porque são obrigação geral.

Praso para a ratificação tres mezes, do que não prescinde absolutamente.

Resposta urgente se posso assignar.

Telegramma do Ministro dos Negocios Estrangeiros ao Embaixador em Roma

Lisboa, 19 de Junho de 1886.—Embaixador de Portugal em Roma.—Póde assignar, mas tendo em conta que as Côrtes sómente se reunem em Janeiro.

Telegramma do Embaixador em Roma ao Ministro dos Negocios Estrangeiros

Roma, 19 de Junho de 1886.—Não posso assignar sem estabelecer praso no artigo 12.° Pontifice disse que em Outubro ha de publicar a organisação da igreja das Indias, e que Portugal tem tempo de convocar as Côrtes.

Não prescindia d'aquella publicação.

Creio inutil qualquer insistencia.

Telegramma do Ministro dos Negocios Estrangeiros ao Embaixador em Roma

Lisboa, 20 de Junho de 1886.—Embaixador de Portugal em Roma.—Empenhe a maxima diligencia para conseguir praso de um anno. Quando repute impossivel conseguil-o, acceite praso marcado pelo Papa.

Officio do Embaixador em Roma para o Ministro dos Negocios Estrangeiros

Roma, 22 de Junho de 1886.—Illmo e Exmo Sr.—Em 20 tive a honra de mandar a V. Ex.ª o seguinte telegramma em resposta ao de V. Ex.ª d'esse mesmo dia: «Impossivel nova instancia. Quarta feira assignatura Concordata».

O Cardeal Secretario d'Estado, a quem annunciei a annuencia do Governo a que fosse fixado o praso de tres mezes, agradeceu-a muito, e hoje certificou-me que tinha sido cousa muito agradavel ao Santo Padre, tanto mais que bem sabia que o Governo fazia n'isso um sacrificio, porque lhe poderia suscitar difficuldade politica.

Ámanhã ao meio dia será a assignatura, com as formalidades que aqui se observam em tudo. A nova Concordata é toda comprehendida nas auctorisações legaes da Concordata vigente de 1857, como já tive occasião de dizer a V. Ex.ª, e largamente o demonstro no relatorio já feito, com que acompanharei a entrega a V. Ex.ª da nova Concordata.

Bulla do Papa Leão XIII instituindo definitivamente a jerarchia Episcopal nas Indias Orientaes

(Impresso — Romae MDCCCLXXXVI)

LEO EPISCOPUS

SERVUS SERVORUM DEI

AD PERPETUAM REI MEMORIAM

Humanae salutis auctor Iesus Christus, cum nos sanguine suo de servitute redemisset, et in caelos ad Patrem proxime esset rediturus, iis, quos Apostolos nominavit, alumnis disciplinae suae, et testibus rerum quas Ipse fecerat et docuerat, imbuendum caelesti doctrina mundum commisit. Sanari enim oportebat, consilio gratiaque Dei, omnes homines: nec sanari nisi oblato veritatis lumine potuissent. Illi itaque nobilissimi muneris memores, accepta Spiritus Sancti virtute, in varias orbis partes magno animo abeunt, Evangelii sapientiam quacumque nuntiant, longius etiam progressi, quam quo arma domitoris terrarum populi penetrarant; ita ut vel ab Ecclesiae primordiis verissimum illud extiterit, *in omnem terram exivit sonus eorum et in fines orbis terrae verba eorum.*

Apostolici muneris obeundi officium in latissimis Indiae regionibus Thomae obtigisse, memoriae proditum est. Hic sane, uti vetera litterarum monumenta testantur, Christo in caelos recepto, cum in Aethiopiam, Persidem, Hircaniam, ac demum in peninsulam ultra Indum migrasset, difficillima peregrinatione suscepta, gravissimisque exantlatis laboribus, primus eas gentes Christianae veritatis luce collustravit, redditoque summo animarum Pastori sanguinis sui testimonio, ad sempiterna in caelis praemia evocatus est.

Exinde Apostolum praeclare de ea regione meritum colere India non omnino intermisit: in vetustissimis libris liturgicarum precum aliisque illarum ecclesiarum monumentis Thomae nomen et laudes celebrari consueverunt, atque insequentibus saeculis, post ipsam errorum luctuosam propagationem, nequaquam est eius deleta memoria; itemque fides, quam ille disseminarat, tametsi intermortua iacuit, non tamen extincta funditus esse visa est. Quare, novis virorum apostolicorum excitata curis, latius manavit, egregiisque florens virtutum exemplis, et martyrum educta sanguine, gentes illas ab immiti feritate revocatas sensim ad humanitatem excoluit. Hac vero aetate christianum nomen tanta apud Indos prosperitate vulgatum est, ut Ecclesiae filii per universam peninsulam ad sedecim centena millia feliciter creverint: sacerdotes magno in honore habentur, catholica doctrina in scholis summa cum libertate traditur, iamque certa spes affulget copiosiores ex ea gente manipulos ad Iesum Christum accessuros. Itaque decrevimus firmiore ordine et modo rem Indorum catholicam constituere: ea enim, quantumvis magnum et constans Decessorum Nostrorum extiterit studium, nondum illam adepta est constitutionem ordinatam et stabilem, cuius tanta vis est ad tutandam vitae christianae disciplinam, salutemque populis pariendam.

Ut aliquid de praeteritorum temporum memoria perbreviter attingamus, inito iam saeculo xiv, antiquam fidem velut ab interitu vindicare conati sunt nobiles ex Franciscana et Dominiciana familia alumni: qui, auctoritate missuque Romanorum Pontificum, ad Indias transgressi, plurimum operae in sanandis haereticorum opinionibus abolendâque ethnicorum superstitione posuerunt. Ubi vero expeditior per promontorium Bonae Spei patuit Europae gentibus ad oras Indicas transitus, una cum virorum apostolicorum adcursu salutares crevere fructus. Singularem laudem eo tempore consecuta est Societas Iesu: in primisque ad miraculum excelluit magnus Indiarum Apostolus Franciscus Xaverius, qui incredibiles labores perpessus, et maximis periculis terra marique excelso animo superatis, Crucem sacrosanctam iis regionibus quasi triumphator intulit, et ingentem hominum multitudinem ne dum in ora Malabarica, sed et in Coromandelica et in Ceylanensi insula, immo et in remotioribus provinciis usque ad Iaponios, multiplici superstitione sublata, ad Iesum Christum adiunxit.

Ad tantam christiani nominis propagationem, praeter laboriosas Missionariorum curas, plurimum valuit illustrium Portugalliae et Algarbiorum Regum opera: quibus merito contigit, ut ab hac Apostolica Sede perhonorifice collaudarentur, quod *eorum ministerio tam lata orbis terrae pars antea ignota Europae innotuisset: maxime vero quod Ecclesiae Dei per agnitionem christianae veritatis aggregaretur* [1].

In provinciis vero, quas vel in ora Malabarica vel in Coromandelica Lusitani obtinuerant, cum latius fides catholica manavisset, praecipua Pontificum Maximorum cura fuit, sacerdotes ad sacra officia iis in regionibus obeunda undique advocare, aliaque sapienter et utiliter, praesertim quod ad christianorum regimen pertineret, constituere. Aucta vero Lusitanarum possessionum amplitudine, novae Dioeceses in

[1] Leo X — *Summam Nobis laetitiam* — 1513.

iisdem coloniis constitutae sunt. In iis eminet Goana, quam Paulus IV archiepiscopalis throni honore et iuribus auxit: accedit vero Cochinensis et Cranganorensis: item in ora Coromandelica Meliaporensis, quam in urbe Sancti Thomae Paulus V instituit. Portugalliae vero atque Algarbiorum regibus, quod rei catholicae incrementis profuissent, nominatimque Dioeceses, quae commemoratae sunt, aere suo munifice dotassent, Romani Pontifices grati animi caussa ius Patronatus in novensiles episcopales Sedes concessere. Quae quidem cum in veteris ac recentis christianorum societatis utilitatem provide decernerent, spe erigebantur, brevi futurum ut extremi Orientis gentibus lux Evangelii longe lateque affulgeret, quaeque ex illa sequuntur beneficia, tamquam abundantissimus amnis, in ipsam civilem societatem influerent.—Sed prospere coeptorum cursum fortuna retardavit. Coortis enim bellorum aliorumque casuum procellis, magna clades Ecclesiae apud Indos succrescenti imminere videbatur. Itaque ne Evangelii interciperetur propagatio, neu in tot hominum millibus sempiterna animorum salus periclitaretur, Romani Pontifices ad regna illa amplissima, praesertim quae Lusitanis coloniis nequaquam continebantur, providentiam suam transtulerunt, summaque cura studuerunt, quanto plures ex ingenti illa multitudine possent, ad instituta christiana traducere, item munire adiumentis iis quae ad excolendos animos pertinent, et haeretica pravitate depulsa, in sancta religione retinere.

Quo autem cura difficilior ob immensa locorum intervalla, regionum latitudinem, incommoda itinerum, eo accuratius vel evangelicis operariis deligendis vel Missionum regimini ordinando operam dare magna cum libertate consueverunt. Saeculo xvii et xviii, praesertim operâ virorum religiosorum, quos sacra Congregatio christiano nomini propagando ad Indos miserat, plures christianorum communitates coaluere; linguae earum gentium variae per Missionarios perceptae; libri vernaculo populi sermone conscripti; plurimorum animi spiritu catholicae institutionis imbuti atque in spem caelestium erecti.—Quibus in rebus nobilitati sunt labores sodalium Carmelitidum, Capulatorum, Barnabitidum, Oratorianorum, qui quidem in iis gentibus ad christiana instituta erudiendis non eodem omnes tempore, sed idem studium collocavere constantiamque parem.

Gubernandis interea fidelibus moderandisque sacrorum operariorum expeditionibus, idoneo antistitum regimine constituto, provisum est.—Decessores autem Nostri singulari studio in id in primis animum intendebant, ut apostolici viri doctrinam christianam Indiâ tota sancte inviolateque servarent, nec ullo unquam ethnicarum superstitionum vestigio inquinari paterentur. Revera nemo ignorat quam vigilanter incubuerint ad evellenda radicitus vanarum observationum rituumque a fide christiana abhorrentium zizania ab inimico homine disseminata in novellis iis ecclesiae germinibus, quae praesertim in regnis Madurae, Mayssourii et Carnatici adoleverant: item quam provide studuerint, quaestiones omnes inter regionum illarum Missionarios in re gravissima excitatas pontificia auctoritate dirimere. De quibus ut Clemens XI apprime cognosceret, Carolum Thomam Tournonium Patriarcham Antiochenum cum potestate Legati a latere in Indiis Orientalibus Commissarium ac Visitatorem Apostolicum anno MDCCI destinavit. Sapientibus Tournonii decretis Clemens XI auctoritatis suae robur adiecit, eisdemque Innocentius XIII, Benedictus XIII, et Clemens XII, ut quam diligentissime obtemperaretur, graviter sanxerunt. Benedictus vero XIV, edita Constitutione *Omnium sollicitudinum*[1], amotis dubitationum caussis additisque opportunis declarationibus, controversiam dimidio fere saeculo acriter agitatam sustulit.

Aliquanto serius, cum de Indiarum bono Romani Pontifices plura cogitarent, tranquillitas Ecclesiae per Europam turbulentis est afflicta temporibus: quae tempora vel apud Indos christianae fidei incrementum prohibuere. Praeterea in provinciis peninsulae australibus plaga gravis accessit, auctore tyranno Tipou Sahib, qui catholicum nomen multimodis vexavit.—Quamvis vero post id tempus apostolici viri pro no-

[1] Prid. Id. Septemb. 1744.

mine christiano multum et utiliter elaboraverint, tamen Gregorius XVI rem omnem animo et cogitatione complexus, intellexit et declaravit, *regiones illas necessario requirere ut Apostolica Sedes, mutatis temporum adiunctis, religioni in iis periclitanti succurreret, et ecclesiastici regiminis formam ea ratione moderaretur, quae obtinendae fidei incolumitati par esset*[1]. Statimque ad rem aggressus, non pauca constituit christianis ex India hominibus salutaria, amplificandaeque per eos tractus religioni valde opportuna.

Verumtamen Apostolicae Sedis curas, utique communis salutis gratia susceptas, multis longe secus interpretantibus, cum funestum illud dissidium deflagravisset quod in maiora mala erupturum videbatur, Pius IX cum Petro Rege Fidelissimo semel atque iterum egit, ut quaedam communi consilio decernerentur, quae tot incommodorum remedium afferrent. Itaque conventio est inita anno MDCCCLVII: cuius tamen conditiones quominus perficerentur, variae difficultates impedimento fuere.

Ubi vero Nos, summa Dei benignitate, Ecclesiae gubernacula suscepimus, de gravissimo hoc negotio diligentissime cogitantes, auctores fuimus Regni Lusitani administris ut ea de re Nobiscum agere, novasque conditiones, quales tempora suasissent, scribere ne recusarent. Quod iis cum placuisset, mentem Nostram consignavimus litteris ad dilectum Filium Nostrum Regem Ludovicum missis hoc anno, die VI Ianuarii, explorataque eius aequitate cum concordiae studio coniuncta, conventionem rite pepigimus, per quam licuit plura utiliter communi sententia statuere, quae litteris, uti mos est, mandata sunt[2]. In primis vero ius Patronatus Regum Lusitaniae aequo modo definitum est: Archiepiscopatus Goanus dignitate Patriarchali ad honorem auctus, eiusdemque cum Dioeceses Suffraganeae designatae, tum iura cetera constituta. Praeterea convenit, ut gubernatores Lusitaniae singulis Dioecesibus supra dictis censum in tuitionem Canonicorum,

[1] Litt. Ap. *Multa praeclare*, die 24 April. 1838.

[2] Concord. an. 1886.

Cleri, Seminariorum publice assignent: iidem operam suam cum Episcopis conferant ad scholas pueris, domos altrices pupillis comparandas, aliaque pie instituenda, quae vel christianorum saluti prodesse, vel tollere ethnicorum superstitionem posse videantur.—His de caussis cum animorum concordiam in christianis ex India populis tranquillam ac firmam fore non iniuria confidamus, idcirco maturitatem venisse censemus rei catholicae in universa cis Gangem peninsula constituendae, ut illae gentes ad montem domus Domini praeparatum accedentes, stabilis beneque ordinati regiminis beneficia sentiant.

Septentrionalis Indiarum tractus tres excipit Vicariatus, quod antiqua missio Indostana a Gregorio XVI in duas partes an. MDCCCXLV divisa[1], et a Nobis his postremis annis tripartita[2], Agrae, Patnae et Punjabii veluti ecclesiasticas regiones separatas modo complectitur. Prior veteri territorio constat, exceptis partibus alteri assignatis: altera constat regionibus, quae appellantur Nepal, Behar, parva provincia Sikkim, vetus regnum Ayadhya, Bundelkand; aliisque principatibus finitimis. Tertia vero Punjabensi regione continetur, cui regnum Cashmire deinde additum est.

His subiacet ad Indum Missio Bombayensis, quam Pius IX an. MDCCCLIV bifariam dispertiens, regionem australem, seu Poonensem, a boreali seiunxit. Haec vero, praeter insulas Bombay et Salsette, habet provincias et regna Broack, Ahmedabad, Baroda, Guzerate, Marwar, Catch, Sindhi, Beluchistan usque ad Cabul et Punjab: australis autem regna et provincias Konkan, Kandeish et Dekkan usque ad terminos regnorum Nizam, Maissour et Canara Septentrionalis, exceptis ex utraque territoriis et provinciis Archidioecesi Goanensi nec non Archidioecesi Damanensi seu Cranganoris nuper assignatis. Subsequuntur per oram Kanarensem et Malabaricam praeter Archidioecesim Goanam Vicariatus tres inter montes Ghates et mare Occiduum siti, nempe Mangalorensis,

[1] Litt. Apost. *Pastoralis officii*, die 7 Febr. 1845.
[2] Litt. Apost. *Intendentes*, 21 Sept. 1880.

anno MDCCCLIII a Verapolitano seu Malabarico separatus [1], per provinciam Kanarae ad flumen Ponany; Verapolitanus ab eo flumine ad terminos Dioecesis Cochinensis nuper a Nobis restitutae, et Quilonensis ab eiusdem Dioecesis finibus ad meridiem sitis ad promontorium Comorinum usque pertingens, exceptis paroeciis Dioecesi Cochinensi assignatis.

Ad plagam peninsulae orientalem decem pertinent Missiones. In sinu Bengalico tres ad ostia fluminis Ganges: nimirum Vicariatus occidentalis in Calcuttae urbe constitutus, et orientalis, ambo anno MDCCCL ab unico Bengalensi derivati [2]. Qui autem ad iurisdictionem Episcopi Meliaporensis pertinere dicti sunt, ex numero subditorum utriusque Vicariatus excipiendi. His accedit in centro provinciae civilis Bengalensis Praefectura Apostolica anno MDCCCLV erecta. Finitima est Vicariatui occidentali Bengalico missio vastissima de Vizagapatam nuncupata, quae universum territorium inter fines Vicariatus Bombayensis et mare Bengalicum usque ad flumen Godavery ad austrum comprehendit, et anno MDCCCL a Madraspatana divisa est [3]. Hyderabadensis proxima missio per regnum Nizam et provinciam Masulipatam ad flumen Krichna protenditur, quam a Gregorio XVI designatam, Pius IX anno MDCCCLI [4] ad dignitatem Vicariatus evexit.

In ora Coromandelica praecipua extat Madraspatana civitas quae ab anno MDCCCXXXIV Vicarium Apostolicum obtinuit, cuius iurisdictio a flumine Krichna ad Palar inter fines missionis Bombayensis et mare extenditur, eo praerepto tractu qui nuper a Nobis Meliaporensi Dioecesi assignatus est. Ad australes vero eius fines antiquus Vicariatus orae Coromandelicae in tres quoque missiones anno MDCCCL divisus fuit [5], nempe Pondicherianam inter flumen Palar ad septentrionem et flumen Cavery ad meridiem: Mayssourensem ad regionem occiduam, huius nominis regnum et provincias Coorg, Colle-

[1] Litt. Apl. *Ex debito,* 15 Mart. 1853.
[2] Litt. Ap. *Exponendum Nobis,* 15 Febr. 1850.
[3] Litt. Ap. *Ex Pastoralis officio muneris,* 3 April. 1850.
[4] Litt. Ap. *Ad universalis Ecclesiae,* 20 Maii 1851.
[5] Litt. Ap. *Pastorale ministerium,* 3 April. 1850.

gal, et partem Winaad et Salem complectens: demum Coimbatourensem quae inter Missiones Verapolitanam, Mangalorensem et Madurae ad orientem montium Ghates continetur. Extrema iacet ad austrum peninsulae magna Madurensis Missio quae mari Coromandelico, montibus Ghates et fluminibus Cavery et Vettar clauditur, iis sublatis regionibus et locis quae Episcopo Meliaporensi tribuimus: eamque anno MDCCCXLVI paucis ante obitum diebus Gregorius XVI in Vicariatum constituit[1].

Ceylanensis vero insula in triplicem Vicariatum distinguitur, Columbensem, Jaffnensem, et Kandyensem: quorum priores ex unico antea extante, assignatis alteri provinciis occidentali et meridionale, alteri vero reliquis insulae territoriis, anno MDCCCXLIX[2] a Pio IX erecti sunt: tertius a Nobis, anno MDCCCLXXXIII[3], separato ex primis in centro insulae territorio constitutus est.

Cum igitur in universis Indiae missionibus, quas commemoravimus, Evangelicorum nuntiorum studio et laboribus, eo iam res christiana provecta sit, ut non modo Salvatoris Nostri nomen summa cum libertate invocetur, sed Ecclesiae plures numerentur, eaedemque multis sapienter et utiliter institutis floreant, Nos quidem primum omnium Deo Optimo Maximo pro parta catholico nomini prosperitate singulares gratias et agimus et habemus. Deinde vero quod decessoribus Nostris diu in optatis fuit ut ecclesiastica hierarchia in India atque in insula Ceylanensi constitueretur, id Nos ad efficiendum aggredimur. Quo facto consequutura bona, Deo iuvante, confidimus non pauca nec exigua, nominatim concordiae caritatisque incrementum, similitudinem et firmitatem disciplinae, populorum cum Episcopis maximeque cum Romano Pontifice stabiliorem coniunctionem, expeditiorem catholici nominis propagationem una cum ampliore virtutum christianarum cultu.

[1] Litt. Ap. *Exponendum Nobis*, 19 Maii 1846.
[2] Litt. Ap. *Exponendum Nobis*, 13 April. 1849.
[3] Litt. Ap. *Quo satius*, 20 April. 1883.

Itaque rogata, ut negotii gravitas postulabat, Venerabilium Fratrum Nostrorum S. R. E. Cardinalium sacro consilio christiano nomini propagando praepositorum sententia, fusis in humilitate cordis Nostri ad Omnipotentem Deum precibus, imploratAque ope Immaculatae Dei Matris, Sanctorum Apostolorum Petri et Pauli, Sanctorum Thomae Apostoli ac Francisci Xaverii, qui eas gentes sicut olim ad Evangelii lucem traduxere, ita nunc patrocinio caelesti tuentur ac tegunt; motu proprio, certa scientia ac matura deliberatione Nostra, de Apostolicae potestatis plenitudine, ad maiorem divini nominis gloriam fideique catholicae incrementum, harum Litterarum auctoritate, in universis Indiae Orientalis Missionibus Episcopalem hierarchiam ad canonicarum legum praescripta instituimus.

Porro decessorum Nostrorum vestigiis inhaerentes, qui primum Archidioecesim Goanam eique suffraganeas sedes Cochinensem, Meliaporensem et Cranganorensem erexerunt, easdem iuxta eam rationem quae in recenti conventione cum illustri Portugalliae et Algarbiorum Rege Fidelissimo inita significatur, confirmamus et in unam ecclesiasticam provinciam iterum coalescere volumus.

Praeterea omnes totius peninsulae atque insulae Ceylan Vicariatus Apostolicos, uti a Nobis supra descripti sunt, nec non Praefecturam in centro Bengalicae provinciae sitam, in Episcopales Ecclesias, auctoritate Nostra Apostolica, tenore praesentium erigimus et constituimus. Ex novarum vero Dioecesium numero quae sequuntur, nempe Ecclesiam Agraensem, Bombayensem, Verapolitanam, Calcuttensem, Madraspatanam, Pondicherianam et Columbensem ad Archiepiscopalis dignitatis honorem evehimus. Quod autem pertinet ad provinciales seu suffraganeas ecclesias designandas, integrum Nobis erit quod magis expedire videatur statuere.

Archiepiscopi vero et Episcopi de suarum singuli Ecclesiarum statu, iustis temporibus, ad Nostram Congregationem de Propaganda Fide referant: quae peculiarem de iis regionibus curam, uti hactenus gessit, ita in posterum geret, cognoscetque de iis omnibus quae sacrorum Antistites muneris sui caussa proposuerint.

Archiepiscopus vero Goanensis eiusque Suffraganei Episcopi de statu ecclesiarum ad sacram Congregationem negotiis Ecclesiae extraordinariis pertractandis referant. Iidem summa cura studeant res pie atque utiliter, iuxta memoratam conventionem instituere, fidemque catholicam in finibus iurisdictionis quisque suae omni ratione tueri et amplificare.

Universis vero Indiae Episcopis integrum erit sensim ea decernere, quae ad inducendum commune ius, prout tempora siverint, conferre queant, quaeque ex generali Ecclesiae disciplina Episcoporum auctoritati permissa sunt. Nostrae autem et huius Apostolicae Sedis partes erunt, Episcopis in perfunctione munerum suorum operà, auctoritate, consilio adesse, et quaecumque ad animorum salutem utilia et opportuna videantur omni qua fieri poterit ratione adiuvare.

Reliquum est ut Clerus populusque universus, id quod vehementer hortamur, retineant voluntatum concordiam, inviolate servent caritatem, Episcopis atque in primis huic Apostolicae Sedi libentes atque alacres in omni vita pareant, virtutibusque christianis ita se ornatos atque auctos impertiant, ut qui adhuc a veritate misere deerrant, eos ipsi vel exemplo suo vocent ad admirabile Christi lumen et regnum.

Decernimus tandem has Nostras Litteras nullo unquam tempore de subreptionis aut obreptionis vitio, sive intentionis Nostrae alioque quovis defectu notari vel impugnari posse, et semper validas ac firmas fore, suosque effectus in omnibus obtinere ac inviolabiliter observari debere, non obstantibus Apostolicis atque in Synodalibus, Provincialibus et universalibus Conciliis editis generalibus vel specialibus sanctionibus, ceterisque contrariis quibuscumque, peculiari etiam mentione dignis: quibus omnibus, quatenus supra dictis obstant, expresse derogamus. Irritum quoque et inane decernimus si secus super his a quoquam quavis auctoritate scienter vel ignoranter contigerit attentari. Volumus autem ut harum Litterarum exemplis etiam impressis, manuque publici Notarii subscriptis et per constitutum in ecclesiastica dignitate virum suo sigillo munitis, eadem habeatur fides, quae Nostrae voluntatis significationi ipso hoc diplomate ostenso haberetur.

Nulli ergo hominum liceat hanc paginam Nostrae erectionis, constitutionis, institutionis, restitutionis, dismembrationis, suppressionis, adsignationis, adiectionis, attributionis, decreti, mandati ac voluntatis infringere, vel ei ausu temerario contraire. Si quis autem haec attentare praesumpserit, indignationem Omnipotentis Dei et Beatorum Petri et Pauli Apostolorum Eius se noverit incursurum.

Datum Romae apud Sanctum Petrum, anno Incarnationis Dominicae millesimo octingentesimo octogesimo sexto, Calendis Septembribus, Pontificatus Nostri Nono.—C. Card. Sacconi, Pro-Datarius.— M. Card. Ledochowski.

Visa de Cvria I de Aqvila e Vicecomitibvs.—(Loco ✠ Plumbi.)

Reg. in Secret. Brevium.—I. Cvgnonius.

Traducção da Bulla

LEÃO, BISPO

SERVO DOS SERVOS DE DEUS

AD PERPETUAM REI MEMORIAM

O auctor da salvação humana, Jesus Christo, depois de nos ter remido da escravidão com seu sangue, e estando proximo a voltar para o ceu para a companhia de seu eterno Pae, deu áquelles a quem chamou Apostolos e que foram seus discipulos e testemunhas das suas obras e ensinamentos, a missão de instruirem o mundo na doutrina celeste; porque convinha que todos os homens fossem salvos por conselho e graça de Deus, e nunca o poderiam ser se não lhes fosse apresentada a luz da verdade. Por isso elles tomando a peito o nobilissimo encargo, depois de receberem a luz do Espirito Santo, marcham com grande resolução para as varias partes do mundo e annunciam a toda a gente a sabedoria do Evangelho, chegando a maiores distancias do que as armas do povo conquistador do mundo; sendo assim que já desde os principios da Igreja se pôde dizer com verdade: *a toda a terra chegou a noticia d'elles e aos confins da terra as suas palavras.*

Consta pela tradição que coubera a S. Thomé a missão de exercer o Apostolado nas extensissimas regiões da India. E com effeito, segundo attestam antigos monumentos escriptos, depois da ascensão de Jesus Christo ao ceu, partiu elle para a Ethiopia, passou á Persia, á Hyrcania, e finalmente á Peninsula que fica alem do Indo, e após difficilima peregrinação, tendo soffrido gravissimos trabalhos, levou pela primeira vez áquellas Nações a luz da verdade christã e dando ao Supremo Pastor das almas o testemunho do seu sangue, foi chamado a gosar no céu os premios da eternidade.

Desde então nunca deixou toda a India de prestar culto ao Apostolo que tão bem merecêra d'aquelle paiz. O nome e os louvores de Thomé continuaram a ser celebrados nos livros antiquissimos das preces liturgicas e outros monumentos d'aquellas Igrejas; e nos seculos seguintes, nem mesmo depois da lamentavel propagação dos erros, foi extincta a memoria d'elle, e a fé que elle dessiminára, comquanto por intervallos estivesse como morta, nunca se apagou inteiramente. Dispertada pelo zêlo de novos varões Apostolicos, alargou-se com maior desenvolvimento; e, florescendo com egregios exemplos de todas as virtudes, e elevando-se com o sangue dos Martyres, tirou aquelles povos da vida selvagem e pouco a pouco os trouxe á civilisação; e n'este seculo tanto tem prosperado na India o Christianismo, que os filhos da Igreja em toda a Peninsula subiram ao numero de 1.600:000. Os sacerdotes são tidos em grande honra; a doutrina catholica ensina-se nas escolas com a maxima liberdade, e brilha já certa a esperança de que muito maior numero de habitantes entrarão no gremio de Jesus Christo.

Isto nos moveu a decretarmos por um modo mais firme e regular á constituição dos negocios catholicos na India; porque, apesar do grande e constante zêlo dos nossos antecessores, ainda ella não pôde obter uma constituição ordenada e estavel, necessaria para manter a disciplina na vida christã e trazer a salvação dos povos.

Recordemos summariamente alguns factos dos tempos passados.

Já nos principios do seculo XIV intentaram como que resuscitar a fé alguns distinctos alumnos das familias Franciscana e Dominicana, que, tendo passado ás Indias com auctorisação e ordem dos Pontifices Romanos puzeram grandissimo esforço em emendar os erros dos hereticos e abolir a suprestição gentilica. Mas quando se tornou mais facil ás Nações da Europa a passagem para a India pelo Cabo da Boa Esperença, cresceram com a concorrencia de Varões Apostolicos os fructos da salvação. Singularmente se distinguiu n'esse tempo a sociedade de Jesus e sobre todos se tornou maravilhosamente notavel o grande Apostolo das Indias Francisco Xavier. Este, tendo passado incriveis trabalhos e depois de vencer com admiravel grandeza de animo os maiores perigos, tanto por terra como pelo mar, entrou quasi em triumpho n'aquellas regiões, e ahi arvorou a Cruz Sacrosanta e arrebanhou para Jesus Christo grande multidão de almas, acabando com uma infinidade de superstições, não só por toda a costa de Malabar, mas tambem na de Coramandel, na Ilha de Ceylão e nas Provincias mais remotas até o Japão.

Para tão larga propagação do Christianismo contribuiu muitissimo, alem dos laboriosos cuidados dos missionarios, a diligencia dos illustres Reis de Portugal e dos Algarves, os quaes justamente mereceram ser muito honrosamente louvados por esta Sé Apostolica porque «a elles se deve ter-se tornado conhecida da Europa uma tão extensa região do mundo, até então ignorada, e ainda mais porque a aggregaram á Igreja de Deus, fazendo-lhe conhecer a verdade christã[1].

[1] Leão X — *Summam Nobis laetitiam* — 1513.

Ora, tendo-se derramado largamente a fé Catholica nas Provincias conquistadas pelos Portuguezes nas costas do Malabar e Coromandel, trataram principalmente os Summos Pontifices de chamar de toda a parte sacerdotes que exercessem n'aquelles paizes o sagrado ministerio, e ordenar outras sabias e uteis providencias mórmente com relação á disciplina christã. Alargou-se, porém, a área das possessões Portuguezas e por isso novas Dioceses foram creadas nas mesmas colonias. Sobresáe entre todas a de Goa que Paulo IV elevou ás honras e jurisdicção de Sé Archiepiscopal; e na costa de Coromandel a de Meliapor instituida por Paulo V na cidade de S. Thomé. Aos Reis de Portugal e dos Algarves, por terem prestado tantos serviços á propagação do Catholicismo, e especialmente por terem dotado largamente, á sua custa, as Dioceses referidas, concederam os Pontifices Romanos, em signal de gratidão, o direito do Padroado sobre as novas sés Episcopaes.

Com estas providencias, tão vantajosas para os antigos e modernos Christãos, esperavam elles que em breve a luz do Evangelho se difundiria por todos os povos do extremo Oriente, e que os beneficios que da mesma derivam, cairiam, como abundantissimo caudal, sobre a mesma sociedade civil. Retardou, porém, a fortuna o desenvolvimento de tão prosperos inicios por quanto sobrevindo guerras e outros accidentes tempestuosos, grande calamidade parecia estar imminente á Igreja que principiava a prosperar: e por isso, para que se não interrompesse a propagação do Evangelho, nem perigasse a salvação eterna das almas em tantos milhares de homens; os Pontifices Romanos voltaram a sua attenção para aquelles vastissimos Estados, e especialmente para os que difficilmente se continham no dominio Portuguez, e envidaram todos os esforços para trazerem aos institutos christãos o maior numero possivel d'aquella immensa população, dar-lhes os soccorros proprios para a illustração do espirito, libertal-os das perniciosas heresias e conserval-os na Santa Religião.

E quanto era mais difficil este empenho, por causa das immensas distancias dos logares, vastidão dos paizes, e perigos dos caminhos, com tanto mais cuidado elles se applicaram na escolha dos operarios evangelicos, ou no estabelecimento do regimen das missões.

Nos seculos XVII e XVIII por diligencia principalmente dos varões religiosos, que a sagrada congregação da propagação da fé mandára ás Indias, muitas communidades de Christãos se formaram; as varias linguas d'aquelles povos foram estudadas pelos missionarios, escreveram-se livros nas linguas naturaes do paiz, e muitas almas embuidas no espirito da doutrina Catholica poderam aspirar á bemaventurança celeste; distinguindo-se em tal lavor os esforços das communidades dos Carmelitas, dos Capuchos, dos Barnabitas e dos Oratorianos, os quaes na instrucção christã d'aquelles povos trabalharam todos, não no mesmo tempo, mas com o mesmo zêlo e igual constancia.

Providenciou-se, entretanto, com um conveniente regulamento dos Prelados ácerca do governo dos fieis e do serviço dos obreiros sagrados.

Era principal empenho dos nossos antecessores que os varões Apostolicos conservassem religiosa e inviolavelmente a doutrina christã na India, e não consentissem que ella fosse maculada, jámais por algum vicio das superstições gentilicas. E com effeito, ninguem ignora com quanta vigilancia elles se applicaram a arrancar pela raiz o joio dos vãos preceitos e ritos contrarios á fé Christã, semeado pelo inimigo do homem n'estes novos germens da Igreja que principalmente se tinham desenvolvido nos Reinos de Madura, Maissor e Carnatic: e com quanta providencia se esforçaram por terminar e decidir com auctoridade Pontificia todas as questões levantadas n'um assumpto importantissimo entre os missionarios d'aquellas terras. Estas questões quiz Clemente XI conhecel-as a fundo e por isso mandou no anno 1701 a Carlos Thomás Tournon, Patriarcha de Antiochia, com poderes de legado *a latere* na qualidade de Commissario e Visitador Apostolico das Indias Orientaes.

Aos sabios decretos de Tournon deu Clemente XI a força

da sua auctoridade, e Innocencio XIII, Bento XIII e Clemente XII determinaram, sob penas graves, se lhes désse inteira obediencia; até que finalmente Bento XIV com a publicação da sua Constituição *Omnium solicitudinum*[1] removendo as causas das duvidas e acrescentando as convenientes explicações, resolveu uma questão que se debatêra violentamente durante quasi meio seculo.

Mais tarde quando os Pontifices Romanos estavam tratando de dotar com mais providencias as Christandades das Indias, violentas perturbações alteraram na Europa a paz da Igreja; e d'essas perturbações resultou tambem atrazo no derramamento da fé Christã entre os Indios. Acresceu a isto uma grande calamidade nas provincias do sul da Peninsula de que foi auctor o tyranno Tipu Sahib, que por muitos modos perseguiu o nome Catholico. E não obstante haver depois d'esse tempo Varões Apostolicos que muito trabalharam, e vantajosamente, em pró do nome Christão, Gregorio XVI abrangendo no seu animo e pensamento todo o assumpto, entendeu e declarou «que aquellas regiões tinham absoluta necessidade de que a Sé Apostolica, como fossem outras as circumstancias, fosse em soccorro da Religião que ali corria perigo, e regulasse o serviço ecclesiastico de fórma conveniente para a conservação da fé[2]». E pondo logo mãos á obra ordenou não poucas providencias salutares para os habitantes christãos da India, e muito adequadas ao desenvolvimento da Religião n'aquellas terras.

Appareceram, porém, muitos que interpretaram de uma maneira muito diversa estes cuidados da Sé Apostolica emprehendidos com a mira na salvação commum; e como a funesta dissidencia começava a lavrar, e ameaçasse redundar em maiores males, tratou Pio IX mais de uma vez com Sua Magestade Fidelissima El-Rei D. Pedro para que de commum accordo decretassem algumas providencias tendentes a remediar tantos damnos. Resultado d'estas negociações foi a

[1] 12 de setembro de 1746.
[2] Bulla *Multa praeclare* de 24 de abril de 1838.

Concordata de 1857, mas a realisação das suas disposições foi impedida por varias difficuldades.

Entrámos depois nós por grande mercê de Deus no governo da Igreja; e, logo desde o principio, dando toda a attenção a este importantissimo assumpto, prevenimos os Ministros do Rei de Portugal, que não puzessem duvida em tratar comnosco a este respeito e em escrever as novas condições que as circumstancias reclamavam. Acceito por elles o alvitre, expozemos o nosso pensamento nas Letras que mandámos expedir em 6 de Janeiro d'este anno ao nosso dilecto filho El-Rei D. Luiz, e reconhecendo quanto n'elle se alliava a equidade com o desejo da concordia, celebrámos uma Concordata em fórma, em virtude da qual se podiam ordenar de commum accordo muitas providencias salutares, que foram reduzidas a escripto, como é do estylo[1]. Primeiramente definiu-se do modo mais justo o direito do Padroado dos Reis de Portugal; o Arcebispado de Goa foi elevado ás honras da dignidade Patriarchal; ficaram designadas as Dioceses suffraganeas na sua jurisdicção e regulados os demais direitos. Ficou tambem convencionado que os Governadores Portuguezes estabeleçam para cada uma das sobreditas Dioceses as subvenções que hão de ser pagas pelo Estado para a sustentação dos Conegos, do clero e dos seminarios; e que concorram com os Bispos para a creação de escolas e asylos, e outras instituições pias que pareçam dever aproveitar ao bem dos Christãos ou extinguir a superstição dos gentios. Por estas rasões confiando nós justamente que será tranquilla e firme a concordia dos animos dos povos christãos da India, julgâmos ser chegada a opportunidade de estabelecer uma constituição catholica para toda a Peninsula áquem do Ganges a fim de que aquellas Nações chegando-se preparadas ao monte da casa do Senhor, gosem os beneficios de um regimen estavel e bem ordenado.

A parte septentrional das Indias contém tres Vicariatos, que a antiga missão do Industão dividida em duas partes por Gre-

[1] Concordata de 1886.

gorio XVI em 1845 [1] e por nós em tres partes n'estes ultimos annos [2], Agrá, Patena, Pundjab, comprehende agora como regiões ecclesiasticas separadas. A primeira compõe-se do antigo territorio, á excepção das partes d'elle que ficam pertencendo á segunda; a segunda abrange os estados denominados Nepal e Behar, a pequena provincia de Sikkin, o antigo reino de Ayadhya, Bundelkand, e outros principados limitrophes; e a terceira comprehende a região do Pundjab, á qual foi annexado o reino de Cachemire.

Abaixo d'estes Vicariatos, na direcção do Indo, fica a missão de Bombaim que Pio IX dividiu em duas partes em 1854, separando a região austral ou Poonense da septentrional. Esta, alem das ilhas de Bombaim e Salsete, tem mais as seguintes provincias e reinos:

Broack, Abmedabo, Baroda, Guserate, Marwar, Catch, Sindhi, Beluchistan, até o Cabul e Pondjab. A do sul comprehende os reinos e provincias do Konkan, Kandeish e Decan até os confins dos reinos de Nizam, Maissor e Canará septentrional. Excluem-se de uma e de outra os territorios e provincias recentemente assignados á Archidiocese de Goa, assim como á de Damão ou Cranganor.

Depois da Archidiocese de Goa seguem-se na costa do Canará e do Malabar tres vicariatos situados entre os montes Ghates e o mar occidental, a saber o de Mangalor, separado em 1853 do Verapolitano ou do Malabar, e que se estende pela provincia do Canará até o rio Ponany. O Verapolitano que sáe d'este rio até os confins da Diocese de Cochim, ha pouco por nós restabelecida, e o de Quiloa que fica entre os confins meridionaes da mesma Diocese e o cabo Comorim, com excepção das parochias que ficam formando a Diocese de Cochim.

Na região oriental da Peninsula ficam dez missões. Tres no golfo de Bengala, junto á foz do rio Ganges; isto é, o vicariato occidental estabelecido na cidade de Calcuttá, e o orien-

[1] Bulla *Pastoralis officii*, de 7 de fevereiro de 1845.

[2] Bulla *Intendentes*, de 31 de setembro de 1880.

tal, ambos formados em 1850 do unico que havia em Bengala [1]. Aquelles que se diz pertencerem á jurisdicção do Bispo de Meliapor, devem ser exceptuados do numero d'estes dois vicariatos. Alem d'estes ha mais no centro da provincia civil de Bengala uma prefeitura apostolica que foi creada no anno de 1855.

Confina com o vicariato occidental de Bengala a missão vastissima, chamada de Vizagapatam, que comprehende todo o territorio entre os limites do Vicariato de Bombaim e o golfo de Bengala, estende-se para o sul até o rio Godavery, e foi separada no anno de 1850 da de Madraspatam [2]. Segue-se a esta a missão de Hyderabad, que vae pelo reino de Nizam e provincia de Masulipatam até o rio Krichna, e foi creada por Gregorio XVI, e em 1851 elevada por Pio IX á dignidade de Vicariato [3].

A cidade principal que existe na costa do Coromandel é a de Madraspatam, que tem Vigario Apostolico desde 1834 com jurisdicção desde o rio Krichna até o Palar, entre os limites da missão de Bombaim e o mar, com excepção da missão recentemente assignada por nós á Diocese de Meliapor. O antigo Vicariato da costa do Coromandel, que confina com o anterior pelo sul, foi dividido tambem em tres missões no anno de 1850 [4]; a saber: a de Pondichery, entre o rio Palar ao norte, e o de Cavery, ao sul; a de Mayssor, ao occidente, comprehendendo o reino d'este nome e as provincias de Coorg, Collegal e Salé: e finalmente a de Coimbator, que confina com as missões de Verapolis, Mangalor e Madura ao oriente dos montes Ghates.

A ultima ao sul da Peninsula é a grande missão de Madura, limitada pelo mar do Coromandel, montes Ghates e rios de Cavery e Vettar, á excepção d'aquellas regiões e territorios que assignámos ao Bispo de Meliapor. Esta foi arvorada

[1] Bulla *Exponendum Nobis*, de 15 de fevereiro de 1850.
[2] Bulla *Ex pastoralis officio muneris*, de 3 de abril de 1850.
[3] Bulla *Ad universalis ecclesiae*, de 20 de maio de 1851.
[4] Bulla *Pastorale ministerium*, de 3 de abril de 1850.

em Vicariato por Gregorio XVI poucos dias antes da sua morte [1].

Divide-se a ilha de Ceylão em nove vicariatos, o de Columbo, o de Jaffna e o de Kandya; os dois primeiros foram formados por Pio IX no anno de 1849 do unico que até então existia, ficando um com as provincias occidental e meridional e o outro com os restantes territorios da Ilha [2]; e o terceiro foi creado por nós no anno de 1883 no territorio central da Ilha, que para este effeito se desmembrou dos primeiros [3].

Tendo, pois, o zêlo e a diligencia dos Varões Evangelicos propagado já a tal ponto o Christianismo em todas as missões da India acima mencionadas, que não só o nome do Nosso Salvador é invocado com o maximo desassombro, mas até já se contam numerosas Igrejas que florescem com muitas constituições sabias e uteis; cumpre-nos primeiro que tudo render graças, cheio de reconhecimento, a Deus Omnipotente pela prosperidade do nome Catholico. E em seguida vamos levar a cabo uma obra que os nossos antecessores por tanto tempo quizeram fazer, a constituição da gerarchia ecclesiastica na India e na Ilha de Ceylão. Do que esperâmos, com ajuda de Deus, que não poucos e não pequenos bens resultarão, sendo os principaes a maior concordia e caridade, a uniformidade e firmeza da disciplina, a mais estavel união dos povos com os Bispos e em especial com o Pontifice Romano, e a mais facil propagação do Catholicismo, de par com o mais desenvolvido culto das virtudes christãs.

E por isso nós, depois de ouvirmos o parecer, consoante a importancia do caso reclamava, dos nossos veneraveis irmãos os Cardeaes da Santa Igreja Romana, propostos á Sagrada Congregação da propagação do nome Christão; dirigindo preces a Deus Omnipotente na humildade do nosso coração; implorando o auxilio da Immaculada Mãe de Deus, dos Apostolos S. Pedro e S. Paulo, do Apostolo S. Thomé e

[1] Bulla *Exponendum Nobis*, de 19 de maio de 1846.
[2] Bulla *Exponendum Nobis*, de 13 de abril de 1849.
[3] Bulla *Quo satius*, de 20 de abril de 1883.

de S. Francisco Xavier, os quaes, assim como outr'ora levaram áquelles povos a luz do Evangelho, assim os defendem e protegem agora com o patrocinio celeste; por nosso motu proprio, sciencia certa e madura deliberação, na plenitude do poder apostolico e para maior gloria do nome de Deus e augmento da fé Catholica, instituimos com a auctoridade da presentes Letras, e em conformidade com as leis canonicas, a gerarchia Episcopal em todas as missões do Oriente da India.

E seguindo os passos dos nossos antecessores que primeiro erigiram a Archidiocese de Goa e as sés, suas suffraganeas, de Cochim, Meliapor e Cranganor, as confirmâmos e queremos que constituam de novo uma só provincia ecclesiastica, nos termos e pela fórma indicada no Tratado recentemente celebrado com Sua Magestade Fidelissima o Rei de Portugal e dos Algarves.

Alem disso, por nossa auctoridade apostolica e pelo teor das presentes, erigimos e constituimos em Igrejas Episcopaes todos os vicariatos apostolicos acima mencionados, de toda a Peninsula e da Ilha de Ceylão, e a prefeitura situada no centro da provincia de Bengala. E das novas Dioceses elevámos á honra da dignidade Archiepiscopal as igrejas de Agra, Bombaim, Verapolis, Calcuttá, Madraspatam, Pondichery e Columbo; reservando para nós determinar o que mais conveniente nos parecer, no que respeita á designação das Igrejas provinciaes ou suffraganeas.

Os Arcebispos e Bispos mandarão á nossa Congregação da propagação da fé, em prasos certos, um relatorio ácerca do estado das suas respectivas Igrejas; e esta continuará de futuro a consagrar áquellas regiões a mesma particular attenção que até agora lhes tem dado, e tomará conhecimento de todas as propostas que os Prelados lhe enviarem no desempenho do seu cargo.

O Arcebispo de Goa, e os Bispos seus suffraganeos, mandarão o relatorio ácerca do estado das suas Igrejas á Sagrada Congregação dos negocios extraordinarios da Igreja; e tratarão com todo o cuidado de estabelecer providencias pias e uteis na conformidade do Tratado supramencionado, e manter e dilatar por todos os modos a fé catholica dentro na área das suas respectivas jurisdicções.

Fica, porém, reservado a todos os Bispos da India ir pouco e pouco decretando o que poderem para a formação do direito commum, segundo as circumstancias dos tempos, e quanto pela disciplina geral da Igreja for permittido á auctoridade dos Bispos. E ao nosso cuidado e da Sé Apostolica fica o coadjuvar por todos os modos que ser possa os mesmos Bispos no desempenho do seu cargo com obras, auctoridade e conselho em tudo o que parecer util e opportuno á salvação das almas.

Não resta senão que o Clero e todo o povo mantenham a concordia das vontades, conservem inviolavelmente a caridade, obedeçam em toda a sua vida, livre e espontaneamente e com toda a satisfação aos Bispos e especialmente a esta Sé Apostolica, e se apresentem ornados e augmentados com todas as virtudes christãs, de modo que com o seu exemplo chamem para a admiravel luz e reino de Christo os que ainda se acham infelizmente afastados da verdade. A este fim exhortâmos a todos com a maior instancia.

Decretâmos finalmente que estas nossas letras em tempo nenhum possam ser notadas ou impugnadas por vicio de subrepção ou obrepção, defeito de nossa intenção ou outra qualquer falta, mas sejam sempre validas e firmes, e obtenham em tudo os seus effeitos para que sejam inviolavelmente observadas, sem embargo das sancções geraes ou especiaes, tanto apostolicas como das publicadas nos concilios synodaes, provinciaes e universaes, ou de outras quaesquer disposições em contrario, embora dignas de particular menção; a todas as quaes expressamente derogâmos no que for contrario ao que acima se determina; declarando tambem irrito e nullo quanto acontecer ser praticado em contrario a ellas, scientemente ou por ignorancia, por qualquer auctoridade.

E queremos que aos exemplares d'estas letras, ainda os impressos, assignados por mão do notario publico, e sellados com o sêllo de pessoa constituida em dignidade ecclesiastica, se preste tão inteira fé, como a este diploma original, em que está significada a nossa vontade.

Fica, portanto, prohibido a toda e qualquer pessoa infringir ou temerariamente contrariar este documento de erecção, constituição, instituição, restituição, desmembração, suppressão, assignação, adjecção, attribuição, decreto, mandado e vontade nossa. Se, comtudo, alguem o ousar tentar, saiba que ha de incorrer na indignação de Deus todo poderoso e dos seus Apostolos bemaventurados S. Pedro e S. Paulo.

Dada em Roma, em S. Pedro, no 1.º de Setembro do anno da Encarnação do Senhor 1886, e 9.º do nosso pontificado.—Cardeal C. Sacconi, Pro-Datario.—Cardeal M. Ledochowski.

Vista—Da Curia I de Aquila e Vice-comitibus (Logar do sêllo ✠ de chumbo).

Registada na Secretaria dos Breves.—I. Cugnoni.

A respeito do que n'esta Bulla se diz do Patriarcha de Antiochia, Carlos Thomás Maillard de Tournon, Commissario e Visitador Apostolico com poderes de Legado *a latere*, veja-se no tomo v d'esta collecção a Relação sincera e verdadeira do que elle fez, pretendeu e occasionou na missão da China e em Macau desde o principio de Abril de 1705 até ao fim do anno de 1707; assim como os Relatorios do Capitão General de Macau ao Vice-Rei da India sobre os excessos commettidos pelo dito Patriarcha contra os privilegios, isenções e liberdades concedidas a El-Rei de Portugal pelos Summos Pontifices e Bullas Apostolicas a favor do Padroado Real; e tambem no tomo vi, pag. 1, a carta de El-Rei ao Vice-Rei da India de 2 de Abril de 1708, e resposta d'este de 28 de Dezembro de 1709 a respeito do procedimento do mesmo Patriarcha.

Convem por esta occasião recordar, que na India, e principalmente na China, havia-se suscitado entre os Missionarios de diversas parcialidades uma grave questão de doutrina theologica, e da tolerancia de certos ritos gentilicos aos novos conversos. Os Summos Pontifices haviam dado sobre a materia encontradas decisões, quando o Papa Clemente XI, desejoso de terminar por uma vez a contenda, mandou á India, e á China com poderes de Legado *a latere* o Patriarcha de Antiochia, depois Cardeal de Tournon. Os decretos e resoluções do Patriarcha, em vez de aquietarem e conciliarem os animos, ainda os alvoroçaram mais, e tal chegou a ser a perturbação no Imperio da China, que o Imperador fez sair o Patriarcha do interior do paiz, e por seus Mandarins o mandou entregar ao Senado da Camara de Macau, para n'esta cidade estar em deposito, e d'ella não sair sem ordem do mesmo Imperador, a quem o dito Senado havia de dar conta do Patriarcha no caso que d'ella se ausentasse. Na casa da residencia, d'onde nunca mais quiz sair, recebeu o barrete de Cardeal e falleceu aos 10 de Junho de 1710.

Os successos do Cardeal em Macau foram objecto de longas negociações entre as Côrtes de Portugal e Roma, que por vezes estiveram a ponto de interromper a sua amigavel correspondencia. Resolvendo o Santo Padre mandar á China outro Delegado seu, o encaminhou a Lisboa para ahi apresentar o Breve da sua commissão, e receber n'ella as restrições que fossem do agrado de El-Rei de Portugal, mostrando assim que approvava tudo quanto havia de exorbitante no procedimento do Cardeal de Tournon, e queria dar uma solemne demonstração do seu escrupulo em guardar e fazer guardar religiosamente os direitos do Padroado, estabelecidos nos genuinos titulos canonicos.

Veja-se tambem no tomo VI, no principio, a carta do Secretario d'Estado para o Vice-Rei da India, de 6 de Abril de 1720 sobre a partida para Macau do Patriarcha de Alexandria, successor de Tournon, como Delegado Apostolico, e no fim o Breve de 29 de Setembro de 1719, que concedeu ao dito Patriarcha as faculdades de Commissario Apostolico e Visitador das Missões da China com poderes de Legado *a latere;* e bem assim as restricções que ao mesmo Breve fez El-Rei de Portugal, e a carta de guia para o Governador de Macau, sobre a ida do dito Patriarcha.

Nota do Ministro dos Negocios Estrangeiros ao Nuncio em Lisboa, expondo-lhe algumas difficuldades para a execução da Concordata pelas reclamações que fazem contra ella os catholicos das missões Portuguezas, que deixáram de estar sujeitas ao Padroado.

Lisboa, 8 de setembro de 1886.—Monsenhor.—O abaixo assignado tem a honra de chamar a attenção de S. Ex.ª o Rev.mo Arcebispo de Sardia, Vanutelli, para a seguinte exposição, que, por seu intermedio, espera poderá ser levada ao conhecimento da S. Em.ª o Cardeal Secretario d'Estado.

Comprazendo com os desejos clara e instantemente manifestados ao Embaixador de Sua Magestade Fidelissima em Roma por Sua Santidade, e em seu nome pelo Em.mo Cardeal Jacobini, acceitou o Governo Portuguez o curto praso de tres mezes para, dentro d'elles, ratificar a Concordata recentemente firmada na capital do orbe catholico, em 23 de Junho. Fôra essa convenção o resultado final de uma negociação inspirada, nas suas ultimas phases, por aquelle elevado espirito de conciliação, por aquelle sentimento de suprema equidade que ennobrece e faz realçar os annaes do actual pontificado. Da obra laboriosa, em que por tanto tempo e tão porfiadamente se lidára, devia resultar por fim a pacificação religiosa dos espiritos na India, o renascimento vigoroso em Portugal d'aquella confiança plena nas intenções benevolas e justas da Santa Sé e do Supremo Pastor para com a Nação Fidelissima, que a tão longinquas regiões soube levar a Igreja de Christo, e entre partes tão remotas pôde impor a obediencia e inspirar o respeito ao seu Vigario na terra.

Convencido o abaixo assignado que taes são os resultados que a Santa Sé espera colher da Concordata de 23 de Junho, animado por igual da crença de que esse convenio encerra nas suas bases essenciaes quanto basta para justificar e confirmar aquella esperança, confiadamente se dirige a S. Ex.ª o Nuncio Apostolico expondo-lhe algumas difficuldades de execução, que, em seu modo de ver, podem facilmente ser removidas, evitando-se que a sua permanencia annulle praticamente essa pacificação dos espiritos, e reconhecimento da benevolencia e da justiça da Santa Sé para com Portugal, a que ha pouco alludia, e que tanto importa restabelecer e fortificar.

Conhecido na India o texto da Concordata, reclamaram contra ella desde logo, pelo telegrapho, os catholicos das missões Portuguezas do varado de Poonah, como pouco antes o haviam feito, em representação firmada por milhares de assignaturas, os catholicos Portuguezes de Ceylão.

Não ignora S. Ex.ª os esforços empenhados pelo Governo para a conservação no Padroado d'aquelles dois importantes grupos de missões. Sem referir novamente o que respeita a Ceylão, por demasiado conhecido de S. Ex.ª, e limitando-se a juntar agora a copia da representação a que acima se referiu, transcreve o abaixo assignado n'esta nota o que ácerca de Poonah escrevêra ao Embaixador de Sua Magestade Fidelissima em Roma, no seu despacho de 1 de Maio ultimo, commentando e analysando a proposta formulada pela Santa Sé, em 15 de Abril. «Tem o varado de Poonah (assim se referia n'aquelle documento) 3 igrejas e uma população catholica de 2:085 almas. O sacrificio d'estas Igrejas está até certo ponto no espirito da concessão da Santa Sé, que, acceitando o principio dos isentos para os grandes grupos, excluiu d'elles os agrupamentos pequenos e afastados, que viriam, sem rasão muito forte, interromper tambem por este lado a continuidade das Dioceses que a Santa Sé muito tinha a peito manter. *Não deixa, porém, de ser muito para tomar em conta a perda da Igreja de Nossa Senhora da Conceição, de Poonah, que só por si abrange uma população de 1:920 almas, e 2 escolas, uma das quaes fundada em 1882, por subscripção publica, para commemorar a memoria do Arcebispo D. Ayres, havendo-se-lhe para esse fim dado o nome d'este Prelado.* Não deve esquecer a importancia de Poonah, cuja população attinge 120:000 habitantes.

«*Era um elemento vivo e prospero do Padroado.*»

Explicam estas circumstancias, a que o Governo de Sua Magestade assim fazia referencia, a commoção experimentada em Poonah, como succedêra tambem em Ceylão, ao saber-se de modo positivo e pelo proprio texto da Concordata, que, embora sob a cura de sacerdotes de Goa, essas Igrejas e missões deixariam de estar sujeitas á jurisdicção a que se haviam conservado fieis, e ao Prelado da sé cathedral, que por tantos titulos falla ao espirito e ao coração das populações catholicas indostanicas.

Traduziu-se essa commoção nos telegrammas enviados a este Governo, e que a par de outros se juntam por copia a este despacho. São elementos de apreciação e de estudo, que o Governo Portuguez submette ao criterio elevado da Santa Sé. O Chefe da Igreja julgará em sua consciencia até que ponto se lhe torna ainda possivel ceder ás aspirações e desejos d'aquellas christandades, e attender á voz dos que assim supplicam permanecer fieis ao seu Pastor.

Difficuldades de natureza mais grave ainda está, porém, promovendo n'este momento a perda para o Padroado do varado de Saunt-Wary. Telegrammas instantes do Rev.do Arcebispo Primaz, revelam até que ponto é profunda a impressão produzida no proprio animo d'aquelle Prelado, e entre os catholicos do principado, pelo cerceamento, n'essa parte, da Archidiocese de Goa. Comprehende-se bem o facto, visto a importancia em si do varado de Saunt-Wary, e mais que tudo por não se darem com elle as circumstancias que justificavam e impunham até certo ponto, dada a base acceita para a negociação, a perda das Igrejas de Poonah, Ceylão e outras regiões da India.

De todo o tempo previra o Governo as difficuldades que surgem n'este momento; não insistira, porém, mais, por seu lado, junto á Santa Sé, visto o caracter definitivo que apresentára a proposta pontificia de 15 de Abril, e tambem por esperar que as vantagens geraes provenientes da Concordata podessem predominar sobre o sentimento particular causado pela perda de certas Igrejas perda resultante da celebração d'aquelle acto.

Era, porém, sob o peso d'essa previsão que no despacho acima referido, de 1 de Maio, dirigido ao Conselheiro Mártens Ferrão, o abaixo assignado se exprimia nos termos seguintes:

«Se, para as missões que constituem no Vicariato Geral dos Gattes o varado de Hyderabad podem allegar-se as rasões de excentricidade ou afastamento, como justificar a perda, não direi já de 2 varados no Vicariato Geral do Canará, mas no dos Gattes, do varado de Saunt-Wary, sito no antigo principado do mesmo nome, limitrophe ao N. dos territorios de Goa, e habitado por uma população, cujas sympathias por Portugal se têem affirmado por tantas vezes? Pois esse varado, que tão naturalmente ficaria continuando a fazer parte da Archidiocese, contém nada menos de 5 missões com população catholica de 10:551 almas.

«Parece-me este facto muito grave, e ácerca d'elle, bem como de outros pontos da proposta pontificia, suscita-se naturalmente a idéa da conveniencia de ouvir a opinião, no assumpto auctorisadissima, do Arcebispo de Goa. Comprehendo por minha parte a difficuldade de o fazer, dada a altura em que vae a negociação, mas é certo tambem que os termos já accordados, e que envolviam sacrificios de Igrejas em nossa posse, alem da confirmação do *statu quo* n'aquellas que, embora de fundação Portugueza, se achassem actualmente em poder da Propaganda, que esses termos, repito, não faziam presuppor perdas como a da Igreja de Bandorá, ou mais ainda, como a do varado de Saunt-Wary. Que impressão poderá hoje produzir na India a necessidade de entregar repentinamente tantas Igrejas Portuguezas aos padres propagandistas, e de fazer passar assim de uma para outra jurisdicção dezenas de milhares de almas, que através das vicissitudes dos tempos e com uma tenacidade verdadeiramente caracteristica d'aquella raça, haviam permanecido fieis á Igreja Primacial de Goa?»

Citando estas palavras, tem o abaixo assignado por fim unico esclarecer os factos, e mostrar como ellas são o commentario antecipado dos pedidos instantes do Arcebispo Primaz, e dos clamores afflictos da população catholica do principado de Saunt-Wary.

Á face da letra da recente Concordata, que o Governo acceitou com o perfeito conhecimento da perda do inteiro Vicariato Geral dos Gattes, e a que ligou a sua responsabilidade com a plena consciencia de que assim prestava um serviço ao paiz e á Corôa, mantendo para esta, em condições de todo o ponto dignas, o antigo e venerando direito do Padroado, inutil seria o fazer-se n'este momento echo junto da Santa Sé das instancias do Arcebispo e dos lamentos dos povos. Mas a letra mata e o espirito vivifica; ora o espirito que animou os negociadores da Concordata explica e justifica o passo do Governo, appellando, como o faz confiadamente, para o Santo Padre, e esperando que ainda hoje Sua Santidade ha de poder e quererá por certo satisfazer a uma aspiração, que em nada contradiz ou vem fazer padecer o principio da continuidade das Dioceses, de summa conveniencia, em verdade, para o melhor regimen ecclesiastico e mais perfeito governo das almas.

Para um ponto ainda se permitte o abaixo assignado chamar a attenção de S. Ex.ª, e por seu intermedio benevolente, a do Cardeal Secretario d'Estado. Refere-se aos receios, a seu ver infundados, que se revelam nos telegrammas, juntos por copia, do Governador Geral da India, e dos catholicos de S. Thomé de Meliapor.

Na proposta da Santa Sé, de 15 de Abril, fixa-se a população catholica da Diocese de S. Thomé de Meliapor em 48:629 almas. Este facto basta só por si para provar quanto são inexactas as apreciações feitas na India, ácerca da situação creada pela Concordata de 23 de Junho, para essa historica Diocese. Póde succeder, no emtanto, que em um ou outro promenor de uma circumscripção diocesana realisada na Europa, tão longe dos factos e das localidades a que ella se refere, se tenha involuntariamente introduzido um ou outro engano, que reclame e torne necessaria uma conveniente rectificação. Abriga o Governo de Sua Magestade igualmente a esperança que a ella se prestará do melhor grado a Santa Sé, com a boa fé e perfeita lisura que transluzem em todos os documentos d'esta recente negociação.

Cumpre por fim ao abaixo assignado asseverar a S. Ex.ª, em nome do Governo de Sua Magestade, que, obedecendo por seu lado plena e integralmente a esse mesmo espirito de conciliação e de cordialidade, para que appella na pessoa do Santo Padre, nenhuma duvida terá em examinar e reconhecer qualquer engano, que em sentido opposto venha a manifestar-se, e a attender bem assim a qualquer reclamação fundada, que a execução da Concordata possa suscitar por parte da Santa Sé.

Esperando o abaixo assignado que S. Ex.ª se dignará levar ao conhecimento do Em.^mo Cardeal Secretario d'Estado os factos que deixa apontados, e os votos formulados pelo Governo de Sua Magestade Fidelissima, confirmando assim mais uma vez o empenho que sempre o tem animado, de estreitar e fortificar as relações entre esta Nação Fidelissima e o Supremo Pastor, aproveita a occasião, etc.

Traducção da resposta do Nuncio ao Ministro dos Negocios Estrangeiros

Lisboa, 23 de Setembro de 1886.—Exmo Sr.—Na conferencia que teve commigo a 5 d'este mez, sobre algumas reclamações vindas da India ácerca da nova Concordata, fez-me V. Ex.ª as mesmas considerações, que depois foram ainda aclaradas e desenvolvidas na nota que me dirigiu no dia 8 do corrente.

No mesmo dia julguei dever communicar pelo telegrapho ao Em.^mo Cardeal Secretario d'Estado de Sua Santidade um resumo d'aquella conferencia, completando depois este, e chamando a sua mais especial attenção com o conveniente relatorio, a que, no emtanto, a 10 de Setembro, se seguiu a transmissão da sobredita nota.

O Em.^mo Cardeal Jacobini apressou-se a responder áquelle meu telegramma e successivo relatorio, escrevendo-me em data de 13 de Setembro,—que levando ao conhecimento do Santo Padre um e outro, Sua Santidade não pôde condescender com os desejos por V. Ex.ª manifestados, por isso que o telegramma e relatorio haviam sido recebidos quando a Bulla sobre a hierarchia Episcopal na India, não só estava publicada, mas já impressa e distribuida.

S. Em.ª ordena-me expressamente dê conhecimento a V. Ex.ª do teor d'esta resposta, e é o que tenho a honra de cumprir com o presente officio.

Nada me diz, nem podia dizer-me, S. Em.ª com respeito à nota de 8 de Setembro, porque d'ella não tinha ainda conhecimento a 13. Mas é por sua natureza claro, que a mesma resposta se applica na sua substancia tambem àquelle documento. Se, porém, a proposito do mesmo documento, receber alguma outra communicação especial, não deixarei de dar conhecimento d'ella a V. Ex.ª

Aproveito, etc.

Despacho do Ministro dos Negocios Estrangeiros ao Encarregado de Negocios de Portugal em Roma

Lisboa, 9 de Outubro de 1886.—Pelo meu despacho de 9 de Setembro ultimo, dera eu conhecimento a V. S.ª da nota que pouco antes fôra, por esta Secretaria d'Estado, dirigida ao Ex.ᵐᵒ Arcebispo de Sardia, ácerca das reclamações que entre os catholicos da India, sujeitos á jurisdicção do Prelado de Goa, se haviam levantado contra algumas das disposições da Concordata recente de 23 de Junho. Tornando-se echo d'essas representações junto ao Santo Padre, o Governo Portuguez muito claramente accentuou não envolver esse facto a menor quebra ou enfraquecimento no seu proposito de cumprir leal e immediatamente as disposições do accordo, com tanta madureza ponderado, e a que acabava de ligar a sua responsabilidade. Era, porém, muito de prever que nos promenores de uma circumscripção, por tantos titulos difficil e melindrosa, traçada em Roma sobre a carta da India, e á face de documentos estatisticos, nem sempre completos, sobreviesse a necessidade de mais de uma alteração a fazer, permittindo, por meio de reciprocas concessões, quando houvesse logar para ellas, ou rectificar qualquer equivoco, reconhecido como tal, ou mesmo attender ás reclamações justificadas dos povos, o que lhes manifestaria do modo mais patente e claro qual o espirito de equidade de que a seu respeito se acham animadas as Altas Partes Contratantes, e quanto empenho e escrupulo põem em alcançar de vez o supremo beneficio a esperar da Concordata, isto é, uma completa e legitima pacificação religiosa dos espiritos na India e em Portugal.

Foi por isso, com surpreza dolorosa, que tomei conhecimento em 23 de Setembro, da nota que com essa data me enviou o Nuncio Apostolico, nota em que, por ordem do Cardeal Secretario d'Estado, me communicava haver a publicação da Bulla *Humanae salutis* em 1 de Setembro tolhido toda e qualquer possibilidade de acudir aos desejos manifestados pelo Governo Portuguez em nome do Arcebispo de Goa e dos catholicos da sua jurisdicção. Nem uma só palavra, a meu ver, se contém n'aquelle documento pontificio que tolhesse a possibilidade de uma resposta menos peremptoria, e mais de accordo com o espirito geral da negociação, com as justas deferencias, a que este Governo julga ter direito, e até, no meu entender, com as proprias conveniencias da causa do Catholicismo aqui e na India.

N'aquella data, porém, ainda não chegára a Roma copia da minha nota. Agora consta-me, que, havido o conhecimento do seu inteiro conteúdo, se deliberára submettel-a á consideração e estudo da sagrada congregação dos negocios ecclesiasticos externos, a que, nos termos da propria Bulla, continuarão a ser sujeitos os negocios referentes á provincia ecclesiastica, de que é metropolita o Rev.do Arcebispo de Goa, hoje Patriarcha das Indias orientaes. Tambem sou informado que se aguardará o regresso a Roma do Embaixador, regresso que deverá verificar-se em principios de Novembro proximo, para com elle se discutir, e por seu intermedio se chegar a deliberar definitivamente sobre o assumpto. Haverá tempo até então de conhecer por um e outro lado o conjuncto das representações a que o texto e disposições da Concordata tenham dado logar na India, e ter-se-ha assim colligido o material indispensavel para proceder a quaesquer rectificações necessarias, e compensações justificadas que, respeitando o pactuado, dêem aos desejos dos povos a possivel e legitima satisfação.

De tudo o que precede, entendo conveniente que V. S.ª esteja informado, e modificando n'esta parte as instrucções que lhe formulára no meu despacho de 8 de Setembro, ordeno-lhe agora que, ao encontrar-se com o Cardeal Secretario d'Estado, ou com Monsenhor Mocenni, que no seu impedimento o está substituindo, amolde por a d'estes despachos a sua linguagem, accentue com firmeza a esperança que anima o Governo Portuguez de ser attendido pela Santa Sé, e de ver, logo que o Embaixador chegue a Roma, encetada uma negociação que de modo algum vae de encontro nem fere a Concordata de 23 de Junho, cousa que o Governo Portuguez nunca poderia propor, mas que será meramente complementar e natural resultado, ou mesmo forçada consequencia da propria Concordata.

Aquelle diploma permittiu á Santa Sé realisar uma das suas mais legitimas e mais grandiosas aspirações, o constituir definitivamente a hierarchia ecclesiastica em uma região de população superior a 200 milhões de habitantes, conseguindo esse resultado por accordo, que, mantendo de pé o principio de respeito devido ás Concordatas, salvaguarda por esse lado um dos supremos interesses a um tempo politicos e religiosos da Curia Romana. Em face de tamanho resultado, a intelligencia a estabelecer sobre pontos secundarios póde e deve alcançar-se facilmente. Assim, repito, o espera com a maior confiança o Governo Portuguez, e é com o fim de preparar o terreno ao Embaixador e ir insistindo desde já n'aquelles pontos que este Governo mais tem a peito, que eu junte ao presente despacho copia de alguns documentos que deverão fornecer a V. S.ª as rasões ponderosas que lhe cumpre ir apresentando, quando a occasião para isso pareça opportuna.

Entre esses documentos chamo muito particularmente a sua attenção para os officios recentes do Rev.do Prelado de Goa, relativos ao varado de Saunt-Wary, cuja reintegração no Arcebispado constitue um dos principaes *desiderata* do Governo Portuguez e ainda na mesma ordem de idéas e para alcançar resultado identico, o officio do Consul de Portugal em Bombaim, de 13 de Setembro ultimo, e a exposição a elle annexa que, por intermedio d'esse funccionario, acaba de subir á presença d'este Governo.

Deus guarde, etc.

Traducção da Nota do Nuncio ao Ministro dos Negocios Estrangeiros

Lisboa, 15 de Outubro de 1886.—Ex.mo Sr.—Em additamento á minha communicação de 23 de Setembro proximo passado, tenho a honra de informar a V. Ex.a que a sua nota, que me dirigiu a 8 do dito mez, foi recebida na Secretaria d'Estado de Sua Santidade, e que, na ausencia do Em.mo Cardeal Secretario d'Estado, Monsenhor substituto me participa haver Sua Santidade declarado, que não deixará de examinar quaes sejam os expedientes a adoptar para que a obra, felizmente levada a cabo, não encontre obstaculos na sua execução; mas que o tratar convenientemente d'esta questão dependerá do mais ou menos prompto regresso a Roma do Embaixador de Portugal.

Aproveito, etc.

Officio do Encarregado de Negocios de Portugal em Roma ao Ministro dos Negocios Estrangeiros

Roma, 16 de Novembro de 1886.—Ill.mo e Ex.mo Sr.—Aproveitei hoje a recepção semanal no Vaticano, para chamar a particular attenção de S. Em.a o Cardeal Secretario d'Estado, sobre os importantes negocios ecclesiasticos da India, que dizem respeito ás christandades indostanicas, outr'ora sujeitas á jurisdicção do Primaz do Oriente, e cujos interesses o Governo de Sua Magestade advoga, com tanta solicitude, junto da Santa Sé.

Cumpre-me, pois, levar ao superior conhecimento de V. Ex.ª o que se passou na minha recente conferencia com o Cardeal Jacobini e que vou relatar succintamente.

Começarei por dizer que S. Em.ª me manifestou as intenções conciliadoras de que estava animada a Santa Sé, concordando na utilidade de serem rectificados alguns pontos da Concordata de 23 de Junho, cuja execução tem dado origem aos protestos e reclamações d'aquellas populações que, pelo extraordinario affecto e singular dedicação que tributam ao seu antigo e Real Padroeiro, desejam permanecer sob sua tutela.

Ao mesmo tempo que S. Em.ª me confirmava este tão louvavel procedimento da Santa Sé para com o Governo Portuguez, de que já tive a honra de me occupar no officio precedente, acrescentou que, para chegar quanto antes a uma solução definitiva d'estas questões, não só era urgente que o Rei Fidelissimo nomeasse os Prelados que destina ás novas Dioceses da India, mas que estes fossem occupal-as o mais breve possivel, para poderem tratar, de accordo com os Prelados Pontificios, de aplanar as innumeras difficuldades que se têem já levantado e levantarão, á proporção que se for dando praticamente execução ás estipulações da Concordata.

S. Em.ª chamou muito particularmente a minha attenção para a conveniencia que havia em que os sacerdotes, que o Governo Portuguez apresentar para aquellas importantes missões, sejam individuos que possuam, alem das virtudes e mais qualidades que tal cargo exige, intelligencia e capacidade reconhecidas para desempenharem a ardua tarefa de que vão actualmente ser incumbidos. S. Em.ª ainda me disse que n'este sentido tinham sido expedidas instrucções ao Nuncio de Sua Santidade em Lisboa, e que esperava que, do facto do Governo de Sua Magestade se compenetrar d'estas idéas, que acabavam de me ser communicadas verbalmente, e que são as que tambem presidem para a escolha dos Prelados que a Santa Sé vae nomear para as suas novas Dioceses, não resultaria senão proveito para os verdadeiros interesses do Governo, contribuindo assim não pouco a afastar as difficuldades que ambos os Governos desejam aplanar para socego das populações indostanicas sujeitas ao dominio britannico, e não menos a desenvolver a Religião Christã, no que ambos se acham empenhados.

Inspirando-me, portanto, nos sãos principios seguidos pelo Governo, não deixei n'esta occasião de assegurar a S. Em.ª, que sobre esta questão não havia a menor duvida, e que esperava poder cedo annunciar a S. Em.ª os nomes dos individuos, sobre os quaes recairá a preconisação de Sua Santidade.

Deus guarde, etc.

Despacho do Ministro dos Negocios Estrangeiros ao Embaixador em Roma

Lisboa, 25 de Novembro de 1886.—Illmo e Exmo Sr.—Como V. Ex.ª deva regressar em breve a Roma, para ali reassumir a representação de Sua Magestade Fidelissima junto á pessoa do Santo Padre, torna-se conveniente expor, condensando-as em documento que a V. Ex.ª acompanhe, as instrucções verbalmente concertadas entre nós, em conferencias successivas, e que, representando o pensamento e o sentir do Governo nas diversas questões pendentes com a Santa Sé, deverão ser por V. Ex.ª, quanto possivel, observadas. E digo, quanto possivel, porque no pleno accordo do Governo com V. Ex.ª, e dada a inteira confiança que me inspiram o saber e a prudencia, comprovadas em uma tão larga e honrosa carreira publica, a V. Ex.ª fica sempre reservada aquella liberdade de acção que lhe permittirá salvaguardar, em dado momento, pela fórma que melhor lhe pareça, embora em divergencia parcial com as instrucções recebidas, os interesses do paiz e a dignidade nacional.

Entre os negocios importantes que estão reclamando incessantemente a presença de V. Ex.ª em Roma, figura ainda na primeira plana a questão do Padroado oriental, e a necessidade de attender nos limites das conveniencias internacionaes, e do respeito devido ao pactuado, os clamores erguidos na India contra algumas das disposições da Concordata recente, de 23 de Junho, ou mais exactamente contra algumas particularidades da circumscripção diocesana a ella annexa.

De sobejo são conhecidos de V. Ex.ª esses clamores e o texto dos muitos telegrammas e representações que das christandades goanezas têem subido á presença, quer do Santo Padre, quer de Sua Magestade Fidelissima e do seu Governo, e tambem do Rev.do Prelado de Goa e do Governador Geral das Indias. Tantos testemunhos de affecto, tão instantes demonstrações de fidelidade á antiga e nobilissima tradição religiosa de Portugal no Oriente não podiam deixar de encontrar em corações Portuguezes echo profundo e sympathico. Os excessos mesmo de linguagem, e as apreciações menos justas e inexactas que por vezes, não sempre, assombraram essas demonstrações, bem facilmente podem ser relevadas quando se considere o motivo tão nobre que as inspira. Mas se aos que assumem nas sociedades a responsabilidade do mando, nenhuma lei de conveniencia tolhe, por fortuna, o conservar viva a faculdade do sentimento, é certo que esta muitas vezes tem de ser sacrificada á rasão do Estado, á luz serena da qual cumpre apreciar, de mais alto e na sua generalidade, os factos sobre que ha a resolver, ou que aos Governos compete examinar e dirigir.

É á face d'esses principios que o Governo se felicita ainda hoje de haver posto termo a tão porfiada contenda, submettendo á assignatura de El-Rei, em 22 de Junho ultimo, o convenio por V. Ex.ª habil e patrioticamente negociado, atravez de difficuldades de ordem diversa, e algumas muito graves. Firmado esse convenio, ao Governo só cumpre respeital-o, dando, quanto em si caiba, prompta execução ao que n'elle se pactuou por mutuo e livre assenso das duas Altas Partes Contratantes, e após largo e meditado debate.

A apresentação dos tres Bispos a nomear para as sés de Damão, Cochim e S. Thomé de Meliapor é o primeiro e mais importante passo já dado n'aquelle caminho. Não ignora V. Ex.ª as diligencias pelo Governo empregadas para o provimento d'aquellas Igrejas Episcopaes, e na sua chegada a Roma cumprir-lhe-ha, antes que tudo, alcançar a confirmação de Sua Santidade para os novos Prelados Portuguezes do Oriente. Por esta fórma ainda tem o Governo mostrado já o empenho de respeitar e tornar respeitada a Concordata de 23 de Junho. Bem longe de animar as resistencias levantadas entre as christandades goanezas, o Governo tem insistentemente persistido em enviar ás suas auctoridades na India instrucções terminantes no sentido de acalmar os animos e fazer ver e perceber pelos povos que, trocadas já as ratificações entre a Santa Sé e Portugal, não era possivel nem legitimo propor ao Governo Pontificio quaesquer alterações essenciaes no disposto e preceituado pela Concordata de 23 de Junho. Procedendo a principio de motu proprio, e antes mesmo de conhecerem o teor d'estas instrucções, o Rev.do Prelado de Goa, o Governador Geral da India, e o Consul Portuguez em Bombaim, embora fazendo-se echo, junto ao Governo central, das queixas e representações que lhes eram dirigidas, procuraram sempre acalmar os animos, dispondo as populações para receberem a final com acatamento as resoluções tomadas, e sobre as quaes faziam acreditar menos possivel qualquer retrocesso.

Firmado assim na boa fé com que procedêra por si e pelos seus Delegados, e recordando por outro lado as manifestas provas do espirito de conciliação, do respeito ali pelas justas susceptibilidades do patriotismo Portuguez, de que o Santo Padre em sua sabedoria dera tantas e tão subidas provas no decurso da negociação, julgou o Governo Portuguez que poderia, sem faltar ao respeito que lhe cumpre guardar pelo pactuado, chamar a attenção do Nuncio de Sua Santidade n'esta côrte, Monsenhor Vanutelli, para a conveniencia de attender a certas reclamações mais instantes e a seu ver mais bem fundadas dos catholicos da India. Conseguir-se-ía, caso se admittisse poderem ellas ainda ser attendidas, a troco mesmo de reciprocas concessões, modificar em um ou outro promenor as circumscripções das novas Dioceses, e garantir assim melhor o fim supremo que se tivera em mira com a Concordata, pacificar os espiritos na India, fortalecer a confiança na Santa Sé, e estreitar sempre mais as relações da Nação fidelissima com o Supremo Gerarcha.

N'este sentimento se inspirou a minha nota de 8 de Setembro ultimo, ao Rev.do Arcebispo de Sardia. D'essa nota enviei copia ao encarregado de negocios em Roma, Augusto de Andrade, ordenando-lhe mais tarde, em despacho de 9 de Outubro, que por ella conformasse a sua attitude quando recebido em audiencia pelo Cardeal Secretario d'Estado. Para essa nota chamo ainda a attenção de V. Ex.ª, hoje, que, modificada a linguagem de que usára em 23 de Setembro, Monsenhor Vanutelli affirma, em nota recente de 15 de Outubro, que apenas se aguardava em Roma o regresso do Embaixador Portuguez, para com elle combinar quaes os melhores expedientes a adoptar, tendo em attenção o expendido por mim na nota de 8 de Setembro, no intuito de desvanecer as difficuldades levantadas na execução da obra felizmente levada a bom termo em 23 de Junho ultimo.

Folga devéras o Governo com esta nova demonstração do espirito de justiça que anima o Supremo Chefe da Igreja, e, auctorisado por ella, ordena a V. Ex.ª que faça valer, quanto em si caiba, perante a Santa Sé, as rasões e argumentos em que se firmam as representações das diversas christandades da India, para continuarem pedindo a sua manutenção sob a auctoridade jurisdiccional do Rev.do Prelado de Goa. N'este sentido fará V. Ex.ª sentir, por exemplo, com respeito a Poonah, alem do argumento por mim já exposto no meu despacho de 11 de Maio, que, a exemplo do que, nos proprios termos da Concordata, succede com as igrejas de Surrate e Bulsar, conservadas para a Propaganda, apesar de todos os inconvenientes, da distancia dos respectivos Bispados, da dupla jurisdicção, e sem attenção a ficarem encravadas em territorios da parte extrema das novas Dioceses, e não contando mais de alguns centos de christãos, tambem com superioridade de rasões se poderiam e deveriam manter sob a jurisdicção do Arcebispo de Goa as importantes e florescentes igrejas de Poonah, distante doze horas de Damão, e cinco e meia de Bombaim, e onde o espirito de lealdade e affecto para com o Real Padroeiro e o seu representante na India se mantèem tão vivazes, e se manifestam com tamanha insistencia em publicas reuniões, artigos da imprensa e representações calorosas. As concessões de Sua Santidade com respeito a Poonah, e ainda, no que reconheço grande difficuldade, com relação a Ceylão, onde se insiste na possibilidade de um sc. -ma, seriam de certo altamente apreciadas no Oriente, e suscitariam nos corações d'aquelles povos sentimentos de indelevel gratidão para com a sagrada pessoa do Santo Padre.

Mas se acerca de taes modificações, no que respeita a Ceylão, que fizeram já assumpto de largos debates, mal póde agora o Governo, por intermedio de V. Ex.ª, ir muito alem de uma simples exposição a elevar à presença do Santo Padre, accusando desejos e votos formulados pelos povos da India, exposição que aliás lhe cumpre fazer com a copia de argumentos e factos, consubstanciados em documentos numerosos, e entre elles na representação que me foi dirigida de Roma, em 26 de Outubro; tres pontos ha que muito conviria fizessem assumpto de uma como negociação supplementar, e que sobre a base ainda de mutuas concessões permittissem corrigir a circumscripção das Dioceses de Goa e S. Thomé de Meliapor. Refiro-me à conservação no Arcebispado do varado de Saunt-Wary, e a uma rectificação, no dizer de todos indispensavel, para resalvar o prestigio e manter a importancia do Bispado de Meliapor.

Com rasão observa o Primaz que na grandeza e importancia da sua Archidiocese está um dos melhores penhores da manutenção da tradição e influencia religiosas de Portugal no Oriente. Limitar, pois, ao Canará do norte a area do Arcebispado, em territorio da soberania ingleza, privando-o das missões que constituiam o varado de Saunt-Wary, e que se disseminava pelas costas do Concão meridional e nos territorios a norte e leste de Goa, proximo das Novas Conquistas, é, no sentir do Rev.do Arcebispo, do Governador Geral da India, e no de innumeras outras pessoas conhecedoras das condições locaes, golpe fatal na importancia da Archidiocese, e por essa fórma no prestigio do Padroado. As circumstancias de contiguidade de territorio, da fundação, para muitas recente, e dotação de quasi todas as Igrejas do Padroado, com subsidios do thesouro de Goa, as affinidades de raça e de lingua, pois quasi todos ali fallam o portuguez ou o canarim, a proximidade por mar das missões sitas na costa do Concan, e pelo caminho de ferro de Mormugão, desde os Gattes, do centro da Diocese, do qual todas assim distam apenas horas de caminho, as relações economicas com as communidades de Goa, de que muitos dos christãos são foreiros ou joneiros, tudo, emfim, tende a justificar uma rectificação na Archidiocese de Goa, tal qual a traçou a Concordata, rectificação que aliás está inteiramente no espirito de toda a negociação com a Santa Sé.

Muito convem pois, que V. Ex.a empenhe a maxima diligencia, e faça valer, quanto em si caiba, os desejos do Governo de Sua Magestade Fidelissima de que permaneçam ligadas á Archidiocese de Goa as quatro igrejas de Saunt-Wary, Vingorlá, Malwan, Rutnaguery, sitas no Concan ao norte de Goa, bem como as outras quatro de Arrem, Belgão, Kanapoor e Beedy, ou Kuitoor, na região dos Gattes. Sobre a conveniencia de manter a missão de Belgão, chamo toda a attenção de V. Ex.a para o que ácerca d'ella escreve o Rev.do Arcebispo, fazendo sobresair o quanto importaria ao lustre e prestigio da Archidiocese conservar sob a sua jurisdicção, ao menos uma cidade relativamente importante, fóra do territorio da nossa soberania, devendo essa importancia augmentar de modo consideravel, logo que a linha ferrea de Mormugão atravesse os Gattes, e adquira a plenitude do trafico importantissimo que a deverá alimentar.

Convem ainda, sobre esta questão do varado de Saunt-Wary, acrescentar que em officio de 29 de Outubro ultimo, do Rev.do Arcebispo para o Ministro da Marinha, se pretende dar á Concordata uma interpretação que faria caber dentro d'ella a manutenção no Padroado das quatro Igrejas, pelo menos, de Saunt-Wary, Malwan, Vingorlá e Rutnaguery, embora com dependencia do Bispado de Damão, d'onde aliás seria facil transferil-as para a jurisdicção do Arcebispo.

Consiste essa interpretação em considerar que o Concan septentrional, pela Concordata attribuido ao Bispado de Damão, abrange tambem os territorios ao norte da India Portugueza. Caso em Roma fosse acceita esta interpretação, ficariam em parte attendidas as reclamações do Rev.do Arcebispo. Duvido, porém, por meu lado que o facto se dê, porquanto, segundo o mappa official da peninsula indo-gangetica, de John Walker, o Concan septentrional tem por limite sul a região designada por Hubries, abaixo de Chaul, e ainda o rio Savitree, ao passo que o Concan meridional vem do rio Savitree seguindo ao longo da costa de Vingorlá, e a entestar com os limites da India Portugueza. Alem de que, ainda mesmo quando podesse acceitar-se em Roma a interpretação referida, as difficuldades ficariam em verdade de pé, convindo pugnar pela conservação do resto do varado de Saunt-Wary, e muito especialmente pela missão da Belgão, com o peso todo das rasões apresentadas pelo Prelado de Goa.

Resta ainda referir-me á rectificação da Diocese de Meliapor, e essa essencialissima, no dizer unanime de quantos na India têem do assumpto conhecimento e se interessam na sua melhor solução. O espirito de equidade que anima felizmente a Santa Sé, e de que a nota de monsenhor Vanutelli, de 15 de Outubro, é o mais recente testemunho faz-me esperar que ainda n'este ponto poderão ser attendidas as observações do Rev.do Arcebispo de Goa, do Vigario Geral de Meliapor, do Governador Geral da India, bem como os clamores dos christãos que, unindo as suas vozes, fizeram subir ao throno a supplica que em 16 de Setembro ultimo dirigiram a Sua Magestade Fidelissima, instando para que a Igreja de

Nossa Senhora da Conceição, fundada em 1630, e bem assim as da Senhora do Refugio, de S. João, todas situadas na parte da cidade chamada North Black Town, bem como as de Santo Antonio, em Rayaporam, e do Sagrado Coração de Jesus, em Pudupett, permaneçam ligadas á Diocese.

A importancia, o numero, a grande riqueza das Igrejas que ficam constituindo o Bispado de Meliapor, dão-lhe por certo condições de excepcional vitalidade e vigor, e garantem o melhor desempenho da missão apostolica do futuro Bispo. De sobejo e á luz de irrefutaveis argumentos o tem V. Ex.ª demonstrado nos officios que me dirigiu, em data de 16 de Setembro e de 19 de Outubro; ainda assim comprehende-se bem que na India se repute fatal para o prestigio do Padroado Portuguez, fixar junto a uma Diocese presidida por um Bispo, pastoreando a inteira, populosa e riquissima cidade de Madrasta, esse limite da Edward Eliot's Road, mantido o qual o numero de fieis que cercam mais immediatamente o Bispo de Meliapor, e poderiam concorrer ás cerimonias do culto na sua historica sé, ficaria em extremo exiguo.

A restituição das igrejas de Madrasta e a encorporação do varado de Saunt-Wary na Archidiocese de Goa, taes são portanto as duas rectificações mais essenciaes na circumscripção das novas Dioceses; obtidas ellas, o que ha de mais instante nas reclamações que da India têem subido a este Governo, ficaria em verdade attendido. N'essas condições a Concordata seria, como se deseja, o germen fecundo da pacificação religiosa, tão ambicionada na India, em Portugal e no Vaticano, e a obra grandiosa levada a bom termo pelo augusto Pontifice, que ora preside com tamanha gloria á Igreja de Deus, não terá a offuscar-lhe o brilho as queixas e lamentos dos fieis da igreja de Goa.

Estas e outras considerações, que V. Ex.ª fará opportunamente valer perante o Cardeal Secretario d'Estado, de certo contribuirão efficazmente, assim o creio e espero, para que se chegue tambem n'este complemento da negociação ao accordo tão desejado entre a Santa Sé e Portugal.

Sobre outro assumpto de interesse e importancia politica excepcionaes me cumpre ainda chamar a mais especial attenção de V. Ex.ª Refiro-me ao Padroado Real na Africa. Se no extremo Oriente os direitos da Corôa Portugueza representam um como monumento ainda vivo do que foi e valeu o imperio colonial d'este Paiz; se um prestigio que se mantem todo elle á sombra da tradição; se uma influencia que permanece unicamente pelas fundas raizes lançadas no coração de um povo estranho, despido aliás de todos os meios coercivos e unica e puramente de ordem moral, revelam bem ainda hoje o que teve de peculiar e de sympatico o nosso predominio nas Indias; o direito do Padroado Real em Africa vale por seu lado, não já como recordação de um passado que não volta, mas sim como instrumento valiosissimo de actual preponderancia politica em um continente, e n'uma região colonial onde a Nação Portugueza vê hoje com sobrada rasão o germen do seu renascimento e o alicerce amplissimo e solido de sua futura grandeza...............

....

Terminando cumpre-me ainda chamar muito especialmente a attenção de V. Ex.ª para o conteudo do meu despacho de 9 de Outubro, no qual se formula uma aspiração que muito grato seria para este Governo ver realisar, e por fim só me resta affirmar mais uma vez a V. Ex.ª que o Governo de Sua Magestade Fidelissima nutre plena e inteira confiança no zêlo que V. Ex.ª empenhará para a melhor solução de questões que tanto interessam o prestigio da sua corôa, e que tão largas consequencias podem ter para manter o brilho e o bom nome da Nação Portugueza.

Deus guarde, etc.

Officio do Encarregado dos Negocios de Portugal em Roma ao Ministro dos Negocios Estrangeiros

Roma, 6 de Dezembro de 1886.—Illmo e Exmo Sr.—Tenho a honra de accusar a recepção do despacho de 29 de Novembro, que V. Ex.ª se serviu enviar-me, incluindo a copia da representação que os freguezes de dezesete capellas e Igrejas do districto do Concan mandaram a Sua Magestade Fidelissima, annunciando-lhe terem constituido uma commissão composta de trinta membros, os quaes se encarregaram de fazer levar á alta presença do seu antigo e Real Padroeiro a expressão dos sentimentos de fidelidade que os animam, e os desejos que têem de se conservarem sob a sua Real tutela.

Igualmente tenho a honra de remetter inclusas a V. Ex.ª duas copias da representação feita a Sua Magestade Fidelissima por 15:000 catholicos dos varados de Callianpor e Pejaver no sul do Canará, que pelo mesmo motivo solicitam a alta protecção d'aquelle augusto Soberano, para que sejam attendidas as suas supplicas.

Deus guarde, etc.

Officio do Embaixador em Roma ao Ministro dos Negocios Estrangeiros

Roma, 15 de Dezembro de 1886.—Illmo e Exmo Sr.—Hontem, dia de audiencia ao Corpo Diplomatico, fui ao Vaticano, desejando fallar com o Cardeal Secretario d'Estado, mas elle, que toda a semana passára mal, e sem receber, tambem n'este dia não recebeu, mas sim Monsenhor Mocenni, substituto da Secretaria d'Estado. O estado do Cardeal Secretario d'Estado aggrava-se infelizmente dia a dia.

Na conferencia assim havida com Monsenhor Mocenni, disse-lhe quaes eram as difficuldades que encontrava a execução da Concordata; notei-lhe a conveniencia reciproca de serem attendidas algumas reclamações, que essa era mesmo a opinião de Monsenhor Agliardi, segundo elle proprio m'o havia dito. Que seria de necessidade que o Governo Portuguez, na abertura da proxima sessão legislativa, se achasse em condições de poder dar explicações satisfactorias sobre a execução do Tratado. Monsenhor Mocenni, não se tendo ainda occupado d'estes assumptos, pediu-me para formular as reclamações, o que eu lhe prometti. Não supponho que haja duvidas em serem attendidas as que me são indicadas nas minhas instrucções, pelo menos a maior parte, mas se se exagerarem os pedidos, terá n'esse caso de se perder o muito mais que se conseguiu, o que cada uma das populações requerentes não vê, é claro, mas que os poderes publicos têem obrigação de reconhecer.

Basta notar-se que agora trata-se, estando de posse de um estado certo e definido, mais vasto do que o anterior, e não dependente de vontade alguma, por mais elevada que seja, que o possa suspender. No trabalho que apresentar cingir-me-hei ás minhas instrucções, insirindo n'elle toda a ordem de argumentos que ali se contêem.

Preparo a minha exposição nos termos que digo e, logo que a tenha formulado, a enviarei a V. Ex.ª

A nomeação dos Bispos foi muito bem recebida, e o Nuncio ahi informou o melhor possivel ácerca de cada um d'elles. Logo que os processos cheguem, a confirmação não se fará esperar; se a convocação do consistorio se demorar, serão confirmados por Breve, tudo para abreviar a partida immediata d'elles para as suas respectivas Dioceses.

Durante a geração actual é facil de prever que se discutirá o Padroado, que ha pouco apenas tinha garantido o reconhecimento de mezes, porque o excessivo zêlo, de certo, creára espontaneamente, pois que a Concordata de 1857 o não continha, o meio de se acabar com o Padroado de golpe, não restando outro recurso a oppôr, que o de interromper as relações com a Santa Sé, cousa mais facil de dizer do que de fazer, hoje em Portugal, politica e religiosamente.

Mas, pois que, graças á Concordata, Cochim, *não varado*, mas Diocese com mais de 70:000 almas no Malabar, cousa que nunca teve, tem hoje Bispo alheio ás questões locaes; por meio d'esse, o Governo poderá ir dirigindo a execução do Tratado, já de si difficil e mais ainda pelas difficuldades facticias, que se lhe levantam, com completo esquecimento do precario estado em que antes o Padroado se achava.

É o que se me offerece dizer a V. Ex.ª

Já pedi audiencia do Santo Padre para mim e minha familia, espero a fixação do dia.

Deus guarde, etc.

Extracto do officio do Embaixador em Roma de 19 de Dezembro de 1886, ao Ministro dos Negocios Estrangeiros

Fallando de Portugal, Sua Santidade, mostrou a grande satisfação pelo bom accordo existente, applaudiu a manifestação que lhe havia feito o Episcopado Portuguez, mostrou-se satisfeito da nomeação dos novos Bispos, que serão confirmados logo que cheguem os processos. Fallou largamente sobre a Concordata, quanto n'ella desejou engrandecer o prestigio do nome Portuguez; que a antiga Concordata era impraticavel de parte a parte, e que agora se tinha podido dar uma organisação conforme as circumstancias do tempo. Que havia obtemperado as exigencias que eu, em nome do meu Governo, lhe havia feito, para a conservação das grandes christandades, e as de Bengala e Daka para não crear difficuldades, e poder chegar a um accordo, que fosse bem recebido por Portugal e deixasse a elle, Santo Padre, organisar a gerarchia na India, que era uma necessidade indeclinavel. Que assim havia accordado em dar ao Rei de Portugal a apresentação em novas Dioceses e em Bombaim, para fazer realçar o nome Portuguez. Eu disse-lhe que o Governo havia cumprido tudo a quanto se compromettêra, que havia algumas combinações a fazer para a boa execução da Concordata, em vista das reclamações de algumas christandades, mas que não era este o momento de tratar d'este assumpto, e já tinha dito ao Cardeal Secretario d'Estado, que lhe apresentaria formuladas essas reclamações, ao que me respondeu que sim. O seu desejo é o desenvolvimento do christianismo e a paz.

Officio do Embaixador em Roma ao Ministro dos Negocios Estrangeiros

Roma, 22 de Dezembro de 1886.—Illmo e Exmo Sr.—Tenho a honra de enviar a V. Ex.ª a copia da nota que entreguei na ultima audiencia, hontem, ao Cardeal Secretario d'Estado. N'este trabalho, que V. Ex.ª reconhecerá se se acha nos restrictos termos das minhas instrucções, transcrevi o que V. Ex.ª me havia ponderado sobre os tres pontos fundamentaes da minha instancia. Eu procurei não dar á nota o caracter de um pedido gracioso, mantive-lhe de preferencia o de reclamação diplomatica, visto ter o Governo Portuguez o dever de executar a Concordata, e ser condição para a sua boa execução, quanto representei, notando que em assumptos d'esta ordem, as modificações, que não alteram o principal, são geralmente acceitas como necessidade pratica correspondente á nova organisação que tem de se fazer. Esta theoria, que em these julgo verdadeira, no caso presente dá caracter mais firme ao que se reclama, e auctorisa as instancias, quando qualquer duvida se levanta. O que não póde é levar-se mais longe do que expuz, porque seria isso a annullação da Concordata em que Portugal seria o mais prejudicado. Vi o telegramma em que, n'um *meeting* em Goa, se propoz e votou a expulsão de todo o Indostão de todos os missionarios Europeus, promptificando-se a assembléa a correr com todas as despezas de futuro necessarias para o culto e missionarios, Dioceses em todo o Indostão, e até fazer educar ecclesiasticos em Roma. Parecerá que se promette de mais.

Voltando á reclamação Portugueza, fiz ver no meu mappa especial do territorio de Goa, quanto o districto de Saunt-Wary está ligado com o territorio Portuguez das Novas Conquistas. Ponderei sobretudo ao Cardeal que a resolução favóravel dos tres pontos indicados era uma necessidade politica instante para o Governo, que carecia de estar habilitado, na abertura da camara, em Janeiro, para poder dar as precisas seguranças, de que aquella reclamação era attendida. O Cardeal, que me pareceu bastante inclinado a nosso favor, como homem politico que é e conciliador, ficou de se occupar do assumpto e de me habilitar a tempo. Mostrou-se muito penhorado com o telegramma em que V. Ex.ª me diz que Monsenhor Agliardi será recebido em Goa com honras civis e militares, considerou extrema delicadeza do Governo na resolução e na pressa que se havia dado em communical-a; ia apresental-a ao Papa, que de certo ficaria muito reconhecido.

Deus guarde, etc.

Nota do Embaixador em Roma ao Cardeal Secretario d'Estado

Roma, 20 de Dezembro de 1886.—O abaixo assignado, Embaixador Extraordinario de Sua Magestade Fidelissima, tem a honra de expor a S. Em.ª o Cardeal Secretario d'Estado as seguintes considerações com referencia á execução da recente Concordata, celebrada entre a Santa Sé e o Governo de Sua Magestade El-Rei de Portugal, para a organisação definitiva do Padroado da Corôa Portugueza nas Indias Orientaes.

As longas e penosas divergencias, que por tão largo espaço de tempo dividiram as christandades nas Indias Orientaes, sujeitas, umas á jurisdicção do Padroado Portuguez, outras á dos Vigarios Apostolicos, crearam repugnancias difficeis de extinguir de um traço.

Os effeitos que os Tratados operam, de Potencia a Potencia, nem sempre são acompanhados do favor da opinião dos povos que n'elles são interessados; essa opinião é determinada de ordinario por bem differentes rasões, aquellas que mais de perto lhes tocam. A idéa geral que domina os accordos e as transacções diplomaticas, ou escapa á sua apreciação, ou pouca influencia exerce. Mas, se as apreciações são differentes, nem por isso na execução póde aquella opinião ser desprezada pelos Estados, quando, como no caso presente, não se trata de uma execução violenta, mas sim de estabelecer uma era de paz e de accordo, e quando não é uma questão puramente civil que se regula, mas ao mesmo tempo religiosa, em que o fim moral occupa o principal logar.

A idéa grandiosa da paz, que presidiu á nova Concordata entre Portugal e a Santa Sé e que a inspirou, nos termos das benevolas phrases do Santo Padre, é mister que desça até á execução, que a inspire e que a dirija igualmente.

Que importaria a pacificação entre o Governo de Portugal e a Santa Sé, sobre a importante e momentosa questão do Padroado das Indias, se para a sua execução tivesse de proceder-se violentamente, contrariando pedidos justos das christandades, que opporiam uma resistencia invencivel, qual é a resistencia da consciencia!

O espirito que presidiu á Concordata deve presidir á sua execução; é uma proposição de boa politica religiosa e civil que o abaixo assignado está bem certo de que será adoptada pelo Santo Padre na sua sabedoria e alta prudencia, e na sua recta e igual justiça para com os povos.

A voz de Portugal é absolutamente desinteressada no que o abaixo assignado acaba de expor.

O Padroado acha-se firmado pela Concordata em condições vigorosas de vida e esplendor, porque se acha nas condições possiveis de ser sustentado e de continuar. Assim o comprehendeu o Governo de Sua Magestade, firmando o accordo, assim o entendeu o Santo Padre no seu animo de pae commum e dispensador de justiça igual a todos. Para Portugal, pois, o seu fim está preenchido, com relação ao pensamento que determinou o accordo;—a sustentação da influencia religiosa do nome Portuguez nas Indias Orientaes, e a pacificação, depois de tantos annos de um estado de perturbação e desconfiança.

Para a Santa Sé e para Portugal ha hoje um pensamento e um fim commum, quanto á Igreja das Indias. O que ha a considerar não são as antigas divisões, é o novo estado que se cria pelo estabelecimento da grande gerarchia ecclesiastica da India, da qual o Padroado Portuguez constitue a parte mais importante, porque essa gerarchia é presidida pelo Primaz Portuguez; — porque é Goa a sua capital catholica; porque o Rei de Portugal exerce o seu direito de Patrono, apresentando os Prelados em nove d'essas Dioceses; porque de Surrate a Cochim, da costa da Pescaria a Bengala, e d'ahi a Malacca e Macau, a missão Portugueza occupa um logar importante, e constitue uma vasta unidade catholica assente e definida, com a grave importancia que esse facto lhe dá.

Pela nova Concordata não se creou um dualismo, firmou-se um todo. Dentro d'essa gerarchia, hoje felizmente creada, quanto se podér attender á vontade rasoavel das christandades para a mais facil organisação, sem resistencias, sem queixas amargas, antes com o applauso e contentamento dos povos, não será favorecer uma ou outra parte, será sim comprehender superiormente o interesse commum, e attendel-o a tempo; e esta consideração não póde ser perdida.

Sob esta ordem de idéas, que nascem da Concordata, o Governo Portuguez, que tão pontualmente satisfez a tudo quanto no Tratado se comprometteu, julga do seu dever propor as condições particulares, reconhecidas necessarias, para que o fim commum que Portugal e a Santa Sé se propozeram na Concordata possa ser conseguido.

É uma verdade que todas as Igrejas, mesmo as mais distantes, que no pensamento geral da Concordata, ou nas suas disposições genericas, têem de passar para outra jurisdicção, ou se suppõe que o tenham, representaram solicitando continuarem sujeitas á antiga jurisdicção. Este aferro assenta em duas ordens de rasões: a indole privativa dos povos orientaes, e o seu amor tradicional pelo nome Portuguez, para elles identificado com o que é mais caro aos povos, a religião e a civilisação. Uma e outra receberam de Portugal, uma e outra os conserva unidos ao nome Portuguez.

Não se saberá negar estes dois factos, que o respeitavel Delegado Apostolico teve occasião de reconhecer sobre o logar, e que, com a imparcialidade que o caracterisa, foi o primeiro a declaral-o, ainda ha pouco, aos abaixo assignado.

Mas é certo que não póde hoje pôr-se novamente em discussão a circumscripção da Concordata; é porém de alta conveniencia, no fim geral da mesma Concordata, não menos que da pacifica organisação da gerarchia geral da Igreja Catholica na India, attender ás representações que se ligam com a melhor organisação das Dioceses Portuguezas, as primeiras que a India conheceu!

O Governo Portuguez, tendo reconhecido a urgente conveniencia de firmar o Tratado que estabelecia um direito certo, e que outra ordem de interesses podia perturbar, e o tentava com instancia fazer, não prolongou as suas justas instancias, attendendo ao interesse maior que aconselhava fechar a negociação. Assim teve occasião de o dizer a S. Em.ª o abaixo assignado.

O inquerito era impossivel, como o é sempre em similhantes casos; seria a perturbação invencivel ainda sobre a continuação de um estado que não poderia manter se por mais tempo, pelo desmembramento que lavrava fundo, e pela organisação que de parte a parte impedia.

Forçoso era concluir e deixar para o bom accordo, e para a lealdade de parte a parte, que não será quebrada, a resolução das difficuldades que na execução se levantassem.

Firmado o direito, as modificações especiaes de execução são a ordem natural em similhantes assumptos, não é uma novidade agora, e n'este ponto, como o Governo Portuguez tem a executar, é sobre essa base que firma e assenta as suas representações.

N'esta ordem de idéas, não é a Concordata que se discute, trata-se apenas de aplanar as difficuldades inevitaveis da sua execução, e de assegurar a sua perfeição, tanto quanto a póde haver em similhantes assumptos.

São tres os pontos em que o Governo Portuguez julga de absoluta necessidade instar para o fim que o abaixo assignado acaba de expor. Esses tres pontos são os seguintes:

Primeiro: É de verdadeiro interesse para o bom regimen das Dioceses de Goa e de Damão que ambas se liguem, vista a proximidade das suas christandades, e a grande influencia que em toda essa zona têem as christandades Portuguezas.

Isto se teve em vista quando se estabeleceu o principio de territorio diocesano continuo no Concan, e se mantiveram todas a christandades de Bombaim, e se a intelligencia litteral ahi póde ser duvidosa, o que não é de certo, é o pensamento que presidiu áquelle reconhecimento. N'essa zona, proximo de Goa, e com esta confinante por norte e leste, o varado ou circumscripção ecclesiastica de Saunt-Wary é uma continuação natural da Archidiocese; tudo indica que lhe deve continuar ligada, pois não ha rasão para o desmembramento. Não é a riqueza das suas Igrejas, porque não têem bens, antes são auxiliadas pelos subsidios de Goa; é sim uma questão de rasoavel organisação, de commodidade d'aquellas christandades, de consideração pelas suas instantes representações, e de paz religiosa que aconselha que seja assim interpretada e applicada a disposição da Concordata.

Alem d'isso, conservar á Archidiocese de Goa o maior prestigio, manter-lhe a sua influencia fóra do territorio Portuguez, são rasões que não podem ser postas de parte, quando se trata de lealissimamente pôr em execução a Concordata, e organisar a gerarchia na India por modo justo e facil. O Arcebispo Primaz, hoje Patriarcha das Indias, com as preeminencias que esse cargo lhe dá, e com os deveres que lhe impõe, representou n'este mesmo sentido, deu á Concordata aquella mesma intelligencia, juntando que outra se lhe não podia dar, e que esta é a opinião geral em Goa.

O illustrado Governador Geral da India, Amaral, tão sensato nas suas opiniões, quanto o mostra o seu importante relatorio sobre os assumptos da India, pondera-o igualmente.

O abaixo assignado notará ainda:

Que Saunt-Wary constitue um estado propriamente indigena, dos muitos que a Inglaterra deixa subsistir; o varado ou circumscripção ecclesiastica Portugueza abrange-o todo, constituindo assim um todo que não poderia ser dividido sem contrariar a indole d'aquelle povo christão;

Que a população catholica ali é toda ou quasi toda constituida de verdadeiros Portuguezes, que na maior parte mantêem esta nacionalidade e usam a lingua portugueza;

Que por isso nos seus pleitos os tribunaes inglezes lhes applicam as leis Portuguezas;

Que grande numero d'elles formam parte das corporações ou communidades Portuguezas (associações agricolas) de Goa;

Que são para ahi as suas relações, d'onde distam a curta distancia, sendo hoje Saunt-Wary cortado pelo caminho de ferro Portuguez de Mormugão;

Que confina com as Novas Conquistas de Goa, por todo o norte e leste; que a sua principal Igreja foi reedificada em 1877, á custa de subsidios Portuguezes, sendo a distancia d'ahi á séde da Archidiocese de Goa de cerca de 30 milhas, podendo o Arcebispo visital-a dentro em tres horas de jornada, pela estrada de Pernem, e depois de concluido o caminho de ferro de Mormugão, será como que um arrabalde de Goa;

Que todas as suas Igrejas têem sido renovadas, em grande parte, a expensas de Goa, e por subsidios do Governo de Goa, e com esses subsidios se mantêem, e d'elles ficariam desprovidas;

Finalmente, que em todo o varado só n'uma christandade é que ha tambem Igreja da Propaganda, sendo assim, póde dizer-se, todo submettido á jurisdicção ordinaria do Arcebispo de Goa, d'onde seria uma violencia arrancal-o agora.

São estes os factos.

Por ultimo, transcreverei aqui as proprias palavras do Governo Portuguez, no despacho que sobre este assumpto me é dirigido com viva instancia:

«Com rasão observa o Primaz (diz-se no despacho a que me refiro) que na grandeza e importancia da sua Archidiocese está um dos melhores penhores da manutenção das tradições e influencia religiosa de Portugal no Oriente. Limitar ao Canará do norte a area do Arcebispado em territorio da Soberania Ingleza, privando-o das missões que constituem o varado de Saunt Wary e que se disseminam pelas costas do Concan e nos territorios a norte e leste de Goa, proximos das Novas Conquistas, é, no sentir do Rev.[do] Arcebispo de

Goa, do Governador Geral da India, e no de innumeras outras pessoas conhecedoras das condições locaes, golpe fatal na importancia da Archidiocese, e por essa fórma no prestigio do Padroado. As circumstancias de contiguidade de territorio, de fundação, para muitos recente, e dotação de quasi todas as Igrejas da circumscripção com subsidios do thesouro de Goa, as affinidades de raça, de lingua, pois quasi todos ali fallam Portuguez, a proximidade por mar das missões sitas na costa do Concan, e pelo caminho de ferro de Mormugão, das dos Gattes do centro da Diocese, da qual todos assim distam apenas horas de caminho, as relações economicas com as communidades de Goa, de que muitos dos christãos são joneiros ou parceiros, tudo emfim tende a justificar uma rectificação na Diocese de Goa, rectificação que aliás está in-inteiramente no espirito de toda a negociação com a Santa Sé.»

Taes são as recommendações instantes que ao abaixo assignado faz o Governo Portuguez.

Segundo: Na populosa cidade de Poonah o Padroado Portuguez possue uma importante christandade, que hoje póde dizer-se florescente, abrangendo uma população importante em numero e qualidade, a não grande distancia, como é sabido, de Damão, e proxima de Bombaim, onde o Padroado ficou conservando todas as suas christandades.

A igreja de Poonah representa a existencia do Padroado no centro de uma cidade populosa, e não é ali mais importante a Igreja de outra jurisdicção.

Possue a Igreja Portugueza duas escolas, sendo uma d'ellas fundada recentemente por subscripção publica, para perpetuar a memoria do virtuoso Prelado D. Ayres de Ornellas. Esta consideração torna-a recommendavel n'uma organisação, em que a tradição é o primeiro e fundamental elemento, e em que o nome d'aquelle Prelado sempre será conservado com a saudade que é inspirada pela virtude.

Póde considerar-se a Igreja de Poonah um elemento vivo e actualmente prospero do Padroado, n'um centro importante de população propriamente Portugueza, como é a d'aquella Igreja. Esta população tem representado com tanto empenho, manifestado tão firme proposito de se conservar sob o Padroado Portuguez, que dir-se-ha que não ha direito a violental-a. Por considerações, talvez similhantes, a Santa Sé manteve para a jurisdicção da Propaganda as Igrejas de Surrate e Bulsar, embora pouco populosas, e encravadas no districto de Surrate, que por inteiro fica á Diocese de Damão.

Attender ás representações instantes dos povos de Poonah será de boa politica, porque é justo, e porque quebra um centro de resistencia, que seria difficil, e sobre difficil doloroso, querer vencer, e que não sendo attendido, se propagará até ás mais pequenas aldeias, com grave prejuizo da organisação das actuaes Dioceses.

Afigura-se ao abaixo assignado que a Diocese de outra jurisdicção, a que a Igreja de Poonah ficasse pertencendo, mais perderia do que lucraria com essa annexação. São assim os factos, e é aos factos que é necessario attender em similhantes assumptos.

Nas representações que o abaixo assignado envia a S. Em.ª o Cardeal Secretario d'Estado são expostas com largueza as rasões que aqui deixa consubstanciadas.

Terceiro: Actualmente Meliaqor, já notada por Marco Paulo, é um *faubourg* de Madrasta, que se acha reunido a este, hoje, grande centro.

O Padroado Portuguez tem Igrejas em Madrasta, que, por assim dizer, rodeiam Meliapor, e que formam a Côrte do Bispo Portuguez A conservação d'essas Igrejas na mesma jurisdicção será um auxilio prestado ao Bispo, que ahi constituirá a sua cleresia indispensavel.

Estes motivos não deixarão de ter agora o mesmo reconhecimento que já tiveram por S. Em.ª o Cardeal Secretario d'Estado.

Não se trata de engrandecimento de população, não é diminuta por certo a da Diocese de Meliapor; trata-se de uma melhor administração diocesana; de dar ao Bispo os meios de ter em torno de si o pessoal de que carece para poder manter o esplendor do culto na esplendida e historica cathedral de Meliapor; de ter quem o auxilie nos multiplos deveres do seu cargo, e poder achar-se-assim em condições de desempenhar convenientemente os deveres que lhe impõe a sua vasta e difficil Diocese, dividida como naturalmente o é, porque divididas e longinquas são as importantes christandades Portuguezas que a compõem.

Essas Igrejas Portuguezas que rodeiam Meliapor, e cuja conservação n'esta Diocese o Governo Portuguez considera absolutamente necessaria, para o fim que o abaixo assignado acaba de expor, são as Igrejas de Nossa Senhora da Assumpção, fundada em 1640, Nossa Senhora do Refugio, de S. João, de Santo Antonio de Rayapuram, do Sagrado Coração de Jesus de Pudupett, ao todo cinco Igrejas, tres das quaes dentro da cidade, e as duas ultimas nos arredores.

São estas as informações conscienciosas do Arcebispo Primaz e do Governador Geral, aliás bem favoravel á nova Concordata, como homem illustrado que é.

A representação dos povos foi unanime, como já terá chegado á presença do Santo Padre.

S. Em.ª o Cardeal Secretario d'Estado reconhecerá que a todas estas rasões acresce a da igualdade em que dentro da gerarchia devem ser tidos os differentes Prelados, è bem desigual seria privar o Prelado Portuguez de Meliapor das Igrejas Portuguezas que rodeiam a sêde da sua vasta Diocese. E quando isso não fosse, a historica igreja de Meliapor mereceria attenções especiaes, porque è ella o testemunho que tem attestado aos seculos a conservação admiravel das reliquias de fé que ali implantou o primeiro Apostolo, e que tantos seculos depois o segundo Apostolo das Indias, e o esforço perseverante dos Reis Fidelissimos diffundiu por todo o Oriente.

O abaixo assignado, na franqueza com que tem sempre tratado os assumptos que lhe são confiados, julga dever ponderar a S. Em.ª que a resolução dos tres pontos indicados è para o Governo Portuguez, pelas rasões expostas, e por muitas outras que a clara previsão do Santo Padre reconhecerá de certo, uma questão da mais alta importancia, de cuja solução favoravel não póde prescindir sem consequencias graves, e que sob esta consideração ainda entrega confiado á altissima consideração do Santo Padre, que o não negará a Portugal.

Muitas outras christandades representam, como é natural, para manterem a sua ligação aos ordinarios Portuguezes, entre outras a de Ceylão. Todas ellas têem feito subir as suas supplicas á presença do Santo Padre, e o abaixo assignado envia a S. Em.ª essas representações.

Sobre cada uma d'ellas o abaixo assignado fará sentir a sua importancia, e o Santo Padre as julgará no seu animo conciliador.

No systema primitivo que o abaixo assignado propoz ao começar a negociação no anno findo, obviava-se a esta repugnancia dos povos pelo reconhecimento generico do estado existente, o *uti possidetis* que o abaixo assignado então propoz.

Essa base foi modificada, talvez no interesse de uma melhor organisação e administração futura, mas tem mais inconvenientes praticos, como por muitas vezes ponderou nas suas conferencias.

Hoje, que a Concordata é lei para ambas as partes, o abaixo assignado unicamente insta por aquellas condições, que sem alterarem a Concordata são por todos consideradas necessarias para o bom regimen da Igreja Portugueza na India, e maior esplendor da gerarchia novamente creada.

Em tão vasta extensão e em tão complicado assumpto, bem pouco é o que o Governo Portuguez solicita do Santo Padre. Estes actos têem a sua base nas conveniencias da administração commum e geral, a que por igual não póde ser estranha nem á Santa Sé, nem o Real Padroeiro, solicito, como o está sendo pela feliz inauguração do novo estado religioso nas Indias, e desejoso de o ver prosperar com empenho não menor do que tiveram os gloriosos Monarchas Portuguezes, que a Igreja considerou seus benemeritos.

O abaixo assignado aproveita, etc.=(Assignado) *João Baptista da Silva Ferrão de Carvalho Mártens.*

Paragrapho ultimo do officio do Embaixador em Roma, de 5 de Janeiro de 1887, para o Ministro dos Negocios Estrangeiros

Resolvida a questão sobre os pontos de reclamação contidos na nota de 20, se o forem favoravelmente, como é de esperar, é mister não fazer mais reclamações sobre a circumscripção, aliás nunca se terminarão, e isso crear-nos-ha mais difficuldades do que se imagina.

Nota do Embaixador em Roma ao Cardeal Secretario d'Estado

Roma, 5 de Janeiro de 1887.—O abaixo assignado, Embaixador de Portugal, acaba de receber do Governo Portuguez telegramma em que lhe diz, que a nova Concordata fôra posta em execução em Ceylão pelo Delegado Apostolico, e que este é esperado proximamente em Madrasta para ali pôr igualmente em execução a Concordata.

O abaixo assignado desconhece a realidade que tenham os factos indicados, e não acredita que, sem previa intelligencia com o Arcebispo Primaz, se tenha tratado de dar execução á Concordata sobre as Igrejas sujeitas á sua jurisdicção, e muito menos que se lhe vá dar essa execução em pontos sobre que pendem as propostas do Governo Portuguez.

Estando nomeados os Bispos Portuguezes para as Dioceses concordatarias, a execução da Concordata com relação ás Igrejas do Padroado que hajam de passar para outra jurisdicção e vice-versa, é de necessidade que seja feita entre os Prelados respectivos, de accordo com o Arcebispo Primaz, não só porque assim o exigem os assumptos jurisdicionaes, como porque é necessario para a boa execução do n.º 5.º do annexo á Concordata que manda tomar conta dos bens proprios de Portugal ou dos Vigarios Apostolicos nos logares que forem reciprocamente cedidos, para a possibilidade das compensações reciprocas ali estabelecidas. Mas isto, que é condição necessaria para a regular execução da Concordata em todas as suas disposições, com relação ás Igrejas no exercicio do Padroado, muito mais o é nos pontos dependentes das propostas do Governo Portuguez constantes da nota do abaixo assignado de 20 de Dezembro proximo preterito, e que está pendente de accordo, que o abaixo assignado espera que não se fará demorar.

O abaixo assignado, considerando o que deixa exposto como necessario para a regular execução da Concordata, recebeu do seu Governo instrucções precisas para propor a S. Em.ª o Cardeal Secretario d'Estado, que não se dê execução ás disposições da Concordata na parte em que esta se refere ás Igrejas ora do Padroado, sem conhecimento e concurso do Arcebispo Primaz sob cuja jurisdicção se acham ou dos respectivos Bispos Portuguezes, que partirão para as suas Dioceses, logo que sejam confirmados pelo Santo Padre.

O abaixo assignado, supposto se persuada de que na communicação feita ao Governo Portuguez terá de certo havido equivoco, espera todavia que, por S. Em.ª o Cardeal Secretario d'Estado, sejam em todo o caso dadas as precisas instrucções ao Delegado Pontificio, no sentido que acaba de propor, para que não se dêem occorrencias que possam perturbar a harmonia que deve acompanhar a execução do Tratado. Fazendo esta instancia, espera as necessarias explicações de S. Em.ª o Cardeal Secretario d'Estado para as poder levar ao conhecimento do Governo de Sua Magestade Fidelissima com a urgencia que o caso pede.

O abaixo assignado aproveita esta occasião para reiterar os protestos da sua mais alta consideração.=(Assignado) *João Baptista da Silva Ferrão de Carvalho Mártens.*

Telegramma do Embaixador em Roma ao Ministro dos Negocios Estrangeiros

Roma, 7 de Janeiro de 1887.—Ministro estrangeiros—Lisboa.—Concedido por Papa varado todo de Saunt-Wary e Igreja de Nossa Senhora da Conceição de Poonah. Quanto ás cinco Igrejas de Madrasta depende de esclarecimentos. Resposta em poucos dias, que espero será favoravel. Nenhuma outra alteração será feita.=*Ferrão.*

Officio do Embaixador em Roma ao Ministro dos Negocios Estrangeiros

Roma, 28 de Janeiro de 1887.—Illmo e Exmo Sr.—Hontem tive uma conferencia com Monsenhor Jacobini, Secretario da Propaganda, para me entender com elle ácerca da conservação no Padroado das cinco Igrejas de Madrasta e dos assumptos do Maduré, que, pertencendo á mesma Diocese, aqui consideram ligados, como já tive a honra de dizer a V. Ex.ª

Ponderei-lhe que no momento actual não se podiam fazer artigos addicionaes á Concordata, pelas considerações ponderadas nas minhas cartas a Monsenhor Galimberti, de que a V. Ex.ª mandei copia.

Monsenhor Agliardi pediu explicações com relação ás cinco Igrejas de Madrasta e foi-lhe respondido que continuavam no Padroado emquanto não estivessem reguladas as cousas do Maduré. Esta é a idéa, porque eu não vi o telegramma.

Os assumptos do Maduré tratar-se-hão pelos meios estabelecidos na Concordata, isto é, sob consulta dos Bispos respectivos, d'onde resulta que as cinco Igrejas de Madrasta ficarão na Diocese de Meliapor, salvo se outra cousa se combinar depois de ali estar o Bispo Portuguez.

Creio que será isso, se para procurar limites de novas estradas se desmanchar este accordo, que é a satisfação do pedido na minha nota de 20 de Dezembro. A conservação das cinco Igrejas vale bem mais do que as acquisições de christandades que venham de outra jurisdicção.

Reunidas como estão e continuam á Diocese de Meliapor as cinco Igrejas de Madrasta, ninguem mais lhes tocará. É, a meu ver, de facto, negocio findo.

Com relação ao Maduré resolver-se-ha o que for melhor

pelos meios estabelecidos na Concordata, em que se accordar, conforme tenho escripto a V. Ex.ª, e que não repetirei aqui.

Para assentar tudo isto ficou Monsenhor Jacobini de combinar commigo os termos em que devem ser concebidas as notas reversaes; é claro que nada resolverei definitivamente sem o mandar para V. Ex.ª

Agliardi está agora em Mangalor.

Lembro a V. Ex.ª que se previna o Governador Geral da India e o Arcebispo Primaz, da resolução que o Governo me auctorisou a communicar aqui, sobre a recepção que em Goa seria feita ao Delegado Apostolico. Elle é um prelado importante, que voltará para aqui, e que de certo será ouvido nos assumptos que sempre haverá a tratar com a Santa Sé, vista a extensão e importancia dos Padroados Portuguezes.

O que considero urgente é que os nossos Bispos, logo que sejam preconisados, partam immediatamente e procurem levar comsigo alguns Padres Portuguezes, ao que me tenho compromettido, como ahi tratei com V. Ex.ª

Apresentei hoje a Monsenhor Mocenni a minha nota com data de hoje mesmo, sobre os assumptos do Padroado Portuguez da Africa meridional; é uma abertura de negociação nos termos genericos que me pareceram mais convenientes, e que supponho não excederem em cousa alguma as minhas instrucções; V. Ex.ª, porém, o julgará.

Deus guarde, etc.

Nota de Monsenhor Mocenni, Sub-Secretario d'Estado, ao Embaixador em Roma

Dalla Segreteria di Stato, 9 marzo 1887.—Il sottoscritto sostituto della Segreteria di Stato, in risposta alla nota 20 Decembre 1886 di S. Ecc.ª il Signor Ambasciatore di Sua Maestà Fedelissima, colla quale esso dimandava a Sua Santità alcune concessioni perchè si possa più convenientemente eseguire il nuovo Concordato del 23 giugno 1886 per la continuazione ed esercizio del Real Patronato Portoghese nelle

Indie Orientali, partecipa quanto segue al medesimo Signor Ambasciatore.

Il Santo Padre avendo preso nella più matura considerazione le premure del Governo Portoghese, e volendo nella sua benignità assecondarle, fin dove gli è possibile, facendo così manifesta la sua paterna sollecitùdine verso il regno fedelissimo, si è degnato far seguire il Concordato, felicemente stipulato il 23 giugno 1886 dalle seguenti dichiarazioni:

1° Inquanto all' Archidiocesi di Goa, continneranno ad essere riunite l'antico varado di Saunt-Wary come lo è attualmente, a la chiesa di Nostra Signora della Concezione della città di Poonah.

2° Inquanto alla Diocesi di Meliapor continueranno egualmente ad esservi unite le cinque seguenti chiese di Madrasta, cioè, le chiesi di Nostra Signora del Refugio, di Nostra Signora dell' Assunzione, di S. Giovanni, di S. Antonio di Rayapuram, del S. Cuore di Gesù di Pudupett.

E poichè sono anche giunti a Sua Santità dei ricorsi perchè nella regolarizzazione delle chiese di Maduré, le quali appartengono al Patronato Portoghese, si eviti, per quanto è possibile, la continuazione della doppia giurisdizione, la Santità Sua considerando che nel Concordato si è avuto specialmente in mira di apportarvi rimedio a seconda delle circostanze e considerando essere conveniente di stabilire fin d'ora i principii che debbonsi seguire per regolarla, ha convenuto d'accordo col Governo Portoghese sui punti seguenti:

1° Che il Governo Portoghese, affinchè per ciò che lo riguarda, la esecuzione del Concordato sulle chiese del Maduré sia convenientemente regolata, avrà per regola il principio di evitare la doppia giurisdizione, informandosi allo stesso spirito di armonia che ha presieduto alla intiera organizzazione della gerarchia ecclesiastica nelle Indie;

2° Che il Governo del Portogallo e la Santa Sede parteciperanno questo accordo reciproco ai Vescovi rispettivi perchè sia di norma nelle proposte, che a termini del Concordato, avranno essi a fare alla Santa Sede ed al Portogallo;

3° Che in questa organizzazione il Governo Portoghese

assume impegno di compensare proporzionatamente, d'accordo coi rispettivi Vescovi la concessione fatta delle cinque chiese di Madrasta di sopra enunciate.

E questi principii essendo stati dal Governo di Sua Maestà Fedelissima, ne verranno scambiate le respettive note reversali.

Lo scrivente sostituto profitta, etc.=(Assignado) *Mario Mocenni.*

Traducção

Secretaria d'Estado, em 9 de Março de 1887.=O abaixo assignado, Sub-Secretario d'Estado, em resposta á nota de 20 de Dezembro de 1886, de S. Ex.ª o Sr. Embaixador de Sua Magestade Fidelissima, na qual solicitava de Sua Santidade algumas concessões, a fim de que se podesse, mais convenientemente, executar a nova Concordata de 23 de Junho de 1886, para a continuação e exercicio do Real Padroado Portuguez nas Indias Orientaes, communica ao mesmo Sr. Embaixador o seguinte:

O Santo Padre, tendo tomado na mais madura consideração as solicitações do Governo Portuguez, e querendo, na sua benignidade, attendel-as até onde lhe é possivel, fazendo assim manifestar a sua paternal solicitude para com o reino fidelissimo, se dignou fazer seguir a Concordata, felizmente estipulada em 23 de Junho de 1886, das declarações seguintes:

1.º Emquanto á Archidiocese de Goa, continuarão a ficar-lhe unidos o varado de Saunt-Wary, como o é actualmente, e a Igreja de Nossa Senhora da Conceição, da cidade de Poonah.

2.º Emquanto á Diocese de Meliapor continuarão igualmente a ficar-lhe unidas as cinco seguintes Igrejas de Madrasta, isto é, a Igreja de Nossa Senhora do Refugio, de Nossa Senhora da Assumpção, de S. João, de Santo Antonio de Rayapuram, do Coração de Jesus de Pudupett.

E porquanto tem tabem chegado a Sua Santidade algumas supplicas, para que, na regularisação das Igrejas do Maduré, que pertencem ao Padroado Portuguez, se evite, quanto seja possivel, a continuação da dupla jurisdicção, Sua Santidade, considerando que na Concordata se teve principalmente em vista dar remedio á segunda d'estas circumstancias, e considerando que é conveniente estabelecer, desde já, os principios por que deve ser regulada, tem concordado com o Governo Portuguez nos pontos seguintes:

1.º Que o Governo Portuguez, para que, pela sua parte, a execução da Concordata, com respeito ás Igrejas do Maduré, seja convenientemente regulada, terá como regra o principio de evitar a dupla jurisdicção, conformando-se com o mesmo espirito de harmonia que presidiu á inteira organisação da jerarchia ecclesiastica nas Indias;

2.º Que o Governo de Portugal e a Santa Sé participarão este accordo reciproco aos Bispos respectivos, para que lhes sirva de norma nas propostas que, nos termos da Concordata, tenham de fazer á Santa Sé e a Portugal;

3.º Que n'esta organisação o Governo Portuguez assume o empenho de compensar proporcionalmente, de accordo com os respectivos Bispos, a concessão feita das cinco Igrejas de Madrasta acima mencionadas.

E tendo sido acceitos pelo Governo de Sua Magestade Fidelissima estes principios, proceder-se-ha á troca das respectivas notas reversaes.

O abaixo assignado, etc.

Officio do Embaixador em Roma ao Ministro dos Negocios Estrangeiros

Roma, 12 de Março de 1887.—Ill.mo e Ex.mo Sr.—Tenho a honra de enviar a V. Ex.ª a copia authentica da nota da Santa Sé, de 9 do corrente mez, na qual Monsenhor Mocenni, Sub-Secretario d'Estado, me communicou que o Santo Padre, resolvendo sobre a minha nota de 20 de Dezembro preterito, havia, na sua benignidade, attendido ao que, por parte do Governo Portuguez, ali fôra solicitado para a melhor organisação das Dioceses do Padroado da Corôa Portugueza no Oriente, terminadas felizmente pela Concordata de 23 de Junho preterito as graves difficuldades e contestações existentes desde tão remotas epochas.

Achando-se consignadas na nota as conclusões previamente combinadas com o accordo do Governo de Sua Magestade, vou enviar á Santa Sé a respectiva nota de resposta, acceitando, para todos os effeitos, aquella resolução, e terei a honra de enviar a V. Ex.ª a respectiva copia, o que não faço já por ter estado ausente de Roma durante dois dias.

As vantagens a todos os respeitos de estar assim terminada esta difficil e importante questão, afiguram-se-me consideraveis.

É uma organisação definitiva substituida a um estado provisorio que, cada dia, se tornava mais precario; é a constituição do Padroado com preeminencia de auctoridade, que nunca tivera; é a reconstituição, em largas bases, das antigas Dioceses historicas Portuguezas, e a influencia do Real Padroeiro assegurada, alem d'esses limites, na vasta área que o direito de apresentação estabelecido na nova Concordata lhe reconheceu.

As largas vistas do Summo Pontifice, e a rectidão do seu espirito, fizeram justiça a Portugal, que, como já tive occasião de escrever, estava sequioso d'ella.

No proximo consistorio serão preconisados os Bispos Portuguezes, e todas as conveniencias aconselham que não demorem nem um momento a sua partida para as suas respectivas Dioceses, cousa a que aqui me tenho comprommettido em virtude das ordens de V. Ex.ª

Deus guarde, etc.

Nota do Embaixador em Roma a Monsenhor Mocenni, Sub-Secretario d'Estado

Roma, 15 de Março de 1887.—Illmo e Exmo Sr.—O abaixo assignado, Embaixador Extraordinario de Sua Magestade Fidelissima junto da Santa Sé, tem a honra de accusar recebida a nota, de 9 do corrente mez de Março, de S. Ex.ª Rev.ᵐᵃ Monsenhor Mocenni, Sub-Secretario d'Estado de Sua Santidade, em resposta á nota, de 20 de Dezembro preterito, do abaixo assignado, na qual solicitava de Sua Santidade algumas concessões, para que se podesse, mais convenientemente, executar a nova Concordata de 23 de Junho de 1886, para a continuação e exercicio do Real Padroado Portuguez, nas Indias Orientaes, e communica S. Ex.ª Rev.ᵐᵃ ao abaixo assignado, que Sua Santidade, tendo tomado na mais madura consideração as solicitações do Governo Portuguez, e querendo, na sua benignidade, attendel-as até onde lhe é possivel, fazendo assim manifesta a sua paternal solicitude para com o reino Fidelissimo, se dignou fazer seguir a Concordata felizmente estipulada em 23 de Junho de 1886, das concessões e declarações, que na referida nota de 9 de Março vem expressas.

O abaixo assignado, reconhecendo quanto na mesma nota é ponderado e disposto, acceita-a em todas as suas disposições, e com ellas inteiramente se conforma, em virtude das suas instrucções, ficando por este modo totalmente terminadas as solicitações feitas pelo Governo de Sua Magestade Fidelissima.

Trocadas assim estas notas reversaes, ficarão annexas á respectiva Concordata e com igual força para a sua completa execução, como na mesma nota se declara.

O abaixo assignado aproveita, etc.=(Assignado) *João Baptista da Silva Ferrão de Carvalho Mártens.*

Telegramma do Ministro dos Negocios Estrangeiros ao Embaixador em Roma

Lisboa, 15 de Março de 1887.—Queira V. Ex.ª responder de ahi mesmo ao Arcebispo de Goa, que telegraphou o seguinte: «Urgente saber claramente nome, oragos, cinco Igrejas cedidas. Delegado concorda reformar aqui decreto concordatario Madrasta, e fazer decreto Goa.—João, Arcebispo».=(Assignado) *Barros Gomes.*

Telegramma do Embaixador em Roma ao Arcebispo de Goa

Roma, 15 de Março de 1887.—Exmo Arcebispo.—Goa.—Nota Santa Sé, de 9, concede definitivamente Portugal cinco seguintes Igrejas Madrasta: Refugio, Assumpção, S. João, Santo Antonio de Rayapuram, Coração de Jesus de Pudupett. Concedeu mais: varado todo Saunt-Vary, Igreja de Poonah. Governo acceitou negociação terminada. Minhas homenagens Delegado Pontificio.=(Assignado) *Mártens Ferrão.*

As concessões ultimamente feitas pelo Summo Pontifice, com relação ás Igrejas e Missões na India, são devidas á attitude que tomáram os Catholicos do Padroado Portuguez com as suas energicas supplicas e declarações, provando assim a sua affeição ao Padroeiro Portuguez, e a aversão que tèem aos Propagandistas.

Fim do Tomo XIV, e ultimo

INDICE

DOS

DOCUMENTOS CONTIDOS N'ESTE TOMO